NUN FREUT EUCH, LIEBEN CHRISTEN GMEIN

NUN FREUT EUCH LIEBEN CHRISTEN GMEIN

LUTHERS WORT
IN TÄGLICHEN ANDACHTEN
ZUSAMMENGESTELLT
VON D. KARL WITTE

FREIMUND-VERLAG NEUENDETTELSAU

6. Auflage, 1983
Unveränderter Nachdruck der 5. Auflage von 1968
Freimund-Verlag, 8806 Neuendettelsau
Druck: Freimund-Druckerei, Neuendettelsau
ISBN: 3-7726-0020-4

VORWORT

Helf uns Gott, unter Seinem Regiment, geistlichem und weltlichem, fromm und christlich zu leben! Luther hat einmal gesagt: „Wir sollens wissen, daß das ganze leibliche Regiment und Wesen stehet und bleibet, solange es stehen soll, allein durch Gottes Ordnung oder Gebot und der Christen Gebet. Das sind die zwei Säulen, so die ganze Welt tragen."

Gottes Ordnung oder Gebot, das wäre Sein weltliches Regiment. Der Christen Gebet und noch einiges dazu gehört ins geistliche Regiment. Nur muß klar sein, daß das nicht zwei von einander getrennte Räume sind. Es gibt nur den einen Raum der Schöpfung. Geistliches und weltliches Regiment Gottes sind zweierlei Art und Weise, Seine Schöpfung zu erhalten. Das ist lutherische Lehre. Es wäre hinzuzufügen, daß diese Aussage über das Wesen der beiden Regimente und ihre Zuordnung zueinander der heiligen Schrift gemäß und wahr ist. Es ist noch einmal Luthers Unterscheidung von Gesetz und Evangelium, nun auf diesem Felde.

Man könnte den Einwand erheben, daß diese Lehre an dem wirklichen Zustande der Welt vorbeigehe. Renaissance, Aufklärung und das materialistische Zeitalter haben über die Reformation gesiegt; Macchiavell über Luther. Das weltliche Regiment, so kann man sagen, ist nicht mehr Gottes weltliches Regiment. „Niemand kann heute daran denken, dem Staat dadurch einen neuen und festeren Halt zu geben, daß er etwas von Gott in die Gesetzgebung oder in Staatsverträge einbaut" (Eivind Berggrav). Die Autonomie des Menschen ist nahezu vollkommen, und die Rücksicht auf Gott liquidiert. Wer kann in dieser Welt, d. h. im irdischen Berufe, heute noch christlich leben?

Indes, eine Wahrheit bleibt giltig, auch wenn sie nirgends mehr in Geltung ist. Christus bleibt Christus, auch wenn das ganze Volk „Kreuzige!" schreit. Und so „bleibt Gott die Obrigkeit der ganzen Welt, und wir müssen Ihn unseren HErren sein lassen, die einige Obrigkeit über alles, was geschaffen ist, und wir alle vor Ihm sein Unterkeid. Da wird, gottlob, nichts anderes draus" (Luther). Es bleibt, daß auch die Diktatoren der absoluten Macht, ob sie es anerkennen oder nicht, einen höchsten Herren und Richter über sich haben, vor dem sie sich werden verantworten müssen. Es steht zu befürchten, daß Gottes Herrschaft sich gegen den wendet, der sie mißbraucht.

Vergessen wir nicht den ungeheuerlichen Hintergrund, vor dem sich das Ganze abspielt. Luther hat ihn beschrieben: „Die Welt und ihr Gott kann das Wort des wahrhaftigen Gottes nicht ertragen, wills auch nicht. Der wahrhaftige Gott will weder schweigen, noch kann Er es. Was soll, wenn diese beiden Götter miteinander in Fehde liegen, anderes herauskommen als Aufruhr in der ganzen Welt!"

In diesem Aufruhr steht der Christ und bekennt: „Ich aber und mein Haus, wir wollen dem HErrn dienen." Das kostet unter Umständen viel.

Unter Gott, Gottes Amtmann, Haushalter von Gottes Gnaden in allen Dingen des irdischen Berufes, in Familiaribus, Oeconomicis, Politicis — welche Würde! Daß es Gottes Haushalterschaft ist, begründet die echte Autorität jeden Amtes.

Aber, wie gesagt, der Versuch einer christlichen Existenz, im weltlichen Regiment, erscheint heute so gut wie aussichtslos und auf wenige Bereiche des Lebens eingeengt. Luther hat schon recht: „Die Welt höret nicht auf, zu toben wider ihre Säulen, die sie tragen." Aber dann fährt er fort: „Nun, wir halten, solange wir können, ob wir schon keinen Dank davon haben. Kommts aber zum Fallen, daß Gottes Gebot und der Christen Gebet aufhöret, so gnade der Welt ihr Gott, der Teufel!"

Und Gottes geistliches Regiment? Das ist die konkrete Frage, was Staat und Kirche miteinander zu tun haben. Die Antwort wird sein: ebensoviel als Jesus Christus und Pontius Pilatus miteinander zu tun haben; und das ist sehr viel.

Jesus Christus hat Seinen Richter nach der Wahrheit gefragt. „Wer aus der Warhheit ist, der höret meine Stimme" (Johannes 18, 37). Der Satz zielt genau auf Pilatus, sofern er im Amt ist, nämlich: Statthalter des Caesar, Staatsmann, Politiker und in diesem Augenblick der Richter des Jesus von Nazareth. Der Verlauf des Prozesses zeigt, daß er nicht aus der Wahrheit handelt.

Die Wahrheitsfrage also ist der Punkt, an dem weltliches und geistliches Regiment zusammentreffen. Es ist der Punkt, an dem nach der Rechtfertigung unseres irdischen Handelns gefragt ist. Es ist ja wahr: menschliche Existenz ist Existenz in der Schuld. Je feiner das Gewissen um Liebe und Verantwortung weiß, um so tiefer leidet es unter diesem Verhängnis. Es ist doch eine echte Frage, die Friedrich Wilhelm I. von Preußen seinem Hofprediger gestellt hat, woher es komme, daß Könige mehr sündigen müssen als andere Leute. Sein Hofprediger hat ihm die einzige hier noch mögliche Antwort gegeben: „Auch das, Ew. Majestät, hat Gott unter die Vergebung gestellt."

Da kommt Gottes geistliches Regiment in Sicht. Luther hat in der Schrift „Von den Conciliis und Kirchen, 1539" von dem siebenfachen Heiligtum der Kirche gesprochen: Wort Gottes, Taufe, Abendmahl, Predigt, Schlüsselgewalt, Gebet, Kreuz. Darin steht Gottes geistliches Regiment. Es ist das Reich der Gnade.

Das Gewissen klagt an, die Gnade spricht frei. Und, Wunder genug: „Der Verteidiger ist größer als der Ankläger, und zwar unendlich größer! Deus defensor, cor accusator. Welche Ordnung! Aber so, gerade so und nicht anders, verhält es sich" (Luther). Hier schlägt das Herz des Neuen Testaments und das Herz der Reformation. „Sola fide" heißt: es ist Gottes gnädiges Handeln allein, wir habens nicht verdient und kein Verdienst dabei. Gott allein hat gehandelt in der Fleischwerdung, Kreuzigung und Erhöhung des Sohnes. Und in diesem Tatbeweis Seiner Liebe bietet Er uns die Vergebung an. Glaube heißt: ich darf das Opfer Christi auf mich beziehen und mir zueignen, als wäre es ganz allein für mich geschehen. Und diese Vergewisserung geschieht: im Lesen des Wortes, in der Erinnerung an die heilige Taufe, in der Gemeinschaft Seines Leibes und Blutes im heiligen Abendmahl, im Hören der Predigt, im Wort der Lossprechung bei der Beichte, im Gebet und, wenn Gott Gnade gibt, im Martyrium.

Es ist nicht schwer einzusehen, daß die Rechtfertigung das Ende jener Autonomie und aller menschlichen Selbstherrlichkeit ist, von der wir sprachen. Luther hat das einmal großartig ausgesprochen: „Weil wir in Adam in die Gleichheit Gottes hinaufgestiegen sind, so ist Christus in unsere Gleichheit hinabgestiegen, damit Er uns zu unserer selbst Erkenntnis zurückbrächte, indem Er aus uns unglücklichen und übermütigen Göttern wieder wahre Menschen machte, d. h. Elende und Sünder." Der Gerechtfertigte ist wieder unter Gottes Recht gebracht. Er hat nun wieder seinen rechtmäßigen Herren, dem er gehorsamt, und kann nun im irdischen Amt aus der Wahrheit handeln.

Es ist nicht schwer zu erkennen, warum Gott das geistliche Regiment dem weltlichen zugeordnet hat, das Evangelium dem Gesetz. Was wäre eine gnadenlose Welt!

Helf uns Gott, unter Seinem Regiment, geistlichem und weltlichem, fromm und christlich zu leben! Was diese Andachten dazu helfen können, mögen sie tun. Man wird ihnen anmerken, daß sie aus dem siebenfachen Heiligtum kommen; darum vermögen sie uns auch in das Heiligtum hineinzunehmen und den Ort zu weisen, an dem wir zum geistlichen Leben erweckt und zum irdischen gerechtfertigt werden.

Die innere Ordnung des Buches, das ist leicht zu erkennen, ist das Kirchenjahr. Der Sonntag gibt das Thema, das in den sechs Tagen der Woche entfaltet wird. Siehe auch den Sachweiser!

Diese Andachten erschienen 1933 zum ersten, 1936 zum letzten Male. Da waren es 10000 Exemplare. Seither war es vergriffen. Inzwischen ist es ins Schwedische, Ungarische, Norwegische und Englische übersetzt, also fast eine kleine ökumenische Sache geworden. Nun freue ich mich, daß es auch in Deutschland wieder zu haben ist. Es sind auch diesmal eine Anzahl Texte durch neue ersetzt, um das Buch in der Mannigfaltigkeit seines Inhalts noch reicher zu machen.

Seit der ersten Auflage ist viel geschehen. Die Welt ist nicht besser geworden. In der Stellungnahme der Kirche zu den politischen Entscheidungen der Zeit würde manches besser geraten, wenn man klarer und sachgemäßer zwischen Gesetz und

Evangelium, weltlichem und geistlichem Regiment zu unterscheiden vermöchte.

Was den Trost und die Hoffnung der Christenheit betrifft, so schrieb Luther am 3. Mai 1525 — mitten in den wilden Tagen des Aufruhrs, die Schlacht bei Frankenhausen war erst am 15. Mai — an seinen Freund Friedrich Myconius in Gotha: „Da die Welt überwunden ist, kann sicherlich das, was außer Christo und ohne Ihn unternommen wird, mit Notwendigkeit nur dem Scheine nach siegen; in Wirklichkeit ist es besiegt und in und mit Christo zu einem Triumph gemacht, so daß man lauter Sieg besitzt, sobald die Welt mit ihrem Schein vergeht. Daß dies geschieht, können wir, die wir Christum kennen, nicht bezweifeln." Und ein anderes Mal: „Wir warten auf ein ewiges Reich, wenn alles getrogen haben wird in der Welt."

Am Sonntag des Evangeliums vom viererlei Acker, 1955.

Karl Witte

Advent und Weihnachten

1. WOCHE IM ADVENT

Der kommende Herr

SONNTAG: Matthäus 21/1–9

Du, Tochter Zion, freue dich sehr, und du Tochter Jerusalem, jauchze! Siehe, dein König kommt zu dir, ein Gerechter und ein Helfer, arm, und reitet auf einem Esel und auf einem jungen Füllen der Eselin. *Sacharja 9/9*

Macht hoch die Tür 6

Er wird wohl ein König sein, aber ein armer, elender König, der ganz und gar kein Ansehen eines Königs hat, wenn man ihn nach der äußerlichen Pracht rechnen und ansehen will, welche die weltlichen Könige und Fürsten vor der Welt führen.

Den andern Königen läßt er die Pracht, Schlösser, Häuser, Geld und Gut, läßt sie köstlicher essen, trinken, kleiden, bauen, denn andere Leut; aber die Kunst können sie nicht, die dieser arme Bettelkönig Christus kann. Der hilft nicht allein wider *ein* Sünd, sondern wider *alle* Sünd; und nicht allein wider *mein* Sünd, sondern der *ganzen Welt* Sünd. Er kommt und will wegnehmen nicht allein die Krankheit, sondern den Tod; und nicht allein *meinen* Tod, sondern der *ganzen Welt* Tod. Solchs (spricht der Prophet) saget der Tochter Zion, daß sie sich nicht ärgere an seiner elenden Zukunft; sondern tu die Augen zu und die Ohren auf und sehe nicht, wie armselig er einher reitet, sondern höre, was man von diesem armen König predige und sage. Das Elend und Armut siehet man, daß er auf einem Esel ohn Sattel und Sporen einher reitet wie ein Bettler. Aber daß er die Sünde von uns nehmen, den Tod würgen, ewige Heiligkeit, ewige Seligkeit und ewiges Leben geben werde, das siehet man nicht. Derhalb muß man es hören und glauben.

MONTAG: Dein König kommt

Er wird ein König sein über das Haus Jakob ewiglich, und seines Königreichs wird kein Ende sein. *Lukas 1/3*

Nun komm, der Heiden Heiland 1

Er ist *dein* König, der dir verheißen ist, des du eigen bist, der dich, und sonst keiner, regieren soll, doch im Geist und nicht nach leiblichem Regiment. Das ist er, des du von Anfang begehret hast, und darnach deine lieben Väter mit herzlichem Verlangen geseufzet und geschrien haben, der dich von alledem, das dich bisher beschweret, gedrückt und gefangen gehalten hat, erlösen und frei machen wird.

O das ist ein tröstlich Wort einem gläubigen Herzen; denn außer Christo ist der Mensch vielen wütenden Tyrannen unterworfen, die nicht Könige, sondern seine Mörder sind, unter welchen er leidet große Not und Angst, als da sind der Teufel, das Fleisch, die Welt, die Sünde, dazu auch das Gesetze und der Tod mit der Höllen; von welchen allen das elend Gewissen, unterdrückt, ein schwer Gefängnis hat und ein saur ängstlich Leben führet.

Wo aber ein Herz diesen König aufnimmt mit einem starken Glauben, der ist sicher, fürcht sich weder vor Sünde, Tod, noch Hölle, noch allem Unglück; denn er weiß wohl und zweifelt nicht, daß dieser König ein Herr ist über Leben und Tod, über Sünde und Gnade, über Hölle und Himmel, und alle Ding in seinen Händen sind. Siehe, solch große Ding haben in sich diese geringe Wort: Siehe dein König. Solch überschwenglich große Güter bringt der arm Eselreiter und unachtsamer König. Solchs alles siehet nicht Vernunft, begreift auch nicht die Natur, sondern allein der Glaube.

DIENSTAG: Er kommt zu dir

... zu dem werde ich eingehen und das Abendmahl mit ihm halten und er mit mir. *Offenbarung 3/20*

Macht hoch die Tür 6

Er kommet. Ohn Zweifel, du kommst nicht zu ihm und holest

ihn, er ist dir zu hoch und zu fern; mit deiner Köste, Mühe und Arbeit magst du nicht an ihn gelangen, auf daß du dich nicht rühmest, als habest du ihn durch dein Verdienst und Würdigkeit zu dir gebracht. Nein, lieber Mensch, alle Verdienst und Würdigkeit liegt hier ernieder, und ist nichts da, denn eitel Unverdienst und Unwürdigkeit auf deiner Seiten, eitel Gnad und Barmherzigkeit auf seiner Seiten. Der Arm und Reich kommen hie zusammen.

Darum lerne hie aus dem Evangelio, wie es zugehet, wenn Gott anfähet, uns fromm zu machen, und welchs der Anfang sei, fromm zu werden. Es ist kein ander Anfang, denn daß dein König zu dir komme und fahe in dir an. Nicht suchest du ihn, er suchet dich; nicht findest du ihn, er findet dich; dein Glaube kommt von ihm, nicht von dir; und wo er nicht kommt, da bleibest du wohl außen; und wo nicht Evangelion ist, daß da kein Gott ist, sondern eitel Sünde und Verderben. Darum frage nur nicht, wo anfahen sei, fromm zu werden; es ist kein Anfahen, denn wo dieser König hinkommt und gepredigt wird.

MITTWOCH: Die gnadenreiche Zukunft Christi

Gelobet sei der Herr, der Gott Israels! denn er hat besucht und erlöst sein Volk. *Lukas 1/68*

Nun komm, der Heiden Heiland 1

In der ersten Zukunft kam Gott in einer grausamen, dicken, schwarzen Wolke mit Feuer, Rauch und Donner, mit großem Geschrei der Posaunen, also grausamlich, daß die Kinder Israel sich entsetzlich fürchteten und zu Mose sagten (2. Mos. 20, 19): „Wir wollen alles gerne tun, was Gott will, allein rede du mit uns, wir können die Stimme Gottes nicht hören, wir müssen sterben.“ Da gab er ihnen das Gesetz. Das Gesetz ist grausam; man höret es nicht gern. Das Gesetz ist ein Schrecken der Vernunft, daß der Mensch zu Zeiten gleich in Verzweiflung fällt. Also beschweret das Gesetz das Gewissen, daß es nicht weiß, was es schier tun soll.

Die andere Zukunft Christi ist nicht also grausam, sondern sanftmütig; nicht grausam, wie Gott in dem alten Testament, sondern sanftmütig, barmherzig, wie ein Mensch; nicht auf dem Berg, sondern in der Stadt. In Sinai kam er mit Furcht, jetzt kommt er mit Sanftmütigkeit; dort mußte man ihn fürchten; dort kam er mit Donner, hier kommt er mit Lobgesang; dort kam er in großem Geschrei der Posaunen, hier kommt er weinend über die Stadt Jerusalem; dort kam er in Furcht, hier kommt er in Tröstung und Freude und Liebe; dort sprach er: „Wer auf den Berg wird gehen, der wird sterben", hier sagt er: „Saget der Tochter Zion, es kommt ihr ein König." Sehet, da habt ihr den Unterschied des Gesetzes und des Evangelii: das Gesetz gebeut, das Evangelium vergibt's alles umsonst. Das Gesetz macht Zorn und Haß, das Evangelium gibt Gnade. In der ersten Zukunft mochten die Kinder Israel die Stimme Gottes nicht hören, aber nun kann man's nicht genug hören, also süß ist sie. Darum, wenn ihr in Angst oder Trübseligkeit seid, so sollt ihr nicht auf den Berg Sinai laufen, das ist, daß ihr durchs Gesetz und Genugtuung Hilfe suchen wollet; sondern in Jerusalem, das ist, zu dem Evangelio. Das spricht: „Deine Sünden sind dir vergeben, gehe hin, tue sie nicht mehr."

DONNERSTAG: Die Erfüllung der Zeit

Da die Zeit erfüllet ward, sandte Gott seinen Sohn, geboren von einem Weibe und unter das Gesetz getan.

Galater 4/4

Wir singen dir, Immanuel 30

Dieweil das Gesetz nicht mag geben die Rechtfertigung noch den Glauben, und die Natur mit allen ihren Wirken nichts verdienen, so führet nun St. Paulus daher den, der uns solchen Glauben an unser Statt verdienet hat und ein Meister ist der Rechtfertigung. Denn sie ist uns nicht umsonst zukommen, sie hat viel gekostet, nämlich Gottes Sohn selber, und spricht: „Da die Zeit erfüllet ward", das ist, da die Zeit ein Ende hatte, darin wir Knechte waren.

Wie nun den Juden dieselbige Zeit durch Christi leibliche Zukunft erfüllet ist, so wird sie noch täglich erfüllet, wenn der Mensch erleuchtet wird durch den Glauben, daß seine Knechterei und Gesetzwirken ein Ende haben. Denn Christus leibliche

Zukunft wäre kein nütz, wenn sie nicht solche geistliche Zukunft des Glaubens wirkete. Er ist auch darum leiblich kommen, daß er solche geistliche Zukunft aufrichte. Denn alle, die zuvor und hernach an solche seine leibliche Zukunft geglaubt haben, denen ist er kommen. Darum ist er den alten Vätern um solches Glaubens willen allezeit kommen gewest.

Es muß alles hangen, von Anbeginn der Welt bis ans Ende an dieser leiblichen Zukunft, durch welches Anhangen die Knechterei aufhöret, wenn und wo und in welchem solchs Anhangen geschieht. Darum wird einem jeglichen seine Zeit erfüllet, wenn er anhebt, an Christum zu glauben als an den, der da kommen sollte vorzeiten und nun kommen ist.

FREITAG: Verachtet — ein verborgener König

Machet die Tore weit und die Türen in der Welt hoch, daß der König der Ehren einziehe! *Psalm 24/7*

Dein König kommt in niedern Hüllen 12

Awe ja! dieselbe Ehre ist verborgen, darum man denn die Tore vor ihm vielmehr zuschleußet, und begehret ihn niemand einzulassen. Die Obrigkeit sperret sich auch dawider, aber es hilft ihr nichts. Er ist ein gewaltiger König des Kreuzes, und steckt doch unter dem Kreuz die Ehre verborgen.

„Wer ist derselbige König der Ehren?" So wirds ihm gehen: Wer, sprechen sie, der Ketzer, der Aufrührer? So heißen sie den König. Wer ist der König der Ehren? Ist geredt aufs Allerverächtlichste, und wird damit bedeutet die allersicherste Verachtung dieses Königs. Es ist ein lächerlich Ding, daß er genannt wird ein König der Ehren.

Es kommt aber auch jetzt noch Christus in seinen Geringsten zu seinen Allergrößesten, in seinen Verachteten zu seinen Gerühmeten, er kommt in seinen Törichten zu seinen Weisen; sie ihn aber nicht allein nicht einlassen und die Türen auftun, sondern verfolgen ihn auch und höhnen ihn. Sie sperren sich noch wider Christum und sein Wort, werden ihn aber in die Länge nicht überwältigen. Er ist der Herr Zebaoth, das ist, der Heerscharen. Er ist der König der Ehren, denn er bleibet ein König der Ehren ewiglich, dem die Heerscharen der Engel und der Heiligen auf Erden gedienet haben.

SONNABEND: Wie viele ihn aber aufnahmen...

Wie viele ihn aber aufnahmen denen gab er Macht, Gottes Kinder zu werden die an seinen Namen glauben.

Nun jauchzet, all ihr Frommen 7 *Johannes 1/12*

Hie höret ihr, was für eine große, mächtige Herrlichkeit und unaussprechlicher, ewiger Schatz es ist, der durch Gottes Sohn mit seiner Zukunft ist angerichtet unter denen, die ihn annehmen, an ihn glauben und ihn für den Mann halten, der von Gott der Welt zu helfen gesandt ist: nämlich, das soll das neue Werk und Wesen sein, daß er Macht und Recht geben soll, Kinder Gottes zu werden alle denen, die glauben an seinen Namen.

Hie hörest du kurz und gut, daß durch keinen anderen Weg, Mittel oder Weise wir zu dieser hohen Ehre, herrlichen Freiheit und Gewalt kommen, daß wir Gottes Kinder werden, denn allein durch die Erkenntnis und Glauben an Christum. Von dieser Herrlichkeit wird uns alle Jahr und täglich geprediget und angeboten, und sie ist so groß, daß kein Mensch, er heiße wie er wolle, sie vermag gnugsam zu betrachten, viel weniger mit einigen Worten auszusprechen, nämlich, daß wir armen, verdammten, elenden Sünder durch die erste Geburt von Adam her zu diesen höchsten Ehren und Adel kommen sollen, daß Gott, der ewig und allmächtig ist, unser Vater, wir seine Kinder, Christus unser Bruder, wir seine Miterben sind, und die lieben Engel sollen nicht unsere Herrn, sondern unsere Brüder und Diener sein. Ei, es ist zu groß und übermacht, daß, wer ihm recht nachdenket, der muß sich gleich darüber entsetzen, daß ihm einfällt: Lieber, ists auch möglich und wahr?

Darum muß der Heilige Geist hie Meister sein, diese Erkenntnis und Glauben uns in das Herz schreiben und unserm Geist Zeugnis geben, daß es gewiß und Amen ist, daß wir durch den Glauben an Christum Gottes Kinder worden sind und ewiglich bleiben.

2. WOCHE IM ADVENT

Er kommt zum Weltgerichte

SONNTAG: Lukas 21/25—36

Er selbst, der Herr wird mit einem Feldgeschrei und der Stimme des Erzengels und mit der Posaune Gottes herniederkommen vom Himmel, und die Toten in Christo werden auferstehen zuerst. *1. Thessalonicher 4/16*

Ihr lieben Christen, freut euch nun 3

Wenn nun solche Stimme und letzte Posaune Gottes erschallen wird, da werden Sonne, Mond und alle Kreaturen zuschreien: Schlag tot, lieber Herre Gott, schlage tot! Da sind die Gottlosen, die dich nicht kennen, und die falschen Christen, die nicht sind gehorsam gewesen dem Evangelio Christi, die haben allesamt deinen Namen gelästert, deine Heiligen auf Erden verfolget und getötet; schlage tot, es ist hohe Zeit, mache des Wesens ein Ende. Denn es wird ein greulich, unerhört Wetter sein, desgleichen nicht gewesen ist von Anbeginn der Welt, und alle Kreaturen werden sich dermaßen stellen, daß das Ende da sei.

Die Donnerschläge, so jetzt geschehen, sind nur ein Vorspiel und Vortrab jenes letzten Donnerschlags; aber jener, der letzte Donnerschlag, wird die rechte Posaune Gottes sein, welche es mit der ganzen Welt ausmachen wird; dazu denn alle Kreaturen schreien werden: Amen und Ja. Denn es wird der rechte Krieg und die rechte Schlacht sein, so Christus in seiner Herrlichkeit führen wird wider alle Teufel in der Hölle und Gottlosen auf Erden, in welcher Schlacht er alle seine Feinde mit Blitz und Donner zerschmeißen wird. Da wird erfüllet werden das Wort, das er saget Joh. 5, 27, 28, 29: „Gott hat dem Sohn Macht gegeben, auch das Gericht zu halten, darum, daß er des Menschen Sohn ist."

MONTAG: Gottes treuliche Warnung

Hütet euch, daß eure Herzen nicht beschwert werden mit Fressen und Saufen und mit Sorgen der Nahrung, und komme dieser Tag schnell über euch. *Lukas 21/34*

Wie soll ich dich empfangen 10

Nun wollte der barmherzige Gott nicht gerne, daß wir mit dem Gerichtstage plötzlich überfallen würden; darum tut er uns die Gnade und Ehre, warnet uns treulich; lässet uns sein Wort predigen; rufet uns zur Buße; beut uns an Vergebung aller unserer Sünde in Christo; saget uns zu, Schuld und Pein solle aufgehoben sein, so wir an seinen Sohn glauben; heißet uns unsers Berufs warten und unser befohlen Amt tun. Wenn wir das tun, so gönnet er uns wohl, daß wir essen, trinken, guter Dinge und fröhlich sind. Denn essen und trinken müssen wir, sollen wir anders auf Erden leben; allein Gottes und des zukünftigen Lebens sollen wir nicht vergessen. Ist das nicht ein gütiger, frommer Gott, der es treulich und ganz väterlich mit uns meinet? Er redet je nicht anders mit uns, denn ein Vater mit seinen Kindern, und spricht: Lieben Kinder, tut Buße, glaubet an meinen Sohn, den ich euch gesandt habe, seid fromm und gehorsam und tut euer befohlen Amt; darnach esset und trinket und brauchet der zeitlichen Güter, so ich euch beschere. Allein sehet zu, daß ihr dieser Welt und der zeitlichen Güter so brauchet, daß ihr auf die letzte Posaune wartet, auf daß, wenn dieselbe schallet und der letzte Donnerschlag aufgehen wird, ihr bereit und geschickt seid mit heiligem Wandel und gottseligem Wesen. Wenn ihr das tut, so hat es keine Not mit euch.

DIENSTAG: Dein Reich komme

Dein Reich komme. *Matthäus 6/10*

O Heiland, reiß die Himmel auf 5

Dies Gebet tut zwei Ding, erniedrigt und erhebt uns.

Zum ersten *demütigt* es uns, daß wir bekennen offentlich, daß Gottes Reich noch nicht kommen sei zu uns. Welches, so es mit Ernst bedacht und gründlich gebetet wird, erschrecklich ist und ein jegliches frommes Herz billig betrüben und fast kümmerlich bewegen soll. Denn daraus folget, daß wir noch verstoßen sind, beraubt des allerliebsten Vaterlandes. Welches dann zween leidig, kläglich Schaden sind: der erst, daß Gott der Vater beraubet ist seines Reichs in uns, und der ein Herr in allen Dingen ist und sein soll, allein durch uns solcher seiner Gewalt und Titel verhindert ist. Das muß ohn Zweifel wehe tun allen, die Gott lieben und Guts gönnen. Der andere Schad ist unser, daß wir in Elend und fremden Landen unter so großen Feinden gefangen liegen.

Zum andern, wenn solches Bedenken uns erniedrigt und unseren Jammer uns eröffnet hat, so folget dann die *Tröstung,* und lehrt uns der freundlich Meister, unser Herr Christus, daß wir sollen bitten und begehren, aus dem Elend zu kommen, und nicht verzweifeln. Denn dieselben, die solches bekennen, daß sie Gottes Reich hindern, und kläglich bitten, daß es doch möge kommen, wird Gott um solches ihr Leid und Bitten zu gut haben.

Darum beten wir nit also: laß uns kommen zu deinem Reich, als sollten wir darnach laufen; sondern: dein Reich komme zu uns. Denn Gottes Gnaden und sein Reich, mit allen Tugenden, muß zu uns kommen, sollen wir es überkommen, wir mögen nimmermehr zu ihm kommen; gleichwie Christus zu uns vom Himmel auf die Erden kommen ist, und nicht wir von der Erden zu ihm gestiegen sind in den Himmel. Das heißt selig sein, wenn Gott in uns regiert und wir sein Reich sein.

MITTWOCH: Darum, daß sich eure Erlösung naht

Wenn dieses anfängt zu geschehen, so sehet auf und erhebet eure Häupter, darum daß sich eure Erlösung naht.

Wie soll ich dich empfangen 10/10 *Lukas 21/28*

Siehe, das ist der rechte Meister, der die Zeichen recht deuten kann, anders denn die Sternkündiger und Weissager, die nichts denn eitel Böses davon sagen und die Leute erschrecken können. Er aber sagt nichts, denn eitel Gutes; und unter dem, das die Vernunft und alle Welt für Zeichen des Verderbens ansiehet und lehret davor fliehen und schrecken, kann er alles Gutes ersehen und deuten und das fröhliche, liebliche Wort „euere Erlösung“ finden und zeigen und ein tröstliches Bild draus machen des, das ein Herze aufs höchste begehren und wünschen soll. Denn was heißet „euere Erlösung“, denn daß du, der jetzt unter des Teufels Gewalt gefangen, welcher mit allen seinen Pfeilen auf dich zielet, und von der Welt gedränget und unterdrückt in aller Gefahr und Not steckest, daraus dir weder du noch jemand helfen kann, sollest durch deinen Herrn Christum selbst vom Himmel los und ledig gemacht und dahin gebracht werden, da du über Teufel, Welt, Tod ein Herr werdest, daß dir alles müsse zu Füßen liegen? Warum wolltest du denn vor solchen Zeichen dich fürchten und erschrecken, und nicht vielmehr ihnen zulachen aufs allerfröhlichste?

Aber des Trosts müssen wir uns aufhalten, daß wir wissen, daß er kommen will und diese Zeichen lässet daher fahren, daß er nicht ferne sei.

DONNERSTAG: Kinder des Lichts

Lasset uns ehrbar wandeln als am Tage. *Römer 13/13*

Ihr lieben Christen, freut euch nun 3

Am Tage tut man kein Werk der Finsternis, jedermann schämet sich vor dem andern und stellet sich ehrbarlich. Man spricht: die Nacht ist unverschämt; das ist auch wahr, darum tut man auch die Werk in der Nacht, deren man sich schämet am Tage. Der Tag aber ist schamhaftig und zwinget zum ehrbarlichen Wandel. Also soll auch ein christlich Leben geschehen und sich halten, daß alle seine Werk dergestalt seien, daß sie sich nicht schämen, ob sie alle Welt sehe. Denn wer also lebet und wirket, daß er seine Tat nicht gerne wollt sehen oder hören lassen öffentlich vor jedermann, der lebet freilich nicht christlich.

Hieraus siehest du, wie not solche Reizung und Vermahnung sei, zu wachen und Waffen des Lichts anzulegen. Wie viel sind jetzt wohl Christen, die da leiden könnten, daß alle ihre Werk an den Tag kämen? Was ist aber das für ein christlich Leben in uns Gleißnern, so wir vor den Menschen nicht mögen unsern Wandel bloß leiden, der doch vor Gott, seinen Engeln und allen Kreaturen schon bloß ist und am Jüngsten Tag auch vor jedermann muß bloß werden? Darum soll ein Christ leben, wie er wollt am Jüngsten Tag und vor jedermann funden werden, Ephes. 5, 9: „Wandelt wie die Kinder des Lichts."

FREITAG: Widerstand dem Bösen

Alsdann wird der Boshafte offenbart werden, welchen der Herr umbringen wird mit dem Geist seines Mundes und wird durch die Erscheinung seiner Zukunft ihm ein Ende machen. *2. Thessalonicher 2/8*

O Heiland, reiß die Himmel auf 5

So spricht nun heutigen Tages das kleine Häuflein, die Christenheit ihrem Herrn und Meister Christo nach zum Teufel: „Hebe dich, Satan, denn es steht geschrieben: Du sollst anbeten Gott, deinen Herrn, und ihm allein dienen." Das ist, sie gehet mit Gottes Wort um, treibet und schärfet es ohne Unterlaß mit lesen, lehren, predigen, strafen, vermahnen, trösten usw. und richtet dadurch bei den Auserwählten so viel aus, daß sie sich nun fortan auf keine selbst erwählten Werke oder Gottesdienst, sie heißen und gleißen so schön sie immer mögen, verlassen, sondern bauen allein auf Gottes grundlose Gnade und Barmherzigkeit, in Christo uns verheißen und erzeiget; und wissen, daß Gott allein, als dem rechten einigen Herrn, die Ehre gebühre, daß man ihn anbete und ihm allein diene.

Durch diese Weise wird der Boshaftige mit dem Odem des Herrn Mundes umgebracht, das ist, durch das mündliche Wort, das seine Diener predigen. Dies, sage ich, gehet jetzt und wird seinen Fortgang haben, bis einmal kommen wird das selige Stündlein unserer endlichen Erlösung, auf welches wir warten.

Wir hoffen alle, die wir Christi Sinn haben, dieselbe tröstliche und fröhliche Erscheinung der Herrlichkeit des großen Gottes und unseres Heilandes Jesu Christi (der jetzt schwach, arm und verachtet ist und noch immerdar je länger je mehr in den Seinen verspottet, verschmähet, verspeiet, gegeißelt, gekreuzigt und getötet wird) werde nahe vor der Tür sein und der unzähligen Greuel ein Ende machen. In welcher Erscheinung sich Christus, unser Leben und Hoffnung, beweisen und erzeigen kann, wie wir jetzt von ihm glauben und predigen. Nämlich, er wird uns erlösen von allem Jammer und Elend, das wir beide, an Leib und Seele, um des Bekenntnis willen seines teuren Wortes und heiligen Namens hier tragen und dulden müssen von der bösen, argen Welt, von ihrem Vater, dem Teufel, und von dem Endechrist, der nichts denn Sünde anrichtet und eitel Verderben stiftet.

SONNABEND: Komm, wir gehen dir entgegen

Lasset eure Lenden umgürtet sein und eure Lichter brennen. *Lukas 12/35*

Nun jauchzet, all ihr Frommen 7

Wer reisen will, darf nicht lange, weite Kleider, sondern muß eingezogene Kleider haben. Also sagt Christus: seid bereit und habt acht aufs Spiel, habt Lichter in den Händen, seid fein geschickt, denn es ist nichts gewiß. Denn der Tod kommt euch zu Hause; aber wann die Stunde sein wird, ist euch unbekannt. Darum wartet nun auf diese Stunde. Man soll arbeiten, als wollte man ewig leben, und doch also gesinnet sein, als sollten wir diese Stunde sterben. Das heißt, die Lenden geschürzt sein, wenn wir des Bräutigams Christi warten. Diese Lehre stößet uns aber zu Boden und zeucht uns in die Buße. Denn keiner wird also geschickt sein, daß er des Herrn Tag fröhlich warte. Wir haben lieb den bösesten Feind, unser Fleisch, daß wir ja nicht gerne sterben.

Wer es nicht erkennet, daß er noch nicht also geschürzet ist, wie er sein soll, so schreie er nur zu Gott und klage es ihm; er will es uns zugute halten. Wenn wir aber das verachten und sicher sind, so will es uns Gott nicht schenken, sondern er will es uns gedenken zu unserm Übel. Gott kann Schwachheit wohl leiden; aber Bosheit und Verachtung kann er nicht dulden. Wer das nur erkennet, daß er nicht also ist, der bekenne es Gott, bitte um Beistand, daß wir also geschürzt seien; dem will Gott gnädiglich helfen und verzeihen.

3. WOCHE IM ADVENT

Den Armen wird das Evangelium gepredigt

SONNTAG: Matthäus 11/2—10

Die Blinden sehen und die Lahmen gehen, die Aussätzigen werden rein und die Tauben hören, die Toten stehen auf und den Armen wird das Evangelium gepredigt.

Auf, auf, ihr Reichsgenossen 8 *Matthäus 11/5*

Diese Predigt von Christo und seinem Reich sollten wir mit Fleiß merken und immerdar unter uns klingen lassen, daß Christus ein solch Reich habe und ein solcher König sei, der den elenden, armen Leuten an Leib und Seel helfen wolle, da sonst unmöglich ist, daß alle Welt mit all ihrem Vermögen könnte helfen. Denn da ist nie so ein trefflicher Doktor kommen, der einen Blinden hätte können sehend, einen Aussätzigen rein machen. Gleichwie auch nie kein Prediger gewesen ist, der den Armen hätte können das Evangelium predigen, das ist, die betrübten, elenden, geängstigten Gewissen auf sich weisen und trösten, und die erschrockenen Herzen, die in Schwermut und Kümmernis ersoffen sind, fröhlich und guter Ding machen.

Das ist die fröhliche, gute Botschaft, daß durch Christum für unsere Sünde bezahlet, und wir durch sein Leiden vom ewigen Tod erlöset sein. Das ist sein Reich und Amt, daß er den Armen das Evangelium verkündige; da will er hin; denn zu den großen, hohen Heiligen kann er nicht kommen, die kein Sünder sein wollen und das Evangelium nicht bedürfen.

MONTAG: Dies Reich gehört uns auch zu

Der Engel antwortete und sprach zu ihr: Der heilige Geist wird über dich kommen, und die Kraft des Höchsten wird dich überschatten; darum wird auch das Heilige, das von dir geboren wird, Gottes Sohn genannt werden.

Es kommt ein Schiff, geladen 4 *Lukas 1/35*

Diese Predigt tut der Engel dem frommen Jungfräulein, daß sie dieses Kinds sich freuen und alle Furcht und Traurigkeit soll fahren lassen. Aber sie soll dieser Predigt sich nicht allein annehmen; wir gehören auch dazu. Darum, ob wohl dies fromm Jungfräulein allein die Mutter zu diesem Kind ist, so gehören wir doch auch unter dieses Kindleins Regiment und Königreich. Denn sonst würden wir sehr übel stehn. Alles, was wir sind und haben, ist zeitlich und währet eine sehr kurze Zeit. Denn was sind vierzig, fünfzig oder gleich hundert Jahr? Wer aber in einem solchen Reich wär, das ein ewiges Reich ist, der stünde wohl und hätte Ursach, daß er stets in Springen ging.

Da gehet nun des Engels Predigt hin, daß er uns mit diesen Worten dies' zeitlichen Lebens, da so viel Fahr, Sünd und Tod innen ist, erinnern und uns dasselbe gleich erleiden will, daß er von einem Königreich sagt, dergleichen auf Erden nie keines kommen ist, das ein ewiges Königreich sei und kein End habe.

DIENSTAG: Auf ihn weiset die ganze Schrift

Was wir gesehen und gehört haben, das verkündigen wir euch. *1. Johannes 1/3*

Gottes Sohn ist kommen 2

So ist nun Christus, unser Herr, wahrer Gott und Mensch, den der Vater dazu geordnet und gesetzt hat. Denn er soll sein die Hauptquelle und Brunn, daraus eitel Gnade und Wahrheit, auch Gerechtigkeit fließt, daß wir Gnade und Gerechtigkeit von ihm auch kriegen und genießen sollen und von ihm bekommen Gnade um Gnade, Wahrheit um Wahrheit. Diesen haben wir, spricht der Evangelist, gesehen, gehöret, betastet, mit unsern Augen, Ohren, Händen, und an seinen Worten und Werken erkannt, daß er das Wort des Lebens und unaussprechliche Quelle aller Gnaden und Wahrheit ist. Wer nun begehret, der=

selben teilhaftig zu werden, er sei Abraham, Moses, Elias, Esaias, Johannes Baptista oder wer er wolle, der komme hier=her und empfange sie von ihm, und nicht von einem andern; oder er muß ewiglich verloren sein. „Denn wir alle", keiner ausgenommen, spricht der Evangelist, „haben von seiner Fülle genommen Gnade um Gnade, Wahrheit um Wahrheit." Also zeiget und weiset die ganze heilige Schrift vom Anfang bis zum Ende allein auf Christum und schweiget aller andern Hei=ligen in diesem Stücke, dabei Gnade und Wahrheit zu finden und zu suchen sei. Soll sie nun jemand erlangen, so muß es Seine Fülle tun; unser Brocken, Partecken und Tröpflein oder Stücklein werdens nicht tun.

MITTWOCH: Er hat die Niedrigkeit seiner Magd angesehen

Er hat große Dinge an mir getan, der da mächtig ist, und des Name heilig ist. *Lukas 1/49*

Es kommt ein Schiff, geladen 4

Ist nun der heiligen Gottes=Mutter Meinung in diesen Wor=ten: Es ist Nichts mein in allen diesen Dingen und großen Gü=tern, sondern der, der allein alle Ding tut, und seine Macht in allen allein wirkt, der hat mir solch groß Ding getan.

Ich bin nur die Werkstatt, darinnen er wirkt, aber ich habe nichts zum Werk getan; darum soll auch mich niemand loben, oder mir die Ehre geben, daß ich Gottes Mutter bin worden; sondern Gott und sein Werk soll man in mir ehren und loben: ist genug, daß man sich mit mir freuet, und mich selig preist, daß mich Gott gebraucht hat, solch seine Werke in mir zu tun.

Siehe, wie rein trägt sie alle Ding in Gott, wie gar nimmt sie sich keines Werkes, keiner Ehre, keines Ruhmes an, tut doch eben wie vorhin, da sie der keines hatte, fragt auch nicht mehr nach Ehren denn vorhin, brüstet sich nicht, bricht nicht auf, ruft nicht aus, wie sie Gottes Mutter worden sei, fordert keine Ehre; geht hin und schafft im Haus, wie vorhin, melkt die Kühe, kocht, wäscht Schüsseln, kehret, tut wie eine Haus=magd oder Hausmutter tun soll in geringen, verachteten Wer=

ken, als wäre ihr nichts um solch überschwengliche Güter und Gnaden. Sie ist unter anderen Weibern und Nachbarn gehalten nichts Höheres denn vorhin; sie hat's auch nicht begehrt, sie ist eine arme Bürgerin geblieben unter dem geringen Haufen. O wie ein einfältig, rein Herz ist das! Wie sind da so große Ding verborgen unter solcher geringen Gestalt!

DONNERSTAG: Ein Herz, das Demut liebet

Der Herr ist hoch und sieht auf das Niedrige. Psalm 138/6

Auf, auf, ihr Reichsgenossen 8

Nun, hier ist uns sonderlich abgemalt und angezeigt, was Gottes Art ist, nämlich, daß er *herunter* sehe. Er kann nicht *über* sich sehen, denn er hat nichts über ihm; kann auch nicht *neben* sich sehen, denn er hat niemand, der ihm gleich ist; darum siehet er allein *unter* sich. Derhalben je tiefer du bist und je geringer du bist, je heller Gottes Augen auf dich sehen.

Kürzlich, es lehret uns dieser Vers recht Gott erkennen in dem, daß er anzeigt, Gott sehe auf die Niedrigen, Verachteten; und der erkennt Gott recht, der da weiß, daß Gott auf die Niedrigen siehet; und aus der Erkenntnis folget denn Lieb und Treu zu Gott, daß sich der Mensch ihm willig ergibt und folget.

Die wahren Demütigen sehen nit auf die Folge der Demut, sondern mit einfältigem Herzen sehen sie in die niedrigen Ding, gehn gern damit um, und werden selbst nimmer gewahr, daß sie demütig seien. Aber die falschen Demütigen wundert es, daß ihre Ehre und Erhöhung so lang ausbleibt, und ihr heimlich falscher Hochmut lässet sich nit begnügen an seinem geringen Wesen, denkt heimlich nur höher und höher. Darum, rechte Demut weiß nimmer, daß sie demütig ist, denn so sie es wüßte, würde sie hochmütig von dem Ansehen derselben schönen Tugend; sondern sie haftet mit Herz, Mut und allen Sinnen an den geringen Dingen, die hat sie ohne Unterlaß in ihren Augen, das sind ihre Bilder, damit sie umgehet; und dieweil sie die in ihren Augen hat, kann sie sich selber nicht sehen, noch ihr selber gewahr werden.

FREITAG: Ein ärgerlicher König des Kreuzes

Selig ist, der sich nicht an mir ärgert. *Matthäus 11/6*

Gottes Sohn ist kommen 2

Ja freilich selig! Denn an diesem König und seiner Predigt, der jedermann sich billig freuen sollt, ärgert sich die ganze Welt. Und ist eben das der Ärgernis eins, daß die Welt sich an der Lehre Christi ärgert, daß sie sich nicht will auf Gottes Gnade, sondern auf ihr eigen Werk und Verdienst verlassen. Zum andern ärgert sich die Welt auch in dem an Christo, daß er so gar arm und elend ist. Item, daß gleich wie er das Kreuz trägt und sich daran hängen läßt, also vermahnet er auch seine Christen, ihr Kreuz auf sich zu nehmen und ihm also durch allerlei Anfechtung und Trübsal nachzufolgen. Solchem ist die Welt zumal feind.

Also ist der liebe Herr Christus allenthalben in der Welt ein ärgerlicher Prediger. Dem Evangelio gehets nimmermehr anders. Es ist und bleibt eine Predigt, daran sich stoßen nicht geringe Leut, sondern die heiligsten, frömmsten, weisesten, gewaltigsten auf Erden, wie die Erfahrung mitbringt. Wohl aber denen, die wissen und glauben, daß es Gottes Wort ist, die sind genesen, getröstet und gestärkt wider alle solche Ärgernis.

SONNABEND: Meine Seele erhebet den Herren

Siehe, von nun an werden mich selig preisen alle Kindeskinder. *Lukas 1/48*

Wie soll ich dich empfangen 10

Dieweil es denn nun seine Art ist, in die Tiefe, unansehnlich Ding zu sehen, habe ich das Wörtlein humilitas verdeutscht: Nichtigkeit oder unansehnlich Wesen; daß die Meinung Mariä sei die: Gott hat auf mich armes, verachtetes, unansehnliches Mägdlein gesehen, und hätte wohl gefunden eine reiche, hohe, edle, mächtige Königin, Fürstin oder großer Herren Tochter; hätt er doch wohl mögen finden Annas oder Caiphas Tochter, welche die Obersten im Lande gewesen sind; aber er hat auf mich seine lauteren gütigen Augen geworfen, und so eine geringe, verschmähte Magd dazu gebraucht, auf daß niemand vor ihm sich rühme, daß er's würdig gewesen wäre oder sei, und ich auch bekennen muß, daß es lauter Gnade und Güte ist und gar nichts mein Verdienst und Würdigkeit.

Soviel würdiges Verdienst man ihr zulegt, soviel man der göttlichen Gnaden abbricht und des Magnificat Wahrheit mindert.

Darum, wer sie recht ehren will, muß sie nicht allein für sich bilden, sondern sie vor Gott und weit unter Gott stellen, und sie allda bloß machen, und ihre Nichtigkeit (wie sie sagt) ansehen; darnach sich wundern der überschwenglichen Gnaden Gottes, der ein solch geringes, nichtiges Weib so reichlich, gnädiglich ansieht, umfänget und gebenedeiet; daß also du bewegt werdest, Gott zu lieben und zu loben in solchen Gnaden, und dadurch gereizt werdest, dich alles Guten zu versehen zu solchem Gott, der geringe, verachtete, nichtige Menschen so gnädiglich ansiehet, und nicht verschmähet, daß also dein Herz gegen Gott im Glauben, Liebe und Hoffnung gestärkt werde. Sie will nicht, daß du zu ihr kommst, sondern durch sie zu Gott.

4. WOCHE IM ADVENT

Der Vorläufer

SONNTAG: Johannes 1/19–28

Du, Kindlein, wirst ein Prophet des Höchsten heißen.

Lukas 1/76

Gott sei Dank durch alle Welt 11

Weil denn Christus so schlicht und einfältig, ohn allen Schein und Pracht, darauf fleischliche Herzen sonderlich Achtung haben, kommen sollt, die Welt durchs Wort und Wunderzeichen, nicht durch Büchsen, Schwert oder leibliche Gewalt zu gewinnen, ward nach Mose, allen Propheten, Priestern und Leviten nicht ein Engel, sondern ein Mensch, der Johannes hieß, welcher doch mehr war, denn ein Prophet (wie Christus von ihm zeuget), von Gott gesandt (kam nicht von ihm selber, unberufen), vor dem Herrn her, daß er anklopfen und die Juden aufwecken sollt und zeugen von dem Herrn und sagen: Tut auf Tor und Tür, euer Heiland ist vorhanden, auf den ihr also lange gewartet habt; wachet auf, sehet, das neue Licht, das von Anfang bei Gott und ewiger Gott war und nun Mensch worden, ist gegenwärtig; sehet zu, daß ihrs nicht vorüber laßt gehen.

So hat er auch einen köstlichen Namen, heißet Johannes, das ist Gnadenreich; mußte nicht mit einem zufälligen Namen, wie andere Leute, genennet werden, sondern mit einem solchem Namen, der das, das er lautet, mit sich brächte, wie alle Namen, die Gott machet und gibt, wie auch sein geliebter Sohn nicht vergebens Jesu genannt ward, darum, daß er sollte seinem Volk von Sünden helfen. Also führet Johannes diesen Namen auch nicht um seiner Person, sondern um seines Amts und Zeugnis' willen.

MONTAG: Des Täufers Person

Er war nicht das Licht, sondern daß er zeugte von dem Licht. *Johannes 1/8*

Gott sei Dank durch alle Welt 11

Ich verwerfe St. Johannes nicht, sondern ehre und hebe ihn hoch. Ich mache aber einen Unterschied zwischen ihm und Christo, von dem er zeuget, zwischen seinem Amt und Leben. Er ist ein Knecht und Diener, nicht der Herr selbst. Er ist der Anweiser und Führer zum wahren Licht, nicht das Licht selbst. Er führet ein höher, herrlicher Amt denn die Propheten. Denn er weissaget nicht vom Herrn, daß er über lang oder kurz kommen soll, sondern zeiget gegenwärtig mit dem Finger auf ihn: Siehe, da ist er.

Darum halte ich viel von seinem Amt, ja danke dem lieben Gott, daß er uns so einen treuen Zeugen, seligen Mund und Finger gegeben hat, der uns vom rechten Licht zeugete und zu ihm führet, daß wir dadurch erleuchtet werden, daß es für und für in unserm Herzen leuchte und scheine, der mit Fingern auf Gottes Lamm weise. Ich will aber und kann meine Zuversicht, so viel die Seligkeit belanget, auf ihn, Johannem, nicht setzen, noch mich auf seine Heiligkeit, strenges Leben und köstliche Werk verlassen; denn er ist nicht Christus (wie er selbst bekennet Joh. 3) welcher allein das Leben und Licht der Menschen ist. Er ist ein Zeuge des Lichts, er hilft uns durch sein Amt, daß wir des Lichts Kinder werden; da leuchtet er denn und ist ein feines Licht.

DIENSTAG: Des Täufers Amt

Bereitet dem Herrn den Weg und machet richtig seine Steige. *Matthäus 3/3*

Mit Ernst, o Menschenkinder 9

Das ist nun die Bereitung des Weges Christi und das eigentlich Amt Johannis, daß er alle Welt demütigen sollt und sagen, daß sie allzumal Sünder, verloren, verdammt, arm, dürftig, elende Menschen sind, und daß kein Leben, kein Werk, kein Stand so heilig, schön oder gut scheine, der nicht verdammlich sei, wo nicht Christus der Herr drinnen wohnet, wirkt, wandelt, lebet und alles ist und tut durch seinen Glauben, daß sie also allzumal Christum bedürfen und sich seiner Gnade mit aller Begierden teilhaftig machen.

Siehe da, wo nun solchs gepredigt wird, daß aller Menschen Werk und Leben nichts ist, das ist die rechte Stimme Johannis in der Wüsten und die lauter reine Wahrheit christlicher Lehre, wie Paulus tut Röm. 3. 23, da er spricht: „Sie sind allzumal Sünder und mangeln des Ruhmes, den sie an Gott haben sollten.“ Das heißt recht demütigen und allen Menschen die Vermessenheit ausschneiden und zunichte machen. Das heißt nun wahrhaftig den Weg des Herrn richten, Raum geben und Platz machen.

MITTWOCH: Mit Ernst, o Menschenkinder, das Herz in euch bestellt.

Tut Buße, das Himmelreich ist nahe herbeigekommen!

Mit Ernst, o Menschenkinder 9 *Matthäus 3/2*

Und so ihrs wissen wollt, so bin eben ich die rufende Stimme und der Engel, vor dem Herrn hergesandt, der euch verkündigen soll, daß ihr ihm, dem Herrn, der mir auf dem Fuße folget, den Weg bereiten sollet. So tut nun beiseite alles, was seinen Weg hindern mag. Leget ab beides, die groben, öffentlichen, vor allen Dingen aber die geistlichen Sünden, die einen Schein der Heiligkeit haben, welche ihn am meisten verhindern, daß er zu euch mag kommen, und nehmet ihn mit Freuden auf, gehorchet und glaubet an ihn und lasset euch taufen. Tut ihr es, so seid ihr vor Gott gesegnet, habt Vergebung der Sünden, seid nun wahrhaftig Gottes Volk, heilig und selig. Lasset ihr euch aber nicht sagen, sondern wollet auf eurem alten Wesen stehen und beharren, so wirds bald mit euch aus sein. Und solches wird eher geschehen, denn ihr euchs versehet. Denn die Axt liegt nicht unter der Bank, hängt auch nicht an der Wand; sondern „sie ist dem Baum bereits an die Wurzel geleget".

So ist auch der Mann, von dem ich zeuge und euch zu ihm weise, nicht so schwach und verächtlich, als ihr ihn ansehen werdet. Ja, ich sage euch, er ist stärker denn ich; auch so groß und heilig, „daß ich nicht wert bin, ihm die Riemen seiner Schuhe aufzulösen". Denn er ist der Herr selbst. Nun, er kommt mit Gnaden zu euch, daß er euch helfe aus aller Not, gerecht und selig mache. Nehmet ihr ihn an, wohl euch. Wo nicht, so wird ers kurz mit euch machen.

DONNERSTAG: Siehe, das ist Gottes Lamm

Siehe, das ist Gottes Lamm, welches der Welt Sünde trägt.
Johannes 1/29

Die Nacht ist vorgedrungen 14

Da gehet nun das ander Teil der Lehre an, daß Johannes die Leute von sich auf Christum weiset und spricht: „Sehet, das ist das Lamm Gottes, das der Welt Sünde auf sich nimmt." Das ist also viel gesagt: Ich habe euch zuerst durch meine Lehre alle zu Sündern gemacht, alle eure Werk verdammt und gesagt, daß ihr an euch selbst müsset verzagen; aber auf daß ihr auch nicht an Gott verzaget, sehet da, ich will euch zeigen, wie ihr eure Sünde sollt los werden und Seligkeit erlangen.

Nicht könnt ihr euer Sünde ablegen oder euch durch Werk fromm machen; ein ander Mann gehöret dazu. Ich kanns auch nicht tun, doch zeigen kann ich ihn. Es ist dieser Jesus Christus, das Lamm Gottes. Der, der, und sonst niemand, weder im Himmel noch auf Erden, nimmt die Sünde auf sich so gar, daß auch du nicht die allerkleinest Sünde könntest bezahlen. Er muß allein auf sich nehmen nicht *deine* Sünde allein, sondern der *Welt;* und nicht *etliche* Sünde der Welt, sondern *alle* Sünde der Welt, sie seien groß, klein, viel oder wenig. Das heißt denn das lautere Evangelium gepredigt und gehöret und den Finger Johannis erkennet, damit er dir Christum, das Lamm Gottes, zeiget.

Kannst du nun glauben, daß solche Stimme Johannis wahr sei, und seinem Finger nachsehen und das Lamm Gottes erkennen, daß es deine Sünde auf sich trage, so hast du gewonnen, so bist du ein Christ, ein Herr über Sünde, Tod, Hölle und alle Ding; da muß dein Gewissen froh und dem zarten Lamm Gottes aus Herzen hold werden.

FREITAG: Die hohe Majestät — ein Mensch

Und kündlich groß ist das gottselige Geheimnis: Gott ist offenbart im Fleisch, gerechtfertigt im Geist, erschienen den Engeln, gepredigt den Heiden, geglaubt von der Welt, aufgenommen in die Herrlichkeit. *1. Timotheus 3/16*

Nun komm, der Heiden Heiland 1

O das ist ein lächerlich Ding, daß der einige Gott, die hohe Majestät, sollte ein Mensch sein; und kommt hier zusammen beide, Kreatur und Schöpfer, in einer Person. Da sperret sich die Vernunft mit allen Kräften.

Hier sind uns genommen und gewehret die klugen Gedanken, damit die Vernunft gen Himmel flattert und Gott in der Majestät suchet und forschet, wie er im Himmel regiere usw., und das Ziel hierher gesteckt, daß ich aus der ganzen Welt laufe gen Bethlehem, in den Stall und die Krippen, da das Kindlein liegt, oder Maria in dem Schoß; das heißt die Vernunft doch gar gedämpft. Was dir zu hoch ist, das lasse ungeforschet. Aber hier kommt es herunter mir vor die Augen, daß ich das Kindlein sehe in der Mutter Schoß. Da liegt ein Mensch, der da geboren wird wie ein ander Kind und lebet wie ein ander Kind und führet kein ander Wesen, Werk, Gebärde denn ein ander Mensch, daß keinem Menschen nimmermehr ins Herz fallen könnte, daß die Kreatur soll der Schöpfer selbst sein. Wo sind da die Weisen, die das je hätten erdenken oder in den Sinn nehmen können? Da muß ja alle Vernunft niederliegen und ihre Blindheit bekennen, daß sie will gen Himmel klettern und göttliche Dinge unterstehet zu ermessen, und kann doch, das vor Augen liegt, nicht gewahr werden.

WEIHNACHTEN

Das Wort ward Fleisch

AM 24. DEZEMBER vormittags

Und sie gebar ihren ersten Sohn und wickelte ihn in Windeln und legte ihn in eine Krippe; denn sie hatten sonst keinen Raum in der Herberge. *Lukas 2/7*

Kommt und laßt uns Christum ehren 29

Siehe, wie gar schlicht und einfältig die Dinge zugehen auf Erden, und doch so groß gehalten werden im Himmel. Auf Erden gehet es also zu: Da ist ein arm junges Weiblein, Maria, zu Nazareth, gar nichts geachtet und unter den geringsten Bürgerinnen der Stadt gehalten. Da wird niemand gewahr des großen Wunders, das sie träget; sie schweiget auch stille, nimmt sichs nicht an, hält sich für die Geringste in der Stadt, sie machet sich auf mit ihrem Hausherrn Joseph, haben vielleicht keine Magd noch Knecht, sondern er ist Herr und Knecht, sie Frau und Magd im Haus, haben also das Haus lassen stehen oder andern befohlen. Da sie nun gen Bethlehem kommen, zeiget der Evangelist, wie sie die Allergeringsten und Verachtetsten sind gewesen, sie haben jedermann müssen räumen, bis daß sie in einen Stall geweiset, mit dem Vieh ein gemeine Herberg, gemeinen Tisch, gemeine Kammer und Lager haben müssen annehmen, indes mancher böser Mensch, im Gasthaus obenan gesessen, sich hat einen Herrn ehren lassen. Da merket noch erkennet niemand, was in dem Stall Gott wirket, läßt die großen Häuser und köstliche Gemach leer bleiben, läßt sie essen, trinken und guten Mut haben; aber dieser Trost und Schatz ist ihnen verborgen.

O welch eine finstere Nacht ist über dem Bethlehem damals gewesen, die eines solchen Lichts nicht ist inne worden! Wie zeiget Gott an, daß er so gar nichts achte, was die Welt ist, hat und vermag; wiederum die Welt beweiset auch, wie gar sie nichts erkennet noch achtet, was Gott ist, hat und wirket.

AM HEILIGEN ABEND: Lukas 2/1—20

Fürchtet euch nicht! Siehe, ich verkündige euch große Freude, die allem Volk widerfahren wird; denn euch ist heute der Heiland geboren, welcher ist Christus, der Herr, in der Stadt Davids. *Lukas 2/10—11*

Vom Himmel hoch, da komm ich her 16

Das Wörtlein: „Euch" sollt uns fröhlich machen. Denn mit wem redet er? Mit Holz oder Steinen? Nein, sondern mit Menschen, und nicht mit einem oder zweien allein, sondern mit allem Volk. Was wollen wir nun draus machen? Wollen wir auch weiter zweifeln an der Gnade Gottes und sprechen: Des Heilands mag wohl St. Peter und St. Paul sich freuen, ich darfs nicht tun, ich bin ein armer Sünder, dieser edler, teuer Schatz gehet mich nicht an? Lieber, wenn du so willst sagen: er gehört mir nicht an, ich auch so will sagen: wem gehört er denn an? Ist er um der Gänse, Enten oder Kühe willen kommen? Denn du mußt hiehier sehen, wer er sei. Hätte er wollen einer andern Kreatur helfen, so wäre er dieselbe Kreatur worden. Aber er ist allein eines Menschen Sohn worden.

Nun, wer bist du? Wer bin ich? Sind wir nicht alle Menschen? Ja. Wer soll sich denn dies Kindleins annehmen, denn eben die Menschen? Die Engel bedürfen sein nicht, die Teufel wollen sein nicht. Wir aber bedürfen sein, und um unsertwillen ist er Mensch worden. Derhalb gebührt es uns Menschen, daß wir mit Freuden uns sein sollen annehmen, wie der Engel hier sagt: „Euch ist der Heiland geboren." Ists nicht ein groß, herrlich Ding, daß ein Engel vom Himmel solche Botschaft den Menschen bringt? Und darnach so viel tausend Engel so fröhlich drüber sind, wünschen und predigen, daß wir Menschen auch sollen fröhlich sein und solche Gnade mit Dank annehmen?

Darum sollen wir das Wort „Euch" mit feurigen Buchstaben ins Herz schreiben und uns der Geburt dieses Heilands mit Freuden annehmen.

1. WEIHNACHTSTAG

Das Wort ward Fleisch. *Johannes 1/14*

Gelobet seist du, Jesu Christ 15

Christus hat eine reine, unschuldige, heilige Geburt. Der Mensch hat eine unreine, sündige, verdammte Geburt. Derselben mag nicht geholfen werden, denn durch die reine Geburt Christi. So kann die Geburt Christi leiblich nicht ausgeteilt werden, würde auch nichts helfen; darum wird sie geistlich durchs Wort ausgeteilt jedermann. So er festiglich glaubt, sie sei also ihm gegeben, dem soll seine unreine Geburt nicht schaden.

Das ist die Weise und Maße, rein zu werden von unserer elenden Adamsgeburt. Darum hat Christus wollen geboren werden, auf daß wir durch ihn anderweit geboren würden. „Er hat uns williglich geboren durch das Wort der Wahrheit, daß wir anheben, seine neue Kreatur zu sein." Siehe, also nimmt Christus zu sich unsere Geburt von uns und versenket sie in seiner Geburt und schenkt uns die seine, daß wir darin rein und neu werden, als wäre sie unser eigen, daß ein jeglicher Christ mag sich dieser Geburt Christi nicht weniger freuen und rühmen, denn als wäre er auch, gleichwie Christus, leiblich von Maria geboren. Wer das nicht glaubt oder zweifelt, der ist kein Christ.

O das ist die große Freude, da der Engel von sagt. Das ist der Trost und die überschwengliche Güte Gottes, daß der Mensch sich (so er das glaubt) solchs Schatzes mag rühmen, daß Maria seine rechte Mutter, Christus sein Bruder, Gott sein Vater ist. Denn die Ding sind alle wahr und geschehen, so wir sie glauben.

Siehe zu, daß du die Geburt dir zu eigen machest und mit ihm wechslest, daß du deiner Geburt los werdest und seine überkommest. Welchs geschieht, so du glaubest; so sitzest du gewißlich der Jungfrauen Marien im Schoß und bist ihr liebes Kind. An dem Glauben hast du zu üben und zu bitten, solang du lebest, kannst ihn nimmer genugsam stärken.

2. WEIHNACHTSTAG

Fürchtet Euch nicht. *Lukas 2/10*

Fröhlich soll mein Herze springen 27

Damit ist angezeigt, daß dieser König denen, die in Furcht und Schrecken sind, geboren sei, und dieselben auch allein in sein Reich gehören. Denen soll man auch predigen, wie der Engel den armen erschrockenen Hirten predigt: „Siehe, ich verkündige euch große Freude." Es wird wohl diese Freude allem Volk angeboten; aber doch sind dieser Freude allein fähig, die erschrockenen Gewissens und betrübten Herzens sind. Dieselben gehören zu mir und zu meiner Predigt, denen will ich etwas Guts verkündigen. Ist das nicht groß Wunder, daß diese Freude da am nächsten sein soll, da die größeste Unruhe des Gewissens ist?

Die Welt ist fröhlich und guter Ding, wenn sie Geld und Gut, Gewalt und Ehre hat. Aber ein elend, betrübt Herz begehret nichts anders, denn Friede und Trost, daß es wissen möge, ob es einen gnädigen Gott habe. Und diese Freude, davon ein betrübtes Herz Ruhe und Friede hat, ist so groß, daß aller Welt Freude dagegen versinkt. Darum soll man den armen Gewissen also predigen, wie der Engel hier prediget: Höret mir zu alle, die ihr elenden und betrübten Herzens seid, ich bringe euch eine fröhliche Botschaft. Denn darum ist er nicht auf Erden kommen und Mensch worden, daß er euch in die Hölle stoße, vielweniger ist er darum für euch gekreuziget und gestorben; sondern darum ist er kommen, daß ihr große Freude in ihm hättet. Willst du Christum recht definieren und eigentlich beschreiben, wer und was er sei, so merke drauf, wie ihn der Engel hie definieret und beschreibet, nämlich, daß er ist und heißt „große Freude". Wer nun diese Definitio wohl lernen und gewiß fassen könnte! Denn da liegt Macht an.

27. DEZEMBER: Das Herz und das Kind

Uns ist ein Kind geboren, ein Sohn ist uns gegeben, und die Herrschaft ist auf seiner Schulter; und er heißt Wunderbar=Rat, Kraft=Held, Ewig=Vater, Friedefürst.

Jesaja 9/5

Ich steh an deiner Krippen hier 28

Dies Kind ist allein dazu geordnet, daß es soll das Herz füllen. Wann sich das Herz also durch den Glauben ergibt, dann findets, daß er heiße ein süßer Jesus. Darnach erhebt sich das Herz in den Vater, der so gnädig ist, daß er das Kind ins Herz gegeben hat. Es ist nicht auszusagen oder zu gedenken, daß ein solch eng Ding so großen Schatz in ihm haben soll. So wird dann das große Wunderzeichen wieder erneuert, davon wird das Herz süße, fröhlich, getrost, unerschrocken, und hat Friede vor allem Jammer, das ihn anstoßen kann. Denn was sollte seinem Herzen wehe geschehen? Wo das Kind bleibt, wird es auch wohl bleiben. Das Herz und das Kind scheiden sich nicht von einander.

Nun ist es wahr, daß es nicht kann möglich sein, daß sich das Herz des Kindes also annehme und schmecke seine Süßigkeit, es habe denn zuvor alle Freude ausgeschüttet außerhalb dem, das nicht Christus ist. Das Kind will nicht leiden, daß sich das Herz etwas anders annimmt, es will allein im Herzen wohnen. Wir müssen lassen fahren alles, was vor unsern Augen gut ist, Wollust, Reizung zu Gütern, Ehre, unser Leben, Frömmigkeit, Weisheit und alle unsere Tugend; wenn wir das alles ganz übergeben und uns des verzeihen, dann so kommt das Kindlein. Es bringet aber mit sich alles, was unsern Adam tötet.

Man muß eine ledige Seele dem Kinde bringen; darum ist niemand geschickter dazu, denn welcher viel Not, Betrübnis und Jammer auf ihm hat, und gehet nichts nach seinem Sinn; doch also, daß er stille stehe, die Widerwärtigkeit gerne trage. Christus wird dir nimmer süße werden, du seist dir denn vorher selber bitter. Wer sich nicht also fühlet, der mag wohl davon bleiben.

28. DEZEMBER: Er siehet auf das Niedrige

Er stößt die Gewaltigen vom Stuhl und erhebt die Niedrigen. *Lukas 1/52*

Lobt Gott, ihr Christen alle gleich 21

Wie hätte Gott seine Güte größer möcht erzeigen, denn daß er sich so tief in Fleisch und Blut senkt, daß er auch die natürliche Heimlichkeit nicht verachtet und die Natur an dem Ort aufs allerhöchste ehret, da sie in Adam und Eva ist am allerhöhesten zu Schanden worden?

Wie gar fällt doch dahin alle böse Lust, alle bösen Gedanken, wie stark sie immer sind, wenn wir nicht mehr tun, denn zusehen dieser Geburt und bedenken, wie die hohe Majestät so mit ganzem Ernst, so mit überschwenglicher Liebe und Güte wirket und zu schaffen hat in dem weiblichen Fleische und Blut dieser Jungfrau. Also verachtet sie ist auf Erden, so hoch und tausendmal mehr ist sie geehret im Himmel.

Siehe, wie gar überreichlich ehret Gott, die da von Menschen verachtet und gerne verachtet werden. Da siehest du, wo seine Augen hinsehen! Nur in die Tiefe und Niedrigung, wie geschrieben stehet: „Er sitzt über Cherubim, und siehet in die Tiefe oder Abgrund." Die Engel konnten auch keine Fürsten noch Gewaltigen finden, sondern die ungelehrten Laien und allerniedrigsten Leute auf Erden. Mochten sie nicht die Hohenpriester, die Gelehrten zu Jerusalem ansprechen, die doch viel von Gott und Engel wissen zu sagen? Nein, es müssen die armen Hirten würdig sein, solche große Gnade und Ehre zu haben im Himmel, die auf Erden nichts waren. Wie gar verwirft doch Gott, was hoch ist.

29. DEZEMBER: Simeon

Da nahm er ihn auf seine Arme und lobte Gott und sprach: Herr, nun lässest du deinen Diener im Frieden fahren, wie du gesagt hast! denn meine Augen haben deinen Heiland gesehen. *Lukas 2/28—30*

Herr Jesu, Licht der Heiden 113

Simeon ist alt, siehet den Tod vor sich, ja er fühlet ihn an seinem ganzen Leib, in allen Gliedern, da er von Tag zu Tag, je länger je mehr näher rücket; wie denn alte Leut täglich abnehmen. Aber er läßt sich solches nicht anfechten, wünschet, daß es nur bald geschehe, sagt, er sei unerschrocken und kümmere sich gar nicht darum, daß er sterben soll, ja der Tod sei ihm willkommen, weil er den Heiland gesehen habe; denn wo das nicht wäre, könnte kein Freud noch fröhlich Herz bei dem Sterben sein. Davor wollte der fromme Simeon gern jedermann warnen und uns dahin bringen, weil wir doch müssen bekennen, wir bedürfen eines Heilands, daß wir diesen nehmen, welchen nicht wir gedichtet, sondern Gott selbst verordnet hat; denn da können wir nicht fehlen, uns muß geholfen werden; denn darum ist dies Kindlein da, Gott, sein himmlischer Vater, hat es uns darum bereitet, daß es uns helfen soll. Wer nun diesen Heiland hat, der Gottes Heiland ist, der kann ein friedlich, still Herz haben.

Allein, es liegt alles daran, daß wir unsere Augen mit dem lieben Altvater Simeon auftun und dies Kindlein ansehen, in unsere Arme nehmen, ihn herzen und küssen, das ist, daß wir unser Freud, Vertrauen, Trost und Herz auf ihn setzen. Denn wo es in unserm Herzen fest und gewiß ist, daß dies Kindlein Gottes Heiland sei, da muß folgen, daß man zufrieden sei und sich weder Sünde noch Tod schrecken lasse; denn dawider hat man einen Heiland.

30. DEZEMBER: Da schenke ich euch alle meine Gnade

Dies ist mein lieber Sohn, an welchem ich Wohlgefallen habe. *Matthäus 3/17*

Nun singet und seid froh 26

Hiermit ist ja nichts anderes gesagt, denn als spreche er zu uns: Da schenke ich euch alle meine Gnade, Liebe und Wohltat, die ich in meinem Herzen und Kräften habe. Denn, daß ihr ja nicht zweifeln sollet, noch könnet, so gebe ich euch hiermit nicht Mosen oder einen Propheten, noch einen Engel oder Hei=

ligen, nicht einen Schatz von Gold und Silber, noch andere große irdische oder himmlische Gaben; sondern meinen einigen lieben Sohn, das ist, mein eigen Herz, und den rechten ewigen Born und Quell aller Gnaden und Gutes, welchen kein Engel noch Kreatur im Himmel und Erden ergründen noch begreifen kann. Der soll das Zeichen und Pfand sein meiner Gnade und Liebe wider eure Sünd und Schrecken; und wie er ist von Geburt und Recht der einige Erbe und Herr aller Kreaturen, also sollt auch ihr in ihm meine Kinder und Erben sein und alles haben, was er hat und vermag. Denn zu dem, daß er uns sein Recht und Erbschaft, welches er von Natur hat, schenket, hat er uns auch verdient und erworben durch sein Leiden und Tod, als unser Priester und Bischof, daß wir selbst seine erwählten Kinder und ewiglich Miterben seien seiner Güter. Siehe, was sollte er nun mehr tun oder geben, was könnte eines Menschen Herz Höheres und Besseres begehren oder erdenken?

JAHRESWENDE

Jesus Christus gestern und heute und derselbige auch in Ewigkeit

SYLVESTER VORMITTAG: Festhalten am Bekenntnis

Lasset uns halten am Bekenntnis. *Hebräer 4/14*

Erhalt uns, Herr, bei deinem Wort 142

Wenn ich noch hundert Jahre sollte leben, und hätte nicht allein die vorigen und jetzigen Rotten und Sturmwinde durch Gottes Gnaden gelegt, sondern könnte auch alle künftigen also legen, so sehe ich doch wohl, daß damit unsern Nachkommen keine Ruhe geschafft wäre, weil der Teufel lebet und regieret; darum ich auch bitte um ein gnädiges Stündlein und begehre des Wesens nicht mehr. Ihr, unsere Nachkommen, betet auch mit Ernst und treibet Gottes Wort fleißig; erhaltet das arme Windlicht Gottes; seid gewarnet und gerüstet, als die alle Stunde erwarten müssen, wo euch der Teufel etwa eine Scheibe oder Fenster ausstoße, Tür oder Dach aufreiße, das Licht auszulöschen.

Darum seid nüchtern und wachet; er schläft und feiert nicht, auch stirbt er nicht vor dem jüngsten Tage. Ich und du müssen sterben, und wenn wir tot sind, so bleibet er gleichwohl der, so er allezeit gewesen, und kann sein Stürmen nicht lassen. Christus, unser lieber Herr, der ihm den Kopf zertreten hat, komme und erlöse uns endlich von seinem Stürmen. Amen.

SYLVESTER ABEND: Lasset Gott allein die Herrlichkeit

Ich will den Namen des Herrn preisen. Gebt unserm Gott allein die Ehre! *5. Mose 32/3*

Das alte Jahr vergangen ist 38

Das ist, ich will ein Liedlein singen, das will ich hoch anfahen, und höher soll es niemand unter der Sonne anfahen, noch besser machen können. Mein bestes Lied und beste Lehre soll sein das erste Gebot Gottes, nämlich, daß man dem einigen wahren Gott die Ehre geben soll, ihn herzlich fürchten und lieben, auf ihn allein trauen und bauen.

Und lautet mein Lied also: Gebet Gott die Herrlichkeit! Das ist, dem einigen, wahren, lebendigen Gott gebühret alleine die Herrlichkeit, Lob und Preis, im Himmel und auf Erden. Er ist allein ein Gott über alle Götter, ein Herr aller Herrn, der Himmel und Erden und das Meer geschaffen hat und alles, was darin ist; der alle Königreiche auf Erden in der Hand hat, dieselbigen aufrichtet und niederstößet, wie er will; der allen Menschen auf Erden Odem und Leben gibt; der aller Könige Herzen, Sinne und Gedanken, und sonst aller Menschen auf Erden, inwendig bildet und lenket, wie es ihm gefällt; der allein alle leiblichen und geistlichen Gaben gibt, ohne welche niemand Leib, Leben, Weisheit, Stärke, Gesundheit, Gewalt, Reichtum oder einiges Gut haben oder einen Augenblick behalten kann.

Das nun also erkennen und wissen, ihm allein alle Ehre erweisen, ernstlich von ihm alle Gaben leiblich, geistlich alle Hilf und Trost warten, auf ihn in Glück und Unglück, in Leben und Sterben sich von Herzen verlassen, zu ihm in allen Anfechtungen fliehen, ihn allein in allen Nöten und Trübsalen suchen und anrufen, das ist der höchste, angenehmste Gottesdienst.

Die Herrlichkeit aber gebe Gott dem Herrn allein der kleine Haufe, die Gläubigen und Frommen auf Erden; dieselbigen vertrauen und bauen auf ihn von Herzen, erkennen, daß sie alle Güter von ihm haben, daß sie keinen Augenblick vor dem Teufel bleiben könnten, wenn Gott sie nicht schützet und behütet.

NEUJAHR: Auf Gott allein

Gott ist mein Hort, auf den ich traue mein Schild und Horn meines Heils, mein Schutz und meine Zuflucht, mein Heiland der du mir hilfst vor dem Frevel.

Nun laßt uns gehn und treten 42 *2. Samuelis 22/3*

Ich glaube an Gott Vater, Allmächtigen, Schöpfer Himmels und der Erden.

Ich setz mein Vertrauen auf keinen Menschen auf Erden, auch nicht auf mich selbst, noch auf mein Gewalt, Kunst, Gut, Frömmigkeit oder was ich haben mag. Ich setz mein Vertrauen auf keine Kreatur, sie sei im Himmel oder auf Erden. Ich erwäge und setz mein Vertrauen allein auf den bloßen, unsichtbaren, unbegreiflichen, einigen Gott, der Himmel und Erde erschaffen hat, und allein über alle Kreatur ist; wiederum entsetze ich mich nicht ob aller Bosheit des Teufels und seiner Gesellschaft, denn mein Gott über sie alle ist. Ich glaub nichtsdestoweniger an Gott, ob ich von allen Menschen verlassen oder verfolget wäre. Ich glaub nichtsdestoweniger, ob ich arm, unverständig, ungelehret, veracht bin oder alles Dings mangele. Ich glaub nichtsdestoweniger, ob ich ein Sünder bin. Denn dieser mein Glaube soll und muß schweben über alles, was da ist und nicht ist, über Sünd und Tugend und über alles, auf daß er in Gott lauter und rein sich halte, wie mich das erste Gebot dringt.

Ich begehre auch kein Zeichen von ihm, ihn zu versuchen. Ich vertraue beständiglich auf ihn, wie lang er verzieht, und setze ihm kein Ziel, Zeit, Maß oder Weise; sondern stell es alles heim seinem göttlichen Willen in einem freien, richtigen Glauben.

So er denn allmächtig ist, was mag mir gebrechen, das er mir nicht geben oder tun möge? So er Schöpfer Himmels und der Erden ist und aller Ding ein Herr, wer will mir etwas nehmen oder schaden? Ja, wie wollen mir nicht alle Ding zu gut kommen und dienen, wenn der mir gut ist, dem sie alle gehorsam und untertan sind?

Dieweil er denn Gott ist, so mag er und weiß, wie ers machen mit mir soll aufs beste. Dieweil er Vater ist, so will ers auch tun und tut es herzlich gern. Dieweil ich daran nicht zweifel und setze mein Vertrauen also auf ihn, so bin ich gewiß sein Kind, Diener und Erbe ewiglich, und wird mir geschehen, wie ich glaub.

2. JANUAR: Wir sind des Herrn

Leben wir, so leben wir dem Herrn; sterben wir so sterben wir dem Herrn. Darum, wir leben oder sterben, so sind wir des Herrn. *Römer 14/8*

Hilf, Herr Jesu, laß gelingen 41

Ja, des Herrn sind wir, und ist unser höchster Trost und Freude, daß wir den zum Herrn haben, dem der Vater alle Gewalt im Himmel und Erden und alles in seine Hand gegeben hat; wer will und kann uns denn nun Schaden tun? Der Teufel mag sehr zornig sein, daß er uns aber aus Seiner Hand reiße, das soll er wohl lassen. Zudem sind wir, so an Jesum Christum, unsern Herrn, glauben und unter seinem Schutz und Schirm leben, auch nun selbst Herrn, durch und in ihm, über Teufel, Sünde, Tod. Denn er ist um unseretwillen (daß er uns zu solcher Herrschaft brächte) Mensch worden, hat für uns den Vater gebeten und uns also geliebet, daß er für uns ein Fluch ist worden, sich selbst für uns gegeben, mit seinem teuren Blut erkauft und von den Sünden gewaschen und gereinigt. Item, er hat uns auch das Pfand unsers Erbes und Seligkeit, den Heiligen Geist, in unser Herz gegeben, zu Königen und Priestern vor Gott und in Summa zu Kindern und Erben Gottes und zu seinen Miterben gemacht. Das ist gewißlich wahr. O Herr, stärke unsern Glauben, daß wir daran ja nicht zweifeln.

3. JANUAR: Der Herr — unsere Macht

Der Herr ist meine Macht und mein Psalm und ist mein Heil. *Psalm 118/14*

Jesus soll die Losung sein 43

Auf nichts sollen wir uns verlassen noch trotzen, ohn' auf den Herrn, der wird unsere Stärke sein und alles in uns tun. Dafür sollen wir ihn loben und danken, daß er allein unser Psalm sei; also werden wir gewißlich in ihm selig sein. Hieraus folget, daß dieser Herr sei Jesus Christus, wahrer Gott, vom Vater in Ewigkeit geborn, und auch wahrer Mensch, von Maria, da die Zeit erfüllet war, geborn, weil er hier unsere Macht oder Stärke, Psalm und Heil gerühmet wird.

Nicht eher kann Christus unsere Macht sein, wir werden denn in uns selber ohnmächtig und gekreuziget durch allerlei Leiden; alsdann wird er auch unser Psalm, Lied und Gesang. Darauf folget der Sieg und Heil ins ewige Leben.

4. JANUAR: Das Trauen des Herzens

Ich bin der Herr, dein Gott. *2. Mose 20/2*

Der du die Zeit in Händen hast 45

Das ist, du sollst mich allein für deinen Gott halten. Was ist da gesagt, und wie verstehet mans? Was heißt, einen Gott haben, oder, was ist Gott? Antwort: Ein Gott heißet das, dazu man sich versehen soll alles Guten und Zuflucht haben in allen Nöten; also, daß einen Gott haben nichts anders ist, denn ihm von Herzen trauen und glauben; wie ich oft gesagt habe, daß allein das Trauen und Glauben des Herzens machet beide, Gott und Abgott. Ist der Glaube und Vertrauen recht, so ist auch dein Gott recht; und wiederum, wo das Vertrauen falsch und unrecht ist, da ist auch der rechte Gott nicht. Denn die zwei gehören zu Haufe, Glaube und Gott. Worauf du nun (sage ich) dein Herz hängest und verlässest, das ist eigentlich dein Gott.

Darum ist nun die Meinung dieses Gebots, daß es fordert rechten Glauben und Zuversicht des Herzens, welche den rechten einigen Gott treffe und an ihm allein hange. Und will so viel gesagt haben: siehe zu und lasse mich allein deinen Gott sein und suche je keinen andern; das ist, was dir mangelt an Gutem, das versiehe dich zu mir und suche es bei mir, und wo du Unglück und Not leidest, kreuch und halte dich zu mir. Ich, will dir genug geben und aus aller Not helfen, laß nur dein Herz an keinen andern hängen noch ruhen.

5. JANUAR: König und Priester

Ihr seid das auserwählte Geschlecht, das königliche Priestertum, das heilige Volk, das Volk des Eigentums, daß ihr verkündigen sollt die Tugenden des, der euch berufen hat von der Finsternis zu seinem wunderbaren Licht.

1. Petrus 2/9

Freuet euch, ihr Christen alle 25

Das geht also zu, daß ein Christenmensch durch den Glauben so hoch erhaben wird über alle Ding, daß er aller ein Herr wird geistlich, denn es kann ihm kein Ding nit schaden zur Seligkeit, ja, es muß ihm alles untertan sein und helfen zur Seligkeit. Nicht, daß wir aller Ding leiblich mächtig seien, sie zu besitzen oder zu brauchen, wie die Menschen auf Erden. Denn wir müssen sterben leiblich, und mag niemand dem Tod entfliehen; so müssen wir auch viel andern Dingen unterliegen, wie wir in Christo und seinen Heiligen sehen. Denn dies ist eine geistliche Herrschaft, die da regiert in der leiblichen Unterdrückung, das ist, ich kann mich an allen Dingen bessern nach der Seelen, daß auch der Tod und Leiden müssen mir dienen und nützlich sein zur Seligkeit. Das ist gar ein hohe, ehrliche Würdigkeit und ein recht allmächtige Herrschaft, ein geistliches Königreich, da kein Ding ist so gut, so böse, es muß mir dienen zu gut, so ich glaube, und bedarf sein doch nit, sondern mein Glaube ist mir genugsam. Siehe, wie ist das ein köstlich Freiheit und Gewalt der Christen.

Über das sind wir Priester; das ist noch viel mehr denn König sein, darum, daß das Priestertum uns würdig macht, vor Gott zu treten und für andere zu bitten. Denn vor Gottes Augen zu stehen und bitten gebührt niemand denn den Priestern. Also hat uns Christus erworben, daß wir mögen geistlich vor einander treten und bitten; wie ein Priester vor das Volk leiblich tritt und bittet.

Wer mag nun ausdenken die Ehre und Höhe eines Christenmenschen? Durch sein Königreich ist er aller Ding mächtig; durch sein Priestertum ist er Gottes mächtig. Denn Gott tut, was er bittet und will, wie da steht geschrieben im Psalter 145, 10: „Gott tut den Willen derer, die ihn fürchten, und erhöret ihr Gebet."

Die Epiphanienzeit

EPIPHANIEN

Wir sahen seine Herrlichkeit

EPIPHANIASTAG

Da sie den Stern sahen, wurden sie hocherfreut und gingen in das Haus und fanden das Kindlein mit Maria, seiner Mutter, und fielen nieder und beteten es an und taten ihre Schätze auf und schenkten ihm Gold, Weihrauch und Myrrhen. *Matthäus 2/10—11*

Wie schön leuchtet der Morgenstern 48

Das ist das erste Stück aus dieser Historia, eine sonderliche, nötige und nütze Lehre, daß die Weisen, da sie Christum, den neugeborenen König, suchen, ihn nicht finden zu Jerusalem, wie sie gedachten. Sollten sie ihn aber finden, mußten sie den Propheten Micham haben und hören. Da sie nun das *Wort* haben, und *ihre* Gedanken fallen lassen, ziehen sie willig aus der heiligen Hauptstadt Jerusalem gen Bethlehem, in das gering Städtlein, und ärgern sich nicht daran. Da gibt ihnen Gott den Trost, daß der Stern wieder kommt, sobald sie vor Jerusalem hinaus kommen, und leuchtet ihnen vor bis gen Bethlehem vor die Tür, da das Kindlein war. Solches Trostes bedürfen sie auch wohl; denn da finden sie nichts denn Armut und Bettlerei; Joseph und Maria sind an dem Orte nicht daheim; das Kindlein liegt da in einer Krippe; da ist kaum ein Trunk Wassers. Wie reimet sich solches zum König?

Aber da lassen die frommen Leutlein sich nichts irren, halten fest an dem, das sie aus dem Propheten Micha gehöret und am Stern gesehen haben. Derhalb, unangesehen des armen, elenden Wesens, fallen sie vor dem Kindlein nieder, beten es an und tun ihre Schätze auf und verehren es davon.

Zum andern sollen wir aus der Historie auch dies lernen, wie wir gegen unsern lieben Herrn Christum uns rechtschaffen halten sollen, nämlich daß wir alle Ärgernis ausschlagen und mit diesen Weisen vor der Welt den Herrn Christum bekennen und von Herzen suchen und anbeten sollen als unsern Heiland. Auch weil er sein Regiment auf Erden so elender und armer Gestalt führet, sollen wir mit unserm Geld, Gut und ganzem Vermögen gern dazu helfen, daß sein Reich gefördert und gemehret werde, welches in so viel Weg vom Teufel und der Welt gehindert und unterdrückt wird. Denn wir können Christo heutigen Tages eben so wohl unsere Schätze auftun und ihm schenken, als es die Weisen getan haben. Ursache, da stehet sein Wort, Matth. 25, 40: „Was ihr dem Geringsten von den Meinen getan habt, das habt ihr mir getan."

7. JANUAR: Herodes' und Christi Reich

Da das der König Herodes hörte, erschrak er und mit ihm das ganze Jerusalem. *Matthäus 2/3*

Wunderbarer Gnadenthron 31

Herodes war auswendig ein mächtiger König, glückselig in dem Streit; wohin er schlug, ging es ihm wohl von statten; er war weise, vernünftig, mächtig und reich in auswendigen Händeln; aber inwendig in seinem Hause war er ganz brechenhaftig, da hatte er kein Glück. Also war Herodes auswendig glückselig, inwendig ganz unglücksam. Christus aber, unser rechter König, war auswendig ganz elend, arm, veracht' und verworfen, inwendig ganz voll aller Freuden, Trost und Mut.

Nun müssen wir danach fechten, daß uns der Herodes, auswendig in der Welt ganz glücklich, nicht hinweg nehme den rechten, ganz gnädigen König Christum; wiewohl er als ein elendes, armes Kindlein in dem Kripplein liegt, so müssen wir dahin.

Darum, wollen wir selig werden, ein lauter, fröhlich Gewissen haben, müssen wir des Königs Herodis Art müßig gehen und einen andern König an uns nehmen, nämlich Christum; das ist, daß wir uns nicht unterstehen, aus den Werken fromm zu werden, auch keine Hoffnung in sie setzen; sondern allein uns in unser Herz einbilden den gütigen Herrn Christum, der da kommt ohne allen Pomp. Denn die lieben Heiligen drei Könige, da sie alle Menschenwerke und Hülfe verließen, und also auf die Vertrauung Gottes und Anhangung der Prophezeiung Michä 5, 2 des heiligen Wortes Gottes gen Bethlehem ziehen, behende sahen sie den Stern wieder.

8. JANUAR: Die Taufe Jesu

Zu der Zeit kam Jesus aus Galiläa an den Jordan zu Johannes, daß er sich von ihm taufen ließe. *Matthäus 3/13*

Christ unser Herr zum Jordan kam 146

Lernet dies Fest hoch halten. Es ist wohl auch eine Offenbarung, daß Christus den Weisen sich durch einen Stern offenbaret hat; aber das hier ist viel höher. Dies sind die rechten drei Könige, Gott Vater, Gott Sohn und Gott Heiliger Geist, die man alle drei bei einander findet, da sich Christus taufen läßt. Wo er hätte gewollt, wäre solche Offenbarung in der Wüste oder im Tempel zu Jerusalem geschehen. Aber bei der Taufe hat es geschehen sollen, uns zur Lehre, daß wir die Taufe sollen hoch halten, und weil wir getauft sind, uns anders nicht ansehen noch urteilen, denn als gemachte, ja neugeschaffene Heilige.

Also übertrifft diese Offenbarung jene weit, da der Stern den Weisen erschienen ist; denn dieser Offenbarung genießen alle Christen, da dort nur etliche Heiden jener Offenbarung genossen haben. Darum sollte dies Fest billig den Namen haben von der Taufe Christi, und der Tag heißen, da Christus ist getauft worden.

Darum sollt ihr lernen und fleißig merken, wie heute an diesem Tag Gott sich hat offenbaret mit einer schönen Predigt von seinem Sohn, daß, was er mit uns redet und tut, solches alles ihm soll wohlgefallen. Denn wer dem Sohn folget und sich nach seinem Wort hält, der soll auch das liebe Kind sein, und den Heiligen Geist haben, welcher sich hie bei der Taufe auch hat sehen lassen in einer schönen, freundlichen und friedlichen

Gestalt. Eben wie sich der Vater auch läßt auf das allerfreundlichst hören, und spricht: Hie habt ihr, nicht einen Engel, Propheten, Apostel, sondern meinen Sohn, und mich selbst. Wie könnte er doch sich höher offenbaren? Und wie könnten wir ihm besser dienen, denn daß wir seinen Sohn, unsern Heiland, hören, und uns darnach halten, wie er uns prediget und fürsagt? Wer ihn aber nicht hören noch folgen will zu seiner Seligkeit, der mag des Teufels Apostel hören zu seinem ewigen Verderben. Derhalb mögen wir Gott um solche Gnade danken, und bitten, daß er uns dabei erhalten und selig machen wolle. Amen.

9. JANUAR: Um unserer Gerechtigkeit willen getauft

Jesus aber antwortete und sprach zu ihm: Laß es jetzt also sein; also gebühret es uns, alle Gerechtigkeit zu erfüllen.

Matthäus 3/15

Gelobet sei der Herre Gott, ein Vater unser aller 148

Es gehet also auf das freundlichste zu. Der Sohn Gottes, der ohn Sünde und gar unschuldig ist, stehet im Jordan und läßt sich taufen; der Heilige Geist kommt wie eine Taube über ihn, daß Johannes ihn mit seinen Augen siehet; und Gott der Vater redet auf das allerfreundlichst mit uns, und verkündigt uns, wie er uns schicke nicht einen Apostel, einen Propheten, einen Engel, sondern seinen eingebornen Sohn, an dem er allen Wohlgefallen hat.

Nun aber ist die Taufe Johannis um der Sünden willen von mir verordnet, daß alle, so ihre Sünde bekennen, lassens ihnen leid sein und wollten gern davon ledig sein, sich zu dieser Taufe finden und gewiß glauben sollen, ich wolle ihnen gnädig sein. Warum aber läßt sich mein Sohn taufen, der kein Sünder ist? Nicht seinethalb, sondern eurethalb, die ihr Sünder seid: denn euer Sünde hat er auf sich genommen; von denselben will er los werden, und sie ablegen, daß euch damit geholfen und euer Sünden nirgend mehr sollen gefunden werden.

Dies meldet der Evangelist sehr fein, da er sagt: Christus, als Johannes ihm wehret, sprach: „Laß es jetzt also sein; denn also gebühret uns, alle Gerechtigkeit zu erfüllen.“ Das ist so viel gesagt: An dieser Taufe liegt die Gerechtigkeit der ganzen Welt. Denn weil ich aller Welt Sünde auf mir habe und sie trage, soll der Welt geholfen werden, so muß ich tun, was Gott den Sündern zu tun befohlen hat, nämlich daß sie sich sollen von dir taufen lassen.

Weil denn an der Welt nichts hilft, so laßt uns doch unserm HErrn Gott für diese Wohltat danken, daß er heut sein Herz und seinen Schatz uns hat offenbaret, den Heiligen Geist in Gestalt einer Tauben, seinen Sohn am Jordan in der Taufe, und sich selber in einer herrlichen, lieblichen Stimme.

Wer wollte nun den nicht verdammen, der hier nicht danken, fröhlich sein, und den Sohn mit Herzen annehmen wollt, der hier im Jordan stehet und sich als ein Sünder taufen läßt, auf welchen der Heilige Geist sich setzet in Gestalt einer Tauben, da die Stimme des Vaters ist so nahe? Da werden ohn Zweifel auch unzählig viel heiliger Engel gewesen sein. Denn wo der Vater, Sohn und Heilige Geist sich sehen lassen, da wird das ganze himmlische Heer müssen sein.

10. JANUAR: Such Gott allein in Christus

Wer mich siehet, siehet den Vater. *Johannes 14/9*

Wie schön leuchtet der Morgenstern 48/4

An dem Christo fange deine Kunst und Studieren an, da laß sie auch bleiben und haften; und wo dich dein eigen Gedanken und Vernunft oder sonst jemand anders führet und weiset, so tu nur die Augen zu und sprich: Ich soll und will von keinem andern Gott wissen, denn in meinem Herrn Christo. Siehe, ist er von dem Vater gesandt, so muß er wahrlich etwas ausrichten und uns zu sagen haben aus des Vaters Willen und Befehl, daß wir ihn als die Majestät selbst hören sollen. Nun hören wir kein ander Wort, denn daß er soll der Welt helfen und uns den Vater zum Freund machen; sehen auch kein ander Werk, denn daß er dahin gehet und solches ausrichtet, predigt, leidet und zuletzt am Kreuz stirbt. Siehe, da stehet mir des Vaters Herz, Wille und Werk offen und erkenne ihn gar; welches sonst nie=

mand nimmermehr sehen noch treffen kann, wie hoch er steiget und spekulieret mit eigenen klugen und spitzigen Gedanken.

Wenn du aber solchen Blick fahren lässest und hinauf kletterst in die Majestät, so mußt du anlaufen, erschrecken und zurückfallen, weil du dich selber außer dem Gnadenblick rückest und in die bloße Majestät gaffest, die dir zu hoch und zu schwer ist. Denn außer Christo kann die Natur kein Gnade noch Liebe in Gott sehen noch erlangen; wie denn auch außer ihm nichts denn eitel Zorn und Verdammnis ist.

11. JANUAR: Christus lauter Evangelium

Er sprach zu seinen Jüngern: Euer Herz erschrecke nicht! Glaubet an Gott und glaubet an mich! Johannes 14/1

Werde licht, du Stadt der Heiden 51

Nun höre ich ja hier und anderswo, daß alle seine Worte dahin gehen, daß er mich tröste, ja, alles, was er redet und tut oder gedenket, eitel freundliche, tröstliche Wort und Werk sind.

Darum muß das gewiß sein und nicht fehlen: wenn ein Mensch trauert und ein blöde, erschrocken Herz hat, das muß nicht von Christo sein. Denn er ist nicht der Mann, der die Herzen erschrecken oder traurig und schwermütig machen will. Denn er ist eben dazu kommen und hat alles getan, sich auch darum hinauf gen Himmel gesetzt, daß er Traurigkeit und Schrecken des Herzens hinwegnehme und dafür ein fröhlich Herz, Gewissen und Gedanken gebe. Ja (sprichst du), schrecket und dräuet doch Christus oft selbst also im Evangelio, als, da er spricht: „Tut Buße", item Luc. 13: „Ich sage euch, wo ihr nicht Buße tut, so werdet ihr alle umkommen." Das sind ja des Herrn Christi Wort, daß ein blöde, betrübt Gewissen immer sorgen muß, es treffe ihn, und sprechen: Sage was du willst, das sagt ja Christus selbst, wer kann da vorüber?

Siehe, wenn man sich könnte also drein schicken und unterscheiden, so wäre es auf beiden Seiten recht geteilt, daß Christus die tröstet, so der Teufel erschreckt und verzagt will machen, und wiederum die schrecket, so der Teufel sicher und vermessen machet. Denn es müssen doch immerdar die zwei wider einander zu Feld liegen. Was der Teufel verdirbt und verstöret, das muß Christus bauen und aufrichten; und wiederum, was der Teufel anrichtet, das zerstöret Christus.

12. JANUAR: Es gibt keinen andren Weg

Ich bin der Weg und die Wahrheit und das Leben; niemand kommt zum Vater denn durch mich. *Johannes 14/6*

O Jesu Christe, wahres Licht 50

Baue, mache und suche, was du willst: wenn es dahin kommt, daß man in ein ander Leben treten und aus diesem scheiden soll, so mußt du diesen Weg allein ergreifen oder ewig verloren sein. Denn „Ich (spricht er) bin der Weg", darauf man zum Vater kommt, und sonst keiner. Ich, und kein Anderer, bin die Wahrheit und das Leben. Da mußt du hin, daß du dich an diesen Mann haltest und fest bei dem Glauben und Bekenntnis bleibest; und immer denselben geübt im Leiden und Sterben und gesagt: Ich weiß kein ander Hülf und Rat, kein Heil noch Trost, keinen Weg noch Steg, denn allein meinen Herrn Christum, für mich gelitten, gestorben, auferstanden und gen Himmel gefahren. Da bleib ich bei und gehe hindurch, ob auch eitel Teufel, Tod und Hölle unter und vor mir wären. Denn das ist ja der rechte Weg und Brücke, fester und gewisser denn kein steinern noch eisern Gebäude, und müßt eher Himmel und Erden brechen, denn dieses sollt fehlen oder trügen.

1. WOCHE NACH EPIPHANIEN

Die Herrlichkeit Gottes über dem Kinde

SONNTAG: Lukas 2/41–52

Er sprach zu ihnen: Was ist's, daß ihr mich gesucht habt? Wisset ihr nicht, daß ich sein muß in dem, das meines Vaters ist? Lukas 2/49

Tut mir auf die schöne Pforte 129

Was ist das gesagt: „Ich muß sein in dem, das meines Vaters ist"? Sind nicht alle Kreaturen seines Vaters? Alles ist sein; aber die Kreaturen hat er uns zu unserm Brauch geschenkt, daß wir damit hier in diesem weltlichen Leben walten sollen, wie wir wissen. Aber eines hat er ihm vorbehalten, das da heilig und Gottes eigen heißt und wir sonderlich von ihm empfangen müssen. Das ist sein heiliges Wort, dadurch er die Herzen und Gewissen regieret, heilig und selig machet. Darum auch der Tempel sein Heiligtum oder heilige Wohnung hieß, daß er darin durch sein Wort sich gegenwärtig erzeiget und hören ließ.

Er will sich nicht finden lassen, weder unter Freunden noch Bekannten, noch was außer dem Amt des Wortes sein mag. Denn er will nicht weltlich sein, noch in dem, das weltlich ist, sondern was des Vaters ist; wie er denn von seiner Geburt an und in seinem ganzen Leben allezeit sich erzeiget hat.

Weißt du nicht, daß Christus nicht sein will, noch sich finden lassen, denn in dem, das des Vaters ist? Nicht in dem, das du oder alle Menschen sind und haben. Darum widerfähret solchs der Mutter Christi und Joseph, daß ihre Weisheit, Gedanken und Hoffnung fehlen müssen und alles verloren ist, da sie ihn lange suchen von einem Ort zum andern. Denn sie suchen ihn nicht, wie sie sollen, sondern wie Fleisch und Blut pflegt. Hier muß alles gelassen sein, Freunde, Bekannte, die ganze Stadt Jerusalem, alle Kunst, Witz und was sie selbst und alle Menschen sind; denn das alles gibt und hilft zu keinem rechten Trost, bis man ihn im Tempel sucht, da er in dem ist, das des Vaters ist. Da findet man ihn gewißlich und kriegt das Herz wieder Freude; sonst mußte es trostlos bleiben von ihm selbst und allen Kreaturen.

MONTAG: Er war ihnen untertan

Er ging mit ihnen hinab und kam gen Nazareth und war ihnen untertan. *Lukas 2/51*

O süßer Herre Jesu Christ 47

Mit solchen Worten fasset der Evangelist die ganze Jugend unseres lieben Herrn Christi.

Was heißt es aber: Er war ihnen untertan? Anders nichts, denn daß er ist gangen in den Werken des vierten Gebots. Das sind aber solche Werk, deren Vater und Mutter im Hause bedürfen, daß er Wasser, Trinken, Brot und Fleisch geholet, des Hauses gewartet und dergleichen mehr getan hat, was man ihn hat geheißen, wie ein ander Kind; das hat das liebe Jesuslein getan. Da sollten billig alle Kind, so gottselig und fromm sind, sprechen: Ach, ich bins nicht wert, daß ich zu den Ehren soll kommen und dem Kindlein Jesu gleich werden in dem, daß ich tu, was er, mein Herr Christus, getan hat. Hat er Späne aufgelesen und anderes, was ihm seine Eltern befohlen haben, getan, welches gemeine, geringe Werk anzusehen gewesen sind, wie sie im Hause vorfallen, ei, wie feine Kinder wären wir, wenn wir seinem Exempel folgten und auch dasjenige täten, was uns unsere Eltern heißen, es wäre auch so schlecht und gering, als es sein könnte.

Christus ist ein Herr über alles; und dennoch, uns zum Exempel läßt er sich herunter, ist Vater und Mutter gehorsam. Deshalb sollten wir diese Historie mit Fleiß lernen und uns für selig achten, wenn wir in solchem Gehorsam und Werken hergingen, da wir sehen, daß Christus selbst sich solche Werk nicht hat verdrießen lassen.

DIENSTAG: Das vierte Gebot

Ihr Kinder, seid gehorsam den Eltern in allen Dingen; denn das ist dem Herrn gefällig. Kolosser 3/20

Ich und mein Haus, wir sind bereit 173

Diesem Vater= und Mutterstand hat Gott sonderlich den Preis gegeben vor allen Ständen, die unter ihm sind, daß er nicht schlechts gebeut, die Eltern lieb zu haben, sondern zu ehren. Denn gegen Brüder, Schwestern und den Nächsten insgemein befiehlt er nichts Höheres, denn sie zu lieben; also, daß er Vater und Mutter scheidet und vorzieht vor allen andern Personen auf Erden und neben sich setzet. Denn es ist ein viel höher Ding, ehren, denn lieben, als das nicht alleine die Liebe begreift, sondern auch eine Zucht, Demut und Scheue, als gegen eine Majestät, allda verborgen. Auch nicht allein fordert, daß man sie freundlich und mit Ehrerbietung anspreche; sondern allermeist, daß man beide, von Herzen und mit dem Leib also sich stelle und erzeige, daß man viel von ihnen halte, und, nächst Gott, für die Obersten ansehe. Denn welchen man von Herzen ehren soll, den muß man wahrlich für hoch und groß achten. Also, daß man dem jungen Volk einbilde, ihre Eltern an Gottes Statt vor Augen zu halten, und also denken, ob sie gleich gering, arm, gebrechlich und seltsam seien, daß sie dennoch Vater und Mutter sind, von Gott gegeben. Des Wandels oder Fehls halben sind sie der Ehren nicht beraubt. Darum ist nicht anzusehen die Person, wie sie sind, sondern Gottes Willen, der es also schaffet und ordnet. Sonst sind wir zwar vor Gottes Augen alle gleich; aber unter uns kann es ohne solche Ungleichheit und ordentlichen Unterschied nicht sein. Darum sie auch von Gott geboten ist, zu halten, daß du mir, als deinem Vater, gehorsam seiest und ich die Oberhand habe.

MITTWOCH: Himmel und Hölle an den Kindern verdienen

Wer ein solches Kind aufnimmt in meinem Namen, der nimmt mich auf. Wer aber ärgert dieser Geringsten einen, die an mich glauben, dem wäre besser, daß ein Mühlstein an seinen Hals gehängt und er ersäuft würde im Meer, da es am tiefsten ist. *Matthäus 18/5–6*

All Morgen ist ganz frisch und neu 336

Also ists wahr, wie man sagt, daß die Eltern, ob sie sonst nichts zu tun hätten, mögen sie an ihren eigenen Kindern Seligkeit erlangen; an welchen, so sie die zu Gottesdienst recht ziehen, haben sie fürwahr beide Hände voll guter Werke vor sich. Denn was sind hier die Hungrigen, Durstigen, Nackten, Gefangenen, Kranken, Fremdlinge, denn deiner eigenen Kinder Seelen (Matth. 25, 35 u. 36), mit welchen dir Gott aus deinem Hause ein Spital machet, und dich ihnen zum Spitalmeister setzet, daß du ihr warten sollest, sie speisen und tränken mit guten Worten und Werken, daß sie lernen Gott trauen, glauben und fürchten und ihre Hoffnung in ihn setzen, seinen Namen ehren, nicht schwören noch fluchen, arbeiten, Gottesdiensts und Worts warten, daß sie zeitliche Dinge lernen verachten, Unglück sanft tragen und den Tod nicht fürchten, dies Leben nicht lieb haben! O, wie eine selige Ehe und Haus wäre das, wo solche Eltern inne wären; fürwahr, es wäre eine rechte Kirche, ein auserwähltes Kloster, ja ein Paradies.

Wiederum mögen die Eltern nicht leichter die Hölle verdienen, denn an ihren eigenen Kindern, in ihrem eignen Hause, wo sie dieselben versäumen und nicht lehren die Dinge, die droben gesaget sind. Was hilfts, daß sie sich tot fasten, beten, wallen und alle Werke täten? Gott wird sie doch davon nicht fragen am Tode und Jüngsten Tage, sondern wird fordern die Kinder, die er ihnen befohlen hat.

DONNERSTAG: Er segnet die Kinder

Er herzte sie und legte die Hände auf sie und segnete sie.

Steht auf, ihr lieben Kinderlein 338 *Markus 10/16*

Warum herzet er nicht irgend einen großen Hansen, einen König oder sonst einen Heiligen? Sondern er nimmt ein Kind, und zwar ein klein Kindelein, das noch wenig Verstand hat, und herzet es. Aber damit zeiget er an, daß sein Reich den Kindern gehöre und er, der Herr, ein Herzog und Fürst der Kinder sei und unter den Kindern will gefunden werden; und will sagen: Wollt ihr wissen, wer der Größte sei, so will ichs euch sagen: So ihr mich höret, so seid ihr groß, denn ich bin Alles; und wer mich aufnimmt, der nimmt den Vater auf, der Himmel und Erde geschaffen hat, ja er nimmt zugleich Himmel und Erde auf. Er bekommt Gott mit allen seinen himmlischen Gaben und Herrlichkeiten.

Also kommt man dazu, daß man erstlich das Kindelein Christum annehme und durch ihn den Vater im Himmel auch bekommt. Denn mich werdet ihr nicht für und für mit leiblichen Augen sehen. Darum will ich euch etwas anderes vor die Augen setzen, das ihr mir gleich schätzen sollet, nämlich: „Wer ein solch Kind aufnimmt in meinem Namen, der nimmt mich auf, und wer mich aufnimmt, der nimmt meinen Vater auf."

Was dürft ich nun weit Christum suchen oder nach dem Himmel laufen? Ich sehe da so viel christlicher Kinder und Christen-Leute, die meines lieben Herrn Christi Spiegel und Wohnung sind, und sehe ich die, so sehe ich Christum; höre ich die, so höre ich Christum; reiche ich denen einen Trunk Wassers, so reiche ichs Christo; speise ich die, so speise ich Christum; kleide ich die, so kleide ich Christum, und hab also in der christlichen Kirchen die Welt nur voll Gottes und voll Christus. Wo ich mich nur umsehe und christliche Kinder sind, so oft hab ich Christum, wann ichs nur glauben könnte.

FREITAG: Die Grenze des Gehorsams

Jesus spricht zu ihr: Weib, was habe ich mit dir zu schaffen? Meine Stunde ist noch nicht gekommen.

Ich dank dir schon durch deinen Sohn 342 *Johannes 2/4*

Sauer stellet er sich, doch ist er süße, das weiß ich. Merk aber hierbei wie er auch seiner eigen Mutter so hart ist, darin er bestätigt, daß wir in Gottes Sachen und Dienst weder Vater noch Mutter kennen sollen. Denn wiewohl kein größer Gewalt ist auf Erden denn Vater und Mutter Gewalt, so ist sie doch aus, wenn Gottes Wort und Werk angehen. Denn in göttlichen Sachen soll weder Vater noch Mutter, geschweige denn Bischof oder irgend ein Mensch, sondern allein Gottes Wort lehren und führen. Und wo dich Vater und Mutter würde etwas heißen, lehren oder auch bitten, zu tun gegen Gott und in Gottes Dienst, das nicht durch Gott klärlich geboten ist und befohlen, solltest du zu ihnen sagen: Was hab ich und du miteinander zu tun?

Denn Vater und Mutter auch schuldig sind, ja eben darum Vater und Mutter sind von Gott gemacht, daß sie die Kinder nicht nach ihrem Dünkel und eigener Andacht lehren und zu Gott führen sollen, sondern nach dem Gebot Gottes.

SONNABEND: So ihr nicht werdet wie die Kinder

Wahrlich ich sage euch: Es sei denn, daß ihr euch umkehret und werdet wie die Kinder, so werdet ihr nicht ins Himmelreich kommen. *Matthäus 18/3*

Herr Jesu, Gnadensonne 258

Ei, lieber Gott, du machsts allzu grob, daß du es doch säuberlich machtest und die Kinder, solche Närrlein, nicht so hoch erhöbest! Wo hast du das befohlen und gelehrt, daß ein närrisch Kindlein soll einem Weisen vorgezogen werden? Wie kann unser Herr Gott mit seinem Urteil und Gerechtigkeit bestehen, die Paulus so hoch rühmet: Gottes Gerechtigkeit, Gottes Gerechtigkeit?

Ist das die Gerechtigkeit, damit du die Klugen verwirfest und die Narren annimmst? Es heißet hier: Glaube Gottes Wort und gib dich gefangen! Unser Herr Gott hat reinere Gedanken denn wir Menschen. Er muß uns also entgröben, er muß gar grobe Äste und Späne von uns weghauen, ehe er solche Kinder und Närrlein aus uns macht. Sehet, wie feine, reine Gedanken haben die Kinderlein, wie sie den Himmel und den Tod ohn allen Zwiefel ansehen! Sie sind gleich wie im Paradies. Und in den Kindern, da etwas Sonderlichs aus werden will, sind allzeit wunderbarliche, sonderliche Gebärden.

Lieber Herr Gott, wie wohl gefällt dir doch solcher Kinder Leben und Spielen. Ja, alle ihre Sünden sind nichts denn Vergebung der Sünden.

2. WOCHE NACH EPIPHANIEN

Die Herrlichkeit Gottes über der Ehe

SONNTAG: Johannes 2/1—11

Es waren aber allda sechs steinerne Wasserkrüge, gesetzt nach der Weise der jüdischen Reinigung, und ging in je einen zwei oder drei Maß. Jesus spricht zu ihnen: Füllet die Wasserkrüge mit Wasser! Und sie füllten sie bis obenan. Und er spricht zu ihnen: Schöpfet nun und bringet's dem Speisemeister! Und sie brachten's. *Johannes 2/6—8*

Gottes Sohn ist kommen 2

Die sechs steinernen Wasserkrüge, daraus die Juden sich wuschen, sind die Bücher des Alten Testaments, welche durch Gesetz und Gebot das jüdische Volk nur äußerlich fromm und rein machten; darum auch der Evangelist sagt, die Krüge seien da gestanden nach der jüdischen Reinigung, als sollt er sagen: Es bedeutet die Reinigkeit, so mit Werken ohn Glauben geschieht, welche das Herz nimmer reiniget, sondern noch mehr unrein macht. Daß aber der Krüge sechs waren, bedeutet die Mühe und Arbeit, welche in solcher Reinigung haben, die mit Werken umgehen; denn das Herz hat keine Ruhe darinnen, weil nicht der Sabbat, der siebente Tag, da ist, da wir von unsern Werken ruhen und Gott in uns wirken lassen.

Das Wasser in Wein verwandeln, ist: des Gesetzes Verstand lieblich machen. Das gehet so zu: Vorhin, ehe das Evangelium kommt, verstehet das Gesetz jedermann auf die Weise, als fordert es unsere Werk, und wir ihm müßten genug mit unsern Werken tun. Aus diesem Verstand werden entweder verstockte, vermessene Gleißner und Heuchler, härter denn kein steinern Krug ist, oder ängstliche, unruhige Gewissen. Aber das Evan=

gelium verkläret das Gesetz also, daß es fordert mehr, denn wir vermögen, und wolle einen andern Mann haben, denn wir sind, der es halten möge; das ist, es fordert Christum und treibt zu demselbigen, daß wir durch desselben Gnade zuvor im Glauben andre Leut und Christo gleich werden und alsdann rechte gute Werk tun.

Da kommt das tröstlich Evangelium und machet das Wasser zu Wein. Ja, es ist nun köstlich Ding und schmeckt wohl, daß das Gesetz so tief und hoch ist, so heilig und recht und gut, und so große Ding fordert, und wird darum geliebt und gelobt, daß es so viel und groß fordert. So ist es nun lieb und leicht, das zuvor hart, schwer, ja unmöglich war; denn es lebt nun durch den Geist im Herzen. Das Wasser ist nicht mehr in Krügen, es ist Wein worden, ausgeteilt, getrunken, und hat das Herz fröhlich gemacht.

MONTAG: Gesetz und Evangelium

So halten wir nun dafür, daß der Mensch gerecht werde ohne des Gesetzes Werke, allein durch den Glauben.

Es ist das Heil uns kommen her 242/1–4 *Römer 3/28*

Hier ist zu wissen, daß die ganze Heilige Schrift wird in zweierlei Wort geteilet, welche sind Gebot oder Gesetz Gottes und Verheißung oder Zusagung. Die *Gebot* lehren und schreiben uns vor mancherlei gute Werk; aber damit sind sie noch nicht geschehen. Sie weisen wohl, sie helfen aber nicht; lehren, was man tun soll, geben aber kein Stärk dazu. Darum sind sie nur dazu geordnet, daß der Mensch darinnen sehe sein Unvermögen zu dem Guten und lerne an ihm selbst zweifeln. Und darum heißen sie auch das Alte Testament und gehören alle ins Alte Testament. Als das Gebot: „Du sollst nit bös Begierd haben", beweiset, daß wir allesamt Sünder sind und kein Mensch vermag zu sein ohne böse Begierde, er tue, was er will; daraus er lernet an ihm selbst verzagen und anderswo zu suchen Hülfe, daß er ohn böse Begierde sei und also das Gebot erfülle durch einen andern, das er aus ihm selbst nicht vermag. Also sind auch alle anderen Gebot uns unmöglich.

Wenn nun der Mensch aus den Geboten sein Unvermögen gelernet und empfunden hat, daß ihm nun Angst wird, wie er dem Gebot genug tue, (sintemal das Gebot muß erfüllet sein oder er muß verdammt sein), so ist er recht gedemütigt und zunicht worden in seinen Augen, findet nichts in ihm, damit er mög fromm werden. Dann, so kommt das andere Wort, die göttlich *Verheißung* und Zusagung, und spricht: Willst du alle Gebot erfüllen, deiner bösen Begierde und Sünd los werden, wie die Gebot zwingen und fordern, siehe da, glaub in Christum, in welchem ich dir zusag alle Gnad, Gerechtigkeit, Friede und Freiheit, glaubst du, so hast du; glaubst du nicht, so hast du nicht. Denn ich hab kürzlich in den Glauben gestellet alle Ding, daß, wer ihn hat, soll alle Ding haben und selig sein; wer ihn nicht hat, soll nichts haben.

DIENSTAG: Vom christlichen Ehestande

Ihr Männer, liebet eure Weiber, gleichwie Christus auch geliebt hat die Gemeinde und hat sich selbst für sie gegeben. *Epheser 5/25*

Komm her, mit Fleiß zu schauen 170

Allhier hat St. Paulus zusammen gefasset und in einander geflochten diese beiden Stück, den ehelichen Stand und die Auferstehung, samt dem ganzen Reiche Christi in seiner Christenheit. Und hält den Ehelichen, beiden, Mann und Weib, dies einige Exempel vor, daß Christus sei das Haupt der Kirchen, als ein Mann seines Weibes, und die Christenheit seine Braut oder Ehefrau. Lehret also uns und alle, so da wollen eine christliche Ehe führen, und besser machen, denn die Heiden, daß sie dies Bild in die Augen fassen, so ihnen Gott hat vorgestellet in Christo und seiner Christenheit, und sich in ihrem Ehestande darnach halten, und Gott loben und danken, daß sie in den beiden göttlichen Ständen erfunden werden, nämlich: in der hohen, geistlichen Ehe mit dem Herrn Christo und in dieser niedrigen, leiblichen Ehe in der Welt oder im Fleisch.

Denn das ist nicht eine geringe Ehre und Herrlichkeit des ehelichen Standes, daß ihn Gott vorgestellet und ausmalet zum

Bilde und Exempel der hohen, unaussprechlichen Gnade und Liebe, so er hat in Christo erzeiget und schenket, als das allergewisseste und lieblichste Zeichen der höhesten, freundlichsten Vereinigung zwischen ihm und der Christenheit und allen ihren Gliedern, deren man keine nähere erdenken mag. Und zeiget hiermit gnugsam an, daß dieser Stand ein göttlicher Stand sei, und ihm gefalle, weil er ihn erwählet und setzet zu solchem heiligen Exempel oder Vorbilde der geistlichen Hochzeit, darinnen sein Herz und Wille gegen uns leuchten soll, und wir uns alle täglich darinne spiegeln sollen; und sonderlich die Eheleute in ihrem Stande sich untereinander darnach halten, wie sie hier St. Paulus vermahnet.

MITTWOCH: Der Bräutigam Christus

Auf daß er sie sich selbst darstellte als eine Gemeinde, die herrlich sei. *Epheser 5/27*

Wie schön leuchtet der Morgenstern 48/5

Dieses ist nun die große, unaussprechliche Gnade und Gabe, so Gott den Christen gegeben hat, ob sie wohl vor der Welt nicht scheinet. Denn rechne du selbst, was es für Ehre und Herrlichkeit sein muß, daß sich Christus, Gottes Sohn, so tief herunter läßt, und so freundlich zu uns gesellet, daß er sich nicht schlecht läßt nennen unsern Herrn, ja auch nicht einen Vater, Bruder oder Freund, sondern mit dem Namen der allerhöchsten Liebe und allernähesten Freundschaft auf Erden, daß er will unser Bräutigam sein und heißen, und mit uns ein Leib (wie man sagt von Mann und Weib) oder wie die Schrift redet, eines Fleisches und eines Gebeines sein: welches von keiner andern Verwandtnis noch Freundschaft gesagt wird. Also hat er sich auf das Allerlieblichste und Freundlichste gegen uns erzeigen wollen, und seine höchste Liebe angeboten und zugesaget, daß wir seine liebe Braut heißen sollen, und ihn mit aller Zuversicht unsern lieben Bräutigam sollen und mögen nennen und rühmen.

Darum tut St. Paulus so eine herrliche Predigt hiervon, und machet es so groß, als könnte er es nicht gnugsam mit Worten erlangen, daß er schlechts also beschleußt: „Dies Geheimnis ist groß." Als sollte er sagen: Es ist überaus ein hoch, herrlich, unaussprechlich Ding, das Gott in dem Ehestande bezeichnet.

Also hat Christus, spricht St. Paulus, an seiner Gemeinde getan. Unser Herz ist viel zu enge und zu schwach, und die Herrlichkeit dieser geistlichen Hochzeit viel zu groß dazu, daß wir's sollten fassen.

DONNERSTAG: Die Ehe ein Spiegel der geistlichen Hochzeit Christi

Das Geheimnis ist groß; ich sage aber von Christo und der Gemeinde. *Epheser 5/32*

Laß dich, Herr Jesu Christ, durch mein Gebet bewegen 171

Siehe, solche hohe Predigt und köstlich Exempel lehret uns St. Paulus handeln und treiben über der Hochzeit oder dem ehelichen Stande, daß man die, so darein treten, oder schon darinnen sind, dessen unterrichte und erinnere, wenn sie ihren Stand ansehen, daß sie an diese Worte denken und dies Bild oder Exempel der geistlichen Hochzeit ihnen selbst vorhalten. Denn das mag wohl heißen eine große, herrliche Ehestiftung oder Hochzeit, und ein köstlicher, edler Schmuck (aber doch heimlich und verborgen), dadurch uns zugebracht wird nicht leiblich Gut, sondern Erlösung von Sünde und Tod und Gemeinschaft aller göttlichen Güter. Dagegen aber leiblicher Schmuck und weltliche Schätze viel zu geringe sind, ob du gleich viel Tonnen Goldes, ja aller Kaiser und Könige Schätze kriegtest. Denn dasselbe kann man noch alles übersehen und begreifen. So ist's auch um die leibliche Braut und Bräutigam nicht so köstlich; denn sie sind arme, sterbliche Menschen. Doch soll solch äußerlich, sichtbar Wesen der leiblichen Hochzeit und des Ehestandes dazu dienen, daß man daran lerne ansehen und bedenken die geistliche, welcher Herrlichkeit und Schmuck niemand übersehen kann. Und wiederum sollen wir an der geistlichen Vereinigung Christi und der Christenheit uns spiegeln und lernen, wie sich die Ehelichen in ihrem Stande gegen einander halten sollen.

FREITAG: Auf dem Lamm liegen unsere Sünden

Als er sah Jesum wandeln, sprach er: Siehe, das ist Gottes Lamm! *Johannes 1/36*

Wärn meiner Sünd auch noch so viel 248

So ist nun das unser Hauptgrund, daß wir wissen, wo unsere Sünden hingelegt sind. Denn das Gesetze legt sie auf unser Gewissen, aber Gott nimmt sie von uns und legt sie auf des Lämmleins Schulter. Denn wo sie auf mir und auf der Welt lägen, so sind wir verloren, denn die Sünde ist zu stark und mächtig; und spricht Gott: Ich weiß, daß dir deine Sünden gar zu schwer sind zu tragen, derhalben siehe, ich will sie auf mein Lämmlein legen und von euch wegnehmen. Dasselbige glaube du; denn so du es tust, so bist du frei von Sünden. Es hat sonst die Sünde nur zwei Orte, da sie ist: entweder sie ist bei dir, daß sie dir auf dem Halse liegt, oder sie liegt auf Christo, dem Lamm Gottes. So sie nun dir auf dem Rücken liegt, so bist du verloren; so sie aber auf Christo ruhet, so bist du ledig und wirst selig; nun greif, zu welchem du willst. Daß die Sünden auf dir bleiben, das sollt wohl sein nach dem Gesetz und Recht; aber aus Gnaden sind sie auf Christum, das Lamm, geworfen; sonst, wenn Gott mit uns rechten wollt, so wär es um uns geschehen.

Das sind helle, klare Text und starke Worte.

SONNABEND: Und ein jeglicher sein Gemahl liebe und ehre

Doch auch ihr, ja ein jeglicher habe lieb sein Weib als sich selbst. *Epheser 5/33*

Wie schön ists doch, Herr Jesu Christ 172

Diese Liebe werden wir noch lange nicht erreichen, denn sie ist (wie gesagt) viel zu hoch und zu groß. Und wie die leibliche Hochzeit klein ist, so ist auch die Liebe in derselben (gegen diese) geringe; und muß genug sein, daß man nur diesem Exempel folge, und trachte nach dem Maß dieser Hochzeit, also daß ein jeglicher im ehelichen Stande so gesinnet sei, daß er die Liebe gegen seine Braut oder Gemahl erzeige und übe; und ob etwa Gebrechen und Fehl an ihr ist, daß er's könne zu gute halten und mit Vernunft handeln, und auch denke: Wie soll ich ihm tun? Es ist meine Braut; ich muß hier auch decken, reinigen, schmücken und bessern, so viel ich kann, und die kleine Liebe erzeigen in dieser kleinen Hochzeit, wie Christus die hohe, unaussprechliche Liebe erzeigt gegen seine Braut, welcher Glied ich auch bin.

Demnach soll auch im ehelichen Stande das Weib den Mann nicht allein lieben, sondern auch gehorsam und untertan sein, und sich dieses Exempel vorbilden, das sie erinnere, also zu denken: Mein Mann ist ein Bild des rechten, hohen Hauptes Christi, um desselben willen ich ihn ehre und tue, was ihm gefällig ist.

Desselbengleichen soll wiederum der Mann sein Weib von Herzen lieben, um der hohen Liebe willen, so er hier an Christo siehet, und auch denken: Desgleichen habe weder ich, noch keiner getan; darum will ich, dem Exempel nach, so viel ich kann, mich auch also gegen mein Weib halten durch die Liebe, als gegen mein eigen Fleisch, daß ich ihrer pflege, nähre und warte, und nicht bitter noch wunderlich gegen sie sei; sondern, ob sie gebrechlich und etwas Fehl an ihr ist, mit Vernunft und Geduld trage. Das wäre denn nicht mehr eine weltliche und menschliche, oder vernünftige, sondern eine christliche, göttliche Ehe, davon die Heiden nicht wissen; denn sie sehen nicht den hohen Schmuck und Ehre der Hochzeit, daß es ein Bild ist der hohen, geistlichen Hochzeit Christi. Darum gebührt uns Christen, diesen Stand vielmehr zu ehren und herrlich zu halten, als die den großen Schmuck und Herrlichkeit, daran gehänget, wissen und kennen.

3. WOCHE NACH EPIPHANIEN

Die Herrlichkeit Gottes über dem Leibe

SONNTAG: Matthäus 8/5—13

Da das Jesus hörte, verwunderte er sich und sprach zu denen, die ihm nachfolgten: Wahrlich, ich sage euch: Solchen Glauben habe ich in Israel nicht gefunden… Und Jesus sprach zu dem Hauptmann: Gehe hin; dir geschehe, wie du geglaubt hast. Und sein Knecht ward gesund zu derselben Stunde. *Matthäus 8/10 u. 13*

Lobt Gott den Herrn, ihr Heiden all 189

In diesem Exempel, wie der Text klar sagt, sind zweierlei Wunder geschehen, oder ist ein zwiefältig Wunder. Eins, das der Herr tut; das andere, das der Hauptmann tut. Denn er spricht, daß sich Jesus selbst habe verwundert des Hauptmanns, daß er einen solchen starken Glauben hatte. Was nun dieser Mann, Christus, für Wunder achtet und preiset, das sollen wir billig auch für Wunder halten, es ist ihm ein seltsam Kraut und solch Wildbret, das nicht gemeiniglich ist, daß ein Hauptmann solchen Glauben soll haben.

Die Leute preisen das für groß Wunder, daß er hat die Blinden sehend, die Tauben hörend, die Aussätzigen rein gemacht, und ist wahr, es sind ja Wunderzeichen, aber er siehet das für viel größer an, so an der Seelen geschiehet, denn die am Leibe geschehen; darum, so viel die Seele besser und mehr ist denn der Leib, so groß und so viel größer ist dies Wunder zu achten, das er hier preiset, denn die andern, die leiblich geschehen sind.

Also sind nun hier zweierlei Wunderwerke geschehen, und ist also blieben, wird also bleiben bis an den Jüngsten Tag, daß Christus täglich und immerdar Wunderzeichen tut. Jene tut er zwar selten, wie er auch auf Erden selten getan hat, denn er nicht viel Blinde sehend, noch alle Kranken gesund gemacht hat, sondern viel lassen blind und ungeheilet bleiben. Solche Zeichen sind allein darum geschehen, damit die christliche Kirche gegründet, eingesetzt und angenommen würde mit der Taufe und Predigtamt, damit sie einzusetzen war. Darum sind solche leibliche Mirakel und Zeichen nicht ewig und auch nicht allgemein; denn daran liegt ihm nichts, tut sie allein um unsertwillen, daß die Christenheit anfahe zu glauben. Aber die Zeichen, so er für Wunder hält, die gehen und bleiben immerdar, als da ist der Glaube dieses römischen Hauptmanns zu Kapernaum. Es ist ein Wunderwerk, ein groß Wunderwerk, daß ein Mensch so feinen, starken, richtigen Glauben soll haben; darum rühmet und erhebt er also dieses Hauptmanns Glauben, als sei es ein Wunder über Wunder.

MONTAG: Gottes Geschöpf

Der Geist Gottes hat mich gemacht, und der Odem des Allmächtigen hat mir das Leben gegeben. *Hiob 33/4*

Wunderbarer König 235

Das meine und glaube ich, daß ich Gottes Geschöpf bin, das ist, daß er mir gegeben hat und ohn Unterlaß erhält Leib, Seele und Leben, Gliedmaße, klein und groß, alle Sinne, Vernunft und Verstand, und so fortan, Essen und Trinken, Kleider, Nahrung, Weib und Kind, Gesind, Haus und Hof, dazu alle Kreatur, zu Nutz und Notdurft des Lebens dienen lässet Sonne, Mond und Sterne am Himmel, Tag und Nacht, Luft, Feuer, Wasser, Erden, und was sie trägt und vermag, Vogel, Fisch, Tier, Getreide und allerlei Gewächs. Item, was mehr leibliche und zeitliche Güter sind, gut Regiment, Friede, Sicherheit. Also, daß man aus diesem Artikel lerne, daß unser keiner das Leben, noch alles, was jetzt erzählet ist und erzählt mag werden, von ihm selbst hat, noch erhalten kann, wie klein und gering es ist; denn es alles gefasset ist in das Wort „Schöpfer".

Hier wäre nun viel zu sagen, wenn mans sollt ausstreichen, wie wenig ihrer sind, die diesen Artikel glauben. Denn wir gehn all überhin, hörens und sagens, sehen aber und bedenken nicht, was uns die Wort vortragen. Denn wo wirs von Herzen glaubten, würden wir auch darnach tun und nicht so stolz hergehen, trotzen und uns brüsten, als hätten wir das Leben, Reichtum, Gewalt und Ehre von uns selbst, daß man uns fürchten und dienen müßte, wie die unselige verkehrte Welt tut. Darum sollt uns dieser Artikel alle demütigen und erschrecken, wo wirs glaubten. Denn wir sündigen täglich mit Augen, Ohren, Händen, Leib und Seele, Geld und Gut und mit allem, das wir haben. Derhalben sollen wir diesen Artikel täglich üben, einbilden und uns erinnern in allem, was uns vor Augen kommt und Guts widerfähret; und wo wir aus Nöten oder Fährlichkeit kommen, wie uns Gott solchs alles gibt und tut, daß wir daran spüren und sehen sein väterlich Herz und überschwengliche Liebe gegen uns, davon würde das Herz erwärmen und entzündet werden, dankbar zu sein und aller solcher Güter zu Ehren und Lob zu brauchen.

DIENSTAG: Das Seufzen Christi über alle Krankheit

Sie brachten zu ihm einen Tauben, der stumm war, und sie baten ihn, daß er die Hand auf ihn legte... Und er sah auf gen Himmel, seufzte und sprach zu ihm: Hephata! Das ist: Tu dich auf. *Markus 7/32f.*

O Jesu Christe, wahres Licht 50/4

Es ist ihm nicht zu tun gewesen um der einigen Zungen und der Ohren willen dieses armen Menschen, sondern ist ein gemein Seufzen gewesen über alle Zungen und Ohren, ja über aller Herz, Leib und Seele und alle Menschen von Adam an bis auf den letzten Menschen, der noch soll geboren werden. Also, daß er nicht vornehmlich darum seufzet, daß dieser Mensch noch viel Sünde zukünftig tun würde, sondern das ist das Vornehmste, daß er (der Herr Christus) hat gesehen in den ganzen Klumpen Fleischs und Bluts, wie der Teufel dasselbe in mördlichen Schaden im Paradies gebracht, die Menschen stumm und taub gemacht und also in den Tod und höllisch Feuer gesteckt hab.

Diesen Blick hat Christus hier vor Augen gehabt und weit um sich gesehen, welchen großen Schaden der Teufel durch eines Menschen Fall im Paradies angerichtet habe; und siehet nicht allein auf die zwei Ohren, sondern auf den ganzen Haufen, so von Adam herkommen ist und noch kommen soll. Daß also dies Evangelium Christum malet, daß er der Mann sei, der sich dein und mein und unser aller so annehme, wie wir uns unser selbst sollen annehmen, als stecket er in den Sünden und Schaden, darin wir stecken, und daß er seufze über den leidigen Teufel, der den Schaden zuwege gebracht hat.

MITTWOCH: Zunge und Ohr

Er nahm ihn von dem Volke besonders und legte ihm die Finger in die Ohren und spützte und rührte seine Zunge.

O Jesu Christe, wahres Licht 50 *Markus 7/33*

Er nimmt hier sonderlich die zwei Glied für sich, Ohren und Zungen; denn ihr wisset, daß das Reich Christi gegründet ist auf das Wort, welches man sonst weder fassen noch begreifen kann, ohn durch diese zwei Gliedmaßen, Ohren und Zungen, und regieret allein durch das Wort und Glauben im Herzen der Menschen. Das Wort fassen die Ohren, und das Herz glaubets; die Zunge aber redets oder bekennets, wie das Herz glaubet. Darum, wenn man die Zungen und Ohren hinweg tut, so bleibt kein merklicher Unterschied zwischen dem Reich Christi und der Welt.

Denn ein Christ gehet im äußerlichen Leben daher wie ein Ungläubiger: er bauet, ackert, pflüget eben wie andere, nimmt kein sonderlich Tun noch Werk vor, weder in Essen, Trinken, Arbeiten, Schlafen noch anderem. Allein diese zwei Gliedmaßen machen einen Unterschied unter Christen und Unchristen: daß ein Christ anders redet und höret und hat eine Zunge, die Gottes Gnade preiset, die von dem Herrn Christo predigt, daß er allein sei der Seligmacher. Das tut die Welt nicht, die redet von Geiz und andern Lastern, predigt und preiset ihre Pracht.

DONNERSTAG: Das Evangelium reißt die Natur nicht aus

Sara starb. Da kam Abraham, daß er sie beklagte und beweinte. *1. Mose 23/1f.*

Ach traure nicht, du frommer Christ 291

Daß Abraham sie beklaget und beweinet habe, ist darum geschrieben, daß es nicht böse ist, daß man sich bekümmert, betrübt und Leid trägt um der Leute willen, die uns absterben. Wiewohl wir allzumal sterben müssen, doch sind wir also verfasset durch die Liebe, daß ein jeglicher dem andern soll das Leben gönnen; wie wir auch alle verbunden sind, daß wir arm sind und im Schweiß leben; solang soll die Liebe da zu schaffen haben und sich bekümmern um des Nächsten Armut und anderer Not.

Gott will nicht durch das Evangelium die Natur ausreißen, sondern lässet bleiben, was natürlich ist, richtet es aber auf die rechte Bahn. Natürlich ists, daß ein Vater sein Kind, das Weib den Mann lieb hat, und fröhlich sei, wenns ihm wohl gehet, und wiederum; des nimmt sich ein Christ vor Gott nach dem Glauben nicht an, wenn gleich alles zu Boden ginge; aber nach der Liebe soll man sichs annehmen als unser eigen Not und nach der Liebe richten. Sonst hätte er nicht lassen schreiben, daß der große Patriarch Abraham sein Weib beweinet, wo es nicht daher sollt dienen. Also schickt uns Gott zu, daß solche Bewegung des Herzens bleibe, und will dennoch, daß wir sie überwinden mit dem Glauben und darum nicht verzagen noch von Gott fallen.

FREITAG: Der Sünde gestorben

Sind wir mit Christo gestorben, so glauben wir, daß wir auch mit ihm leben werden. *Römer 6/8*

Nun laßt uns Gott dem Herren Dank sagen 227

Siehe, also fasset St. Paulus der Christen Leben und Wesen auf Erden gar in den Tod Christi und stellet sie dar, als die nun tot und begraben im Sarg liegen, das ist, von dem Leben der Sünden aufgehöret, und nichts damit zu schaffen haben. Und heißt ihnen die Sünde, und wiederum sie der Sünde gestorben, weil sie nicht mehr in solchem sündlichen Leben der Welt erfunden werden. Ja, sie sind nun zweimal oder zwiefältig gestorben; einmal geistlich der Sünde, welches ist ein gnädig, tröstlich und selig Sterben (wiewohl es Fleisch und Blut wehe tut und saur wird), und ein lieblicher, süßer Tod, denn er bringet dagegen eitel himmlisch, rein, vollkommen, ewig Leben; zum andern auch leiblich, welches ist nicht ein Tod, sondern mehr ein säuberlicher, sanfter Schlaf, diesem Fleisch aufgelegt darum, daß es nicht aufhöret (weil wir auf Erden leben), dem Geist und seinem Leben zu widerstreben.

Also tut allezeit das Fleisch, so lang es hier lebt, dehnet und zeucht die Sünde nach sich, wehret sich und will nicht sterben; darum muß zuletzt Gott das auch hinrichten, daß es seinen Tod auch habe von der Sünden. Und ist doch dieses auch ein feiner, sanfter Tod, und wahrhaftig nicht anders denn ein Schlaf; denn es soll nicht im Tode bleiben (weil die Seele und Geist nicht mehr im Tode ist), sondern wieder hervor, ausgereinigt und geläutert am Jüngsten Tage, wieder zum Geist kommen, da wird es ein feiner, reiner gehorsamer Leib sein, ohn alle Sünde und böse Lust.

SONNABEND: Die Glieder im Dienst der Gerechtigkeit

Gleichwie ihr eure Glieder begeben habet zum Dienst der Unreinigkeit und von einer Ungerechtigkeit zu der andern, also begebet auch nun eure Glieder zum Dienst der Gerechtigkeit, daß sie heilig werden. Römer 6/19

Wohl denen, die da wandeln 190

Das lehret euch ja die Vernunft, weil ihr nun nicht mehr der Sünde und Ungerechtigkeit untertan seid, daß ihr auch nicht mehr derselben dienen noch gehorsam sein sollet mit euerm Leib und Gliedern, das ist, mit dem ganzen leiblichen Leben und Wesen. Und wiederum, weil ihr euch Gotte und der Gerechtigkeit zu Gehorsam ergeben habt, so seid ihr schuldig, der=

selben mit Leib und Leben zu dienen. Das ist aufs einfältigst klar und deutsch so viel gesagt: Wer zuvor böse gewesen ist und gelebt hat wider Gottes Willen und sein Gewissen, der werde nun fromm und diene Gott mit gutem Gewissen; oder, wie St. Paulus anderswo (Ephes. 4, 28) sagt: „Wer gestohlen hat, der stehle nun nicht mehr."

Zuvor (spricht er) haben euer Glieder, Augen, Ohren, Mund, Händ, Füße und der ganze Leib gedienet zur Unreinigkeit; dergleichen habt ihr euer Glieder lassen dienen der Ungerechtigkeit oder zu allerlei unrechtem Leben und Werken, da ihr eine Ungerechtigkeit über die ander begangen, mit allerlei bösen Tücken und Stücken, wie sie mögen Namen haben. Das kehret nun um, nach eurem eigen Recht und Verstand. Wo ihr zuvor gerne gesehen, gehöret, geredet habt, was schandbar und unzüchtig ist, oder darnach gegangen und gestanden und mit dem Leib der Unzucht gedienet, das soll nun Augen und Ohren wehe tun, zu sehen und zu hören, der ganze Leib davor fliehen und in Worten und Werken züchtig sein; also sollen auch alle Glieder und des ganzen Leibs Tun und Lassen der Gerechtigkeit dienen.

Und das darum, daß auch euer Glieder oder Leib heilig werden, das ist, Gottes eigen, und allein zu seinem Dienst gebrauchet werden, daß sie alle, je länger je mehr und lieber Gotte zu Ehren und Gehorsam dienen in allem, was göttlich, löblich, Ehre und Tugend heißet.

4. WOCHE NACH EPIPHANIEN

Die Herrlichkeit Gottes über der Schöpfung

SONNTAG: Matthäus 8/23–27

Da sagte er zu ihnen: Ihr Kleingläubigen, warum seid ihr so furchtsam? Und stand auf und bedrohte den Wind und das Meer; da ward es ganz stille. *Matthäus 8/26*

Such, wer da will, ein ander Ziel 249

Dies Evangelium hält uns vor ein Exempel des Glaubens und Unglaubens. Des laßt uns hie in den Jüngern die Erfahrung ansehen, wie ihr Herz stehet. Erst, da sie mit Christo ins Schiff traten, war es still, und sie fühleten nichts, und wer sie hätte gefragt daselbst, ob sie auch glaubten, hätten sie gesagt: Ja. Sie sahen aber nicht, wie ihr Herz sich verließ auf die Stille, und daß kein Ungewitter da war, und also auf das Sichtliche gegründet war. Aber da das Wetter kommt und die Wellen über das Schiff fallen, da ist der Glaub aus; denn die Stille und der Friede, daran sie hingen, ist dahin; darum fahren sie auch mit hin, und findet sich eitel Unglaube da.

Was tut aber derselbig Unglaub? Er siehet nicht mehr, denn er fühlet. Leben und Sicherheit fühlet er nicht, sondern die Wellen über dem Schiff und das Meer, das den Tod und alle Fährlichkeit vorhält. Und weil sie dasselbig fühlen und darauf achten und sich nicht davon wenden, höret das Schrecken, Zittern und Zagen nicht auf; ja, je mehr sie drauf sehen und dasselbige fühlen, je härter sie der Tod und Zagen treibt.

Aber wo Glaube da wäre gewesen, der hätte also getan: er hätte des Winds und des Meers Wellen aus dem Sinn geschlagen und vor die Augen gebildet anstatt des Winds und Gewitters Gottes Gewalt und Gnade, in seinem Wort verheißen, und hätte sich auf dasselb also verlassen, als säße er auf einem harten Fels und schwebet nicht auf dem Wasser, und als schiene die Sonn helle und wäre Stille und gar kein Ungewitter. Denn das ist des Glaubens hohe Kunst und Kraft, das er siehet, das nicht gesehen wird, und siehet nicht, das doch gefühlet wird, ja, das da drückt und dringet; gleichwie der Unglaube nur siehet, das er fühlet, und gar nicht hangen mag an dem, das er nicht fühlet.

MONTAG: Durchs Wort geschaffen und erhalten

Jesus antwortete ihnen: Mein Vater wirket bisher, und ich wirke auch. *Johannes 5/17*

Ich singe dir mit Herz und Mund 230

Gott der Vater hat das Geschöpf aller Kreaturen durch sein Wort angefangen und vollbracht, und erhält es auch noch für und für durch dasselbige, bleibet so lange bei seinem Werk, das er schaffet, so lang bis er will, daß es nimmer sein soll. Wie lang wollte die Sonn, der Mond und der ganze Himmel laufen, der seinen Gang so viel tausend Jahr so gewiß gehabt hat; item, daß die Sonne zu gewisser Zeit und an gewissen Orten jährlich auf= und niedergehet, wenn sie nicht Gott, der sie geschaffen hat, noch täglich erhielte? Wenn Gott seine Hand gehen ließe und abzöge, so würde Haus und alles gar bald in einen Haufen fallen. Aller Engel und Menschen Gewalt und Weisheit vermöcht sie nicht in ihrem Wesen ein Augenblick zu erhalten; die Sonne würde nicht lang am Himmel haften und leuchten; kein Kind würde geborn; kein Körnlein, Gräslin, noch Ichts würde wachsen aus der Erden, noch sich erneuen, wo Gott nicht für und für wirket.

Täte der Schöpfer, der immerdar wirket, item, sein Mitwirker, die Hand ab, so ging alles gar balde zu scheitern und zu Trümmern. Darum bekennen wir in den Artikeln unsers christlichen Glaubens: Ich glaube an Gott den Vater, Allmächtigen, Schöpfer Himmels und der Erden. Wenn er uns, die er geschaffen hat, nicht erhielte, so wären wir vorlängst, ja wohl in der Wiegen und in der Geburt verdorben und gestorben.

DIENSTAG: Die Schöpfung im Lichte der Fleischwerdung Christi

Er ist vor allem, und es besteht alles in ihm. *Kolosser 1/17*

Hüter, wird die Nacht der Sünden nicht verschwinden? 266/2

Der Artikel von der Erschaffung der Dinge aus dem Nichts ist schwerer zu glauben als der Artikel von der Fleischwerdung Christi.

Und Christus führt durch seine Fleischwerdung uns in die Erkenntnis des Schöpfers zurück, in der die Engel glücklich sind. Das konnte nicht geschehen, ohn daß er selbst durch seine Person, die das Bild Gottes ist, die Sünde (die des Todes Reich und Triumph ist) von uns nähme. Denn die Sünde hat die menschliche Natur blind gemacht, daß sie den Schöpfer nicht länger erkennete, obschon sie seines Werkes, zumal der Weltleitung, von fern ein Rüchlein hat. Ja sein eigen Sünd kennt der Mensch nicht und meinet, seine Blindheit sei die allerhöchste Weisheit.

Ah, wie würde ein Mensch, wenn Adam nicht gesündigt hätte, Gott in allen Kreaturen erkannt, gelobet und geliebet und gepreiset haben, also daß er auch in den kleinesten Blümlin Gottes Allmacht, Weisheit und Güte bedacht und gesehen hätte! Denn wahrlich, wer kann das ausdenken, wie Gott aus dürrem Erdreich schaffet so mancherlei Blümlin von so schöner Farbe, liebliches Geruchs, die kein Maler noch Apotheker also machen könnte? Noch kann Gott grüne, gelbe, rote, blaue, braune und allerlei Farbe aus der Erden bringen. Das alles hätte Adam und die Seinen zu Gottes Ehre gewandt, ihn gelobet und gepreiset und aller Kreaturen mit Danksagung gebrauchet.

MITTWOCH: In ihm besteht alles

Er trägt alle Dinge mit seinem kräftigen Wort.

Hebräer 1/3

Lobe den Herren, den mächtigen König der Ehren 234

Hier spricht er, daß er alle Ding trage. Trägt er alle Ding, so ist er nicht getragen und etwas über alle Ding; das muß Gott sein allein. Das Tragen aber ist, daß er alle Ding ernähret und erhält, als daß nicht allein durch ihn alle Ding gemacht, sondern auch alle Ding in ihm bleiben und erhalten werden, wie St. Paulus saget: „Alle Ding bestehen durch ihn und in ihm." Und gar ein fein Wort braucht er, daß er sagt: er trage; treibt und jagt noch rumort nicht, er trägt sanft und läßt alle Kreaturen seiner sanften Güte genießen, wie auch Weisheit 8, 1 geschrieben stehet: Die Warhheit Gottes reichet von einem Ende zum andern gewaltiglich und regieret alle Ding süßlich und sänftlich.

Also möcht hier der Sinn sein, daß Christus alle Ding trägt durch das Wort seiner Kraft, das ist durch die Tat seiner Kraft. Denn durch das Tun seiner Kräfte alle Ding erhalten werden, und alles, was da etwas ist und vermag, daß dasselbe nicht von sich selbst, sondern aus der tätigen Kraft Gottes also sei und vermöge. Und alsdann ist abermal hier die Kraft und das Wort nicht zu scheiden, sondern das Wort und die Kraft ist ein Ding, nicht anders denn als so viel gesagt, als ein tätigs oder kräftigs Wort, daß die Kraft sei das Wesen und Natur des Wortes, das in allen Dingen wirkt.

DONNERSTAG: Wie wunderbar sind deine Werke

Wie wunderbar sind deine Werke. *Psalm 66/3*

Du meine Seele, singe 197/3—4

Eine Hausmutter sollte sich schier zu Tode darüber verwundern, wenn sie es recht bedenken wollte: Heute hat sie eine Mandel Eier, dieselben leget sie unter eine Henne, Gans. Über vier, sechs Wochen hat sie einen Korb voller junger Hühner und Gänse, dieselben essen, trinken, wachsen und werden groß. Woher kommen sie? Die Eier tun sich auf zu seiner Zeit, da sitzen die Hühnlein, Gänslein inne, kucken hervor mit den Schnäblein, bis sie endlich gar hervor kriechen. Die Mutter, die alte Henne, die Gans, tut nichts hierzu, denn daß sie über den Eiern sitzet und dieselben wärmet. Aber Gottes Allmächtigkeit ist es, so da schaffet, daß aus den Eiern junge Hühner und Gänse werden.

Also verhält sichs auch mit den Fischen im Wasser und mit allem Gewächs, so aus der Erden wächset. Woraus werden die

Fische? Ihr erster Anfang ist das Geleich, so im Wasser schwimmt, aus demselben werden durch Gottes Wort und Allmächtigkeit Karpfen, Barmen, Hechte und allerlei Fische, daß es davon im Wasser wimmelt. Eine Eiche, Buchen, Fichtenbaum wächset aus der Erden etliche Klafter dick und viel Ellen hoch. Was ist ihr erster Anfang? Erde und Wasser; die Wurzel zieht an sich aus der Erden ihren Saft und Feuchte; denselben treibt sie über sich mit aller Macht, daß der Baum davon groß, dick und lang wird.

Was macht das? Gottes Allmächtigkeit und Wort, das der ewige, allmächtige Schöpfer gesprochen hat: „Es errege sich das Wasser mit webenden und lebendigen Tieren und mit Gevögel, das auf Erden unter der Veste des Himmels flieget." „Die Erde bringe hervor lebendige Tiere, ein jegliches nach seiner Art, Vieh, Gewürm und Tiere auf Erden, ein jegliches nach seiner Art." Solch Wort und Allmächtigkeit Gottes tut es.

FREITAG: Das Kreuz in der Schöpfung

Wir wissen, daß alle Kreatur sehnt sich mit uns und ängstet sich noch immerdar. *Römer 8/22*

O Durchbrecher aller Bande 262/4

Die liebe Sonne, die schönste und lieblichste Kreatur, die dienet das weniger Teil den Frommen; wo sie einen Frommen bescheinet, da muß sie tausend und abermal tausend Schälke bescheinen, denen muß sie leuchten zu alle ihrem gottlosen Wesen und Bosheit, und muß also ihren schönsten und reinsten Dienst gegen die unwürdigsten, schändlichsten, losesten Buben gehen lassen.

Es ist unsers Herrn Gottes gute Kreatur, und wollte viel lieber frommen Leuten dienen; aber die edle Kreatur muß solchs leiden und dienet der bösen Welt ohn ihren Willen. Doch auf Hoffnung, daß derselbige ihr Dienst soll einmal ein Ende haben. Und tut solches Gott zu Gehorsam, welcher ihr solchs aufgelegt hat, auf daß er erkannt werde ein barmherziger Gott und Vater, der (wie Christus lehret) seine Sonne läßt aufgehen über die Bösen und über die Frommen (Matth. 5, 45). Um deswillen dienet die liebe Sonne der Eitelkeit und verlieret vergebens ihren Dienst und Wohltat. Aber unser Herr und Gott wird solche zu seiner Zeit wohl finden, die der schönen Sonnen und anderer seiner Kreaturen mißbrauchen, und der Kreaturen ihren Dienst reichlich vergelten. Also zeucht der liebe St. Paulus das heilige Kreuz durch alle Kreatur, daß Himmel, Erden und alles, was drinnen ist, mit uns leide und das liebe Kreuz trage. Darum sollen wir so jämmerlich nicht klagen und weinen, wenns uns übel gehet, sondern mit Geduld warten auf unsers Leibs Erlösung und auf die Herrlichkeit, die an uns soll offenbaret werden; sonderlich, weil wir wissen, daß alle Kreatur mit großer Angst und Sehnen, wie ein Weib in Kindsnöten, seufzet nach der Offenbarung der Kinder Gottes, da denn ihre Erlösung auch wird angehen, daß sie nicht mehr der Eitelkeit unterworfen wird sein und dienen, sondern wird allein den Kindern Gottes willig mit allen Freuden dienen.

SONNABEND: Gottes Wirken in der Schöpfung

Die Erde ist voll der Güte des Herrn. *Psalm 33/5*

Lobet den Herren, denn er ist sehr freundlich 199

Gottes Wunderwerke, so täglich geschehen, werden geringe geachtet, nicht deshalben, daß sie so leicht wären, sondern daß sie so stets und ohne Unterlaß geschehen. Daß Gott die Welt regieret und die Kreaturen erhält, des Wunderwerks sind die Leute gewohnet, und weil es täglich im Schwang gehet, so scheinets geringe und achtets niemand wert, daß er darauf merke und es für Gottes Wunderwerk halte, ob es schon ein größer Wunderwerk ist, denn daß Christus mit fünf Brot fünftausend Mann speiset und aus Wasser Wein gemacht hat.

Ich habe oft von meinem lieben Vater gehört, daß er sagt, er hätte es von seinen Eltern, meinen lieben Voreltern, gehört, daß viel mehr Menschen wären auf Erden, die da essen, denn Garben von allen Äckern in der ganzen Welt jährlich eingesammelt werden möchten. Mache nun die Rechnung, so wirst du finden, daß mehr Brot jährlich wird gegessen, denn Korn von allem Acker jährlich eingeschnitten und gesammelt wird.

Woher kommt nun so viel Brot? Mußt du nicht hier selbst bekennen und sagen: es ist Gottes Wunderwerk, der segnet und mehret das Korn auf dem Acker, in der Scheunen, das Mehl im Kasten, das Brot auf dem Tisch; aber wenig sind, die darauf Achtung geben und merken, daß es Gottes Wunderwerke sind.

5. WOCHE NACH EPIPHANIEN

Die Herrlichkeit Gottes über der Geschichte

SONNTAG: Matthäus 13/24—30

Da nun das Kraut wuchs und Frucht brachte, da fand sich auch das Unkraut. Matthäus 13/26

Ach bleib bei uns, Herr Jesu Christ 207

Mit menschlicher Gewalt und Macht können wir sie nicht ausrotten, noch sie anders machen, denn sie sind uns damit oft weit überlegen, machen ihnen bald einen Anhang, ziehen den Haufen an sich, haben dazu der Welt Fürsten, den Teufel, der sie unter das rechte Korn gesäet hat, auf ihrer Seiten.

Zudem können sie ihre Sache wohl schmücken, geben große Weisheit und Heiligkeit vor und haben ein Ansehen unter dem Volk, wie die schönen, großen Disteln, so unter dem Korn stehen mit den braunen Köpfen, die höher wachsen und ein herrlicher Ansehen haben, denn das Korn; sie haben feine, grüne Blätter, schöne, breite, braune Köpfe, wachsen, blühen und glühen daher, sind rot, schön und stark. Dagegen das liebe Korn keine schöne, herrliche Gestalt hat, sondern ganz bleichgelb im Felde stehet, daß, wer beides nicht kennet, wohl einen Eid drauf schwüre, es müßten sehr gute, nützliche Blumen und Kraut sein; aber es sind nur böse, stachliche Disteln, niemand nütze, ja fast schädlich; item, wo man sie nur angreift, so stechen sie einem in die Hände.

Also können wir die Bösen auch nicht alle ausrotten, denn auch oft etliche Verführte wieder zurecht kommen. Derohalben, wenn wir das Unkraut rein wollten ausrotten, so rauften wirs ohne Schaden derer, so noch herzu sollen kommen, nicht aus; darum müssen wir sie leiden; doch nicht also, daß sie über uns regieren. Und wie wir die Sünde nicht ganz meiden können, alleine daß wir sie nicht sollen lassen regieren. Wir können in alten Leuten den Geiz, noch in den jungen die böse Lust und Begierde nicht ganz wehren, also tief steckts im Fleisch und Blut; aber doch sollen wir solches nicht lassen regieren; sondern es soll uns zu Füßen liegen. Darum sollen wir uns in Gottes Gebot üben und das Vater-Unser zu Hülfe nehmen, bis daß wir den Herrn Christum ergreifen, bis daß er unsers Herzens Freude werde.

MONTAG: Satan wirft seinen Samen ein

Da aber die Leute schliefen, kam sein Feind und säte Unkraut zwischen den Weizen und ging davon.

Matthäus 13/25

Christe, du Beistand deiner Kreuzgemeine 212

Mit diesem Gleichnis hat es hier diese Meinung, daß ein jeder Christ, sonderlich aber ein jeder Prediger an dem verzagen und verzweifeln soll, daß ers dahin werde bringen, daß er in seiner Kirchen eitel Heilige habe. Denn der Teufel läßt nicht, er wirft seinen Samen mit ein; welches man denn allererst gewahr wird, wenn er hervorschießt und aufwächst. Also ist es den lieben Aposteln gangen, Paulo, Johanni und andern; da sie hoffeten, sie hätten fromme Christen und treue Arbeiter im Evangelio, warens die ärgsten Schälk und bittersten Feinde. Uns gehets auch also; die wir für fromm und rechtschaffen halten, tun uns den größten Stoß und richten die meisten Ärgernissen an, dieweil wir schlafen und uns keines Unglücks besorgen.

Da ist nun dies der einzige Trost, daß Christus selbst sagt, es werde so zugehn. Derhalb tröstet sich der heilig Johannes in seiner Epistel wider solch Ärgernis und spricht: „Sie sind von uns ausgangen; aber sie waren nicht von uns.“ Denn es pfleget also zuzugehn, was am besten sein sollt, das wird am ärgesten und gerät am übelsten. Aus den Engeln sind die Teufel worden. Einer aus den Aposteln hat Christus verraten. Aus den Christen werden Ketzer. Aus Gottes Volk werden solche Buben, die Christum ans Kreuz bringen.

Also gehets und nicht anders. Darum sollen wir unerschrokken sein, unser Amt nicht fahren lassen, wenn wir sehen, daß Unkraut zwischen dem Weizen aufgehet; sondern denn erst getrost anhalten, die Leute zu ermahnen, daß sie sich nicht ärgern.

DIENSTAG: Die zwei Reiche

Wisset ihr nicht, daß die Ungerechten werden das Reich Gottes nicht ererben? 1. *Korinther 6/9*

Sonne der Gerechtigkeit 218

Es ist zu wissen, daß zwei Reich sind. Das erst ist ein Reich des Teufels, den nennet der Herr im Evangelio (Joh. 16, 11) einen Fürsten oder König dieser Welt, das heißt, ein Reich der Sünd und Ungehorsam. Das soll aber den Frommen gar ein großes Elend und Gefängnis sein.

Nun sind wir alle in diesem Reich also lang, bis das Reich Gottes kommet; doch mit Unterschied. Denn die Frommen sind also darin, daß sie täglich mit den Sünden fechten und des Fleisches Lust, der Welt Reiz, des Teufels Eingebung stetig und festiglich widerstreben. Denn wie fromm wir sein, so will doch je die bös Lust in uns mit herrschen und wollt gern allein herrschen und Überhand haben. Also ficht Gottes Reich mit des Teufels Reich ohn Unterlaß. Und dieselben werden darum behalten und selig, daß sie also streiten in sich selbst wider des Teufels Reich, um Gottes Reich zu vermehren.

Das ander Reich ist Gottes Reich, das ist ein Reich der Gerechtigkeit und Wahrheit, davon Christus sagt (Matth. 6, 33): „Sucht vor allen Dingen das Reich Gottes und seine Gerechtigkeit." Was ist Gottes oder seins Reichs Gerechtigkeit? Das ist, wenn kein Sünd mehr in uns ist, sondern all unser Glieder, Kraft und Macht Gott untertan und in seinem Brauch sind, daß wir mit Paulo sagen mögen (Gal. 2, 20): „Ich leb jetzt, aber nicht ich, sondern Christus in mir." Das geschieht aber, wenn kein Sünd in uns regiert, sondern allein Christus mit seinen Gnaden. Also ist Gottes Reich nichts anders, denn Fried, Zucht, Demütigung, Keuschheit, Liebe und allerlei Tugend; und daß nicht da sei Zorn, Haß, Bitterkeit, Unkeuschheit und alles desgleichen.

Nun probier sich ein jeglicher selber, ob er sich also dazu geneigt findet, so wird er inne, in welchem Reich er sei.

MITTWOCH: Gottes Stündlein

Da suchten sie ihn zu greifen; aber niemand legte die Hand an ihn, denn seine Stunde war noch nicht gekommen.

Was mein Gott will, das g'scheh allzeit 280 *Johannes 7/30*

Niemand leget die Hand an ihn. Wer ist denn sein Schutzherr? Wer wehret da? Niemand; sondern der Text spricht: „Seine Stunde war noch nicht da." Höre, nur eine Stunde, das ist ein geringer, schlechter Schutzherr. Er spricht nicht: Er hatte so viel tausend Pferde auf der Seiten und an dreißig tausend Mann zu Fuße, die ihn schützeten; sondern ein Stündlein ist sein ganzer Harnisch, das ihm beschert war, daß er sollte gekreuziget werden; das war noch nicht da, und dieweil es noch nicht da war, da half alles nichts, was seine Widersacher wider ihn vornahmen.

Also genau hats Gott gefasset und alles abgemessen, daß er alle Gedanken und Werk in seiner Hand haben will, daß es nicht fortkommen kann, es komme denn die Stunde, die von Gott dazu bestimmt ist.

Also hats Gott gemacht, daß all Ding in der Welt soll seine Zeit und Stunde haben; ein feines, freies Stündlein hat er allen Dingen dahin gesetzt; dasselbige Stündlein hat die ganze Welt zum Feinde, die muß es anfechten. Der Teufel schießt und wirft auch nach dem armen Zeigerlein, aber umsonst, denn da stehets alles auf dem Stündlein; ehe denn es kommet und das Zeigerlein ausläuft, soll der Teufel und die Welt nichts ausrichten.

Summa, was einer vor sich nimmt, soll nicht hinausgehen, sondern zurücke, wenn es Gott nicht befohlen oder beschlossen hat; oder gehets hinaus, so soll es zehnmal mehr Schaden tun. Es ist alles in ein Stündlein gefasset. Die Gedanken sollen es nicht tun, Gott muß das Stündlein dazu geben.

Das ist ein herrlicher Trost.

DONNERSTAG: Dein Wille geschehe

Dein Wille geschehe auf Erden wie im Himmel.
Vater unser im Himmelreich 241/4 *Matthäus 6/10*

So spricht man: Ei, hat uns doch Gott einen freien Willen gegeben. Antwort ich: Ja freilich hat er dir einen *freien* Willen gegeben; warum willst du ihn dann machen zu einem *eigen* Willen und läßt ihn nicht frei bleiben? Wenn du damit tust, was du willst, so ist er nicht frei, sondern dein eigen. Gott aber hat weder dir noch jemand einen eigenen Willen gegeben; denn der eigen Will kommt vom Teufel und Adam, die haben ihren freien Willen, von Gott empfangen, sich selbst zu eigen gemacht. Denn ein freier Wille ist, der nichts Eigenes will, sondern allein auf Gottes Willen schauet, dadurch er dann auch frei bleibt, nirgend anhanget oder anklebt.

Nun merkst du, daß Gott in diesem Gebet uns heißt wider uns selbst bitten; dabei er uns lehret, daß wir keinen größern Feind haben denn uns selber. Denn unser Wille ist das Größt in uns, und wider denselben müssen wir bitten: o Vater, laß nicht dahin mich fallen, daß es nach meinem Willen gehe, brich meinen Willen, wehr meinem Willen; es gehe mir wie es will, daß mir nicht nach meinem, sondern allein nach deinem Willen gehe. Denn also ist es im Himmel, da ist kein eigner Will; daß desselb auch also sei auf Erden. Solches Gebet, so es geschieht, tut der Natur gar wehe; denn der eigen Wille das allertiefest und größt Übel in uns ist, und uns nichts lieber ist denn eigener Wille.

FREITAG: Gottes Macht in den Geringen

Aus dem Munde der jungen Kinder und Säuglinge hast du eine Macht zugerichtet um deiner Feinde willen, daß du vertilgest den Feind und den Rachgierigen. *Psalm 8/3*
Man lobt dich in der Stille 229/3

Warum und wozu gründet Christus solch Macht und Reich? Warum sendet er nicht die himmlischen Geister und Fürsten,

Michael und andere Engel, die dem Feinde starken Widerstand tun und abbrechen könnten? Denn der Feind und Rachgierige ist ein starker, mächtiger Geist, welcher Gott und Fürst ist in der Welt und ein fest, beständig Reich hat, und unter ihm viel andere Geister, derer ein jeglicher stärker ist denn alle Menschen auf Erden.

Antwort: Der Herr, unser Herrscher, hat nicht Gabriel oder Michael hiezu wollen brauchen, sondern aus dem Munde der Unmündigen und Säuglinge hat er eine Macht zurichten wollen. Denn weil des Feindes Bosheit groß und sein Zorn heftig ist, so hat dieser Herrscher Lust und Wohlgefallen, daß er den so boshaftigen, grimmigen und stolzen Geist höhne und sein dazu gleich spotte. Darum, da er die Macht zurichten will, wirft er sich selber so tief herab, wird Mensch, ja, wirft sich unter alle Menschen; wie geschrieben stehet Psalm 22: „Ich bin ein Wurm und kein Mensch, ein Spott der Leute und Verachtung des Volkes"; gehet daher in Armut, wie er selbst sagt Matth. 8. In solcher leiblichen Schwachheit und armen Gestalt greift er den Feind an und läßt sich ans Kreuz schlagen und töten, und durch sein Kreuz und Tod tilget er den Feind und Rachgierigen.

Also sparet unser Herr Gott die größte und höheste Macht der Engel im Himmel und nimmt die Einfältigsten, Ungelehrtesten und Schwächsten auf Erden und setzet dieselbigen wider die höchste Weisheit und Gewalt des Teufels und der Welt. Das sind Gottes Werk. Denn er ist ein Gott, der da lebendig macht die Toten und ruft dem, das nicht ist, daß es sei. Gottes Natur ist, daß er seine göttliche Majestät und Kraft erzeiget durch Nichtigkeit und Schwachheit. Das ist die Weise, daß der Herr, unser Herrscher, sein Reich stiftet. Es gehet wohl zu in Schwachheit, aber es soll eine Macht aus solcher Schwachheit kommen.

SONNABEND: Du gebietest ihm, kommst nie zu spät

Er stand auf und bedrohte den Wind und das Meer; da ward es ganz stille. *Matthäus 8/26*

Wach auf, wach auf, 's ist hohe Zeit 204

Darum sollen wir diesen unsern Herrn und Heiland also lernen kennen und an ihn glauben, daß er der Herr ist, der den stürmenden Winden und tobenden Wellen des Teufels kann steuern und wehren, wenn er will; und uns des trösten wider alle Macht der bösen, zornigen Feinde der armen Kirchen, daß sie mit ihrem Stürmen wider dieses Schifflein nichts ausrichten werden. Ursach, denn Christus der Herr, der solchen Wind und Wellen bisher über fünftausend Jahr niedergelegt und gestillet hat, der kann und weiß ihnen noch zu gebieten und wehren; es hat ihnen die fünftausend Jahr gefehlet und ist nicht gelungen, und soll ihnen auch hinfort (die übrige letzte Stunde) fehlen und nicht gelingen, was sie vorhaben. Dieser Mann, der hier im Schiff liegt und schläft, wird zu seiner Zeit durch unser Gebet aufwachen und sich lassen sehen, daß er dem Meer und Wind gebieten kann, und muß alsdann alles, was da feindlich und schrecklich wider dies Schifflein gestürmet hat, zu Grunde gehen.

6. WOCHE NACH EPIPHANIEN

Die Herrlichkeit des Christus

SONNTAG: Matthäus 17/1–9

Dies ist mein lieber Sohn, an welchem ich Wohlgefallen habe; den sollt ihr hören! *Matthäus 17/5*

Herr Christ, der einig Gotts Sohn 46

Darum hüte dich vor solchen Gedanken, so bloß ohn Wort fahren und Christum von Gott scheiden und reißen. Denn er hat dir nicht befohlen, daß du sollst so bloß hinauf fahren und gaffen, was er im Himmel mache mit den Engeln; sondern also heißt sein Befehl: „Dies ist mein lieber Sohn, den sollt ihr hören." Da komme ich herab zu euch, daß ihr mich sehen, hören und greifen möget; da mich sollen treffen und finden (und sonst nirgend) alle, die mein begehren und gerne von Sünden los und selig wären. Hier sollten wir flugs zufallen und schließen: Das redet Gott selbst, dem will ich folgen und kein ander Wort noch Predigt hören, nichts anderes von Gott lernen noch wissen. Denn in dieser Person (spricht St. Paulus) wohnet wahrhaftig die ganze Gottheit, und ist außer ihm kein Gott, also, daß ich ihn treffen möge oder zu ihm komme. Wo man nun dieses Mannes Wort höret oder sein Werk siehet, da höret und siehet man gewißlich Gottes Wort und Werk.

MONTAG: Gott hat ihn versiegelt

Den hat Gott der Vater versiegelt. *Johannes 6/27*

O süßer Herre Jesu Christ 47

Dies Wort hat auch ein Emphasim und ein Nachdruck hin= ter ihm; als sollt er sagen: Es ist nicht ein schlechter Mann oder ein schlechter Gesell, sein Vater; sondern ich will dirs sagen, wer er sei: Er ist Gott; der ist der Vater, so Gott heißt, und der Vater hat seine Augen auf den Sohn gerichtet und ihm alles unterworfen, so daß man sein Leib essen und sein Blut trinken solle und davon erhalten werde; oder müssen alle verdammt sein. Er hat den Sohn, Christum, allein ausgemalet und versiegelt und alle seinen Willen und alle seine Gnade auf Christum geleget, und auf keinen andern.

Dieweil denn Gott sein Siegel auf ihn gedrückt hat, — und er hat nur ein Siegel; ihm hat er allein den Heiligen Geist gegeben, auf daß alle Menschen nur auf ihn sehen sollen, und die ganze heilige Schrift gehet auf ihn, daß er allein die Siegel und Brief hab, denn er ist der Ausbund und dazu gemacht, gegeben und geschenkt, daß er uns allein helfen solle; wie denn Gott selber vom Himmel sagte: „Das ist mein geliebter Sohn, an dem ich ein Wohlgefallen habe, den sollt ihr hören"; ihm hat Gott der Vater sein Siegel aufgedrückt: so sollen wir ihn auch allein hören und annehmen.

DIENSTAG: Des Vaters Zeuge

Und er zeugt, was er gesehen und gehört hat.

Eins ist not 259 *Johannes 3/32*

Was soll der Christus, und was ist der Messias nutze? Was ists für ein Messias? Soll er sonst nichts tun? Platzt er so herein? Was tut er? Er zeuget. Wenn er so schwach herein gehet und fasset sein Regiment nicht anders, denn daß er zeuget, kann er denn sonst nichts mehr denn predigen und sagen? Er führet kein Schwert, hat auch nicht eine Hand breit Land und Leute, was ist denn sein Tun? Predigen. Ja wahrlich, einen solchen Messiam mußten wir annehmen. Wie, wenns Gott denn also haben will, daß der Messias nicht soll kommen als ein Kaiser? Er will ihnen nicht die Ehre tun, daß er also gewaltig käme, als sie jetzt sind. Daß er aber so bloß kommt und anders nichts tut, denn predigt, das ist eine unaussprechliche Weisheit und Stärke, ja der Schatz der Weisheit und Erkenntnis, nämlich, daß, wer an ihn glaubet, der soll ewiglich leben. Wer siehets aber? Du sollst nicht sehen. Seine Regierung und Predigt ist ein Zeugnis. Es ist eine Predigt, die allein zeuget von den Dingen, so man nicht siehet noch höret in den Rechtsbüchern noch sonst in der Welt. Es heißt zeugen, das einer nicht gesehen hat. Ein Richter richtet nicht, das er siehet, sondern er muß Zeugen haben. Aber allhier heißts etwas reden und predigen, das man nicht siehet. Also ist der Herr Christus des Vaters Zeuge vom Himmel über alle. Er soll nichts tun, denn allein predigen, und seine Predigt soll ein Zeugnis sein vom Vater, wie er gesinnet sei, und wie er wolle die Menschen selig machen und erlösen von Sünden, Tod und des Teufels Gewalt. Das zeuget er. Er läßt sich Mensch werden, sterben und von den Toten wieder auferstehen und will sagen: In diesen Worten stehet mein Zeugnis. So ihr nun diesem Zeugnis und Werken glaubet, dann glaubet ihr dem Zeugnis Gottes.

MITTWOCH: Auf Christus gewagt

Ich schäme mich des Evangeliums von Christo nicht; denn es ist eine Kraft Gottes, die da selig macht alle, die daran glauben. *Römer 1/16*

Jesu, meine Freude 293

Christus hat kein Geld noch Beutel, auch kein irdisch Reich, denn dieselbigen allzumal hat er Königen und Fürsten gegeben. Aber eins hat er ihm vorbehalten, das keines Menschen noch Engels Werk und Tun ist, nämlich daß er ein Siegsmann ist über Sünde, Tod, Teufel und Hölle, und kann auch mitten im Tode retten und erhalten, die an ihn durch sein Wort glauben.

Wohlan, wir habens auf den Mann, den Herrn Christum, Gottes Sohn, gewaget, der wird uns gewißlich nicht lassen. Unser Leib und Leben stehet auf ihm; wo er bleibt, da werden wir auch bleiben; sonst weiß ich nichts, darauf ich trotzen könnte. Darum, lebet Christus, so wird er wissen, daß wir alles um seinetwillen tun und leiden mit Predigen, Lehren, Schreiben. Wie das auch die Welt weiß und wir wissens auch; auf ihn wagen wirs, er wird uns auch helfen; aber es muß auch brechen und kann nicht also bestehen!

DONNERSTAG: Christus unser Ruhm

Er hat alle Dinge unter seine Füße getan und hat ihn gesetzt zum Haupt der Gemeinde über alles. *Epheser 1/22*

Jesus Christus herrscht als König 96

Unser größter Ruhm, Ehre und Preis ist, daß wir Christum haben, Gottes Sohn, von unserm Fleisch, doch ohn Sünd geborn, sitzend zur Rechten Gottes des Vaters, ein Herr über alle Kreaturen im Himmel, auf Erden und in der Hölle. Wer ihn aber zum Herrn will haben, der wird den Teufel zum Feinde und Widersacher haben.

Was fragt Gott nach der ganzen Welt, wenn ihr gleich zehn oder mehr wären? Er hat Christum zum Könige eingesetzt, wie im zweiten Psalm (V. 6) stehet; will man ihn nicht annehmen, wohlan so hat er ihn so fest eingesetzt, daß er ihn nicht wird lassen vom Stuhl herab stoßen und umstürzen. Unterstehet sichs die Welt, so wirft ers alles in einen Haufen; denn er hat einmal mit einer herrlichen Stimme vom Himmel klingend ernstlich befohlen und gesagt: „Diesen sollt ihr hören."

FREITAG: Das Kreuz — seine Verklärung

Solches redete Jesus, und hob seine Augen auf gen Himmel und sprach: Vater, die Stunde ist da, daß du deinen Sohn verklärest, auf daß dich dein Sohn auch verkläre.

Treuer Wächter Israel' 210/3 *Johannes 17/1*

Mit dem Wort zeiget er an, wie es um ihn stehe, und was die Not sei, so ihn treibet zu solchem Gebete. Es gehet herzu (will er sagen), daß ich leiden und sterben soll des allerschändlichsten Tods, also, daß alle meine Klarheit, Licht, Name und Ehre verfinstert werden und verlöschen muß. Nun hat er große Ding ausgerichtet, herrlich gepredigt und gewirket, seine Kraft und Macht beweiset, daß ihn billig alle Welt sollt aufs herrlichst gerühmet, geehret und angebetet haben: so widerfähret ihm das Widerspiel, daß er für alle Ehre und Preis, so ihm gebühret, mit eitel Schand und Schmach überschüttet wird und am Kreuz hängen muß zwischen zwei Mördern und sterben als der ärgste, verzweifeltste Bube, so die Erde getragen hat, daß nie kein Mörder so schändlich und lästerlich behandelt ist.

Das heißt den teuren, trefflichen Mann recht in Finsternis geworfen. Siehe, das heißt nun Christus hier sein Stündlein kommen oder vorhanden sein, denn er betet mit solchem Sinn und Ernst, als hinge er jetzt am Kreuz; als sollt er sagen: Nun stecke ich mitten in Schand und Tod und liege in tiefester Finsternis; nun ists Zeit, daß du mich hervorziehest, emporhebest und zu Ehren setzest, weil mein Licht so gar verloschen ist und die Welt mich mit Füßen tritt.

Wie ist nun solche Verklärung zugegangen? Nicht anders, denn daß ihn der Vater wieder auferweckt hat vom Tode, den Teufel unter seine Füße geworfen und ihn zum König und Herrn gemacht über alle Kreaturen.

SONNABEND: Christo gleichförmig

Ein jeglicher sei gesinnet, wie Jesus Christus auch war.

Herr Christ, der einig Gotts Sohn 46 *Philipper 2/5*

Ach lieben Brüder, ihr sollt euch selbst finden, gleichwie Christus gefunden ist, der sich in der Form Gottes nicht überhebt, daß er dem Vater möchte gleich sein. Sondern er hat sich ganz selber verringert, angenommen die Form und die Gestalt eines Knechts und ist erfunden worden in aller Maßen und Wesen ein Mensch und einem Menschen gleich, ja auch also gleich, daß er starb um Gehorsams willen seines Vaters. Nehmet wahr, lieben Freunde Christi, wie ein trefflich tiefes Wort das sei. Wir sollen alle gleich sein. Denn er spricht nicht, ein schlichter Mensch, sondern ein solcher, in dem da ist die Form Gottes, als da ist Gewalt, Ehre, Gerechtigkeit, Weisheit, Frömmigkeit, Keuschheit, der nie kein Boses getan, der voll ist aller Tugend, auch nach der Menschheit, der da uns wollte gleich sein, nicht Gott, nicht als Lucifer, der nach Gottes Bilde greifen wollte, auch nicht als die Hoffärtigen, die ihren Nächsten hernieder ansehen, daß sie ihn kaum erkennen mögen. Also hat Christus nicht getan, er hat abgeleget die Gestalt Gottes und ist erfunden in der Gestalt des Menschen, in dem Fleisch der Sünden, wiewohl er nie gesündiget; er konnte auch nicht sündigen. Darum ist er worden ein Narr, eine Verspottung, Verachtung, Hohn alles Volks, hat unser aller Unglück getragen, und in ihm sind erfunden alle Titel unserer Armut. Und das hat er getan, auf daß wir ihm frei nachfolgen.

Vorfasten

SEPTUAGESIMÄ

Berufung und Erwählung

SONNTAG: Matthäus 20/1–16

Also werden die Letzten die Ersten, und die Ersten die Letzten sein. Denn viele sind berufen, aber wenige sind auserwählt. *Matthäus 20/16*

Es ist das Heil uns kommen her 242

Weil dies Evangelium diejenigen meinet, die sich dünken lassen, sie seien vor Gott die Ersten, so gehet es gar hoch und trifft gar treffliche Leute, ja es schreckt die allergrößten Heiligen. Darum es auch Christus den Aposteln selbst vorhält. Denn allhier geschiehts, daß wohl einer vor der Welt arm, schwach, veracht, ja auch wohl etwas um Gottes willen leidet, daß gar kein Schein da ist, daß er etwas sei, und ist doch im Herzen voll eigens Wohlgefallens heimlich, daß er sich den Ersten dünkt vor Gott, und eben damit der Letzte ist. Wiederum soll wohl einer so verzagt und blöde sein, daß er meine, er sei der Letzte vor Gott, ob er gleich vor der Welt Geld, Ehre und Gut hat, und ist eben damit der Erste.

Man siehet auch, wie sich hier die allerhöhesten Heiligen gefürcht' haben, wie viel auch hier gefallen sind vom hohen geistlichen Stand.

Siehe, wie ist Saul gefallen! Wie ließ er David fallen! Wie mußte Petrus fallen! Wie fielen etliche Jünger Pauli!

So ist nun dies die Summa dieses Evangelii: Kein Mensch ist so hoch, noch wird so hoch kommen, der nicht zu fürchten habe, er werde der Allerniedrigste. Wiederum, niemand liegt so tief gefallen oder mag so tief fallen, dem nicht zu hoffen sei, er möge der Höhest werden; weil hier alle Verdienst aufgehoben und allein Gottes Güte gepreiset wird und beschlossen ist festiglich: „Der Erste soll der Letzte, und der Letzte der Erste sein." Damit, daß er spricht: „Der Erste soll der Letzte sein", nimmt er dir alle Vermessenheit und verbeut dir, daß du dich über keine Hure erhebest, wenn du gleich Abraham, David, Petrus oder Paulus wärest. Damit aber, daß er spricht: „Der Letzte soll der Erste sein", wehret er dir alle Verzweiflung und verbeut dir, daß du dich unter keinen Heiligen werfest, wenn du auch Pilatus, Herodes, Sodom und Gomorra wärest.

MONTAG: Er hat uns erwählt

Ihr habt mich nicht erwählt; sondern ich habe euch erwählt.

Geht hin, ihr gläubigen Gedanken 276/4 *Johannes 15/16*

Damit ist nun ja rein abgeschnitten und verdammt alle Vermessenheit der falschen Heiligen wider Gott, daß sie so viel tun und verdienen wollen, daß sie Gott versühnen und zu Freund machen. Denn was tun solche anders, denn daß sie die Wahl anfahen und wollen die Ersten sein, daß ihr Verdienst vorgehe und sein Gnade hernach getrollt komme; und nicht er sei, der uns erwählet, sondern wir ihn suchen und uns zu Freund machen wollen, daß wir rühmen mögen, er habe Guts von uns empfangen. Also tut alle Welt, durch ihre vorgehenden Werk Gottes Gnade zu verdienen. Aber es heißt: „Ihr habt mich nicht erwählet", das ist, ihr seid meine Freunde nicht um euret= sondern um meinetwillen. Denn so ihr wäret um euretwillen, so müßt ich euer Verdienst ansehen. Nun aber seid ihrs allein von mir und durch mich, der ich euch zu mir ziehe und gebe euch alles, was ich habe, daß euer Ruhm nichts anders sei, denn von meiner Gnade und Liebe, weder euer und aller Welt Werk und Verdienst. Denn ich habe mich nicht lassen finden von euch, sondern ich habe euch müssen suchen und zu mir bringen, da ihr ferne und fremde waret von der Erkenntnis Gottes und laget im Irrtum und Verdammnis wie die andern. Nun ich aber bin kommen und euch habe gerufen aus der Finsternis, ehe ihr darum batet oder etwas darum getan habt: so seid ihr meine Freunde, also, daß ihr von mir Guts empfahet und wisset, daß ihr alles habt umsonst und aus lauter Barmherzigkeit.

DIENSTAG: In Gottes Hand

Sie waren dein, und du hast sie mir gegeben.

Johannes 17/6

Warum sollt ich mich denn grämen 297/11–12

Denn das vermag kein Mensch auf Erden zu lassen: wenn er recht an Gott gedenket, so erschrickt ihm das Herz im Leibe und liefe wohl zur Welt aus; ja, so bald er Gott höret nennen, so wird er scheu und schüchtern. Nicht rede ich von rohen, wüsten Leuten, sondern von denen, da das Herz getroffen wird, daß sie ihre Sünde fühlen (welchen wir auch allein predigen). Denn das Gewissen ist da, das fühlet und weiß, daß Gott den Sündern feind ist und verdammen will, und es Gottes Zorn nicht entgehen noch entfliehen kann; darum muß es zittern, beben und zagen, erblassen und erkalten als vor einem Blitz oder Donnerschlag. Darum muß Christus dagegen mit Gewalt zufahren und solche süße, freundliche, tröstliche Wort ins Herz pfropfen, daß er die schweren, bittern und greulichen Gedanken hinwegnehme und den Vater aufs Allerlieblichste einbilde, wie ein Herz wünschen sollte. Darum laßt uns diese Wort wohl einnehmen und ins Herz treiben als unser Seelen Heil und Trost.

Hängst du an dem Herrn Christo, so bist du gewißlich unter dem Haufen, die Gott von Anfang dazu erwählet hat, daß sie sein eigen sein sollten; sonst würden sie nicht herzu kommen, noch solche Offenbarung hören und annehmen.

Darum laß sich die damit bekümmern, die das Evangelium nicht haben, noch Christum hören wollen. Du aber wisse, daß kein stärker Trost auf Erden ist, denn er dir hier selbst zeigt und gibt, nämlich, daß du Gottes eigen und das liebe Kind seiest, weil dir sein Wort gefället und dein Herz süße gegen ihn ist. Denn so dir Christus freundlich und süße ist und dich tröstet, so tröstet dich Gott der Vater selbst. Denn er hat sich eben darum also offenbaret, daß du nichts anders dürfest suchen und forschen noch dich bekümmern, was er möge von dir beschlossen haben; sondern daß du in dem Wort alles, seinen Willen und was deine Seligkeit betrifft, sehen und wissen mögest.

MITTWOCH: Behalte den Glauben

Behalte den Glauben und gutes Gewissen.

1. Timotheus 1/19

Ich ruf zu dir, Herr Jesu Christ 244/1 u. 5

Wenn man vom Unterschied der Sünden redet, die in den Heiligen in diesem Leben bleiben, soll man die Augen nicht auf die verborgene Auserwählung oder Vorsehung oder Prädestination, wie man sie nennet, weisen; denn solche Reden machen eitel Zweifel, Sicherheit oder Verzagung: bist du erwählet, so kann dir kein Fall schaden und bleibest allzeit in Gnaden und kannst nicht verderben; bist du nicht erwählet, so hilft alles nicht. Das sind schreckliche Reden und ist Unrecht, das Herz auf solch Gedanken zu leiten; sondern das Evangelium weiset uns zu ausgedrucktem Gotteswort, darin Gott seinen Willen offenbaret hat, und dadurch er will erkannt werden und wirken. Nun ist offentlich, daß Gottes Wort die Sünden straft und gibt Unterschied der Sünden und weiset uns zu dem Heiland Christo. Dieses ausgedruckte Wort sollen wir ansehen und darnach richten, ob wir in Gnaden sind.

Denn wo Glaub ist, dadurch wir gerecht werden, da muß auch gut Gewissen sein, und ist ganz unmöglich, daß diese zwei Ding beisammen stehen sollten: Glaube, der auf Gott vertrauet, und böser Vorsatz, wie mans nennet, bös Gewissen. Glaub und Anrufen Gottes sind zarte Ding, und mag leichtlich sehr ein kleine Wunde des Gewissens sein, die stößt Glauben und Anrufung weg, wie ein jeder geübter Christ sehr oft erfahren muß.

Wo nun Glaub und gut Gewissen ist, da ist gewißlich der Heilige Geist; und stehet dennoch das Vertrauen nicht auf eigener Würdigkeit oder gutem Gewissen, sondern auf Christo. Daher schließen wir, daß wir in Gnaden sind um Christi willen, aus seiner Verheißung, und also kann rechte Anrufung geschehen, wie Johannes spricht 1. Joh. 3: „So uns unser Herz nicht verdammet, so können wir Gott getrost ansprechen, und was wir bitten, das empfahen wir von ihm."

DONNERSTAG: Der verborgene und offenbare Gott

Wer mich siehet, der siehet den Vater. *Johannes 14/9*

Such, wer da will, ein ander Ziel 249

Über Gott, sofern er nicht geoffenbart ist, gibt es weder Glauben noch Wissenschaft noch Kenntnis, und muß man sich hier daran halten, daß gesagt ist: Was über uns ist, geht uns nichts an. Solcherweise nämlich sind Erkenntnisse, welche über und außerhalb der Offenbarung Gottes etwas allzu hoch ausspüren, gänzlich des Teufels. Sie nützen zu nichts mehr, als daß sie uns in das Verderben stürzen, weil sie sich um einen unerforschlichen Gegenstand bemühen, nämlich um den nichtgeoffenbarten Gott. Wenn Gott seine Beschlüsse und Geheimnisse im Verborgenen zurückhält, warum bemühen wir uns so sehr, sie uns offenbar zu machen? Gott hat von Anfang an alsbald dieser Neugier (curiositas) entgegenstehen wollen. So nämlich hat er seinen Willen und Beschluß sich gesetzt:

Ich werde aus einem nicht offenbaren Gott zu einem offenbaren Gott werden und werde dennoch der gleiche Gott bleiben. Ich werde Fleisch werden und dir meinen Sohn senden, dieser wird für deine Sünden sterben und von den Toten auferstehen. Und so werde ich dein Sehnen erfüllen, daß du wissen könntest, ob du prädestiniert bist oder nicht. Siehe hier meinen Sohn, diesen höre, diesen schaue an, wie er in der Krippe liegt, im Schoße der Mutter, wie er am Kreuze hängt. Siehe zu, was er tut und was er sagt. Dort kannst du mich sicher greifen. Wenn du Christum hörst und auf seinen Namen getauft wirst und sein Wort lieb hast, dann bist du sicher prädestiniert und deines Heiles gewiß.

FREITAG: Wegen der Erwählung angefochten

Saget den verzagten Herzen: Seid getrost, fürchtet euch nicht! *Jesaja 35/4*

Ich habe nun den Grund gefunden 269/4

Wenn einer also allzugroße Angst hat, er sei nicht erwählt, oder wenn er wegen seiner Erwählung angefochten wird, so soll er für solches Bangen Dank sagen und sich freuen, daß er überhaupt Angst hat, da er zuversichtlich wissen darf, daß Gott nicht lügen kann, der sprach: „Das Opfer, das Gott gefällt, ist ein geängsteter Geist", d. h. ein verzweifelter Geist. „Ein zerschlagenes und gedemütigtes Herz wirst du, o Gott, nicht verachten", Ps. 51, 19. Daß er aber „geängstet" ist, das empfindet er ja selber. Also er soll sich herzhaft in die Wahrhaftigkeit Gottes, der die Verheißung gibt, stürzen, er soll sich hinwegwenden, weg von dem Wissen um das Dräuen Gottes, und er wird selig und erwählt sein.

Niemand stürze sich in diese Grübeleien, dessen Geist noch nicht gereinigt ist, damit er nicht in den Abgrund des Grausens und der Verzweiflung falle, sondern zuvor die Augen seines Herzens reinige mit der Betrachtung der Wunden Christi.

Das ist ein sehr starker Wein und die vollkommenste Speise, das feste Brot der Vollkommenen, d. h. Theologie im eigentlichen Sinn des Wortes, von der der Apostel 1. Kor. 2, 6 sagt: „Wir reden von einer Weisheit bei den Vollkommenen." Ich aber bin ein kleines Kind, das der Milch bedarf. So tue auch, wer mit mir ein kleines Kind ist. Sicherheit genug bieten uns die Wunden Christi.

SONNABEND: Abrahams große Versuchung

Durch den Glauben opferte Abraham den Isaak, da er versucht ward, und gab dahin den Eingeborenen, da er schon die Verheißungen empfangen hatte. Hebräer 11/17

Was mein Gott will, das g'scheh allzeit 280

Weil Abraham der Erst und Höchste unter den heiligen Patriarchen ist, darum leidet er wahrhaft patriarchalische Versuchungen, welche die Nachgebornen nicht hätten tragen können.

Abrahams Herz wird hier weit schwerer verwundet, als vorher bei der Austreibung Ismaels. Aber wir können die Größe dieser Versuchung nicht erreichen. Es ist einzusehen: weil Isaak die Verheißung des zukünftigen Segens gehabt hat, um so herber ist der Befehl, ihn zu töten, gewesen. Die Schrift sagt hier klar, daß Abraham wirklich von Gott versucht ist, nicht vom Weibe, nicht vom Gold, nicht vom Silber, nicht vom Tode, nicht vom Leben, sondern durch den Selbstwiderspruch der Heiligen Schrift. Denn Gott widerspricht sich hier offenkundig selbst. Er sagt nicht, daß ein Räuber kommen werde, seinen Sohn heimlich zu entführen; denn dann hätte Abraham noch Hoffnung auf das Leben und die Wiederkehr seines Sohnes haben können; sondern Abraham wird befohlen, selber die Schlachtung zu tun, damit er ja nicht zweifle, Isaak sei wahrhaftig getötet.

Diese Versuchung kann nicht besiegt werden, und es ist ganz klar, daß wir sie nicht begreifen können. Wenn Gott befiehlt, den Sohn zu töten, läßt er keine Hoffnung übrig, sondern führt den Abraham schlechtweg in den Widerspruch; und Gott, der vorher sein bester Freund zu sein schien, erscheint jetzt als Feind und Tyrann.

Die menschliche Vernunft würde hier einfach schließen, daß entweder die Verheißung lüge, oder der Auftrag nicht Gottes, sondern des Satans sei. Denn wenn Isaak getötet werden muß, ist die Verheißung ungültig. Wenn aber die Verheißung gilt, ist es unmöglich, daß der Auftrag Gottes sei.

Abraham, wenn auch der Widerspruch klärlich ist (denn zwischen dem Tod und dem Leben gibt es kein Mittelding), weicht dennoch nicht von der Verheißung ab, sondern glaubt, daß sein sterbender Sohn Samen haben werde. Auf solche Weise stützt sich Abraham auf die Verheißung und traut der göttlichen Majestät die Macht zu, daß sein toter Sohn zum Leben zurückgebracht werde ... Abraham hat also den Artikel von der Auferstehung der Toten begriffen, und mit diesem Artikel allein löst er jenen Widerspruch, welcher anders nicht gelöst werden kann. Und mit Recht wird von den Propheten und Aposteln sein Glaube gepredigt. So nämlich hat er gedacht: heute habe ich einen Sohn, morgen habe ich nichts als Asche. Die Asche wird, ich weiß nicht wie lange, zerstreut sein, aber hinwiederum, sie wird lebendig gemacht werden, sei es noch bei meinem Leben, sei es tausend Jahre nach meinem Tode; denn das Wort spricht daß ich durch diesen zu Asche verbrannten Isaak Samen haben werde.

Dieser Trost also ist festzuhalten. Was Gott einmal gesagt hat, das ändert er nicht. Bist du also getauft und ist dir in der Taufe das Reich Gottes versprochen, so wisse, daß dieses Wort unveränderlich ist und weiche nicht von ihm.

SEXAGESIMÄ

Das Schicksal des göttlichen Wortes

SONNTAG: Lukas 8/5—15

Das auf dem guten Land sind, die das Wort hören und behalten in einem feinen, guten Herzen und bringen Frucht in Geduld. *Lukas 8/15*

Es wollte Gott uns gnädig sein 182

Er spricht: „In feinem guten Herzen." Gleichwie ein Acker, der ohn Dornen und Sträuchlein fein gleich und räumig stehet wie ein schöner reiner Platz: also ist ein Herz auch fein und rein, weit und räumig, das ohn Sorge und Geiz ist auf zeitliche Nahrung, daß Gottes Wort wohl da Raum findet.

Da sehen wir, wie es nicht Wunder ist, daß so wenig rechter Christen sind. Denn der Same fällt nicht allein in den guten Acker, sondern nur das vierte und weniger Teil. Und daß denen nicht zu trauen ist, die sich Christen rühmen und loben die Lehre des Evangelii. Denn er selbst hier ruft und spricht: „Wer Ohren hat zu hören, der höre"; als sollt er sagen: O wie wenig sind der rechten Christen; ja, man gar nicht allen glauben kann, die da Christen heißen und das Evangelium hören, es gehört mehr dazu.

Was liegt uns dran, daß viel verachten? Muß doch so sein, daß viel berufen und wenig erwählet sind; um der guten Erden willen, die Frucht bringt mit Geduld, muß der Samen auch vergeblich an den Weg, auf den Fels und unter die Dornen fallen; sintemal wir auch gewiß sind, daß Gottes Wort nicht ohn Frucht abgehet, sondern allezeit auch guten Acker findet, wie er hier saget, daß etlich Samen des Säemanns auch auf guten Acker fällt. Denn wo das Evangelium gehet, da sind Christen: „Mein Wort soll nicht leer zurück kommen."

MONTAG: Sein Wort hören

So jemand will des Willen tun, der wird innewerden, ob diese Lehre von Gott sei, oder ob ich von mir selbst rede.

Tut mir auf die schöne Pforte 129/4 *Johannes 7/17*

Das ist nun der Wille des Vaters, daß man zusehe und höre, was der Mann Christus redet, und sein Wort höre. Du sollst sein Wort nicht klügeln, meistern oder davon disputieren, sondern stracks es hören; dann wird der Heilige Geist kommen und dein Herz fein zurichten, daß du von Herzen der Predigt des göttlichen Wortes glauben und sagen mögest: Das ist Gottes Wort und die reine Wahrheit; auch dein Leben drüber lassest. Aber wenn du willst, daß man dich hören soll, und Christo sein Wort nach unser Vernunft ausstreichen, unterstehest dich desselbigen Meister zu sein, andere Lehren einzukäuen, darinnen zu forschen, wie es zu verstehen sei, es messen und lenken, daß die Worte lauten müssen, wie du willst, und nimmst es erst in ein Bedenken, als darüber du zweifelst, und willst urteilen nach deinem Kopf, das heißt nicht gehört noch ein Schüler sein, sondern ein Meister sein.

Auf solche Weise kommet man nimmermehr dahin, daß mans verstehe und sagen könne: Dies ist Gottes Wort. Darum schließ deine Vernunft zu, und tritt deine Weisheit mit Füßen, und lasse sie in Sachen, deine Seligkeit betreffend, nicht tappen, fühlen noch gedenken, sondern schlicht allein hören, was der Sohn Gottes redet, was sein Wort ist, und dabei geblieben. Hören, hören heißets. Das ist denn unsers Herrn Gottes Willen rein und fein getan; und er hats verheißen, wer den Sohn höret, dem will er den Heiligen Geist geben, ihn erleuchten und anzünden, daß er recht verstehet, daß es Gottes Wort sei! Er will einen Mann aus ihm machen nach allem seinen Wohlgefallen. Das wird er auch tun.

DIENSTAG: Die Knechtsgestalt des Wortes

Zu der Zeit antwortete Jesus und sprach: Ich preise dich, Vater und Herr Himmels und der Erde daß du solches den

Weisen und Klugen verborgen hast und hast es den Unmündigen offenbart. *Matthäus 11/25*

O Gott, du höchster Gnadenhort 143

Ich bitte und vermahne treulich einen jeglichen frommen Christen, daß er sich nicht ärgere noch stoße an den einfältigen Reden und Geschichten, so in der Bibel stehen, und zweifele nicht daran; wie schlecht es immer sich ansehen lässet, so sinds doch gewiß eitel Wort, Werk, Geschicht und Gerichte der hohen göttlichen Majestät, Macht und Weisheit. Denn dies ist das Buch, das alle Weisen und Klugen zu Narren machet und allein von den Einfältigen kann verstanden werden, wie Christus saget Matth. 11, 25. Darum laß dein Dünkel und Fühlen fahren und halte viel von diesem Buch als von dem allerhöhesten, edelsten Heiligtum, auch als von der allerreichesten Fundgruben, die nimmermehr genug ausgegründet noch erschöpft werden mag. Auf daß du darinnen die göttliche Weisheit finden mögest, welche Gott in der Bibel so schlicht vorleget, auf daß er aller Klüglinge Hochmut dämpfe und zu Schanden mache. In diesem Buch findest du die Windeln und Krippen, darinnen Christus lieget, dahin auch der Engel die Hirten weiset. Es sind wohl schlechte und geringe Windeln, aber teuer ist der Schatz Christus, so darinnen lieget.

MITTWOCH: Der Teufel haßt das Wort

Die an dem Wege sind, das sind die es hören; darnach kommt der Teufel und nimmt das Wort von ihrem Herzen, auf daß sie nicht glauben und selig werden.

Herr, für dein Wort sei hoch gepreist 145/3 *Lukas 8/12*

Das ist die rechte schwarze, ja die weiße Farbe des Teufels. Denn er ist ein heller, lichter Teufel, der uns nicht mit groben Sünden anficht, sondern mit dem Unglauben. Denn wenn er den Glauben umgestoßen hat, so hat er gewonnen. Der Mensch muß Gottes Wort haben und daran hangen mit dem Glauben;

so bald er sich nun dasselb entrücken lässet, so ist kein Hülf mehr da.

Darum merke, wie der Teufel tut, daß er nur den Glauben angreift. Die Heiden, Ungläubigen und Unchristen ficht er nicht an, die hängen an ihm wie Schuppen; aber wenn er die siehet, die da Gottes Wort, den Glauben und Geist haben, denen kann er nicht zu. Er weiß wohl, daß er nicht gewinnen kann, wenn sie schon straucheln; siehet wohl, wenn gleich einer in grobe Sünde fället, daß er damit nicht verloren ist, denn er immer wieder aufstehen kann. Darum denkt er, er muß die Sachen anders tuen und das Hauptgut nehmen. Wenn ers denn dahin bracht hat, daß er zweifelt, ob das Gottes Wort sei, so ists gewonnen Spiel. Denn Gott kann alles für gut halten, wie wir straucheln, alleine, daß wir bleiben bei dem reinen, lautern Wort Gottes, das da sagt: Dies ist recht, dies ist unrecht. Solchs weiß der Teufel, darum kreucht er da zum ersten ein; sobald er dasselb hinweg reißet, so kann ihm der Mensch darnach selbst nicht wehren, er muß fallen in alle Laster.

DONNERSTAG: Gottes Zorn, daß er schweigt

Siehe es kommt die Zeit, spricht der Herr Herr, daß ich einen Hunger ins Land schicken werde, nicht einen Hunger nach Brot oder Durst nach Wasser, sondern nach dem Wort des Herrn zu hören: daß sie hin und her von einem Meer zum andern, von Mitternacht gegen Morgen umlaufen und des Herrn Wort suchen, und doch nicht finden werden. Amos 8/11—12

Erhalt uns, Herr, bei deinem Wort 142

Kein größer Zorn ist, denn wenn Gott stillschweiget und redet nicht mit uns, sondern lässet uns in unserm Sinn und Wesen also hingehen und machen, wie es uns gelüstet.

Ach, lieber Gott, strafe viel lieber mit Pestilenz und was nur für böse Krankheiten auf Erden sein mögen, so die Kriegsgurgeln fluchen, ehe denn daß du schweigest. Gott spricht: Ich hab meine Hand ausgestreckt und geschrien: Kommet her und höret, so sprecht ihr: Wir wollens nicht tun. Ich sende zu euch meine Diener, die Propheten, Isaiam, Jeremiam usw. und sage: Höret sie. Ja, sprechen sie, wir wollen sie totschlagen. Da habt ihr meinen Sohn. Ei, wir wollen ihn kreuzigen.

Gleich also tun wir jetzt auch, wie man siehet. Wir sind Gottes Wort überdrüssig und satt, wollen fromme, treue Lehrer und Prediger nicht hören, die uns strafen und uns Gottes Wort rein und unverfälscht vortragen, darüber halten und falsche Lehre mit Ernst verdammen und davor treulich warnen. Darum wird uns Gott auch strafen.

Ach, himmlischer Vater, laß uns bei dieser hellen Sonne beständig bleiben und ja nicht von deinem Wort abfallen oder auf falsche Lehre geraten!

FREITAG: Die Verachtung des göttlichen Wortes

Wer mich verachtet und nimmt meine Worte nicht auf, der hat schon seinen Richter; das Wort, welches ich geredet habe, das wird ihn richten am Jüngsten Tage.

Ach bleib bei uns, Herr Jesu Christ 207 *Johannes 12/48*

Es siehet der liebe Herr, was für arme, elende Leute wir sind. Wenn wir solchen Schatz des heiligen Evangelii nicht haben, so fällt immerdar ein Irrtum über den andern herein.

Wiederum, wenn wir das Evangelium haben, so findet sich ein Jammer, der schier noch greulicher ist, nämlich, daß es jedermann verachtet und der wenigste Teil zur Besserung annimmt. Darum sind wir durchaus elende und arme Leute. Gibt uns Gott sein Wort nicht, so können wirs ohn Nachteil unserer Seelen Seligkeit nicht entbehren. Wiederum gibt ers, so wills niemand haben. Wäre deshalb nichts Bessres, denn daß unser Herr Gott bald käme mit dem Jüngsten Tag und schlüge alles auf einen Haufen. Denn es hilft doch an der undankbaren Welt weder Straf noch Gnad.

Darum er nun aufs neue vermahnet und abermal einen Tag bestimmt und spricht: „Heute, so ihr seine Stimme höret, so verstocket eure Herzen nicht.“ Es heißet noch alle Tage

„Heute“, da Gott sich bei uns läßt hören, schreiet und rufet, daß wir nicht die Zeit sollen versäumen.

Wir sollten billig Gott zum höhesten danken für solche Gnade, daß er uns so nahe kommt, bei uns ist, zu Hause, über Tisch, zu Bette und wo wir ihn haben wollen, beut uns an und träget uns vor alle seine Hülfe und was wir von ihm bitten mögen. Ja, diesen lieben Gast sollten wir auch wert haben und ehren, weil wir ihn haben.

SONNABEND: Kaufet die Zeit aus

Warum übertretet ihr also das Wort des Herrn? Es wird euch nicht gelingen. *4. Mose 14/41*

Herr, der du vormals hast dein Land 185

Ich acht, daß Deutschland noch nie so viel von Gottes Wort gehöret habe, als jetzt; man spürt ja nichts in der Historien davon. Lassen wirs denn so hingehen ohne Dank und Ehre, so ists zu besorgen, wir werden noch greulicher Finsternis und Plage leiden. Lieben Deutschen, kauft, weil der Markt vor der Tür ist, sammlet ein, weil es scheinet und gut Wetter ist, braucht Gottes Gnaden und Wort, weil es da ist. Denn das sollt ihr wissen, Gottes Wort und Gnade ist ein fahrender Platzregen, der nicht wiederkommt, wo er einmal gewesen ist. Er ist bei den Juden gewest; aber hin ist hin, sie haben nun nichts. Paulus bracht ihn in Griechenland; hin ist auch hin, nun haben sie den Türken. Rom und latinisch Land hat ihn auch gehabt; hin ist hin, sie haben nun den Papst. Und ihr Deutschen dürft nicht denken, daß ihr ihn ewig haben werdet; denn der Undank und Verachtung wird ihn nicht lassen bleiben. Darum greift zu und halt zu, wer greifen und halten kann: faule Hände müssen ein böses Jahr haben.

ESTOMIHI

Sehet, wir gehen hinauf nach Jerusalem

SONNTAG: Lukas 18/31

Er nahm zu sich die Zwölf und sprach zu ihnen: Sehet, wir gehen hinauf gen Jerusalem, und es wird alles vollendet werden, was geschrieben ist durch die Propheten von des Menschen Sohn. *Lukas 18/31*

Lasset uns mit Jesu ziehen 252

Dies ist der rechte Grund, wohl zu erkennen Christi Leiden, wenn man nicht alleine sein Leiden, sondern sein Herz und Willen zum Leiden erkennet und begreift. Denn wer sein Leiden also ansiehet, daß er nicht sein Willen und Herz drinnen siehet, der muß vielmehr davor erschrecken, denn sich sein freuen. Siehet man aber sein Herz und Willen drinnen, so machets rechten Trost, Zuversicht und Lust zu Christo.

Solchen Willen zum Leiden zeiget er auch hier an im Evangelio, da er zuvor verkündigt, er wolle hinauf gen Jerusalem und sich kreuzigen lassen; als sollt er sagen: Sehet an mein Herz, daß ichs williglich, ungezwungen und gerne tue, auf daß ihr davor nicht erschreckt noch euch entsetzt, wenn ihrs nun sehen werdet und euch dünken wird, ich tue es ungerne, müsse es tun, sei verlassen, und die Juden tuns mit ihrer Gewalt.

Aber diese Rede verstanden die Jünger nicht, und das Wort war ihnen verborgen. Das ist so viel gesagt: Vernunft, Fleisch und Blut kanns nicht verstehen noch fassen, daß die Schrift davon sollt sagen, wie des Menschen Sohn müßte gekreuzigt werden; viel weniger verstehet sie, daß solchs sein Wille sei und ers gerne tu. So groß und wunderlich Ding ists, daß des Menschen Sohn gekreuzigt wird williglich und gerne, die Schrift zu erfüllen, das ist, uns zu gute; es ist ein Geheimnis und bleibt ein Geheimnis.

MONTAG: Das Kreuz im Herzen tragen

Freuet euch, daß ihr mit Christo leidet. *1. Petrus 4/13*

Christe, du Beistand deiner Kreuzgemeine 212

Krankheit, Armut, Wehtag usw. heißt nicht Kreuz, sondern das ist, wann einer um seines Glaubens willen Verfolgung leidet, das heißt Kreuz. Wie wird es aber gefunden? Nicht in geschlossenen Gewölben, sondern in dem Evangelio und in seiner eigen Erkenntnis. Das ist erfunden das Kreuz: sich selber erkennen oder das Kreuz erkennen. Wo findest du das? Im Herzen. Wenn *die* Erfindung nicht ist, so ist die äußerliche nichts nütze. Da steht das Kreuz: „Wer da will kommen zu mir, der nehm auf sich sein Kreuz und folge mir nach." Du mußt dahin kommen, daß du sagst: O Herr Gott, wär ichs würdig! So fröhlich mußt du sein dazu, als da sind gewesen die lieben Heiligen.

Die Ehr des Kreuzes muß inwendig sein im Herzen, das ist, daß ich Gott danke, daß ich leiden soll; welchs muß geschehen aus einem fröhlichen Willen zum Kreuz oder zum Tode.

Ists nicht Wunder, so einen willigen Willen zum Tod haben, dieweil jedermann denselbigen fürchtet? Das heißt geheiligt das Kreuz.

DIENSTAG: Es muß gelitten sein

Wer nicht sein Kreuz trägt und mir nachfolgt, der kann nicht mein Jünger sein. *Lukas 14/27*

„Mir nach", spricht Christus, unser Held 256/4—6

Wiewohl unser Leiden und Kreuz nicht also soll aufgeworfen werden, daß wir dadurch selig werden oder das Geringste damit verdienen wollten, sollen wir dennoch Christo nach leiden, daß wir ihm gleichförmig werden. Denn Gott hat es also beschlossen, daß wir nicht allein an den gekreuzigten Christum glauben, sondern auch mit ihm gekreuzigt werden und leiden sollen; wie er es denn klärlich anzeigt an vielen Orten in den Evangelien.

Darum muß ein jeglicher ein Stück vom heiligen Kreuz tragen, und kann nicht anders sein. St. Paulus sagt auch also Kol. 1, 24: „Ich erstatte an meinem Fleisch dasjenige, das noch am Leiden Christi mangelt." Als sollte er sagen: Seine ganze Christenheit ist noch nicht vollbereitet, wir müssen auch hinnach, daß nichts an dem Leiden Christi fehle noch abgehe, sondern daß es alles auf einen Haufen komme. Also muß sich ein jeglicher Christ des erwägen, daß das Kreuz nicht werde außen bleiben.

Es soll aber und muß ein solch Kreuz und Leiden sein, daß es einen Namen habe und redlich drücke und wehe tue; als da mag sein: große Gefahr Ehre und Guts, Leibes und Lebens. Solches Leidens empfindet man wohl, und drücket; denn es wäre sonst kein Leiden nicht, wenn es nicht sehr wehe tät.

Wenn man das weiß, so ist es desto sanfter und leidlicher, und kann sich einer also trösten, daß er sage: Wohlan, will ich ein Christ sein, so muß ich die Hoffarbe auch tragen. Der liebe Christus gibt kein ander Gewand aus an seinem Hofe, es muß gelitten sein.

MITTWOCH: Kreuz ist uns gut

Wohl dem, den du, Herr, züchtigst und lehrst ihn durch dein Gesetz. *Psalm 94/12*

Lob Gott getrost mit Singen 205

Es ist auch hoch vonnöten, daß wir leiden, nicht allein darum, daß Gott seine Ehre, Macht und Stärke wider den Teufel beweise, sondern auch darum, daß uns der treffliche Schatz, den wir haben, wenn es außer der Not und Leiden ist, nur schnarchend und sicher machet. Wie wir denn sehen und leider allgemein ist, daß viel jetzund des heiligen Evangelii so mißbrauchen, daß es Sünde und Schande ist, als wären sie alles Dings durch das Evangelium also befreiet, daß sie nichts mehr tun, geben und leiden sollten.

Solcher Bosheit kann unser Gott nicht steuren denn durch das Kreuz. Er muß uns also üben und treiben, daß der Glaube zunehme und stärker werde, und wir also tiefer in uns den Heiland bringen. Denn als wenig wir Essens und Trinkens geraten können, so wenig können wir Anfechtung und Leidens geraten.

Weil es denn nun besser ist, daß man ein Kreuz habe, denn daß man ohne Kreuz sei, soll sich niemand davor entsetzen noch erschrecken. Du hast ja gute, starke Verheißung, deren du dich trösten kannst; so kann auch das Evangelium sonst nicht hervor kommen, denn durch uns im Leiden und Kreuz.

DONNERSTAG: Trost im Kreuz

Dennoch bleibe ich stest an dir. *Psalm 73/23*

Ach Gott, wie manches Herzeleid 286/4

Wenn uns von wegen Gottes Wort Beschwerung, Trübsal und Verfolgung vorfället, wie denn das heilig Kreuz mitbringt, so sollen uns hernach folgende Ursachen mit Gottes Hilfe billig trösten und bewegen, in solchem Fall getrost, keck und guter Ding zu sein, und die Sach Gottes gnädigem und väterlichem Willen zu ergeben und heimzustellen. Zum ersten, daß die Sach in des Hand stehe, der so deutlich sagen darf: „Es kann sie niemand aus meiner Hand reißen." So wär es auch nicht gut, noch zu raten, daß die Sach in unsrer Hand stünde; denn wir könnten und würden sie liederlich verlieren.

So sind die tröstlichen Sprüch ja alle wahr und lügen uns nicht: „Gott ist unsere Zuversicht und Stärk." Wer ist jemals zu schanden worden, der auf Gott gehoffet hat. Alle, die auf Gott vertrauen, werden erhalten. Item: „Herr, du verlässest die nicht, die dich suchen." So ist es ja wahr, daß Gott seinen einigen Sohn für uns alle dahingegeben hat. Ist das denn wahr, was machen wir denn mit unserm leidigen Zagen, Sorgen und Trauern? Hat Gott seinen einigen Sohn für uns alle dahingegeben, wie könnt ers denn übers Herz bringen, uns in geringerm Anliegen zu verlassen?

So ist ja Gott viel stärker, mächtiger und gewaltiger, denn der Teufel. So sagt St. Johannes: „Der in uns ist, der ist größer und stärker, denn der in der Welt ist."

Gehen wir zu Boden, so muß sich Christus, der allmächtige König der Welt, auch selbst mit uns leiden, und wenn gleich diese Sach zu Boden ging, so sollen wir doch viel lieber mit Christo zu Boden gehen, denn mit der höchsten Gewalt auf Erden stehen.

FREITAG: Das Leiden der Heiligen eitel Heiligtum

Alle, die gottselig leben wollen in Christo Jesu, müssen Verfolgung leiden. *2. Timotheus 3/12*

Verzage nicht, du Häuflein klein 211

Wir aber lehren also, daß sich niemand selbst ein Kreuz oder Leiden soll auflegen oder erwählen; sondern wenn es daher kommt, daß wirs geduldiglich tragen und dulden. Wir sagen aber auch also, daß wir mit unserm Leiden nichts verdienen. Es ist an dem genug, daß wir wissen, daß es Gott wohlgefällt, daß wir leiden, auf daß wir Christo also gleichförmig werden. Also sehen wir, daß eben dieselbigen, die so viel vom Leiden und Kreuz rühmen und lehren, das Wenigste weder vom Kreuz noch von Christo wissen, weil sie ihr eigen Leiden verdienstlich machen. Lieber, es ist nicht ein solch Ding drum, es wird auch niemand dazu gedrungen noch gezwungen. Willst du nicht also vergebens ohne Verdienst leiden, so magst du es lassen und Christum also verleugnen. Allein, das mußt du wissen, wenn du nicht leiden willst, daß du auch nicht Christi Hofgesinde wirst sein. So magst du nun tun, was du willst unter den zweien: leiden oder Christum verleugnen.

Zum letzten ist der Christen Leiden derhalben edeler und köstlicher vor aller anderer Menschen Leiden, daß, dieweil sich Christus in das Leiden gesteckt hat, hat er auch aller seiner Christen Leiden geheiligt. So ist nun durch das Leiden Christi auch aller seiner Heiligen Leiden eitel Heiligtum worden; denn es ist mit dem Leiden Christi bestrichen. Derhalben sollen wir alles Leiden nicht anders annehmen denn als Heiligtum; denn es ist auch wahrlich Heiligtum.

SONNABEND: Frieden im Kreuz

Den Frieden lasse ich euch, meinen Frieden gebe ich euch. Nicht gebe ich euch, wie die Welt gibt. Euer Herz erschrecke nicht und fürchte sich nicht. Johannes 14/27

Treuer Wächter Israel' 210

Da sehen wir aber des Heiligen Geists Amt, daß er nur denen gegeben wird, die im Leiden und Elend stecken. Denn das wollen die Wort, da er spricht: „Ihr dürfet nicht denken, daß ich euch solchen Frieden gebe, wie die Welt gibt." Die Welt hält das für Friede, so das Übel wird abgerissen und geschieden von der Person; als, wenn einer arm ist, so denket er, er hab groß Unfried mit der Armut, und trachtet, wie er die Armut hinweg lege, und meinet, wenn die hinweg ist, so habe die Person Fried und sei reich. Item, wenn einer sterben soll und der Tod auf ihm liegt, so denket er: Könnte ich den Tod hinweg nehmen, so hätte ich Fried und bliebe lebendig. Aber solchen Frieden gibt Christus nicht, sondern lässet das Übel stille liegen, daß es den Menschen drücke, und nimmts nicht hinweg; braucht aber eine andere Kunst und macht die Person anders und reißet die Person vom Übel, nicht das Übel von der Person.

Das gehet also zu: Wenn du im Leiden steckest, so wendet er dich also davon und gibt dir ein solchen Mut, daß du meinest, du sitzest im Rosengarten. Also ist mitten im Sterben das Leben und mitten im Unfrieden Fried und Freude; und darum ist es ein solcher Fried, wie St. Paul sagt zu den Philippern (4, 7), welcher höher ist denn alle Vernunft.

Die Fasten- und Passionszeit

Die Fastenzeit

INVOKAVIT

Versuchung und Anfechtung

SONNTAG: Matthäus 4/1—11

Wir haben nicht einen Hohenpriester, der nicht könnte Mitleiden haben mit unsern Schwachheiten, sondern der versucht ist allenthalben gleich wie wir, doch ohne Sünde.
Hebräer 4/15

Gott der Vater wohn uns bei 109

Wenn mich der Teufel anficht, so wird mein Herz getröstet, der Glaube gestärket, daß ich den weiß, der ihn überwunden hat und habe mirs getan, also, daß er mir zu Hülfe und Trost kommen. So überwindet nun der Glaube den Teufel. Also ist das erste Stück, daß mich Gott den Glauben lehret, daß ich weiß, daß Christus für mich den Teufel überwunden habe.

Das andere: Wenn ich nun weiß, daß der Teufel meiner nicht mächtig sei, sondern sei überwunden um des Glaubens willen, so muß ich mich auch hingeben, daß ich auch versucht werde. Und das tut nun dahin, daß mein Glaube gestärket werde und der Nächste durch meine Überwindung und Versuchung einen Trost und ein Exempel habe.

Das merket, wenn der Gaube angehet, da bleibet die Versuchung nicht lange außen. Der Heilige Geist lässet dich nicht ruhen und feiern, sondern wirft dich bald in Versuchung. Wieso? „Daß der Glaube fein bewähret wird." Denn sonst bliese uns der Teufel dahin wie ein Strohhälmlein. Aber wenn Gott kommt und hängt ein solch Gewichte daran, machet uns so gewichtig und schwer, daß er muß unten liegen, da wird offenbar dem Teufel und allen Leuten, daß es Gottes Gewalt tue. So er=

zeiget Gott in unserer Schwachheit seine Glorie und Majestät; darum wirft er uns so in die Wüsten, das ist, er wirft uns dahin, daß wir verlassen seien von allen Kreaturen, daß wir nirgend keine Hülfe sehen, ja, wir meinen, es habe uns auch Gott gänzlich verlassen. Denn wie er sich hier zu Christo stellet, also stellet er sich auch zu uns. Es gehet nicht süße zu, es muß dem Menschen bange machen.

MONTAG: Nicht ohne Anfechtung

Weil du Gott lieb warst, so mußte es so sein: ohne Anfechtung solltest du nicht bleiben, auf daß du bewährt würdest.

Jesu, hilf siegen 260 *Tobias 12/13*

Dieweil aber unser Leben von Gott selber eine Anfechtung genannt, und also sein muß, daß wir Anstoß haben an Leib, Gut und Ehre, und Ungerechtigkeit widerfahren muß, sollen wir das freundlich gewarten, und weislich empfahen, sprechend: ei, es ist des Lebens Eigenschaft, was soll ich daraus machen? Es ist eine Anfechtung und bleibt Anfechtung, es will nichts anders sein; hilf Gott, daß es mich nicht beweg und umwerf.

Sieh, also mag niemand der Anfechtung überhoben sein. Man kann aber sich wohl wehren und dem allen raten mit Gebet und Gottes Hülf Anrufen. So liest man im Altväterbuch, daß ein junger Bruder begehret, seiner Gedanken ledig zu sein. Da sprach der Altvater: Lieber Bruder, daß die Vögel in der Luft dir über dein Haupt fliegen, magst du nicht wehren; kannst aber wohl wehren, daß sie dir in dein Haar kein Nest machen. Also, wie St. Augustinus sagt, mögen wir uns der Anstoß und Anfechtung nicht erwehren; daß sie uns aber nicht überwinden, mag man mit Beten und Anrufen göttlicher Hülf wohl wehren.

Warum läßt denn Gott den Menschen so anfechten zu Sünden? Antwort: daß der Mensch sich und Gott erkennen lerne. Sich erkenne, daß er nichts vermag denn sündigen und übel tun. Gott erkenne, daß Gottes Gnaden stärker sei denn alle

Kreaturen, und also lerne sich verachten und Gottes Gnaden loben und preisen.

DIENSTAG: Unsre Waffen: Wort und Gebet

Da sprach Jesus zu ihm: Hebe dich weg von mir Satan! denn es steht geschrieben: Du sollst anbeten Gott, deinen Herrn, und ihm allein dienen. *Matthäus 4/10*

Kommt her, des Königs Aufgebot 224

Das sind die zweierlei Wehre und Waffen, damit der Teufel geschlagen wird, und davor er sich auch fürchtet: fleißig Gottes Wort hören, lernen und üben, sich damit zu unterrichten, trösten und stärken; und zum andern, wenn die Anfechtung und Streit angehen, das Herz empor heben (auf dasselbige Wort) und zu Gott schreien und rufen um Hülfe; also, daß der beiden eines immerdar gehe als ein ewig Gespräch zwischen Gott und dem Menschen; entweder, daß er mit uns rede, da wir still sitzen und ihm zuhören; oder, daß er uns höre mit ihm reden und bitten, was wir bedürfen.

Es geschehe nun, welches wolle, so ist es dem Teufel unleidlich, und vermag dawider nicht zu bleiben; darum sollen die Christen mit beidem gerüstet sein, daß ihr Herz, für und für gegen Gott gerichtet, sein Wort behalte und mit stetem Seufzen ein ewigs Vater=Unser bete. Wie denn solches einen Christen wohl lehren sollten die Anfechtung und Not, damit er stets vom Teufel, Welt und Fleisch bedränget wird, daß er immerdar muß an der Spitzen stehen, wachen und aufsehen, wo der Feind in ihn will, welcher auch keinen Augenblick schlafet noch feieret.

MITTWOCH: Die hohen Anfechtungen

Ängste der Hölle hatten mich getroffen; ich kam in Jammer und Not. Aber ich rief an den Namen des Herrn: O Herr, errette meine Seele! *Psalm 116/3—4*

Wenn meine Sünd mich kränken 61

Wenn uns Gott hat einen feinen Glauben gegeben, und wir daher gehen in starker Zuversicht, daß wir einen gnädigen Gott haben durch Christum, da sind wir im Paradies. Aber ehe wir uns versehen, kann sichs wenden, daß uns Gott das Herz entfallen läßt, daß wir meinen, er wolle uns den Herrn Christum aus dem Herzen reißen, und uns also zugedeckt wird, daß wir an ihm keinen Trost können haben, sondern der Teufel eitel schreckliche Gedanken von ihm dem Herzen eingibt; also daß unser Gewissen fühlet, es habe ihn verloren, und alsdann zappelt und zaget, als sei es eitel Zorn und Ungnade gegen ihm, die wir mit unsern Sünden verdienet haben.

Ja, ob es auch nicht von offentlichen Sünden weiß, so kann doch der Teufel Sünde machen auch aus dem, das nicht Sünde ist, und also das Herz treiben und ängsten, daß sichs mit solchen Gedanken plagt: Wer weiß, ob dich Gott auch haben und Christum dir gönnen will?

Und dies ist eben die schwerste und höheste Anfechtung und Leiden, damit Gott zuweilen seine hohen Heiligen angreift und übet, da des Menschen Herz nicht anders fühlet, denn als habe ihn Gott mit seiner Gnade verlassen und wolle sein nicht mehr, und wo er sich hinkehret, siehet er nichts denn eitel Zorn und Schrecken. Aber solche hohe Anfechtung leidet nicht jedermann, und verstehet sie auch niemand, ohn wer sie erfähret; es gehören gar starke Geister dazu, solche Puffe aufzuhalten.

DONNERSTAG: In Christus Sieg

Gott sei Dank, der uns den Sieg gegeben hat durch unsern Herrn Jesus Christus! *1. Korinther 15/57*

Ist Gott für mich, so trete 250/5—7

Da soll nun ein Christ lernen, solchs also zu fassen und zu brauchen, wenn es zu dem Kampf kommt, daß ihn das Gesetz angreifet und will ihn verklagen, und sein eigen Gewissen ihm sagt: Dies und das hast du getan, du bist ein Sünder und des Tods würdig usw., daß er dagegen getrost antworte: Ja, leider ists wahr, ich bin ein Sünder und hab wohl den Tod verdienet, sofern hast du Recht; aber daß du mich willst darum verdam=

men und töten, das sollst du noch nicht tun, das soll dir ein Andrer wehren, welcher heißt mein Herr Christus, den du unschuldiglich verklagt und gemordet hast; aber weißt du auch, wie du an ihm angelaufen bist und dich verbrannt hast und damit alle dein Recht an mir und allen Christen verloren? Denn er hat nicht ihm, sondern mir die Sünde und Tod, beide, getragen und überwunden. Darum gestehe ich dir keine Klage noch Rechts wider mich, sondern will vielmehr Recht *wider* dich haben, daß du mich willst ohn Schuld angreifen, so du doch zuvor verdammt und überwunden bist durch ihn, dazu, daß du mich sollst unangefochten und unverklagt lassen. Denn ich bin nicht mehr der Mann, den du suchest als ein Menschenkind, sondern Gottes Kind; denn ich bin in seinem Blut und auf seinen Sieg getauft und bekleidet mit allen seinen Gütern.

Siehe, also müssen sich die Christen rüsten mit diesem Sieg Christi und den Teufel damit zurück schlagen.

FREITAG: Aufsehen auf Jesum

Lasset uns aufsehen auf Jesum, den Anfänger und Vollender des Glaubens; welcher, da er wohl hätte mögen Freude haben erduldete das Kreuz und achtete der Schande nicht. *Hebräer 12/2*

Halt im Gedächtnis Jesum Christ 257

Also soll man nun brauchen das Bild, daß wir in aller Anfechtung Christi Bild ansehen, das in die Augen schlagen und dem frei nachgehen. Denn Christus gehet hindurch, wie wehe es ihm tut, und wird mutig. So müssen wir bitten, er wolle uns auch den Mut und Geist geben, daß wir mögen auch also lernen, in der Blödigkeit stark werden und mitten in den Wehetagen überwinden. Also kommt Christus in uns nicht wie ein Bild; sondern er pflanzt allen seinen Mut in uns, daß wirs auch leiden können. Darum, es komme was es wolle, wie große Schande es wolle, so sehe man, daß Christus, unser Herzog, auch die sehe und mannhaftig überwinde. Darum wir ihn auch bitten sollen um Mannheit, mitten in den Dingen stark zu werden und den Tod zu überkommen.

Also trägt uns Paulus in allen Episteln Christum vor; zum ersten, zu einem Bilde, dem man nachfolgen soll; darnach, daß er uns gebe den Geist und Mut, den er hat. Und das ist die rechte christliche Lehre.

Das sei nun davon, daß man lerne, wie man die Passion brauchen soll, und daß ihn niemand recht erfahre, er sei denn etwa in Nöten gewesen und habe sich geübt mit Christo, daß er es gelitten habe und hindurch gangen sei, und also durch ihn empfangen, hindurch zu gehen. Also muß man hinein kommen und ihn brauchen.

SONNABEND: Das tiefe, heimliche Ja

Sie sprach: Ja, Herr; aber doch essen die Hündlein von den Brosamlein, die von ihrer Herren Tisch fallen. Da antwortete Jesus und sprach zu ihr: O Weib, dein Glaube ist groß! Dir geschehe, wie du willst. Matthäus 15/27—28

Hilf, Helfer, hilf in Angst und Not 287

Ist das nicht ein Meisterstück? Sie fähet Christum in sein eigenen Worten. Er vergleicht sie einem Hunde, das gibt sie zu und bittet nicht mehr, denn er wollt sie einen Hund lassen sein, wie er selbst urteilet. Wo wollt er hin? Er war gefangen. Einem Hunde läßt man ja die Brosamlein unter dem Tische; das ist sein Recht. Darum tut er sich auch nun gar auf und gibt sich in ihren Willen, daß sie nun nicht Hund, sondern auch ein Kind Israel sei.

Das ist uns allen zu Trost und Lehre geschrieben, daß wir wissen sollen, wie tief Gott vor uns seine Gnade verberge, und wie wir nicht nach unserm Fühlen und Dünken von ihm halten sollen, sondern stracks nach seinem Wort. Denn hier siehest du, ob sich Christus gleich hart stellet, so gibt er doch kein endlich Urteil, daß er Nein sage; sondern alle seine Antwort lautet wohl als Nein, sind aber nicht Nein, sondern hangen und schweben.

Damit ist angezeiget, wie unser Herz stehet in der Anfechtung: wie sichs fühlet, so stellet sich hier Christus. Es meinet nicht anders, es sei eitel Nein da, und ist doch nicht wahr;

darum muß sichs von solchem Fühlen kehren und das tiefe heimliche Ja unter und über dem Nein mit festem Glauben auf Gottes Wort fassen und halten, wie dies Weiblein tut, und Gott Recht geben in seinem Urteil wider uns, so haben wir gewonnen und fangen ihn in seinen eigen Worten.

REMINISCERE

Er ward gehorsam bis zum Tode

SONNTAG: Philipper 2/5—11

Meine Speise ist die, daß ich tue den Willen des, der mich gesandt hat und vollende sein Werk. *Johannes 4/34*

Herr Jesu, deine Angst und Pein 69/3

Der Wille Gottes, den Christus erfüllet hat, kann nichts an= deres sein als der Gehorsam Christi, wie Paulus sagt: „Er ward gehorsam für uns." In welchem Willen wir alle geheiligt sind: „Und durch den Gehorsam dieses Einen werden viele gerecht." (Röm. 5.)

„Er erniedrigte sich selbst und ward gehorsam bis zum Tode."

Das alles tät er nicht, daß wirs würdig wären oder verdienet hätten (denn wer wollte solches Diensts einer solchen Person würdig sein?), sondern, daß er dem Vater gehorsam würde. Hier schließt St. Paulus mit einem Wort den Himmel auf und räumet uns ein, daß wir in den Abgrund göttlicher Majestät sehen und schauen den unaussprechlichen, gnädigen Willen und Liebe des väterlichen Herzens gegen uns, daß wir fühlen, wie Gott von Ewigkeit das gefallen habe, was Christus, die herrliche Person, für uns sollte, und nun getan hat.

Wem sollt hier sein Herz nicht vor Freuden zerschmelzen? Wer sollt hier nicht lieben, loben und danken? Und wiederum auch nicht allein Knecht werden aller Welt, sondern gerne weniger und nichtiger denn nichts werden, so er siehet, daß ihn Gott selbst also teuer gemeinet hat und seinen väterlichen Wil= len an seines Sohnes Gehorsam so reichlich ausschüttet und beweiset?

MONTAG: Nicht wie ich will, sondern wie du willst

... so geschehe dein Wille. *Matthäus 26/42*

Wie's Gott gefällt 281

Wer kann das hoch Gebot halten, daß er all Ding laß und in keinem seinen Willen hab? Antwort ich: Darum lerne, wie groß und not, und mit was Ernst und Herzen dies Gebet will gebetet sein, und wie groß es sei, daß unser Will getötet werd, allein Gottes Will geschehe. Und also muß du dich bekennen als einen Sünder, der solchen Willen Gott nicht leisten mag, um Hülf und Gnad bitten, daß dir Gott vergeb, was du zu wenig tust, und helfen, daß du es tun mögest. Dann es will vonnöten sein, soll Gottes Will geschehen, so muß der unser untergehen; denn sie sind wider einander. Das merk an Christo, unserm Herrn, da er im Garten bat seinen himmlischen Vater, daß er von ihm nähm den Kelch; dennoch sagt er (Luc. 22, 42): „Nicht mein, sondern dein Will geschehe." Mußt Christi Will ausgehen, der doch ohn Zweifel gut, ja der allerbest allzeit gewest ist, auf daß göttlicher Will geschehe, was wollen wir armen Würmlein prangen mit unserm Willen, der doch nimmer ohn Bosheit ist und allzeit würdig, daß er verhindert werd?

DIENSTAG: Wie man in rechter Weise bitten soll

Das ist die Freudigkeit, die wir haben zu ihm, daß, so wir etwas bitten nach seinem Willen, so hört er uns.

Wenn wir in höchsten Nöten sein 282 *1. Johannes 5/14*

Die Not, für die der Herr hier bittet, ist eine zeitliche, leibliche Not. Nun sollen wir aber in allem, was den Leib anbetrifft, unsern Willen in Gottes Willen stellen; denn, wie Paulus saget, wir wissen nicht, wie wir sollen beten. So ist es uns oft hoch vonnöten, daß Gott uns unter dem Kreuz und in der Not stecken läßt. Weil nun Gott allein weiß, was uns gut und nütz ist, sollen wir seinen Willen vor- und unsern Willen nachsetzen und unsern Gehorsam in Geduld erzeigen.

Aber wo es nicht um leibliche Sachen, sondern um das Ewige zu tun ist, daß Gott uns in seinem Wort erhalten, uns heiligen und Sünde vergeben und den Heiligen Geist und ewiges Leben schenken wolle, da ist Gottes Wille offenbar und gewiß; er will, daß alle Menschen sollen selig werden; er will, daß alle Menschen ihr Sünd erkennen und durch Christum Vergebung derselben glauben sollen. Darum ist nicht vonnöten, wo man um solches bittet, daß mans in Gottes Willen wollte stellen, ob ers tun wollte oder nicht. Wissen und glauben sollen wirs, daß ers gern und unzweifelig geben will. Denn da stehet sein Wort vor Augen, das in solchen Nöten uns seinen Willen offenbart.

MITTWOCH: Völliger im Gehorsam

Er mache euch fertig in allem guten Werk, zu tun seinen Willen, und schaffe in euch, was vor ihm gefällig ist, durch Jesum Christum; welchem sei Ehre von Ewigkeit zu Ewigkeit! Amen. *Hebräer 13/21*

Von Gott will ich nicht lassen 283/3—5

Wenn du möchtest die ganze Welt bekehren, Tote aufwekken, dich und jedermann in den Himmel führen und alle Wunder wirken, so solltest du doch derselben keins nicht wollen, du hättest denn Gottes Willen vorgezogen und demselben solchen deinen Willen unterworfen und zunicht gemacht und gesprochen: mein lieber Gott, das und das dünkt mich gut; gefällt es dir, so gescheh es; gefällt es dir nicht, so bleib es dahinten.

Und diesen guten Willen bricht Gott gar oft in seinen Heiligen, auf daß nicht durch den guten Schein einreiße, der falsch, tückisch und bös guter Will; auch daß man lerne, daß unser Will, wie gut er ist, unmäßlich geringer ist, denn Gottes Will. Darum ein geringer guter Will billig weichen oder untertäniglich vernichtet werden soll gegen den unmäßlichen, guten Willen Gottes. Auch darum soll der gute Will in uns verhindert werden, auf daß er gebessert werd. Denn gewißlich hindert Gott ein guten Willen allein darum, daß er besser werd. Dann wird er aber besser, wenn er dem göttlichen Willen (durch welchen er verhindert) untertänig und gleichförmig wird, also lang, bis daß der Mensch werd ganz gelassen, frei, willenlos, und nichts mehr weiß, denn daß er Gottes Willen wart'. Sieh, das heißt wahrer Gehorsam.

DONNERSTAG: Gehorsam — für uns

Wiewohl er Gottes Sohn war, hat er doch an dem, was er litt, Gehorsam gelernt. Und da er vollendet war, ist er geworden allen, die ihm gehorsam sind, eine Ursache zur ewigen Seligkeit. *Hebräer 5/8—9*

Liebe, die du mich zum Bilde 255/3

Noch hat uns Christus geliebet. Denn hätte er uns nicht geliebet, so wäre er vom Himmel nicht gestiegen. Also liebet Christus die Sünder aus Gebot des Vaters. Also will der Vater, daß wir Christi Menschheit ansehen und ihn wieder lieben; aber doch also, daß wir gedenken, daß er dies alles aus Geheiß nach dem alleredelsten Wohlgefallen getan hat. Sonst ist es erschrecklich, von Christo zu gedenken. Denn dem Vater wird zugelegt die Gewalt, dem Sohne die Weisheit, die Gütigkeit dem Heiligen Geist, die wir nimmermehr erlangen mögen, sondern wir müssen davor verzweifeln.

So wir aber wissen, daß Christus vom Himmel gestiegen ist, geliebet hat die Sünder aus Gehorsam des Vaters, betrachten das, erwächset ein kecklich Zutreten und festes Verhoffen zu Christo, zu erkennen, daß Christus ist der rechte Brief, das güldene Buch, darinnen wir lesen und lernen ihn sehen, vor Augen den Willen des Vaters.

So ist es unmöglich, daß wir sollen ein elendes, verzagtes Gewissen haben; es wird in Christo geherziget und erquicket.

Das schmecket der frommen Seelen herzlich wohl und gibt dem Vater durch den Sohn, Christum Jesum, alle Gloria, Lob und Preisung. Also hat Gott nichts denn das Beste, und das teilt er uns mit, nähret, trägt uns, wartet unser usw. durch seinen Sohn. Also wird unser Herz umgekehret, Christo nachzufolgen.

Das ist die Ursache, warum Christus die Sünder liebt; denn sein Vater hat es ihm also empfohlen.

FREITAG: Damit die Schrift erfüllet würde

Meinst du, daß ich nicht könnte meinen Vater bitten, daß er mir zuschickte mehr denn zwölf Legionen Engel? Wie würde aber die Schrift erfüllet? Es muß also gehen.

Matthäus 26/53—54

Nun freut euch, lieben Christen g'mein 239/4

Ein Engel wäre gnug gewesen, Christum vor der Juden Gewalt zu schützen. Nun spricht Christus, er könne haben mehr denn zwölf Legionen Engel; das sind mehr denn siebenzig Tausend Engel. Ein Engel wäre gnug gewesen, Christum zu verteidigen, auch wider die ganze Welt.

Aber Christus spricht: „Stecke dein Schwert an seinen Ort. Wie würde die Schrift erfüllet?" Als wollt er sagen: Wenn ich nicht litte, so würde die Schrift nicht erfüllet. Nun muß ja die Schrift erfüllet werden; darum muß es also gehen. Das ist nun die Ursach, warum Christus leidet, nämlich nicht darum, daß er leiden müßte als gezwungen, oder daß Gott nicht einen andern Weg hätte finden können, sein Preis und Ehre auszurichten; sondern darum, daß Gott wahrhaftig erfunden würde und sein Wort hielte, das er durch seine Propheten geredt hatte. Gott hats machen wollen, wie es ihm hat wohl gefallen. Er könnte und möchte es wohl anders machen, aber er wills nicht tun.

SONNABEND: Er hat uns ein Vorbild gelassen

Sintemal auch Christus gelitten hat für uns und uns ein Vorbild gelassen, daß ihr sollt nachfolgen seinen Fußtapfen. *1. Petrus 2/21*

O Welt, sieh hier dein Leben 64/10—12

Wenn dein Herz in Christo bestätigt ist und nun den Sünden feind worden ist aus Liebe, nicht aus Furcht der Pein, so soll hinfort das Leiden Christi auch ein Exempel sein deines ganzen Lebens, und sollst nun auf ein ander Weise dasselbige bedenken. So dich ein Wehtag oder Krankheit beschweret, denke, wie geringe das sei gegen die Dornenkronen und Nägel Christi. So du mußt tun oder lassen, was dir zuwider ist, denke, wie Christus gebunden und gefangen hin und her geführt wird. Ficht dich die Hoffahrt an, siehe, wie dein Herr verspottet und mit den Schächern verachtet wird. Stößt dich Unkeuschheit und Lust an, gedenke, wie bitterlich Christo sein zartes Fleisch zergeißelt, durchstochen und durchschlagen wird. Ficht dich Haß und Neid an oder suchest du Rache, gedenke, wie Christus mit vielen Tränen und Rufen für dich und alle seine Feinde gebeten hat, der sich wohl billiger gerächet hätte. So dich Trübsal oder ander Widerwärtigkeit, leiblich oder geistlich, bekümmert, stärke dein Herz und sprich: Ei, warum sollt ich denn nicht auch ein klein Betrübnis leiden, so mein Herr im Garten Blut vor Angst und Betrübnis schwitzt? Ein fauler, schändlicher Knecht wäre das, der auf dem Bette liegen wollt, wenn sein Herr in Todesnöten streiten muß.

OKULI

Des Menschen Sohn ist gekommen, daß er diene

SONNTAG: Johannes 13/1—5

Da Jesus wußte, daß ihm der Vater hatte alles in seine Hände gegeben, und daß er von Gott gekommen war und zu Gott ging: stand er vom Abendmahl auf, legte seine Kleider ab und nahm einen Schurz und umgürtete sich. Danach goß er Wasser in ein Becken, hob an, den Jüngern die Füße zu waschen, und trocknete sie mit dem Schurz, damit er umgürtet war. *Johannes 13/3—5*

Herzliebster Jesu, was hast du verbrochen 60/5

Das sind treffliche große Wort, mit welchen Johannes uns anzeigen will, mit was für Gedanken der Herr Jesus sei umgangen, ehe er den Jüngern jetzt wollt die Füße waschen, daß er nicht an sein Leiden gedachte, noch im Geist sei betrübet gewesen, wie bald hernach auf das Fußwaschen folget; sondern er hab gedacht an seine Herrlichkeit, in welcher er von Ewigkeit bei dem Vater gewesen, und zu der er jetzt nach seiner Menschheit wiederkommen und ewig drin bleiben sollte. Das sind hohe Gedanken gewesen, welche ihn dermaßen sollten aus der Welt gezogen haben, daß er an keinen Menschen gedacht hätte.

Aber eben jetzt, da er mit solchen Gedanken der ewigen Herrlichkeit umgehet, fähret er flugs und unversehens vom Tisch auf, legt seinen Mantel ab, nimmt einen Schurz, umgürtet sich, gießt Wasser in ein Becken und hebt an, seinen Jüngern die Füße zu waschen, und trocknet sie mit dem Schurz, damit er umgürtet war.

Da reime nun seine Gedanken und sein Werk recht zusammen. Seine Gedanken sind: Ich bin Gott und Herr über alles; es ist noch weniger denn um einen Tag zu tun, so hat der Teufel ausgerichtet, was er vermag. Darnach soll er mir samt allen meinen Feinden zu Füßen liegen und meine Christen zufrieden lassen. Aber was ist das Werk? Er, der größte Herr, tut, was sonst Knechte und Mägde im Haus zu tun pflegen, und wäscht seinen Jüngern die Füße.

Will also uns durch sein eigen Exempel dahin führen und weisen, eben wie er seiner Herrlichkeit sich geäußert, derselben gleich vergessen, zu eigner Hoffart, Gewalt und Pracht nicht mißbrauchet, sondern seinen Knechten damit gedienet hat: daß wir dergleichen auch tun, unserer Gaben uns nicht überheben, derselben zu Hoffart nicht mißbrauchen, sondern mit allem Willen unserm Nächsten damit dienen und zu seinem Besten dieselben brauchen sollen.

MONTAG: Er — unser Knecht

Gleichwie des Menschen Sohn ist nicht gekommen, daß er sich dienen lasse, sondern daß er diene und gebe sein Leben zur Erlösung für viele. *Matthäus 20/28*

Wenn meine Sünd mich kränken 61/2

Dies Bild lasse dir lieb sein. Es ist keine größere Knechtschaft noch Dienstbarkeit, denn daß der Sohn Gottes eines jeden Menschen, wie arm und elend oder veracht er immer sein konnte, Knecht wird und seine Sünde trägt. Es wäre ein groß Ding und Verwunderung, da alle Welt Ohren und Augen, Maul und Nasen aufsperren würde und nicht gnugsam nachdenken können, wenn irgend eines großen Königs Sohn in eines Bettlers Haus käme und pfleget sein in der Krankheit, wüsche ihm seinen Unflat ab und täte alles, was sonst der Bettler tun müßte. Wäre das nicht eine große Demut?

Darum wäre es wohl wert, daß man davon immerdar sänge, predigte und redete, auch Gott für solche Wohltat wiederum liebete und preisete. Denn was ists, daß der Sohn Gottes mein Knecht wird und sich so sehr erniedriget, daß er auch meinen Jammer und Sünde, ja der ganzen Welt Sünde und Tod auf seinen Hals nehmen und tragen sollt und zu mir sprechen: Du bist nicht mehr ein Sünder, sondern ich, ich trete an deine Statt; du hast nicht gesündiget, sondern ich; die ganze Welt ist in Sünden, aber ihr seid nicht in Sünden, sondern ich; auf mir sollen alle eure Sünden liegen und nicht auf euch. Es kanns niemand begreifen, wir werden uns an der Liebe Gottes dort in jenem Leben ewig selig sehen.

DIENSTAG: Unser Heiland muß Gott und Mensch sein

Ob er wohl in göttlicher Gestalt war, hielt ers nicht für einen Raub, Gott gleich sein, sondern entäußerte sich selbst und nahm Knechtsgestalt an, ward gleich wie ein anderer Mensch und an Gebärden als ein Mensch erfunden.

Philipper 2/6—7

Herr, stärke mich, dein Leiden zu bedenken 71

Wir müssen erstlich einen solchen Heiland haben, der von der Gewalt dieser Welt Gottes und Fürsten, des Teufels, item, von Sünde und Tod uns erretten kann, das ist, der wahrer, ewiger Gott sei, durch welchen alle, die an ihn glauben, gerecht und selig werden. Denn wo er nicht mehr und höher ist denn Mose, Elia, Jesaia, Johannes der Täufer usw., so ist er unser Erlöser nicht. Aber wenn er, als der Sohn Gottes, sein Blut für uns vergießt, auf daß er uns erlöse und von Sünden reinige, und wir es glauben und dem Teufel vor die Nasen halten, wenn er uns der Sünden halben schrecket und plaget, so ist der Teufel bald geschlagen, er muß weichen und uns zufrieden lassen.

Zum andern müssen wir einen Heiland haben, der auch unser Bruder sei, unsers Fleischs und Bluts, der uns aller Ding, doch ohne Sünde gleich worden sei, und das singen, bekennen und sprechen wir auch in unserm Kinderglauben; daß ich also mit fröhlichem Herzen sagen darf: Ich glaube an Jesum Christum, Gottes einigen Sohn, der zu seiner Rechten sitzet und mich vertritt, welcher auch mein Fleisch und Blut, ja mein Bruder ist. Denn um uns Menschen und um unser Seligkeit willen ist er vom Himmel kommen, Mensch worden und für unsere Sünde gestorben.

MITTWOCH: Die Knechtschaft der Sünde

Der sich selbst für unsere Sünden gegeben hat, daß er uns errettete von dieser gegenwärtigen, argen Welt nach dem Willen Gottes und unsers Vaters. *Galater 1/4*

O wir armen Sünder 57

Lieber, nimm diese Worte: „Der sich selbst usw." recht zu Herzen und betrachte sie mit Ernst und Fleiß; so wirst du wohl verstehen lernen, daß das Wort „Sünde" in sich begreife den ewigen Gotteszorn samt aller Gewalt und Macht des leidigen, höllischen Satans. Denn, daß er so viel Jammer und Herzeleid auf Erden anrichtet, daß wir keinen Augenblick unsers Lebens vor ihm sicher sind und ohn Unterlaß alles Unglücks gewärtig müssen sein, das ist alles der Sünden Schuld. Darum ist es nicht so ein leicht und gering Ding darum, als die blinde, sichere Vernunft ihr träumen und sich bedünken läßt.

Darum schließt dieser Spruch aufs allergewaltigste, daß alle Menschen der Sünden Gefangene, ja (wie St. Paulus anderswo saget), unter die Sünde als leibeigene Knechte verkauft sein (Röm. 7, 14). Und weiter, daß die Sünde ein gewaltiger, grausamer Herr und Tyrann sei über alle Menschen auf dem ganzen Erdboden, dem niemand widerstehen kann, er sei wie hoch, weise, gelehrt, mächtig er immer kann. Ja, wenn sich gleich alle Menschen unter dem weiten Himmel zusammen täten, könnten sie dennoch mit aller ihrer Macht diesen Tyrannen nicht überwältigen; sondern müssen alle herhalten und sich von ihm erwürgen und verschlingen lassen. Allein Jesus Christus ist der Held, der dem grausamen, unüberwindlichen Feinde steuren kann. Es kostet ihn aber sehr viel, den lieben Herrn, denn er muß sein Leben drum lassen.

DONNERSTAG: Er hat Genugtuung geleistet

Welcher uns errettet hat von der Obrigkeit der Finsternis und hat uns versetzt in das Reich seines lieben Sohnes, an welchem wir haben die Erlösung durch sein Blut, die Vergebung der Sünden. *Kolosser 1/13–14*

Nun freut euch, lieben Christen g'mein 239/5–8

Weil aber über die Sünde ein ewig unwandelbar Urteil der Verdammnis gangen (denn Gott kann und will nicht der Sünde hold sein, und bleibt also sein Zorn ewig und unwiderruflich darüber) so hat diese Erlösung nicht können geschehen ohn einen Schatz und Geltung, so für die Sünde Abtrag täte, den Zorn auf sich nähme und bezahlete und also die Sünde wegnähme und tilgete. Das hat keine Kreatur vermocht, und ist hierzu kein Rat noch Hülfe gewesen, denn dieses, daß Gottes einiger Sohn daher träte in unsre Not und selbst Mensch würde, der solchen ernsten, ewigen Zorn auf sich selbst lüde und dafür seinen eigen Leib und Blut zum Opfer setzete.

Das hat er aus großer, unermeßlicher Barmherzigkeit und Liebe gegen uns getan und sich dahin gegeben, das Urteil des ewigen Zorns und Tods getragen. Solche Bezahlung und Opfer ist bei Gott so teuer und köstlich, weil es ist seines einigen lieben Sohns, der mit ihm in einiger Gottheit und Majestät ist, daß er, dadurch versöhnet, zu Gnaden nimmt und die Sünde vergibt allen, die an diesen seinen Sohn glauben. Also genießen wir allein der teuern Bezahlung und Verdienst's Christi, aus grundloser, unaussprechlicher Liebe uns erworben und geschenkt, daß wir hier gar nichts zu rühmen haben von uns selbst, sondern mit allen Freuden ewiglich ihm Dank und Lob dafür sagen sollen, der solche Kost und Schatz daran gewandt, uns verdammte verlorene Sünder zu erlösen.

FREITAG: Das Bild der Gnade

Da machte Mose eine eherne Schlange und richtete sie auf zum Zeichen; und wenn jemanden eine Schlange biß, so sah er die eherne Schlange an und blieb am Leben.

4. Mose 21/9

Auf meinen lieben Gott 289

Also mußt du dich mit dem Tod Christi allein bekümmern, so wirst du das Leben finden. Du mußt die Sünd nicht ansehen in den Sündern, noch in deinem Gewissen, noch in denen, die in Sünden endlich bleiben und verdammt sind; du fährest gewißlich hinnach und wirst überwunden; sondern mußt abkehren dein Gedanken, und die Sünd nicht denn in der Gnaden Bild ansehen und dasselb Bild mit aller Kraft in dich bilden und vor Augen haben.

Der Gnaden Bild ist nicht anders, denn Christus am Kreuz und alle seine lieben Heiligen. Wie versteht man das? Das ist Gnade und Barmherzigkeit, daß Christus am Kreuz deine Sünd von dir nimmt und trägt sie für dich und erwürget sie; und dasselb festiglich glauben und vor Augen haben, nicht dran zweifeln, das heißt das Gnadenbild ansehen und in sich bilden.

Sieh, da sind Sünd nimmer Sünd, da sind sie gebunden und in Christo verschlungen. Also ist Christus des Lebens und Gnaden Bild wider des Tods und der Sünde Bild unser Trost.

SONNABEND: Ihm nachfolgen

Gedenket an mein Wort, das ich euch gesagt habe: „Der Knecht ist nicht größer denn sein Herr." Haben sie mich verfolgt, sie werden euch auch verfolgen. *Johannes 15/20*

Herzliebster Jesu, was hast du verbrochen 60/12

Das ists, das wir gesagt haben, daß die Knecht ins Herz bilden sollen und sich bewegen lassen, gern zu tun und zu leiden, was sie sollen, daß der Herr Christus ihnen so viel getan hat, daß sie also denken: Sintemal mir mein Herr gedienet hat, da er doch nicht schuldig war, und für mich hingeben Leib und

Leben, warum wollt ich ihm nicht wieder dienen? Er war ganz rein und ohne Sünd, doch hat er sich so tief herunter geworfen und für mich sein Blut vergossen und ist gestorben, daß er mein Sünd vertilgte, ei, sollt ich denn nicht auch etwas leiden, weil es ihm gefället? Welcher nun das betracht, der muß doch ein Stein sein, wenn es ihn nicht bewegte. Denn wenn der Herr vorhergehet, so gehet ja billig der Knecht hinnach.

Darum spricht St. Peter: „Dazu seid ihr berufen." Wozu? Daß ihr Unrecht leidet, wie Christus; als wollt er sagen: Willst du Christo nachfolgen, so mußt du nicht viel rechten und klagen, wenn dir Unrecht geschieht, sondern deshalb leiden und zu gut halten, dieweil Christus alles ohn sein Schuld gelitten hat.

Du solltest Gott Lob und Dank sagen, daß du sein würdig wärest, daß du Christo sollst gleich werden, und nicht murren noch ungeduldig sein, wenn man dir Leide tut.

LÄTARE

Das Opfer Christi

SONNTAG: Römer 5/1—11

Darum preist Gott seine Liebe gegen uns, daß Christus für uns gestorben ist, da wir noch Sünder waren.

Jesu, meine Freude 293 *Römer 5/8*

Er opferte sich selbst am Kreuz, wird ein Sünder und Fluch; so er doch allein der gebenedeiete Same ist, durch welchen alle Welt gesegnet, das ist von Sünde und Tod erlöset werden muß. Daß er aber am Kreuz hänget zwischen zweien Übeltätern, denselben gleich gerechnet wird und allda des schmählichen Todes stirbt, das tut er zu gut dem ganzen menschlichen Geschlecht, daß ers vom ewigen Fluch erlöse. Ist also beides, der größte und einige Sünder auf Erden, denn er trägt aller Welt Sünde, und der einige Gerechte und Heilige; denn niemand wird vor Gott gerecht und heilig, denn durch ihn.

Wer nun solches glaubet, daß auf dem lieben Herrn sein und aller Welt Sünde liegen, und habe sich darum lassen taufen, ans Kreuz schlagen und allda für uns sein teuer Blut vergossen, auf daß er, der einige Sündenträger und Büßer, uns also von Sünden reinigte und fromm und selig machte: der hat Vergebung der Sünden und das ewige Leben, und Christi Taufe, Kreuz und Blut wird sein eigen.

MONTAG: Gethsemane

Er hat in den Tagen seines Fleisches Gebet und Flehen mit starkem Geschrei und Tränen geopfert zu dem, der ihm von dem Tode konnte aushelfen; und ist auch erhört, darum, daß er Gott in Ehren hatte. Hebräer 5/7

Ein Lämmlein geht und trägt die Schuld 62/1—3

Ach Gott, warum zaget doch mein Herr Christus Jesus, der Sohn Gottes? Worum ists doch ihm zu tun? Er bittet, der Kelch soll von ihm gehen. Was ists für ein Kelch? Es ist ja anders nichts, denn der bitter Tod des Kreuzes. Warum aber leidet er ihn; er ist doch ohn alle Sünde, fromm und gerecht? Es ist halt um der Welt Sünde willen zu tun, die hat Gott ihm auf den Rücken gelegt; die drücken und ängstigen ihn.

Ists nicht wahr: So Gott meine Sünde auf ihn gelegt hat, wie der heilig Johannes ihn darum ein Lämmlein Gottes heißt, das der Welt Sünde wegnimmt, so bin ich von meinen Sünden ledig und los? Was sollte denn ich mich und meinen Herrn Christum Jesum zeihen? Ein Sünder bin ich, das ist leider wahr; die Sünde schrecket mich, das fühle ich leider wohl, und will immerdar mir das Herz sinken; ich fürchte mich vor Gott und seinem harten Urteil. Aber, wie gesagt, was will ich mich zeihen, ja, was will ich meinen Herrn Christum Jesum zeihen? Er zittert und zaget am Ölberge, ihm ist so angst und bang, daß er blutigen Schweiß schwitzet, zu solchem bringt ihn meine Sünde, die er auf sich geladen hat, und so hart dran getragen. Darum will ich sie da lassen liegen und gewiß hoffen, ich komme vor Gott und sein Urteil, wann ich wolle, so wird Gott keine Sünde an mir finden.

Siehe, also dienet dir der Ölberg auch zum Trost, daß du gewiß bist, Christus hab deine Sünde auf sich geladen und dafür bezahlet. Liegen nun deine Sünd auf Christo, so sei nur in deinem Herzen zufrieden; sie liegen am rechten Ort, da sie hingehören.

DIENSTAG: Er trug unsere Krankheit

Fürwahr, er trug unsre Krankheit und lud auf sich unsre Schmerzen. Jesaja 53/4

O Welt, sieh hier dein Leben 64/5

Das ist ein klarer, gewaltiger Text. Dieses Königs Leiden sind unsre Schmerzen und Krankheit. Das wir tragen hätten sollen ewiglich, das trägt er; die Schmerzen, die wir verdienet haben, daß wir ewiglich sollten sterben, hungern, dürsten, leiden usw., das liegt alles auf ihm. Sein Leiden gilt mir und dir und uns allen; denn uns zu gut ists geschehen. Wir aber hielten ihn für den, der von Gott geplaget und geschlagen und gemartert wäre.

Das ist wahr. Denn Moses selbst spricht: „Verflucht sei jedermann, der am Holz hängt." Darum ward er gescholten als ein Verdammter und Verfluchter. Er kann ihm selber nicht helfen; wie sollte er denn andern helfen? Aber sie haben ihn nicht mit rechten Augen angesehen. Denn er trägt unsere Schmerzen. Nach dem äußerlichen Ansehen scheinets, als sei er verflucht. Aber nach dem Geist hält sichs also, daß er mein und dein und unser aller Schmerzen trägt. „Die Strafe liegt auf ihm, auf daß wir Friede hätten, und durch seine Wunden sind wir geheilet." Er wird gestraft; wir haben Fried. Ich und du und wir alle haben Gott erzürnet; das muß er büßen, auf daß wir, von Sünden erlöset, zu Frieden kämen. Er muß leiden; wir gehen frei aus.

Diese große Liebe und Barmherzigkeit soll man nicht so schändlich vergessen.

MITTWOCH: Von Gott verlassen

Ich bin ein Wurm und kein Mensch, ein Spott der Leute und Verachtung des Volkes. *Psalm 22/7*

O Haupt voll Blut und Wunden 63/4

St. Paulus redet auch also davon Phil. 2: Er spricht, Christus hab sich der göttlichen Gestalt geäußert, das ist, er hab seiner göttlichen Gewalt nicht gebraucht, noch eine allmächtige Kraft eräuget, sondern dieselbe eingezogen, da er gelitten hat. In solcher Äußerung und Erniedrigung hat der Teufel alle seine höllische Macht versucht. Der Mensch und Menschenkind stehet da, trägt die Sünde der Welt; und weil er nicht einfleußt von göttlichem Trost und Stärke, so hat der Teufel seine Zähne über dem unschuldigen Lämmlein zusammengebissen und es wollen verschlingen; muß also der gerechte und unschuldige Mensch zittern und zagen als ein armer, verdammter Sünder und in seinem zarten, unschuldigen Herzen fühlen Gottes Zorn und Gericht wider die Sünde, schmecken für uns den ewigen Tod und Verdammnis und in Summa alles leiden, was ein verdammter Sünder verdienet hat und leiden muß ewiglich.

Dadurch ist uns das Himmelreich, ewiges Leben und Seligkeit erworben; wie auch Jesaias sagt Kap. 53: „Darum, daß seine Seele gearbeitet hat, wird er seine Lust sehen und die Fülle haben." Sein Leib und Seel arbeitet, spricht er, in hohem, schwerem Leiden; aber solchs tut er uns zu großem Nutz und ihm selbst zu großer Freude. Denn er überwindet seine Feinde und sieget, und durch sein Erkenntnis macht er Viele gerecht.

DONNERSTAG: Der Unschuldige für die Schuldigen

Er ist um unsrer Missetat willen verwundet und um unsrer Sünden willen zerschlagen. Die Strafe liegt auf ihm, auf daß wir Frieden hätten, und durch seine Wunden sind wir geheilt. *Jesaja 53/5*

Jesu, deine Passion will ich jetzt bedenken 67

Des nimm dich an, des tröste dich, glaub, es sei um deinetwillen und dir zu gut geschehen. Denn hier hörest du nicht einmal, noch zweimal, sondern öftermal: was er leidet, leidet er unschuldig. Warum duldet solches Gott? Ja, warum verordnets und schaffets Gott also? Darum, daß du dich sein trösten sollst. Er leidet nicht für sich, sondern für dich und für die ganze Welt. Darum muß es so widersinnig zugehen. Er ist Gottes Sohn, durchaus heilig und ohn alle Sünde, derhalb er des Fluches und Todes billig sollt befreiet sein. Wir sind Sünder, unter dem Fluch und Zorn Gottes, derhalb wir den Tod und Verdammnis billig tragen sollten. Aber Gott wendets um; der kein Sünd hat, da nichts denn Gnad ist, der muß zum Fluch werden und die Sündenstraf tragen; wir aber sind durch ihn in Gnaden und

Kinder Gottes. Derhalben sollen wir diesen Trost fest halten und solch Zeugnis der Unschuld Christi uns sonderlich lassen lieb sein. Denn was Christus hat unschuldig gelitten, das hat unser Schuld und Sünd verursachet. Derhalb können wir mit seiner Unschuld uns wider die Sünd und alles Unglück trösten. Denn solche Unschuld ist ein unzweifelbar Zeugnis, daß wir seines Leidens genießen, und der fromme Herr und gnädige Erlöser für uns gelitten und bezahlet hat.

FREITAG: Durch sein Opfer

Nun aber, am Ende der Welt, ist er einmal erschienen, durch sein eigen Opfer die Sünde aufzuheben.

Hebräer 9/26

Wir danken dir, Herr Jesu Christ 59

Solche Erkenntnis und Glaube macht ein fröhlich Herz, das gewiß und sicher kann sagen: Ich weiß von keiner Sünde nicht; denn sie liegen Christo alle auf dem Halse. Nun können sie ja nicht zugleich auf ihm und uns liegen. Darum kann ja niemand sagen, daß er durch seine eigene Gerechtigkeit für die Sünde genug tue. Denn Sünde büßen und tilgen gehöret allein Christo zu. Christus aber ist weder mein, dein, noch aller Menschen Werk. So sind sie auch nicht sein Leib und Blut, die er für unsere Sünde geopfert hat, sondern er ist wahrer Gott und Mensch, der aller Welt Sünde trägt, fähret aber zu, ersäuft und erwürget sie in der Taufe und am Kreuz und läßt dir predigen, daß er seinen Leib für dich gegeben und sein Blut vergossen habe zur Vergebung deiner Sünden. Glaubest du es, so sind sie dir vergeben, bist fromm und gerecht, empfähest den Heiligen Geist, daß du nun hinfort der Sünde widerstehen kannst. Und wo du auch aus Schwachheit von ihr übereilet wirst, soll sie dir nicht zugerechnet werden, so du anders in solchem Glauben bleibest.

Das heißt Vergebung der Sünden.

SONNABEND: Durch seinen Tod befreit

So bestehet nun in der Freiheit, zu der uns Christus be=freit hat, und lasset euch nicht wiederum in das knech=tische Joch fangen. *Galater 5/1*

Jesus ist kommen 53/2—3

Christus hat uns befreit nicht aus einer menschlichen Knecht=schaft, sondern von dem ewigen Zorn. Wo aber? Im Gewissen. Hier muß unsre Freiheit still stehen und schreitet nicht weiter. Denn Christus hat uns theologice und geistlich frei gemacht, das ist, er hat uns so befreit, daß unser Gewissen frei und fröhlich sei und sich nicht fürchte vor dem zukünftigen Zorn. Das ist wahre Freiheit, die niemand hoch genug achten kann. Denn wer kann es ausreden, was für ein groß Ding das sei, daß jemand gewiß dafür halten soll, daß Gott ihm nicht zürne, ja nimmermehr zürnen werde, sondern sei und bleiben wolle in Ewigkeit ein gnädiger und barmherziger Vater um Christi wil=len. Wahrlich, es ist eine herrliche und unbegreifliche Freiheit, daß einem die hohe Majestät gnädig ist.

Aus dieser folget eine andere Freiheit, daß wir durch Chri=stum sicher und frei gemacht werden vom Gesetz, Sünde, Tod, des Teufels Gewalt und der Höllen. Denn gleich wie uns Got=tes Zorn nicht schrecken kann, denn Christus hat uns von ihm befreit, so kann das Gesetz und Sünde uns auch nicht anklagen noch verdammen.

JUDIKA

Der ewige Hohepriester

SONNTAG: Hebräer, 9/11–15

Du bist ein Priester in Ewigkeit nach der Ordnung Melchisedeks. *Hebräer 5/6*

O Mensch, bewein dein Sünde groß 54

Priester ist gar ein mächtig, lieblich Wort, daß kein lieblicher, freundlicherer Name auf Erden sein mag; und ist viel lieber zu hören, daß man Christum einen Priester heißet, denn einen Herrn oder anders. Priestertum ist eine geistliche Gewalt, welche nichts anders ist, denn daß der Priester dahertritt, nimmt alle Gebrechen des Volks auf sich, nicht anders, als wäre es sein eigen, und bittet Gott für sie, nimmt von ihm das Wort, damit er jedermann tröste und helfe; es ist noch lieblicher und tröstlicher denn Vater= und Muttername, ja der Name bringt uns alles andere. Denn damit, daß er Priester ist, macht er uns Gott zum Vater und sich zum Herrn. Wenn ich ihn für einen Priester halte, so weiß ich, daß er nichts tut, denn daß er droben im Himmel sitzt als unser Gnadenstuhl und da ohn Unterlaß uns vertritt vor dem Vater, bittet für uns und redet das Beste. Dies ist der höheste Trost, der einem Menschen widerfahren, und keine süßere Predigt ins Herz gepredigt werden kann.

Er hat sich allein einmal selbst geopfert, also, daß er selbst der Priester und auch das Opfer ist, der Altar aber das Kreuz. Köstlicher Opfer konnt er Gott nicht tun, denn daß er sich hingab, ließ sich würgen und in der Liebe Feuer verbrennen. Das ist das rechte Opfer.

MONTAG: Sein Fleisch und Blut ein geistlich Opfer

Wie viel mehr wird das Blut Christi, der sich selbst ohne allen Fehl durch den ewigen Geist Gott geopfert hat, unser Gewissen reinigen von den toten Werken, zu dienen dem lebendigen Gott. *Hebräer 9/14*

Ein Lämmlein geht und trägt die Schuld 62

Er handelt von zweierlei Priestertum. Das alte war ein leiblich Priestertum, in leiblichem Schmuck, Hause, Opfer, Vergebung und alle seinem Wesen. Das neue ist ein geistliches, in geistlichem Schmuck, Hause, Opfer und alle seinem Wesen. Denn Christus ging nicht einher in Seiden und Gold und edlen Steinen, da er sein Priesteramt tat und opferte am Kreuz, sondern in göttlicher Liebe, Weisheit, Geduld, Gehorsam und allen Tugenden, welche niemand sah denn Gott, und wo der Geist war; denn das ist geistlicher Schmuck.

Denn ob man wohl Christi Leib und Blut, als ander leiblich Ding sah, sah man doch nicht, daß es ein Opfer war, und daß ers opferte, wie man sah, wenn Aaron opferte, da nicht allein das Kalb, Bock, Vogel, Brot usw. leiblich Ding war, sondern man sah auch sichtiglich, daß ers opferte und ein Opfer war. Aber Christus opferte sich selbst im Herzen vor Gott, das niemand sah noch merkte; darum ist sein leiblich Fleisch und Blut ein geistlich Opfer.

Also ist auch die Hütte oder das Haus und Kirchen Christi geistlich, nämlich der Himmel oder vor Gottes Angesicht; denn er am Kreuz in keinem Tempel, sondern vor Gottes Augen hing und noch daselbst ist. Item, der Altar ist auch geistlich das Kreuz; denn das Holz sah man wohl, aber daß es Christi Altar wäre, wußte niemand. Also sein Gebet, sein Blutsprengen, sein Räuchern, war alles geistlich; denn es geschah alles durch seinen Geist. Demnach war auch die Frucht oder Nutz seines Opfers und Amts, nämlich die Vergebung der Sünde und unsere Rechtfertigung, geistlich.

DIENSTAG: Er opferte für unsre Sünden

Der Herr warf unser aller Sünden auf ihn. *Jesaja 53/6*

Jesu Kreuz, Leiden und Pein 58

Dieser Hohepriester ist beide, Priester und Opfer, denn er opfert sein Leib und Leben am Kreuze. Es scheint wohl unpriesterlich zu sein, daß er am Kreuze hängt, nacket und bloß, blutig und zuschwollen, und hat eine dörne Krone durch sein Haupt geschlagen; doch ist er der rechte Priester und Bischof, der sich selbst opfert und seinen eigen Leib in großer Liebe verbrennet zur Erlösung der ganzen Welt. Das alte Priestertum hatte eine große Pracht. Aber an diesem Hohenpriester scheinet nichts Prächtigs. Der Altar dieses Hohenpriesters ist das Kreuz und Galgen. Das ist ein schändlicher, greulicher und ungewöhnlicher Altar. Darum ist er auch vor der Welt so ein geringer, verächtlicher Hoherpriester, der so lästerlichen und unehrlichen Altar hat und ein solch Opfer ist, davor den Leuten grauet.

So haben wir nun diesen Hohenpriester Jesum Christum mit seinem Altar und Opfer, von den Juden und Kriegsleuten aufs allerschändlichste zugerichtet. Doch liegen unser aller Sünde auf seiner Schulter. Da liegen ich und du und alle Menschen, von dem ersten Menschen Adam an bis an der Welt Ende.

MITTWOCH: Er ward ein Fluch für uns

Christus hat uns erlöst von dem Fluch des Gesetzes, da er ward ein Fluch für uns, denn es steht geschrieben: „Verflucht ist jedermann, der am Holz hängt!" *Galater 3/13*

Ich grüße dich am Kreuzesstamm 70

Wer will nun des Kreuzes sich ärgern? Wer will solchen Tod für schmählich achten? Wer will nicht Gott von Herzen drum danken, daß sein Sohn am Holz hängt und den Fluch, so der Sünden halber auf uns gehört, über sich nimmt? Er hängt da wie ein verfluchter Mensch, dem Gott feind ist, den Gott in Schand, Not und Angst kommen läßt. Solchs geschieht (spricht Paulus) um meinet- und deinetwillen, auf daß wir zum Segen kämen. Da lern diesen Unterschied wohl, daß du nicht urteilst, nach dem du mit den Augen siehest, sondern nach dem das Wort Gottes dir vorsagt. Dem äußerlichen Ansehen nach ist des Herrn Christi Tod ein schmählicher Tod und, wie Gott selbst solchen Tod nennet, ein verfluchter Tod; das Holz, daran er stirbt, ist ein vermaledeites, verfluchtes Holz. Warum doch? Darum, daß all unsere Sünd dran hangen. Das Holz ist verflucht; der dran hänget, ist verflucht. Die Ursach, darum er dran hänget, ist auch verfluchet. Denn auf die Sünde gehört der Fluch; und je mehr Sünd auf dem Herrn liegen, je größer der Fluch auch ist. Aber es ist uns ein seliger Tod, der den Fluch von uns nimmt und Gottes Segen auf uns bringt.

DONNERSTAG: Sein Gang zum Vater

Nun aber gehe ich hin zu dem, der mich gesandt hat.

Christe, du Schöpfer aller Welt 72 *Johannes 16/5*

Dies Wort: Daß ich zum Vater gehe, begreift das ganze Werk unser Erlösung und Seligung, dazu Gottes Sohn vom Himmel gesandt, und das er für uns hat getan und noch tut bis ans Ende; nämlich, sein Leiden, Tod und Auferstehung und ganzes Reich in der Kirchen. Denn dieser Gang zum Vater heißt nichts anders, denn daß er sich dahin gibt zu einem Opfer durch sein Blutvergießen und Sterben, damit für die Sünde zu zahlen, und darnach wieder durch seine Auferstehung überwindet und unter seine Gewalt bringet Sünde, Tod und Hölle, und sich lebendig setzet zur rechten Hand des Vaters, da er unsichtbar regieret über alles im Himmel und Erden, und seine Christenheit durch die Predigt des Evangelii sammlet und ausbreitet und die, so da glauben, bei dem Vater als ein ewiger Mittler und Hoherpriester vertritt und fürbittet, weil sie noch übrige Schwachheit und Sünde haben; dazu des heiligen Geistes Kraft und Stärke gibt, die Sünde, Teufel und Tod zu überwinden.

Siehe, das heißt und ist nun der Christen Gerechtigkeit vor Gott, daß Christus zum Vater gehet, das ist, für uns leidet, auferstehet und also uns dem Vater versöhnet, daß wir um seinetwillen Vergebung der Sünde und Gnade haben; daß es gar nicht ist unsers Werks noch Verdiensts, sondern allein seines Ganges, den er tut um unsertwillen. Das heißt ein fremde Gerechtigkeit (darum wir nichts getan, noch verdienet haben, noch verdienen können), uns geschenkt und zu eigen gegeben, daß sie soll unser Gerechtigkeit sein, dadurch wir Gott gefallen und sein lieben Kinder und Erben sind.

FREITAG: Sein Priestertum schützt uns vor dem göttlichen Zorn

Er ist durch sein eigen Blut einmal in das Heilige eingegangen und hat eine ewige Erlösung gefunden. Hebräer 9/12

Herr Jesu, deine Angst und Pein 69

Durch sein Königreich und Herrschaft beschirmet er uns vor allem Übel in allen Dingen; aber durch seine Priesterschaft beschirmet er uns vor allen Sünden und Gottes Zorn, tritt vor uns und opfert sich selber, Gott zu versühnen, daß wir durch ihn eine Zuversicht haben zu Gott und unser Gewissen vor seinem Zorn und Gericht sich nicht entsetzt noch fürchtet, wie St. Paulus sagt Röm. 5, 2: „Durch ihn haben wir Frieden zu Gott und einen Zugang zu seiner Gnaden im Glauben."

Nun ist das viel größer, daß er uns gegen Gott sicher und unser Gewissen zufrieden machet, daß nicht Gott und wir selbst wider uns seien, denn daß er die Kreaturen uns unschädlich machet. Denn es viel größer ist, Schuld denn Pein, Sünde denn Tod; sintemal die Sünde den Tod bringt, und ohn Sünde der Tod nicht wäre, oder ja nicht schädlich wäre.

Das ist gar ein hoher Trotz, daß ein Mensch gegen seine Sünde, gegen seine bösen Gewissen, gegen Gottes schrecklichen Zorn und Gericht kann setzen diesen Priester und mit festem Glauben sagen und bekennen: Du bist ein ewiger Priester.

SONNABEND: Sein Opfer gilt ewig

Einen solchen Hohenpriester sollten wir haben, der da wäre heilig, unschuldig, unbefleckt, von den Sündern ab-

gesondert und höher, denn der Himmel ist; dem nicht täglich not wäre, wie jenen Hohenpriestern, zuerst für eigene Sünden Opfer zu tun, darnach für des Volks Sünden; denn das hat er getan einmal, da er sich selbst opferte. *Hebräer 7/26—27*

Du großer Schmerzensmann 66

Das Opfer Christi, das einmal geschehen ist, gilt ewig, und wir werden selig, dieweil wir dran glauben. Richtet man neben dem Opfer etwas Weiteres auf, so ist es eine Gotteslästerung. Christus ist das Opfer, das er aufgeopfert hat im Tode, uns zur ewigen Reinigung der Sünde. Darum, so sein Leiden aus ist und das Opfer geschehen, da gehet seine Ehre an. Am Kreuz fället seine Ehre dahin, sein gut Gerüchte, seine großen Taten; alle Leute heben an zu zweifeln, denen er geholfen hat, ob er es getan hat aus Gottes oder aus des Teufels Macht. Da fällt ihm sein Gewissen selbst ab, und der Tod ist sein mächtig. Darum, soll es ein Opfer sein, so muß man ihm das Blut nehmen; das Lämmlein sticht man; das Opfer kostet Blut. Aber der Kampf Christi währet nur eine Zeitlang. Darum tut Christus eine priesterliche Stimme: „Ach, schenke es ihnen, lieber Vater, haben sie schon wider mich getan."

Was tut nun Christus hernach? Er ist gesessen zu Gottes Gerichten. Da alle Welt nun ist abgefallen und meinet, es sei aus mit ihm, so fähet er erst an, ewig zu regieren, und vertritt uns vor dem Vater, bittet für uns, so wir verklagt werden um die Sünde. Es wird ein Urteil über uns gefällt; das fühlet das erschrockene Gewissen, daß Gott zürnet über die Sünde. Da kann uns nicht geraten werden, denn durch das Opfer Christi, der für uns den Vater bittet und spricht: Ach Vater, der Sünder ist schwach, liegt in großen Ängsten, schenke ihn mir, ich habe für ihn genug getan, er verläßt sich auf mein ewiges Opfer. Wer aber von diesem Opfer fället anderswohin, dem kann ewiglich nicht geholfen werden.

PALMARUM

Der Gekreuzigte

SONNTAG: Matthäus 21/1–9

Da sprach Pilatus zu ihm: So bist du dennoch ein König? Jesus antwortete: Du sagst es, ich bin ein König. Ich bin dazu geboren und in die Welt gekommen, daß ich für die Wahrheit zeugen soll. Wer aus der Wahrheit ist, der höret meine Stimme. *Johannes 18/37*

Seele, mach dich heilig auf 68

Christus, der König, läßt Leib und Gut, Leben und alles in Fahr kommen. Das sollst du lernen, daß es darum geschieht, daß sein Reich nicht ist von dieser Welt. Hier auf Erden sollst du deines christlichen Glaubens nicht dazu genießen, daß du alles vollauf habest und dir nichts mangle. Denn siehe deinen König, den Herrn Jesum, selbst an, wie gehts ihm? Womit pranget er? Was hat er für gutes Leben? Wie herrlich wird er gehalten? Ists nicht wahr, es heißt bei ihm nur leiden, sich spotten und höhnen lassen und schmählich sterben. Ein einiges Stücklein hat er, damit regiert er, aber bei sehr wenig Leuten, nämlich mit dem Zeugnis der Wahrheit, das ist mit dem heiligen Evangelium. Durch dasselbe gibt er den Heiligen Geist in die Herzen, vergibt er die Sünde und schenket die Hoffnung des ewigen Lebens. Aber solches alles bleibt nur im Glauben und Wort, man siehets nicht, man greifets nicht, es ist nicht vor der Hand, sondern in der Hoffnung.

Wer solche Art dieses Königs und seines Königreichs weiß, der gibt sich willig unter das Kreuz. Denn er weiß nicht allein, daß es seinem Herrn Christo, dem ewigen König, auch also ergangen, ist derhalb zum Leiden willig und bereit, denn es soll's ja der Knecht nicht besser haben, denn sein Herr; sondern er fasset auch den Trost, ob es hier muß gelitten sein, daß es dort in Ewigkeit soll Freud und Herrlichkeit sein. Das macht die Christen mutig, auch mitten in der Anfechtung und Kümmernis.

MONTAG: Judas und Petrus

Die göttliche Traurigkeit wirkt zur Seligkeit eine Reue, die niemand gereut; die Traurigkeit aber der Welt wirkt den Tod. *2. Korinther 7/10*

So wahr ich lebe, spricht dein Gott 169/2

Dem Judas liegt ein größer Last auf dem Rücken, denn Petrus; derhalb fällt er in Verzweiflung und gedenkt, da ist in Ewigkeit weder Hilf noch Rat, geht vor Leid hin und erhängte sich selbst, der arm Mensch. Warum doch? Darum, er hatte Gottes Wort unfleißig gehört, verachtet, sich nichts davon gebessert. Da er nun Trostes bedurfte und das Wort nicht hatte, war es unmöglich, daß ihm hätt können geholfen werden.

Petrus aber weinet auch bitterlich, es ist ihm angst und bange seiner Sünden halber; aber er hätt des Herrn Christi Wort fleißiger gehöret und baß gemerket. Derhalb, da jetzt die Not vor der Hand ist, nimmt ers vor sich und hält sich dran, er tröstet sich mit und hoffet, Gott werde ihm gnädig sein. Das ist die rechte Hilf in solcher Not, daran es dem armen Judas fehlet. Daß es aber mit Petro also gangen, und er sich an Gottes Wort und Gnad gehalten habe, zeugt der Herr Luc. 22, da er spricht (V. 32): „Ich hab für dich gebeten, daß dein Glaube nicht aufhöre."

Darum so lerne hier, was die rechte Buße sei. Petrus weinet bitterlich. Solches ist der Anfang der Buße, daß das Herz die Sünde recht erkenne und laß ihms leid sein, daß man nicht Lust noch Lieb dran habe und in Sünden fortfahre, sondern von Herzen sich drum bekümmere, daß man Gottes Willen nicht gehalten und gesündiget habe. Solches aber können wir nicht von uns selbst; es muß der Herr uns ansehen, wie er Petrum hier ansiehet.

DIENSTAG: Von ordentlicher Gewalt gerichtet

Die Jesum gegriffen hatten, führten ihn zu dem Hohen=priester Kaiphas, dahin die Schriftgelehrten und Ältesten sich versammelt hatten. *Matthäus 26/57*

Herzliebster Jesu, was hast du verbrochen 60

So hat nun unser lieber Herr Jesus Christus gelitten, nicht heimlich, noch von denen, die keine Gewalt haben, sondern öffentlich und von denen, die in öffentlicher Gewalt sitzen, auf daß wir uns nicht dran ärgern, wenn wir sehen, daß beiderlei Obrigkeit, geistlich und weltlich, wider Gott ist. Christus Lei=den heißt, wie wir im christlichen Glauben bekennen und spre=chen: Ich glaube an Jesum Christum, gelitten unter Pontio Pilato. Also ists geschehen zu allen Zeiten und geschieht noch heutigen Tages, daß die Christen und rechten Märtyrer getötet werden von ordentlicher Obrigkeit, beide geistlich und weltlich.

Kein Prophet ist meuchlings ermordet, sondern sind alle er=mordet von denen, die in rechter, ordentlicher Gewalt gesessen sind. Alles Blut, so um Christus willen vergossen wird, wird von denen vergossen, die da sind Könige, Fürsten, Richter, Räte usw. im weltlichen Regiment und Bischöfe, Prediger usw. im geistlichen Regiment. Ein prophetischer Tod ist, so von or=dentlicher Gewalt geschieht.

Wie wirds aber gehen, wenn einmal das Spiel sich umkehret? Da wird Gott auch tun, das sie verdrießen wird, und lassen, das sie begehren. Sie stürmeten wider Gott und wollten ihn nicht bleiben lassen; Gott hätte sie wohl lassen bleiben. Aber weil sie Gott nicht wollten lassen bleiben, mußten sie drüber zu Boden gehen.

MITTWOCH: Weinet nicht über mich

Jesus wandte sich um zu ihnen und sprach: Ihr Töchter von Jerusalem, weinet nicht über mich, sondern weinet über euch selbst und über eure Kinder. *Lukas 23/28*

Jesu, meines Lebens Leben 65/5

Er leidet um unsretwillen. Darum tut es dem Herrn wehe, weil sein Leiden dahin gerichtet ist, daß wir darum sollten weinen; er will, daß wir fröhlich sein, Gott loben, seiner Gnade danken, ihn preisen, rühmen und bekennen sollen; sintemal wir durch solchen Gang zur Gnade Gottes kommen, von Sünden und dem Tod ledig und Gottes liebe Kinder sind worden. Aber es will eines gleich so wenig in uns als das andere. Denn angeborn ists uns, daß wirs gar umkehren. Da wir unser Sünden halb weinen sollten, lachen wir; da wir lachen und von Herzen frohlocken sollten, daß Christus für uns gestorben ist und hat uns das ewige Leben erworben, da weinen wir. Denn entweder achten wir solcher Freud nicht vor anderer Weltfreud, die uns mehr liebet; oder wir weinen, klagen, zagen, als wäre Christus nicht gestorben, als hätt er für unsere Sünde nicht bezahlet, Gottes Zorn nicht gestillet und uns vom Tod nicht erlöset.

Derhalb bedarf es zu beiden Teilen Betens. Erstlich, daß Gott durch seinen Heiligen Geist unsere Herzen rühren, die Sünde uns erleiden, uns davon abziehen und aller Sicherheit wehren wolle. Zum andern, daß er den Trost wider die Sünd in unserm Herzen anzünden und das Vertrauen auf des Herrn Christi Opfer und Genugtuung fest machen wolle.

GRÜNDONNERSTAG MORGEN: Am Ölberg

Meine Seele ist betrübt bis an den Tod. *Matthäus 26/38*

O Lamm Gottes, unschuldig 55

Da stellet sich unser lieber Herr Christus um unsretwillen als ein armer, sündiger Mensch, und die göttliche Natur enthält sich hier, und fließt Christus allhier nicht voll Trost und Sicherheit wie zuvor. Da wird dem Versucher, dem Teufel, Raum gegeben, daß er näher zu ihm tritt und ihn härter angreift denn zuvor je. Darum redet er allhier als ein Mensch, der im Kampf stehet und mit dem Tode ringet, suchet Trost bei seinen Jüngern, welchen er zuvor tröstlich gewesen ist. Er hat gezittert und gebebet, und sein Herz ist voll Traurigkeit gewesen. Denn er hat an seinem Leben verzagt und den Tod gefühlet und ge=

sehen, daß er jetzt sterben sollte. Dasselb klaget er seinen Jüngern. Die große Angst und Not bricht heraus, daß er zu seinen Jüngern Zuflucht hat, die geringer sind denn er selbst.

Das Leiden unsers lieben Herrn Jesu Christi im Garten läßt sich mit Menschenzungen nicht ausreden, sondern übertrifft alle menschliche Vernunft und Gedanken, sonderlich an dieser großen, hohen Person.

Aber es ist um unsretwillen geschehen, daß der Mann so hoch betrübt worden ist als kein Mensch auf Erden, und auch keiner sich vor dem Tode so sehr gefürchtet hat, als dieser.

GRÜNDONNERSTAG ABEND: Vom Empfang des Sakraments

So oft ihr von diesem Brot esset und von diesem Kelch trinket, sollt ihr des Herrn Tod verkündigen, bis daß er kommt. Der Mensch prüfe aber sich selbst, und also esse er von diesem Brot und trinke von diesem Kelch.

1. Korinther 11/26 u. 28

Gott sei gelobet und gebenedeiet 163

Ein Mensch, der zum hochwürdigen Sakrament gehen will, muß Gott, dem Allmächtigen, eine leere, ledige und hungrige Seele opfern.

Darum ist das die allerbeste Geschicklichkeit, wenn der Mensch am übelsten geschickt ist. Welches also soll verstanden werden: wenn der Mensch sich ganz unselig, arm und gnadenbedürftig empfindet, in demselben und damit ist er der Gnaden Gottes empfänglich und aufs geschickteste dazu.

Aber dann soll sich der Mensch befleißigen, daß er mit einem vollkommenen oder ja möglichen Glauben zu dem Sakrament gehe und aufs gewisseste des Vertrauens sei, daß er wolle dadurch Gnade erlangen. Denn ein Mensch erlanget so viel, als viel er glaubet, daß er erlangen werde. Derhalben allein der Glaube ist die allerhöchste und allernächste Bereitung.

Auf die Worte mußt du nun dein hungerig Herz bauen und auf solch göttlicher Wahrheit Zusagung dich verlassen, darauf zum Sakrament gehen und zu Gott dringen und also sagen: Herr, wahr ists, daß ich nicht würdig bin, daß du gehest unter mein Dach, so bin ich doch dürftig und begierig deiner Hülf und Gnade, daß ich auch möge fromm werden. So komme ich auf kein anders Verlassen, denn daß ich jetzt süße Worte gehöret habe, da du mich mit zu deinem Tisch ladest. Lieber Herr, dein Wort ist wahr, da zweifle ich nicht an, und darauf esse und trinke ich mit dir, mir geschehe nach deinem Willen und Worten, Amen.

KARFREITAG MORGEN: Der Schächer am Kreuz

Er sprach zu Jesu: Herr, gedenke an mich, wenn du in dein Reich kommst! Und Jesus sprach zu ihm: Wahrlich ich sage dir, heute wirst du mit mir im Paradiese sein.

O Haupt voll Blut und Wunden 63 *Lukas 23/42—43*

Da folget ein Trost, wie im Garten von dem Engel, also hier am Kreuz von einem Mörder, der neben ihm hängt. Das ist ein wunderlicher Gott, daß er seinen Sohn von einem Mörder trösten läßt. Der Schächer muß durch den Leib Christi, durch Schmach, Lästerung und das Leiden sehen, sonst hätte er nicht können glauben noch bekennen, daß Christus ein Herr wäre und ein mächtig Reich hätte. Also ist Christus nun durch die Hölle, und hebt sich der Trost an in dem Schächer. Gott lässet seine Kirche nicht gar untergehen; darum ist wohl gesagt: Der Glaube, der in Petro gestorben ist, der stehet in dem Schächer wieder auf. Denn es muß der Reim bleiben: „Herrsche mitten unter den Feinden." Da gedenkt Christus: Ich habe dennoch einen gnädigen Gott, der hat mir ein Reich bereitet und lässet meines Leidens den Sünder genießen. Darum fähret er fort und sagt: „Heute wirst du mit mir sein in dem Paradies." Der Schächer siehet seine Schuld und Christi Unschuld, darum denkt er, die Unschuld Christi wird mir helfen; da siehet er Christo in das Herz durch eine dicke Mauer. Der Schächer gehöret uns zu, wir sind ihm gleich, darum laßt uns zu Christo schreien, so wird er zu uns sprechen: ja, ja, wie zu dem Schächer.

KARFREITAG ABEND: Der Tod Jesu

Da nun Jesus den Essig genommen hatte, sprach er: Es ist vollbracht! und neigte das Haupt und verschied.

O Haupt voll Blut und Wunden 63/9–10 *Johannes 19/30*

Hier erinnert er sich des göttlichen Willens, daß er also hat leiden müssen. Er weiß nichts mehr, das zu tun sei, denn es ist alles vollbracht, das in der Schrift geschrieben war, darum ergibt er sich Gott und sagt Psalm 31, 6: „In deine Hände befehl ich meinen Geist." Das ist der Abschied Christi, den er von unsertwegen tut, damit wir sehen das väterliche Herz. Denn wie Christus an dem Leibe gestaltet ist, also waren wir an der Seele vor Gott; und der Ernst, den Gott allhier sehen läßt an seinem Sohne, den haben wir verdienet; und wenn Gott will mit Recht handeln, so tut er uns auch also. Darum sollen wir Buße tun, darnach folget Vergebung der Sünde in dem Spiegel Christi, daß, wie Gott seinen Sohn vom Tod und Teufel errettet, also will er uns auch erretten, das ist unser Trost, dadurch wir selig werden. Weil wir das sehen an Christo, sollen wir uns von Gott nicht kehren und denken an den Reim Christi, der da heißt: „Herrsche mitten unter den Feinden", so wird uns kein Leiden zu schwer. Haben wir Sünde, so laßt uns dieselben zu Christo tragen, der hat sie an das Kreuz geschlagen, will uns die vergeben, Tod und Teufel unterwerfen. Also haben wir auch den Tod Christi.

DER STILLE SONNABEND: Niedergefahren zur Hölle

Er hat ausgezogen die Fürstentümer und die Gewaltigen und sie schaugetragen öffentlich und einen Triumph aus ihnen gemacht durch sich selbst. *Kolosser 2/15*

Du großer Schmerzensmann 66/3

Wahr ist's, von des Herrn Niederfahrt zur Hölle mag man auf zweierlei Weise reden. Zum erstenmal schlecht und einfältig, durch kindische Wort und Bilder, welchs auch das Beste und Sicherste ist. Zum andernmal mag man davon reden gar scharf, wie es an ihm selbst ist, wie es zugangen sei, daß Christus zur Hölle hinunter gefahren, und doch sein Leib im Grabe dagelegen ist bis an dritten Tag. Aber was ists, wenn man sich schon lange darüber bekümmert und scharf davon disputiert? Man wirds doch mit Gedanken nicht erlangen noch ergründen. Ich muß solchs im Wort und Glauben bleiben lassen, mit meinen Worten und Gedanken werde ichs nimmermehr erreichen.

Darum ist mein treuer Rat, du lassests bei den einfältigen Worten und kindischen Bildern bleiben und lassest dich die scharfsinnigen Geister, die ohn Bilde davon denken und es mit ihrer klugen Vernunft ergründen wollen, nicht anfechten.

Wenn ich sage: Christus ist ein Herr über Teufel und Hölle, und der Teufel hat keine Gewalt und Macht über ihn und über die, so ihm angehören, das ist ohn Bild und Blumenwerk geredet. Kann ichs also fassen und glauben, so ists gut. Wenn ichs aber vormale mit Blumen und Bildwerk und mache eine Fahne, damit Christus die Hölle aufgestoßen hat, daß es die, so es sonst ohne Bild nicht fassen können, auch mögen verstehen, fassen und glauben, so ists auch gut. Wie man es nun fassen kann, entweder durch äußerliche Bilder oder ohne äußerliche Bilder, so ists recht und gut; wenn dieser Artikel nur fest bleibet, daß unser Herr Jesus Christus sei zur Hölle hinunter gefahren, habe die Hölle zerbrochen, den Teufel überwunden und die, so vom Teufel gefangen waren, erlöset.

2. ANDACHT AM STILLEN SONNABEND: Seine Ruhe wird herrlich sein

Es war aber an der Stätte, da er gekreuzigt ward, ein Garten, und im Garten ein neues Grab, in welches niemand je gelegt war. Dahin legten sie Jesum um des Rüsttages willen der Juden, dieweil das Grab nahe war.

So ruhest du, o meine Ruh 74 *Johannes 19/41—42*

Es ist ein feiner Dienst, daß sie sich des verstorbenen Jesu annehmen und die Gewalt Pilati nicht fürchten. Sie gehen hin und vermachen das Grab, Christus ruhet, Gott muß wirken. Also haben wir nun das Begräbnis.

Unser Herr Gott kann wohl leiden, daß man die Toten in Ehren halte und nicht verwerfe wie die Hunde. Denn der Leib, des Seele auf Gottes Wort gefallen ist, muß wieder auferstehen; denn nicht allein von dem Brot, sondern von allem Wort Gottes haben wir das Leben; das ist der Grund der Auferstehung.

Das sollen wir allein nicht vergessen, daß alle Weiber, ja alle Apostel an Christo gezweifelt haben und niemand geglaubt habe, daß er sollte auferstehen. Wie auch die zwei, die gen Emmaus gingen, sagen. Denn hätten sie eine Hoffnung gehabt, sie hätten ihn nicht gesalbet und in ein Grab gelegt. Und wenn es ein menschlich Werk gewesen wäre, so hätte es Gott nicht getan. Dieser Tag hieße auch nicht der große Tag in der Schrift. Das ist viel ein größerer Artikel, denn der erste, daß Gott habe Himmel und Erde geschaffen. Es kann auch niemand selig werden, er glaube denn, daß Gott Christum auferwecket hat. Das zu glauben, ist nicht menschlich, sondern Gottes Werk, davon Paulus und die Schrift viel sagt.

Aber sein Reim vom Herrschen muß wahr werden.

Ostern und die österliche Zeit

OSTERN

Der Auferstandene

OSTERSONNTAG: Matthäus 28/1—10

Der Tod ist verschlungen in den Sieg. Tod, wo ist dein Stachel? Hölle, wo ist dein Sieg? Aber der Stachel des Todes ist die Sünde; die Kraft aber der Sünde ist das Gesetz. Gott aber sei Dank, der uns den Sieg gegeben hat durch unsern Herrn Jesus Christus!

Christ lag in Todesbanden 76 — *1. Korinther 15/55—57*

Das ist eine seltsame, unerhörte Predigt, so die Vernunft nicht fassen kann, sie muß geglaubet sein, daß Christus lebe und dennoch tot sei, und also tot, daß doch der Tod in ihm sterben muß und alle seine Macht verlieren. Es wird aber solches uns zum Trost gepredigt, daß wir glauben und lernen sollen, der Tod habe seine Macht alle verloren. Denn da findet sich einmal, Gott hab ewig Lob, ein solcher Mensch, welchen der Tod angreift wie alle anderen Menschen, und erwürget ihn; aber im Würgen muß er selbst sterben und verschlungen werden, und der gewürgte Christus soll ewig leben.

Eben nun, wie der Herr Christus den Tod hat überwunden, also hat er die Sünde auch überwunden. Denn seiner Person halber ist er gerecht; aber weil er sich fremder Sünden annimmt, wird er ein Sünder. Das ist die Ursach, daß die Sünde ihn angreift. Und er, der Herr Christus, läßt sich gern greifen und an das Kreuz bringen, daß er stirbt, nicht anders, denn als hätt er den Tod selber verwirkt und selbst gesündiget. Aber da ist die Heiligkeit, die unter fremder Sünde verborgen ist, so groß, daß die Sünde sie nicht kann überwinden. Also läuft die Sünde eben an und trifft den unrechten Mann, wie der Tod; wird deshalb matt und stirbt in seinem Leib.

Also auch der Teufel wollte seine Herrschaft an Christo beweisen, braucht derhalb sein Macht wider ihn und will ihn unter sich bringen. Aber er findet ein höhere Gewalt, die er nicht kann überwältigen. Daß unser Herr Christus rühmen kann, er sei zugleich unten und oben gelegen, und müssen derhalb diese drei gewaltigen Feinde, Tod, Sünd und Teufel, ihm zu Füßen liegen. Diesen herrlichen Sieg begehen wir heut. Nun liegt alle Macht daran, daß wir solches wohl zu Herzen nehmen und fest glauben.

OSTERMONTAG: Er ist nicht hier

Der Engel antwortete und sprach zu den Weibern: Fürchtet euch nicht! Ich weiß, daß ihr Jesum, den Gekreuzigten, suchet. Er ist nicht hier; er ist auferstanden, wie er gesagt hat. Kommet her und sehet die Stätte, da der Herr gelegen hat. *Matthäus 28/5–6*

Gelobt sei Gott im höchsten Thron 79

Die lieben Engel predigen sehr wohl, denn sie könnens auch wohl; die Summa aber ihrer Predigt ist diese: Ihr suchet Jesum im Grabe, aber er ist jetzt viel ein anderer Mann worden. Ihr glaubt an den Gekreuzigten; aber wir wollen euch sagen, wo er jetzt ist. „Er ist auferstanden von den Toten und ist nicht hier." In diesem Leben werdet ihr ihn nicht finden. Hier, das ist in dem Tode, muß man Christum nicht suchen; es müssen andere Augen, Finger, Füße sein, die den Christum sehen, greifen oder zu ihm gehen. Den Ort will ich euch wohl weisen (spricht er), da er gelegen ist; aber er ist nimmer da. Er heißt jetzt: „Er ist nicht hier"; wie St. Paulus auch davon redet zu den Kolossern 3, 1–2: „Seid ihr nun mit Christo auferstanden, so suchet, was droben ist; trachtet nach dem, das droben ist, nicht nach dem, das auf Erden ist."

Christus ist nicht hier, so muß ein Christ auch nicht hier sein. Darum kann kein Mensch weder Christum noch einen Christen in gewisse sonderliche Regeln fassen. Es heißt: „Er ist nicht hier", die Hülsen hat er hiernieden gelassen, weltliche Gerechtigkeit, Frömmigkeit, Weisheit, Gesetz und was des Dinges mehr ist, alles rein ausgezogen. Du mußt ihn suchen nicht in den Dingen, die man auf Erden findet; es sind eitel Hülsen. Die Hülsen ziehet er nimmermehr an. Darum kann auch ein Christ nicht darein gefasset werden, als ferne er ein Christ ist. Sondern, wie Christus über alles ist, so ist auch ein Christ über alles. Christus hat alle Dinge durch sich selbst überwunden und verlassen; und eben darum, daß wir solches glauben, heißen wir eben sowohl „Nicht hier", als er. Wie denn St. Paulus auch sagt: „Trachtet nicht nach dem, das auf Erden ist, denn ihr seid gestorben, und euer Leben ist verborgen in Christo." Eine sehr wunderliche Rede ists. Euer Leben ist verborgen; in keinem Kasten, sonst wollten wirs wohl finden, sondern in dem, der nirgends ist. Unser Leben soll sein über alle menschliche Weisheit, Gerechtigkeit, Frömmigkeit. Als lange du in dir selbst bleibest, bist du nicht fromm. Das heißt denn, daß unser Leben hoch verborgen ist über all unser Fühlen, Herz, Augen und Sinn.

DIENSTAG: Um unsrer Gerechtigkeit willen auferweckt

Christus ist um unsrer Sünden willen dahingegeben und um unsrer Gerechtigkeit willen auferweckt. *Römer 4/25*

Christ ist erstanden 75

Wenn ich meine Sünde ansehe an mir, so erwürgen sie mich. Darum muß ich auf Christum sehen, der hat meine Sünde auf sich geladen und ist der Segen worden; da liegen sie nun nicht mehr auf meinem Gewissen, sondern auf Christo, den wollen sie erwürgen. Laß nun sehen, wie gehen sie mit ihm um? Sie werfen ihn zu Boden und töten ihn. O Gott, wo bleibet nun mein Christus und mein Seligmacher? Ja, da kommt Gott und reißt den Christum hervor und macht ihn lebendig; und nicht allein lebendig, sondern setzt ihn in den Himmel, und läßt ihn jetzund regieren über alles. Wo ist nun die Sünde blieben? Ja, sie ist an den Galgen. Wenn ich nun darauf halte, so hab ich ein fröhlich Gewissen, wie Christus hat, daß ich ohn Sünde bin. Trotz nun dem Tode, Teufel, Sünd und Hölle, daß sie mir ein Leid tun! Weil ich Adams bin, können sie mir wohl tun, da muß ich sterben kurzum. Nun aber Christus hat meine Sünde auf sich geladen und ist darum gestorben und hat sich um der Sünde willen lassen erwürgen, so können sie mir nicht schaden, denn Christus ist ihnen zu stark, sie können ihn nicht behalten, er bricht hervor und drücket sie zu Boden, fähret gen Himmel, nimmt die Sünde und alles Unglück gefangen und regieret da über alles in Ewigkeit. Da hab ich denn ein gut Gewissen, bin froh und selig, fürchte mich nicht mehr vor diesen Tyrannen, denn Christus hat meine Sünde von mir weggenommen und auf sich geladen. Nun können sie nicht wohl auf ihm bleiben.

MITTWOCH: Ohne Ostern noch in Sünden

Ist Christus nicht auferstanden, so ist euer Glaube eitel, so seid ihr noch in euren Sünden. *1. Korinther 15/17*

Jesus Christus, unser Heiland 77

Halte es gewißlich dafür, daß Christus deinen Tod und Sünde auf sich genommen hat. Auf diese Weise ist mir und dir und allen christgläubigen Menschen dies Werk der Auferstehung geschenkt. Brauche ichs nicht also, so tue ich meinem Herrn Christo groß Unrecht, daß ich seinen Triumph und Sieg also lasse müßig stehen. Es soll nicht ein müßiger Sieg sein, er will wahrlich viel mit ausrichten, daß ich in allen Anfechtungen, Sünden und Schrecken nichts anders sehe denn die fröhliche Auferstehung Christi.

Wer nun diesen Sieg also ins Herz kann bilden, der ist schon selig. Wer den stillen Freitag und den Ostertag nicht hat, der hat keinen guten Tag im Jahr; das ist, wer nicht glaubet, daß Christus für ihn gelitten und auferstanden sei, mit dem ist es aus. Denn daher heißen wir auch Christen, daß wir den Christum können ansehen und sagen: Lieber Herr, du hast meine Sünde auf dich genommen und bist Martinus, Petrus und Paulus worden und hast also meine Sünd zertreten und verschlungen; da soll und will ich meine Sünde suchen, dahin hast du mich auch geweiset. Am stillen Freitag sehe ich meine Sünde noch wohl, aber am Ostertage ist ein neuer Mensch und eine gar neue Hand worden, da siehet man keine Sünde nicht mehr. Dies alles hast du mir geschenket und gesprochen, du habest meine Sünde, meinen Tod und meinen Teufel überwunden.

DONNERSTAG: Der Auferstandene — unser Bruder

Spricht Jesus zu ihr: Rühre mich nicht an! denn ich bin noch nicht aufgefahren zu meinem Vater. Gehe aber hin zu meinen Brüdern und sage ihnen: Ich fahre auf zu meinem Vater und zu eurem Vater, zu meinem Gott und zu eurem Gott. *Johannes 20/17*

Mit Freuden zart 81

Ist nun Christus unser Bruder, so wollt ich gerne wissen, was uns gebrechen sollt? Denn gleicher Weis wie es zugehet mit leiblichen Brüdern, also gehets hier auch zu. Leibliche Brüder sitzen in gemeinen Gütern, haben zugleich *einen* Vater, *ein* Erbe, sonst wären sie nicht Brüder; also sitzen wir auch mit Christo in gemeinen Gütern und haben zugleich *einen* Vater und *ein* Erbe, welchs Erbe durch die Teilung nicht geringer wird, wie andere Erbe, sondern wird immerzu größer und größer; denn es ist ein geistlich Erbe.

Was ist aber nun Christus Erbe? Sein ist das Leben und der Tod, Sünde und Gnade und alles, was im Himmel und Erden ist, ewige Wahrheit, Stärke, Weisheit, Gerechtigkeit; er regieret und herrschet über alles, über Hunger und Durst, über Glück und Unglück, über alles, das nur mag erdacht werden, es sei im Himmel oder auf Erden, nicht allein geistlich, sondern auch leiblich; und Summa Summarum, er hat alles in seiner Hand, es sei ewig oder zeitlich. Wenn ich nun an ihn glaube, so werde ich samt ihm teilhaftig aller Güter und erlange nicht ein Teil oder Stück allein; sondern, wie er, alles, nämlich ewige

Gerechtigkeit, ewige Weisheit, ewige Stärke, und werde ein Herr und regiere über alles.

FREITAG: Der Auferstandene – unser Trost

Am Abend aber desselben ersten Tages der Woche, da die Jünger versammelt und die Türen verschlossen waren aus Furcht vor den Juden, kam Jesus und trat mitten ein und spricht zu ihnen: Friede sei mit euch! *Johannes 20/19*

Frühmorgens, da die Sonn aufgeht 85

Was fürchten die Jünger? Den Tod fürchten sie; ja, sie waren mitten im Tode. Woher kam aber die Furcht des Todes? Von der Sünde; denn hätten sie nicht gesündigt, so hätten sie sich nicht gefürchtet, der Tod hätte ihnen auch nicht können schaden; denn des Todes Stachel, damit er würget, ist die Sünde. Aber es fehlet ihnen, wie uns allen, daß sie noch nicht eine rechte Erkenntnis von Gott hatten. Denn wenn sie Gott für einen Gott gehalten hätten, so wären sie ohn Furcht und sicher gewesen. Wer aber nicht an Gott glaubet, der muß den Tod fürchten und kann kein fröhlich noch sicher Gewissen haben ewiglich.

Wenn denn nun ein Mensch in solcher Furcht ist und also zu Gott schreiet, so kanns Gott nicht lassen, er hilft ihm. Wie hier Christus nicht lang außen war von diesen furchtsamen Jüngern, sondern bald ist er da, tröstet sie und spricht: „Friede sei mit euch! Seid guten Muts, ich bins, fürchtet euch nicht." Also gehets noch, wenn wir in Furcht stecken, so raffet uns Gott auf und läßt uns das Evangelium predigen, damit er uns denn fröhliche und sichere Gewissen machet.

Wo Christus ist, da kommt gewiß der Vater auch hin und der Heilige Geist; da muß denn eitel Gnade sein, kein Gesetz; eitel Barmherzigkeit, keine Sünde; eitel Leben, kein Tod; eitel Himmel, keine Hölle. Da tröste ich mich der Werk Christi, als hätte ich sie selbst getan.

SONNABEND: Christi Auferstehung und unsre Auferstehung

So wir glauben, daß Jesus gestorben und auferstanden ist, also wird Gott auch, die da entschlafen sind, durch Jesum mit ihm führen. *1. Thessalonicher 4/14*

Auf, auf, mein Herz, mit Freuden 86

Wie er durch sein Auferstehen alles hat mit sich genommen, daß beide, Himmel und Erden, Sonn und Mond und alle Kreaturen müssen auferstehen und neue werden, so wird er auch uns mit sich führen. Derselbige Gott, der Christum von den Toten auferwecket hat, wird auch unseren sterblichen Leib lebendig machen, und mit uns alle Kreaturen, die jetzt der Eitelkeit unterworfen sind und sich ängstlich sehnen nach unserer Herrlichkeit, auch von dem vergänglichen Wesen frei und herrlich werden sollen. Also daß wir schon mehr denn die Hälfte unser Auferstehung haben, weil das Haupt und Herz bereits droben ist und noch um das geringste zu tun ist, daß nur der Leib unter die Erden gescharret werde, auf daß er auch möge erneuet werden.

Solches kann niemand leugnen, es ist ein sehr ärmlich Ding um eines toten Menschen Leichnam. Aber ich habe einen höhern Verstand, denn die Augen sehen und Sinne fühlen, den mich der Glaube lehret. Denn da stehet der Text, der heißt: Er ist auferstanden, er ist nicht im Grabe und in der Erden liegen blieben, sondern von den Toten auferstanden; und nicht für sich, sondern um unsretwillen, daß seine Auferstehung unser ist und wir in ihm auch auferstehen und nicht im Grabe und Tode bleiben sollen, sondern mit ihm auch leiblich einen ewigen Ostertag halten.

QUASIMODOGENITI

Wiedergeboren

SONNTAG: 1. Johannes 5/1–5

Gelobet sei Gott und der Vater unsers Herrn Jesu Christi, der uns nach seiner großen Barmherzigkeit wiedergeboren hat zu einer lebendigen Hoffnung durch die Auferstehung Jesu Christi von den Toten. *1. Petrus 1/3*

Jesus Christus, unser Heiland 77

Wie oder wodurch ist solche Wiedergeburt geschehen? Durch die Auferstehung, spricht er, Jesu Christi von den Toten; als sollt er sagen: Gott, der Vater, hat uns wiedergeboren, nicht aus vergänglichem, sondern aus unvergänglichem Samen, nämlich aus dem Wort der Wahrheit, welches eine Kraft Gottes ist, die da neu gebieret, lebendig und selig machet alle, so daran glauben. Wie ists denn für ein Wort? Eben das, das unter euch geprediget ist, von Jesu Christo, daß er für euer und aller Welt Sünde gestorben und am dritten Tage wieder auferstanden ist, auf daß er durch seine Auferstehung Gerechtigkeit, Leben und Seligkeit brächte. Wer nun solcher Predigt glaubet, nämlich, daß Christus ihm zu gut gestorben und auferstanden sei, an dem hat die Auferstehung Christi ihr Kraft beweiset, wird dadurch wiedergeboren, das ist, nach Gottes Bilde von neuem geschaffen, kriegt den Heiligen Geist, erkennet Gottes gnädigen Willen, hat Herz, Sinn, Mut, Wille und Gedanken, die sonst kein Werkheiliger oder Heuchler hat, nämlich, daß er nicht durch des Gesetzes Werk, viel weniger durch sein eigen Gerechtigkeit, sondern durch Christus Leiden und Auferstehen gerecht und selig werde.

Das heißt recht apostolisch gepredigt.

MONTAG: Wiedergeboren aus Wasser und Geist

Jesus antwortete: Wahrlich, wahrlich ich sage dir: Es sei denn, daß jemand geboren werde aus Wasser und Geist, so kann er nicht in das Reich Gottes kommen.

Erschienen ist der herrlich Tag 80 *Johannes 3/5*

Gedenke nur nicht, daß du werdest ins Reich Gottes eingehen, du werdest denn erst neu geboren aus dem Wasser und Geist. Das sind dürre und gewaltige Wort, daß wir zum andern Mal müssen geboren werden, das ist, aus der Sünden Geburt zu der Geburt der Gerechtigkeit kommen müssen; sonst werden wir nimmermehr ins Himmelreich kommen. Auf diese Geburt der Gerechtigkeit, da sollen denn gute Werk folgen.

Von diesen Dingen redet der Herr Christus viel mit Nikodemo, aber er kanns nicht verstehen. Es läßt sich auch nicht verstehen, es sei denn, daß jemand solches erfahren und in der geistlichen Geburt gewesen sei.

DIENSTAG: Wiedergeboren durch das Wort der Wahrheit

Er hat uns gezeugt nach seinem Willen durch das Wort der Wahrheit, auf daß wir wären Erstlinge seiner Kreaturen.

Mit Freuden zart 81 *Jakobus 1/18*

Das ist das Erste und auch das Höchste, das er uns getan und gegeben hat von oben herab, daß er uns gezeuget und zu seinen Kindern oder Erben gemacht hat, daß wir sind und heißen von Gott geborne Kinder. Wie oder wodurch ist solchs zugegangen? Durch das Wort der Wahrheit.

Also sind wir worden Erstlinge seiner Kreatur, das ist ein neu angefangen Geschöpf und Werk Gottes. Scheidet hiermit seine Kreatur von der Welt oder menschlichen Kreaturen.

Gott hat ein ander neue Kreatur und Geschöpf, welche heißt daher also, daß sie von ihm geschaffen ist und sein eigen Werk ohn alles menschliche Zutun und Vermögen. Darum heißt ein Christ eine neue Gottes Kreatur, die er selbst allein machet über und außer allen anderen Geschöpfen und Werken, doch also, daß es jetzt nur der Anfang und Anbruch ist, und er täglich daran machet bis dorthin, da es vollkommen und gar ein göttliche Kreatur wird werden, rein und helle wie die Sonne, ohn alle Sünd und Gebrechen und ganz und gar brennend in göttlicher Liebe.

MITTWOCH: Wiedergeboren zum ewigen Leben

Wer an den Sohn glaubt, der hat das ewige Leben.

Heut triumphieret Gottes Sohn 83 *Johannes 3/36*

Von diesen Worten sollt man nun hundert tausend Jahr predigen und es für und für ausstreichen, ja, man kann nicht genug davon reden, denn Christus sagt stracks zu das ewige Leben dem, der da glaubet, und spricht nicht: Wer an mich glaubet, *wird* das ewige Leben haben; sondern: Alsbalde du an mich glaubest, *so hast* du es schon; redet nicht von zukünftigen Gaben, sondern von gegenwärtigen Geschenken, nämlich: Kannst du an mich glauben, so bist du selig und ist dir das ewige Leben schon geschenkt.

Ich hab das ewige Leben vorhin. Kriege ichs hier auf Erden nicht, so überkomm ichs dort nimmermehr; sondern hier in diesem Leibe muß es erlangt und erkriegt werden. Wie kriegt mans aber? Gott fähet an und wird dein Meister, predigt dir; er fähet das ewige Leben an, daß er dir predigt das mündliche und äußerliche Wort, und gibt darnach das Herz, daß man das Wort annehme und ihm glaube; also hebts sich an. Und dieselbigen Wort, die du hörest und glaubest, führen dich nirgends hin denn auf die Person Christum, weiter kommst du nicht. So du ihm glauben und an ihn dich hängen kannst, so bist du erlöst vom leiblichen und geistlichen Tode und hast schon das ewige Leben.

DONNERSTAG: Es gehört eine Geburt dazu

Machet keusch eure Seelen im Gehorsam der Wahrheit durch den Geist, als die da wiedergeboren sind, nicht aus vergänglichem, sondern aus unvergänglichem Samen, nämlich aus dem lebendigen Wort Gottes, das da ewiglich bleibt. *1. Petrus 1/22—23*

Wach auf, mein Herz, die Nacht ist hin 88

Ihr seid nicht, was ihr zuvor gewest seid, sondern neue Menschen. Das ist nicht mit Werken zugangen, sondern es hat eine Geburt dazu gehört. Denn den neuen Menschen kannst du nicht machen, sondern er muß wachsen oder geborn werden. Wie ein Zimmermann nicht kann einen Baum machen, sondern er muß selbst aus der Erden wachsen:

Das will nun der Apostel sagen: Weil ihr nun eine neue Kreatur seid, sollt ihr euch jetzt auch anders halten und ein neu Wesen führen; wie ihr zuvor in Haß habt gelebt, so müßt ihr jetzt in der Lieb wandeln, allerdinge widersinnig.

Wie geht nun das zu? Also: Gott läßt das Wort, das Evangelium ausgehen und den Samen fallen in die Herzen der Menschen. Wo nun der im Herzen haftet, so ist der Heilige Geist da und macht einen neuen Menschen, da wird gar ein ander Mensch, ander Gedanken, andere Wort und Werk. Also wirst du ganz verwandelt; alles, das du zuvor geflohen hast, das suchst du; und was du hervor gesucht hast, das fliehest du. Denn so hebest du an zu brennen in göttlicher Liebe und wirst ein anderer Mensch, ganz neu geboren und kehrt sich alles um, was in dir ist. Da wirst du denn so große Lust haben zur Keuschheit, wie große Lust du zuvor gehabt hast zur Unkeuschheit, und so fortan mit allen Lüsten und Zuneigungen.

FREITAG: Das Bad der Wiedergeburt

Nach seiner Barmherzigkeit machte er uns selig durch das Bad der Wiedergeburt und Erneuerung des Heiligen Geistes. *Titus 3/5*

O Gott und Vater Gnaden voll 147

Er nennet das Bad die Wiedergeburt, die Erneuerung des Heiligen Geistes, daß ja vollkommen ausgedrückt werde die

Größe und Kraft der Gnaden. Also ein groß Ding ist dies Bad, daß das keine Kreatur, sondern der Heilige Geist machen muß. Ei, wie gar verwirfest du, heiliger St. Paul, den freien Willen, die guten Werk und die großen Verdienst der hoffärtigen Heiligen! Wie hoch setzest du unsre Seligkeit, und machest sie doch so nahe bei uns, ja in uns; wie bloß und lauter predigest du die Gnade! Darum wirk hin, wirk her; den Menschen zu erneuern und die Person ändern ist nicht möglich denn durch das Bad der Wiedergeburt des Heiligen Geistes.

Siehe, das heißt frei und voll von der Gnade Gottes gepredigt. Es gilt nicht Flicken mit Werken; es gilt ganz umkehren die Natur. Darum geschiehts auch, daß die, so recht glauben, müssen viel leiden und sterben, auf daß die Gnade ihr Art und Gegenwärtigkeit beweise.

Es ist gar ein groß, stark, mächtig und tätig Ding um Gottes Gnade; sie trägt, sie führet, sie treibet, sie zeucht, sie wandelt, sie wirkt alles im Menschen und läßt sich wohl fühlen und erfahren. Sie ist verborgen, aber ihr Werk sind unverborgen; Werk und Wort weisen, wo sie ist; gleichwie die Frucht und Blätter des Baums Art und Natur ausweisen.

SONNABEND: Vom sieghaften Leben

Alles, was von Gott geboren ist, überwindet die Welt.

O Tod, wo ist dein Stachel nun 87 *1. Johannes 5/4*

Er redet also, die Christen zu vermahnen, daß sie, so sie glauben, auch denken sollen, daß sie solches Glaubens Kraft und Übung beweisen mit der Tat und Leben; wie er auch vornehmlich diese Epistel darum geschrieben hat, die falschen Christen zu strafen, welche wohl gerne hören, so man lehret, daß wir durch Christum allein selig werden und unser Werk und Tun solchs nicht verdienet, und wähnen, wenn sie solchs gehört haben, so seien sie nun auch Christen und dürfen gar nichts tun noch streiten; denken nicht, daß durch und aus dem Glauben sollen neue Menschen werden, welche die Welt und den Teufel überwinden.

Es heißt allhier nicht, von Gott geboren sein, und doch in dem alten, toten, weltlichen Wesen bleiben und nach des Teufels Gefallen in Sünden liegen und leben, wie du zuvor gewesen bist; sondern dem Teufel und seinem ganzen Reich widerstehen. Darum, so du nicht die Welt überwindest, sondern dich überwinden lässest, magst du wohl rühmen vom Glauben und Christo, aber deine eigen Tat zeuget wider dich, daß du nicht Gottes Kind bist.

MISERICORDIAS DOMINI

Der gute Hirte

SONNTAG: Johannes 10/12—16

Ich bin der gute Hirte. *Johannes 10/14*

Der Herr ist mein getreuer Hirt 178

Dies ist ein tröstlichs Evangelium, welchs uns den Herrn Christum fein lieblich vorbildet und lehret, was er für eine Person sei, was er für Werk führe, und wie er gegen die Leute gesinnet sei.

Fragst du aber, ob Christus fromm sei, so kann ich ungezweifelt Ja sagen und ihn vor meine Frömmigkeit darstellen und mich trotziglich darauf berufen. Denn ich bin ja darauf und habe hier die Siegel und Briefe im Evangelium, daß ich sein liebes Schäflin bin und er der gute fromme Hirte ist, der sein verloren Schäflin suchet und gar ohn Gesetz mit mir handelt, nichts von mir fordert, weder treibet, dräuet noch schrekket; sondern eitel süße Gnade mir beweiset und sich selbst unter mich herunter lässet und auf sich nimmt, daß ich nur auf seinem Rücken liege und mich tragen lasse. Warum wollt ich mich denn fürchten vor Moses Schrecken und Donnern und des Teufels dazu? Weil ich in des Mannes Schutz liege, der mir seine Frömmigkeit und alles, was er hat, zu eigen gibt und mich trägt und hält, daß ich nicht kann verloren werden, weil ich ein Schäflin bleibe und nicht den Hirten verleugne oder mutwillig von ihm falle.

MONTAG: Das Evangelium ist lauter Tragen

Wenn er's gefunden hat, so legt er's auf seine Achsel mit Freuden. *Lukas 15/5*

Jesus nimmt die Sünder an 68

Es ist kaum ein lieblicher Exempel im ganzen Evangelium, denn da sich der Herr Christus einem Hirten vergleichet, der das verlorene Schaf auf seinen Schultern wieder zu der Herde träget. Er träget noch heutigen Tages immerdar.

So ist nun das die Summa des Evangeliums: Das Reich Christi ist ein Reich der Barmherzigkeit und Gnade, da nichts anderes ist denn immer Tragen. Christus träget unsere Gebrechen und Krankheiten, unsere Sünden nimmt er auf sich und hat Geduld, wenn wir fehlen; wir liegen ihm noch immerdar auf dem Halse; noch wird er des Tragens nicht müde, welchs uns der größte Trost sein soll, wenn wir in Anfechtung der Sünde stecken. Die Prediger in diesem Reich sollen die Gewissen trösten, freundlich mit ihnen umgehen und sie speisen mit dem Evangelium, die Schwachen tragen, die Kranken heilen, und sollen das Wort fein wissen zu schneiden und einem jeglichen, nach dem es ihm vonnöten, vortragen.

DIENSTAG: Zu suchen und selig zu machen, was verloren ist

Wir gingen alle in die Irre wie Schafe, ein jeglicher sah auf seinen Weg; aber der Herr warf unser aller Sünde auf ihn. *Jesaja 53/6*

Ich will dich lieben, meine Stärke 254/4

Lieber, können wir selber uns weiden und regieren, vor Irrtum hüten, durch unser Verdienst, Gnade und Vergebung der Sünden erlangen, dem Teufel und allem Unglück widerstehen, die Sünde und Tod überwinden, so muß alle Schrift erlogen sein, die von uns zeuget, daß wir verlorene, zerstreute, verwundete, schwache und wehrlose Schafe seien; so bedürfen wir auch keines Christus zum Hirten, der uns suche, zusammen=bringe, leite, verbinde, warte, wider den Teufel stärke; so hat er auch vergebens sein Leben für uns gelassen. Denn, weil wir dies alles durch unser eigene Kräfte und Frömmigkeit können ausrichten und erlangen, bedürfen wir Christus Hilfe gar nir=gend zu.

Aber du hörest hier gleich das Widerspiel, nämlich daß du verlornes Schäflin dich selbst zum Hirten nicht finden kannst. Allein in der Irre laufen kannst du wohl, und wo Christus, dein Hirte, dich nicht suchte und wiederholete, müßtest du schlechts dem Wolfe zu Teil werden. Nun aber kommt er, suchet, findet und bringet dich zu seiner Herde, das ist, in die Christenheit, durch Wort und Sakrament, läßt sein Leben für dich, erhält dich fortan auf rechter Bahn, daß du in keinen Irr=tum gerätst. Da hörest du gar nichts von deinen Kräften, guten Werken und Verdiensten; du wolltest denn Kraft, gute Werk, Verdienst heißen: in der Irre laufen, wehrlos und verloren sein. Christus wirket, verdienet und beweist seine Kraft hier allein, er suchet, trägt, leitet dich, er verdienet durch seinen Tod dir das Leben, er ist allein stark und wehret, daß du nicht um=kommest, nicht aus seiner Hand gerissen werdest, Joh. Kap. 10. Zu dem allen kannst du gar nichts tun, denn daß du die Ohren herreichest, hörest und mit Danksagung solchen unaussprech=lichen Schatz annehmest, und die Stimme deines Hirten wohl erkennen lernest, ihm folgest und der Fremden Stimme meidest.

MITTWOCH: Er allein der gute Hirte

Der Mietling aber, der nicht Hirte ist, des die Schafe nicht eigen sind, sieht den Wolf kommen und verläßt die Schafe und flieht; und der Wolf erhascht und zerstreut die Schafe.

O gläubig Herz, gebenedei 226 *Johannes 10/12*

Viel sind ihr, und leider allzuviel, die da Hirten heißen und sich des Regiments unterstehen, die Seelen zu weiden und lei=ten; aber ich bin ja allein, der da heißt und ist der gute Hirte; außer mir sind sie alle nicht gut, sondern unbarmherzige, grau=

same Hirten, weil sie die armen Schafe dem Wolf in dem Rachen lassen; mich aber sollt ihr also lernen kennen als euern lieben, treuen, frommen, freundlichen, süßen und tröstlichen Hirten, dagegen euer Herz lachen soll und gewiß sein, daß ihr durch ihn seid erlöset von aller Last, Furcht, Beschwerung und Gefahr, und euch nicht will noch kann verderben lassen; das beweise ich damit (spricht er), daß ich mein Leben lasse für die Schafe. Darum haltet euch fröhlich zu mir und lasset keinen andern regieren in euerm Gewissen, sondern höret mir zu, der ich solch tröstlich Wort sage und auch mit der Tat erzeige, daß ich euch nicht will treiben, plagen noch beschweren wie Moses und andere, sondern aufs lieblichst führen und leiten, schützen und helfen.

DONNERSTAG: Seine Hirtenangst um uns

Ihr wartet wie die irrenden Schafe; aber ihr seid nun bekehrt zu dem Hirten und Bischof eurer Seelen.

Wir wollen alle fröhlich sein 82 *1. Petrus 2/25*

Wenn unsere Zuversicht soll anfahen und wir gestärkt und getröstet werden, so müssen wir unsers Hirten Stimme wohl lernen kennen und alle anderen Stimmen lassen fahren, die uns nur irre machen, hin und wieder jagen und treiben, und allein den Artikel hören und fassen, welchen uns Christus vorbildet aufs allerfreundlichst und tröstlichst, wie man ihn immer malen kann. Daß wir können mit ganzer Zuversicht sagen: Mein Herr Jesus Christus ist ja der einige Hirte und ich leider das verlorne Schaf, das in die Irre gelaufen ist, und ist mir angst und bange und wollt gern fromm fein, einen gnädigen Gott und Friede im Gewissen haben; so höre ich allhier, daß ihm ja so bange ist nach mir, als mir nach ihm; mir ist angst und wehe, wie ich zu ihm komme, daß mir geholfen werde; so ist er in Ängsten und Sorgen und begehret nichts anders, denn daß er mich wieder zu sich bringe.

Siehe, wenn wir also könnten sein Herz malen und in unser Herz drücken, daß er solch ausgeschütt' Begierd, Angst und

Verlangen nach uns hat, so könnten wir uns ja nicht vor ihm entsetzen noch fürchten, sondern würden fröhlich zu ihm laufen und bei ihm allein bleiben, kein ander Lehre noch Meister hören.

FREITAG: Ich kenne die Meinen

Ich bin der gute Hirte und erkenne die Meinen und bin bekannt den Meinen, wie mich mein Vater kennt und ich kenne den Vater. Und ich lasse mein Leben für die Schafe.

Liebe, die du mich zum Bilde 255 *Johannes 10/14–15*

Wer ist nun hier, der die Schafe kennet oder dafür hält, weil sie sind so tief bedeckt und überschüttet mit Leiden, Schand, Schmach, Tod, Ärgernis usw., daß sie auch ihnen selbst verborgen sind? Freilich niemand denn Christus allein; der sagt, und tröstet sie hiermit, daß er, unangesehen, solchs alles, daran sich Welt und unser eigen Fleisch und Blut ärgert, dennoch seine Schäflein kenne und nicht vergesse noch verlasse, wie es scheinet.

Und daß er uns solchs desto stärker einbilde, setzet er hierzu das Gleichnis und spricht: „Wie mich mein Vater kennet." Das ist freilich auch ein hoch verborgen Erkenntnis, daß Gott der Vater seinen eingebornen, lieben Sohn kenne, da er als des elendesten Bettlers Kind in dem Kripplin liegen mußt, bei seinem ganzen Volk nicht allein unbekannt, sondern verstoßen und verworfen; ja, da er hänget in der Luft aufs allerschändlichst und schmählichst, nacket und bloß zwischen zweien Mördern als der ärgest Gotteslästerer und Aufrührer, von Gott und aller Welt verflucht, daß er auch selbst mit großem, ängstlichem Geschrei zu ihm rufen muß: „Mein Gott, mein Gott, wie hast du mich verlassen!" Doch spricht er allhier. „Mein Vater kennet mich" (eben in solchem Leiden, Schmach und ärgerlicher Gestalt) als seinen einigen Sohn, von ihm gesandt, daß ich das Opfer sei und meine Seele lasse zu Heil und Erlösung meiner Schafe. Also kenne ich ihn wieder und weiß, daß er darum nicht mein vergisset noch mich verlassen hat; sondern mich durch und aus der Schande, Kreuz und Tod führen wird zu ewigen Ehren, Leben und Herrlichkeit.

Also sollen und werden mich meine Schäflein auch lernen kennen in ihrem Elend, Schmach, Leiden und Tod als ihren lieben, treuen Heiland, der ich auch gleicher Weise gelitten, ja für sie mein Leben gelassen habe, und sich gewißlich des zu mir versehen, daß sie in ihren Nöten nicht von mir verlassen noch vergessen sind, sondern daß ich sie wunderbarlich in dem allen erhalten und dadurch zu ewigem Sieg und Herrlichkeit bringen will.

SONNABEND: Weide meine Schafe

Spricht er wieder zum andernmal zu ihm: Simon Jona, hast du mich lieb? Er spricht zu ihm: Ja, Herr, du weißt, daß ich dich liebhabe. Spricht er zu ihm: Weide meine Schafe. *Johannes 21/16*

Jesu, der du bist alleine 215

Ach lieber Herr Gott! Wie sind wir so blind, daß wir solche Liebe nicht zu Herzen nehmen? Wer hätte doch können ausgründen, daß sich Gott selbst so tief herunter wirft und nimmt sich der Werke aller an, die wir auf die Armen wenden, als seien sie ihm geschehen. Also ist die Welt voll Gottes; in allen Gassen, vor deiner Tür findest du Christum. Gaffe nicht in den Himmel und sprich: Ei, sollte ich unsern Herrn Gott einmal sehen, wie wollte ich ihm alle möglichen Dienste beweisen? Du lügst, sagt Johannes in seiner Epistel 4, 20, daß du sagst, du liebest Gott, und hassest den Nächsten, den du siehest vor deinen Augen Not leiden. Höre zu, du elender Mensch, willst du Gott dienen? Du hast ihn in deinem Hause, an deinem Hausgesinde und Kindern: lehre die wohl Gott fürchten und lieben und ihm allein trauen; tröste die betrübten, kranken Nachbarn; hilf ihnen mit deinem Gut, Weisheit und Kunst. Siehe nun wohl, ich will dir ganz nahe genug sein in einem jeglichen armen Menschen, der deiner Hülfe und Lehre bedarf; da stecke ich mitten inne; du kannst ihm so wenig oder viel nicht tun, du hast es mir selbst getan. Es soll dir auch der kalte Trunk Wassers nicht vergebens ausgegeben werden, du sollst tausendfältige Frucht wieder erheben, nicht um deines Werkes willen, sondern um meiner Zusage willen.

JUBILATE

Freude im Heiligen Geist

SONNTAG: Johannes 16/16–23

Ihr habt auch nun Traurigkeit; aber ich will euch wiedersehen, und euer Herz soll sich freuen, und eure Freude soll niemand von euch nehmen. *Johannes 16/22*

Mit Freuden zart 81

Es liegt alles an dem, daß wir unserm lieben Herrn Christo trauen und sein Wort für wahr halten, daß, obgleich Unglück und Anfechtung über uns waltet, es doch nur um ein Kleines zu tun sei; auf daß wir im Leiden uns trösten. Denn da ists nicht möglich, daß man könne zur Freude kommen, man muß zuvor Schmerzen haben und etwas leiden.

Nun ist es aber zumal fein, daß der Herr den Jüngern deutet, was für eine Freud ihnen widerfahren soll. „Ich", spricht er, „will euch wiedersehen." Solches ist am heiligen Ostertag geschehen, da sie ihn in einem neuen, ewigen Leben gesehen haben. Also siehet uns Christus auch, und unser Herz freuet sich, wenn wir seine Auferstehung für uns nehmen und sehen, wie er uns zu gut Sünd, Tod und Teufel überwunden hat, daß wir durch ihn auch sollen ewig leben. Das ist die recht beständige, ewige Freud, die alle Kümmernis wendet und nimmermehr soll von uns genommen werden. Derhalb sollen wir unter dem Kreuz nicht ungeduldig noch kleinmütig sein. Denn Christus ist auferstanden und sitzet zur Rechten seines Vaters, daß er dem Teufel und allem Jammer wehren und uns ewig will selig machen. Das verleihe uns unser treuer Gott und Vater durch seinen Sohn und unsern Erlöser, Christum Jesum, Amen.

MONTAG: Das Geheimnis der Freude

Wahrlich, wahrlich ich sage euch: Ihr werdet weinen und heulen, aber die Welt wird sich freuen; ihr aber werdet traurig sein; doch eure Traurigkeit soll in Freude verkehrt werden. *Johannes 16/20*

Wach auf, mein Herz, die Nacht ist hin 88

Es ist mancherlei Traurigkeit auf Erden. Aber das ist das rechte, hohe Trauern über alle Traurigkeit, so das Herz Christum verlieret, daß er nicht mehr gesehen wird, und keinen Trost mehr von ihm erhoffet. Und dieser ist wenig, die so hoch versucht werden. Da ist aller Trost hinweg und aller Freude ein Ende, und hilft nun weder Himmel noch Sonn und Mond, weder Engel noch einige Kreatur, ja auch Gott selbst nicht. Die Welt aber wird sich freuen.

Siehe, solche Freud gibt allhier Christus der Welt; und wiederum seinen Christen die hohe Traurigkeit. Und malet fürwahr hiermit die Welt greulich und schrecklich als solch Teufelskind, die nicht größer Freude hat, denn so sie sehen sollt Christus untergehen und seine Christen schändlich verdammt und verloren werden.

Darum will nun Christus allhier sagen: Ihr habt nun beides gehöret, was die Welt für Freude und ihr für Traurigkeit werdet haben. Darum lernet und behaltet es, wenn es euch in die Händ und zur Erfahrung kommt, daß ihr könnet Geduld haben und in solchem Leiden rechten Trost fassen; ich muß euch also versuchen und schmecken lassen, was es sei, mich verloren haben und in eurem Herzen gestorben sein, auf daß ihr dies mysterium und Geheimnis ein wenig verstehen lernet; denn ihr werdet mich doch sonst nicht ausstudieren, es wird euch zu hoch sein, auszulernen das hohe Werk, daß Gottes Sohn zum Vater gehet, das ist, für euch stirbet und auferstehet, auf daß er euch auch gen Himmel bringe.

DIENSTAG: Das Gleichnis der Freude

Ein Weib, wenn sie gebiert, so hat sie Traurigkeit; denn ihre Stunde ist gekommen. Wenn sie aber das Kind geboren hat, denkt sie nicht mehr an die Angst um der Freude willen, daß der Mensch zur Welt geboren ist.

Johannes 16/21

Erschienen ist der herrlich Tag 80

Nun muß man dies Exempel wohl ansehen. Denn wie es hier zugehet, so gehets in der Anfechtung und sonderlich in Todesnöten auch zu. Siehe, wie Gott handelt mit einem Weibe, das in Kindesnöten liegt; da wird sie von allen Menschen in diesen Schmerzen hülflos gelassen, es kann ihr auch niemand helfen, ja alle Kreaturen mögen sie nicht von dieser Not erretten, es stehet in lauter Gottes Gewalt. Die Wehmutter und andere, so umher sind, mögen sie wohl trösten; aber die Not mögen sie nicht abwenden, sie muß hindurch und das Leben dran wagen und frei in die Schanze schlagen, sie sterbe oder genese über dem Kinde, da ist sie recht in Todesnöten und mit dem Tode gar umgeben.

Also gehet es auch zu, wenn die Gewissen in Angst kommen oder irgend einer in Todesnöten liegt; da hilft keine Vernunft, keine Kreatur, kein Werk, weder dies noch das, da ist gar kein Trost, dich dünket, du seist verlassen von Gott und von allen Kreaturen, ja wie Gott und alle Kreaturen wider dich sind. Du mußt allda stille halten und allein an Gott hangen, der muß dir davon helfen, sonst nichts, weder im Himmel noch auf Erden. Derselbige Gott hilft denn, wenn es ihn Zeit dünket; wie er auch dem Weibe tut, gibt ihr einen fröhlichen Anblick, da sie denn nicht mehr an die Schmerzen gedenket, sondern es ist allda Freude und Leben, da zuvor der Tod und aller Jammer vorhanden war. Also auch hier, in Anfechtung und Todesnöten macht uns Gott allein fröhlich und gibt uns Friede und Freude, da zuvor Unglück und alle Angst war.

MITTWOCH: Vollkommene Freude

Solches rede ich zu euch, auf daß meine Freude in euch bleibe und eure Freude vollkommen werde.

In dir ist Freude 288 *Johannes 15/11*

Da gehöret nun zu, daß man sich mit ganzem Herzen an das Wort halte und sich des tröste, daß er uns so teuer verheißen hat, er wolle bei uns sein mit dem Vater und uns bewahren, daß uns kein Unglück schaden, keine Gewalt des Teufels und der Welt unterdrücken noch von ihm reißen soll. Also finden wir immer Freude und Trost und werden je länger je fröhlicher und lassen kein Leiden noch Widerstand uns betrübt oder verzagt machen; ja auch süße und sanft wird, allerlei Leiden Christo zu Liebe zu tragen; sonst kann ein Christ kein Freude auf Erden haben, die da vollkommen und rechtschaffen sei. Denn ob du gleich aller Welt Freude hättest auf einem Haufen, so wäre dir doch damit nicht beholfen wider eine Anfechtung oder Unglück zu stehen; denn Weltfreude stehet allein auf ungewissen, zeitlichen Gütern, Ehre und Lust usw. und kann nicht länger bleiben, denn solche da sind, sondern vergehet und verschwindet, wenn sie nur ein sauer Wind anbläset und ein klein Ungemach leiden soll. Dies ist aber ein solche Freude, die da ewig bleibt (wie auch ihr Grund ewig ist), und mitten in äußerlichem Betrübnis und Unglück bestehet und zunimmt, daß man mit fröhlichem Herzen sich aller Weltfreude verzeihen und verachten kann.

DONNERSTAG: Freude — die Frucht des Heiligen Geistes

Die Frucht des Geistes ist ... Freude. *Galater 5/22*

Zeuch ein zu deinen Toren 105/6

Daraus wir erkennen sollen, daß Gott die traurigen Geister nicht will haben und hasset die traurigen Gedanken und Sprüch, auch eine Lehre, die da niederdrückt, machet uns dagegen herzlich froh. Denn er hat seinen Sohn nicht gesandt, daß er uns traurig mache, sondern daß wir fröhlich seien. Daher denn auch die Propheten und Apostel, ja der Herr Christus selber allenthalben mahnen, ja befehlen, daß wir frohlocken und fröhlich seien. Zach. 9, 9: „Freue dich, du Tochter Zion, und du, Tochter Jerusalem, jauchze" und im Psalter oft: „Lasset uns fröhlich sein in dem Herrn"; und Paulus Phil. 4, 4: „Freuet euch in dem Herrn allewege" und Christus Luc. 10, 20: „Freuet euch, daß eure Namen im Himmel geschrieben sind." Wo diese Freude des Geistes ist, da ist das Herz tief drinnen ganz froh durch den Glauben an Christum, stehet gewiß darauf, daß er unser Heiland und Hoherpriester ist und zeiget diese Freude auch an mit äußeren Worten und Gebärden.

FREITAG: Freude unter dem Kreuz

Ich will ihm zeigen, wieviel er leiden muß um meines Namens willen. *Apostelgeschichte 9/16*

Auf, Christenmensch, auf, auf zum Streit 253/3

So du willst ein Miterbe sein des Herrn Jesu Christi und nicht mit leiden und sein Bruder sein und ihm nicht gleich werden, so wird er dich gewißlich am Jüngsten Tag für keinen Bruder und Miterben erkennen, sondern wird dich fragen, wo du deine Dornenkron, dein Kreuz und Nägel und Geißel habest, ob du auch der ganzen Welt ein Greuel gewesen seiest, wie er und alle seine Glieder gewesen sind von Anfang der Welt her. Wo du denn solchs nicht beweisen kannst, so wird er dich auch nicht für seinen Bruder halten können. Summa: es muß mitgelitten sein und müssen alle gleichförmig werden dem Sohne Gottes, oder wir werden mit zu der Herrlichkeit nicht erhoben werden.

Die Zeichen Nägel, Dornenkron, Geißel usw. müssen ich und alle Christen auch haben, nicht an die Wand gemalet, sondern in unser Fleisch und Blut gedrückt.

Diese Narben des Herrn Christi vermahnet hiermit St. Paulus einen jeden Christen auch zu tragen. Tröstet also die Christen, daß sie nicht davor erschrecken, ob man ihnen schon alles Leid anlegt; wie man jetzt etliche Jahr her unsern Brüdern hin und wieder getan hat. Aber es wird noch besser folgen, wenn einmal unserer Feinde Stunde und die Macht der Finsternis kommen wird. Aber laß gehen, es muß doch gelitten sein, sollen wir anders zur Herrlichkeit kommen. Was sie aber für Nutz davon werden haben, wenn sie uns ermordet haben, werden sie wohl erfahren.

SONNABEND: Die Vollendung der Freude

Bittet, so werdet ihr nehmen, daß eure Freude vollkommen sei. *Johannes 16/24*

Jesu, meine Freude 293

Die Freude kann nicht vollkommen werden, denn bis wir sehen Gottes Namen vollkommen geheiligt. Aber das geschiehet nicht eher, denn in jenem Leben, da es wird heißen, eitel vollkommene Freude gefühlet, und kein Tröpflin Betrübnis mehr. Aber in diesem Leben gehet es nur stücklicht und haben nur ein Tröpflin davon im Glauben, welches ist der Anfang oder Vorschmack und Kredenz, so da den Trost fasset, daß Christus uns erlöset und wir durch ihn in Gottes Reich kommen sind. Aber es gehet zumal schwach in seiner Kraft und Folge; die will nicht hernach und kann nicht so rein sein, beide, mit Glauben und Leben, denn wir immerdar wieder fallen und beschwert werden mit Traurigkeit und schwerem Gewissen, daß die Freude nicht kann rein sein oder ja so klein wird, daß man auch solche angefangene Freude kaum fühlen kann.

Darum muß dies Stück auch dazu kommen, das da heißt beten um Hülfe und Stärke, daß doch einmal möge ein lauter, ganze und vollkommene Freude werden. Die mußt du nicht suchen bei dir selbst noch bei dieser Welt, denn ihre Freude ist unrein, welche zuletzt der Tod alle hinwegnimmt; sondern da müßt ihr sie suchen, sagt Christus, daß ihr in meinem Namen betet, daß solches geschehe, dazu ich kommen bin und euch berufen und gesetzt habe, daß Gottes Name, Reich und Wille möge allenthalben im Schwang gehen, und was der Teufel, Welt und Fleisch dawider ohn Aufhören treibt, hindert, einmal sein Ende nehme.

KANTATE

Das Lied der Gemeinde

SONNTAG: Johannes 16/5—15

Wenn derselbe, der Geist, kommt, wird er der Welt Klarheit geben über die Sünde und über die Gerechtigkeit und über das Gericht. Über die Sünde, daß sie nicht glauben an mich. *Johannes 16/8—9*

Nun freut euch, lieben Christen g'mein 239

Einem Jeglichen stehet die Fahr auf seiner eigen Person und ist sein eigen Schuld, so er verdammt wird; nicht darum, daß er von Adam und seines vorigen Unglaubens halben ein Sünder und der Verdammnis wert ist, sondern daß er diesen Heiland, Christum, der unser Sünde und Verdammnis aufhebt, nicht annehmen will. Glaube ich aber nicht, so muß wohl dieselbige Sünde und Verdammnis bleiben, weil der nicht ergriffen wird, der mich soll davon erlösen, ja es wird nun zwiefältig größer und schwerer Sünde und Verdammnis, daß ich diesem lieben Heiland, durch den mir soll geholfen werden, nicht glauben, noch seine Erlösung annehmen will.

Also liegt jetzt alle unser, beide, Seligkeit und Verdammnis an dem, ob wir an Christum glauben oder nicht glauben. Der Unglaube behält alle Sünde, daß sie nicht kann Vergebung erlangen, gleichwie der Glaube alle Sünde aufhebet, und also außer solchem Glauben alles Sünde und verdammlich ist und bleibet, auch in dem besten Leben und Werken, so ein Mensch tun kann, welche, ob sie gleich an ihnen selbst löblich und von Gott geboten sind, doch werden sie durch den Unglauben verderbt, daß sie um desselben willen Gott nicht gefallen können, gleichwie im Glauben alle Werk und Leben eines Christen Gott gefället. Summa, außer Christo ist alles verdammt und verloren, in Christo alles gut und seliglich, daß auch die Sünde (so noch in Fleisch und Blut bleibet, von Adam angeboren) nicht schaden noch verdammen muß.

MONTAG: Klarheit über die Gerechtigkeit

Wenn derselbe, der Geist, kommt, wird er der Welt Klarheit geben über die Sünde und über die Gerechtigkeit und über das Gericht. Über die Gerechtigkeit aber, daß ich zum Vater gehe und ihr mich hinfort nicht sehet.

Johannes 16/8 u. 10

Eins ist not 259/6

Die Christen sollen keine andere Gerechtigkeit wissen, damit sie vor Gott bestehen und gerecht gesprochen werden, Vergebung der Sünden und ewiges Leben erlangen, denn diesen Gang Christi zum Vater, welcher ist nichts anders, denn daß er unsere Sünde auf seinen Hals genommen und sich um derselben willen lassen am Kreuz töten, begraben und in die Hölle gefahren, aber nicht unter der Sünde noch Tod und Hölle blieben, sondern hindurch gangen durch seine Auferstehung und Himmelfahrt, und nun gewaltiglich herrschet zur rechten Hand des Vaters über alle Kreaturen.

Es ist aber solche Gerechtigkeit gar heimlich und verborgen nicht allein vor der Welt und Vernunft, sondern auch vor den Heiligen. Denn sie ist nicht ein Gedanke, Wort noch Werk in uns selbst, sondern gar außer und über uns, nämlich der Gang Christi zum Vater; und dasselbige dazu aus unsern Sinnen und Augen gesetzt, daß wirs nicht sehen und fühlen können, sondern allein mit Glauben muß ergriffen werden des Worts, so von ihm gepredigt wird, daß er selbst sei unsere Gerechtigkeit, auf daß wir uns nicht unser selbst, sondern allein dieses Herrn vor Gott rühmen.

DIENSTAG: Klarheit über das Gericht

Wenn derselbe, der Geist, kommt, wird er der Welt Klarheit geben über die Sünde und über die Gerechtigkeit und über das Gericht. Über das Gericht, daß der Fürst dieser Welt gerichtet ist. *Johannes 16/8 u. 11*

Heut triumphieret Gottes Sohn 83

Also gehet hier dies Gericht auch aus Gewalt und Macht des Herrn Christi, zur Rechten des Vaters sitzend, und solch Urteil wird durch das Predigtamt öffentlich ausgerufen, daß der Welt Fürst, und was ihm anhanget, schon endlich in der Verdammnis steckt und wider Christum nichts vermögen soll; sondern muß ihn lassen den Herrn bleiben, dem er ewig unter den Füßen liegen muß und seinen Kopf zertreten lassen.

Ob nun indes jetzund die Welt dahin gehet und solch Urteil, so allbereit dem Teufel und alle seinen Gliedern gesprochen, verachtet und ihr Gespött daraus treibt, weil sie es nicht vor Augen siehet gehen, so fähret doch dagegen Christus auch immer fort und läßt sich getrost verachten, zeigt aber auch gleichwohl dem Teufel und der Welt, daß er der Herr ist, der dem Teufel seinen Zorn und Toben brechen und steuren und seine Feinde stürzen kann, bis er sie alle zumal zu seinem Fußschemel mache. Das soll niemand glauben denn die Christen, die ihres Herrn Wort für wahr halten und seine Kraft und Reich erkennen und sich des Königs und Herrn trösten; die andern sollen auch nichts anders zu Lohn haben, denn was sie suchen mit ihrem Herrn dem Teufel, daß sie, in ewiger Finsternis zur Hölle in den Abgrund versenkt, über ihrem Toben wider die Christen gestürzt und verderben müssen.

MITTWOCH: Das neue Lied

Singet dem Herrn ein neues Lied; denn er tut Wunder. Er siegt mit seiner Rechten und mit seinem heiligen Arm.
Psalm 98/1

Nun jauchzt dem Herren, alle Welt 187

Das ist das neue Lied von neuem Reich, von neuen Kreaturen, von neuen Menschen, nicht aus dem Gesetz noch Werken, sondern aus Gott und Geist geboren, und die eitel Wunder sind und tun in Christo Jesu, unserm Herrn.

Weil uns der Heilig Geist heißet alle singen, so ist gewiß, daß er uns auch heißet uns solcher Wunder annehmen, als die uns zu Heil und Gut geschehen und verkündiget sind. Darum ist der Zweifel und Unglaub hier verdammt, der da spricht: Was weiß ich, ob Gott durch sein Recht oder Arm (das ist, durch seinen Sohn) mir solchen Sieg und Wunder getan habe? Hörest du (spricht der Geist), dir, dir, dir ists getan, du, du, du sollst singen, fröhlich sein und danken; das ist mein Wille und Meinung.

DONNERSTAG: Das Lied der Gemeinde

Es sprach David, der Sohn Isais, es sprach der Mann, der hoch erhoben ist, der Gesalbte des Gottes Jakobs, lieblich mit Psalmen Israels: Der Geist des Herrn hat durch mich geredet, und seine Rede ist auf meiner Zunge.

Singt, singt Jehova neue Lieder 186 *2. Samuelis 23/1—2*

Der Glaube ruhet und feiert nicht, er fähret heraus, redet und prediget, ja, vor großer Freude fähet er an, dichtet schöne, süße Psalmen, singet liebliche, lustige Lieder, damit zugleich Gott fröhlich zu loben und zu danken, und auch die Menschen nützlich zu reizen und zu lehren. Er meinet aber nicht allein die Lieblichkeit und Süßigkeit der Psalmen nach der Grammatika und Musika, da die Wort zierlich und künstlich gestellet sind und der Gesang oder Ton süße und lieblich lautet, das da heiße schöner Text und schöne Noten; sondern vielmehr nach der Theologia, nach dem geistlichen Verstand, da sind die Psalmen recht lieblich und süße. Doch hilft die Musika oder Noten, als ein wunderliche Kreatur und Gabe Gottes, sehr wohl dazu, sonderlich wo der Haufe mitsinget und es fein ernstlich zugehet.

Er nennet aber seine Psalmen Israels Psalmen und will sie nicht sein eigen oder allein den Ruhm davon haben, sondern

Israel soll sie bestätigen und für die seinen urteilen und erkennen. Denn es liegt dran, daß der Haufe Gottes oder Gottes Volk ein Wort oder Lied annehme und für unrecht erkenne. Also reden wir Christen von *unsern* Psalmisten. St. Ambrosius hat viel schöner Hymnen gemacht, heißen Kirchengesang darum, daß sie die Kirche angenommen hat und braucht, als hätte sie dieselben gemacht und wären ihre Lieder. Daher spricht man nicht: So singet Ambrosius, Gregorius, Prudentius, Sedulius; sondern: So singet die christliche Kirche. Denn es sind nun der Kirchen Gesang, die Ambrosius, Sedulius usw. mit der Kirchen singen und die Kirche mit ihnen, und wenn sie sterben, so bleibt die Kirche, die immerfort ihre Lieder singet.

FREITAG: Der Psalter

Lasset das Wort Christi unter euch reichlich wohnen in aller Weisheit; lehret und vermahnet euch selbst mit Psalmen und Lobgesängen und geistlichen, lieblichen Liedern und singet dem Herrn in eurem Herzen. Kolosser 3,16

Dir, dir, Jehova will ich singen 237

Zudem tut der Psalter noch mehr, daß er nicht schlichte, gemeine Rede der Heiligen uns vorbildet, sondern die allerbesten, so sie mit großem Ernst in der allertrefflichsten Sachen mit Gott selber geredet haben. Das gibt uns der Psalter aufs allerreichlichst an den Heiligen, daß wir gewiß sein können, wie ihr Herz gestanden und ihre Wort gelautet haben gegen Gott und jedermann.

Denn ein menschlich Herz ist wie ein Schiff auf einem wilden Meer, welchs die Sturmwinde von den vier Örtern der Welt treiben.

Solche Sturmwinde aber lehren mit Ernst reden und das Herz öffnen und den Grund herausschütten. Denn wer in Furcht und Not steckt, redet viel anders von Unfall, denn der in Freuden schwebt; und wer in Freuden schwebt, redet und singet viel anders von Freuden, denn der in der Furcht steckt. Es gehet nicht von Herzen (spricht man), wenn ein Trauriger lachen oder ein

Fröhlicher weinen soll, das ist, seines Herzen Grund stehet nicht offen und ist nicht heraus.

Was ist aber das meiste im Psalter, denn solch ernstlich Reden in allerlei solchen Sturmwinden? Wo findet man feiner Wort von Freuden, denn die Lobpsalmen oder Dankpsalmen haben? Da siehest du allen Heiligen ins Herze, wie in schöne, lustige Gärten, ja wie in den Himmel, wie feine, herzliche, lustige Blumen darinnen aufgehen von allerlei schönen, fröh=lichen Gedanken gegen Gott und seine Wohltat. Wiederum, wo findest du tiefer, kläglicher, jämmerlicher Wort von Trau=rigkeit, denn die Klagepsalmen haben? Da siehest du abermal allen Heiligen ins Herze wie in den Tod, ja wie in die Hölle. Wie finster und dunkel ists da von allerlei betrübtem Anblick des Zorns Gottes! Also auch, wo sie von Furcht und Hoffnung reden, brauchen sie solcher Worte, daß dir kein Maler also könnte die Furcht oder Hoffnung abmalen und kein Cicero oder Redkundiger also vorbilden.

SONNABEND: Die Musika

Singet ihm ein neues Lied; machet's gut auf Saitenspiel mit Schall. *Psalm 33/3*

Wie schön leuchtet der Morgenstern 48/6

Der schönsten und herrlichsten Gaben Gottes eine ist die Musika. Der ist der Satan sehr feind, damit man viel Anfech=tungen und böse Gedanken vertreibet. Der Teufel erharret ihr nicht. Musika ist der besten Künste eine. Die Noten machen den Text lebendig. Sie verjagt den Geist der Traurigkeit, wie man am Könige Saul siehet.

Musika ist das beste Labsal einem betrübten Menschen, da=durch das Herze wieder zufrieden, erquickt und erfrischt wird.

Die Musika ist eine schöne, herrliche Gabe Gottes und nahe der Theologie. Ich wollt mich meiner geringen Musika nicht um was Großes verzeihen. Die Jugend soll man stets zu dieser Kunst gewöhnen, denn sie macht feine geschickte Leute.

„Singet dem Herrn ein neues Lied, singet dem Herrn alle Welt!" Denn Gott hat unser Herz und Mut fröhlich gemacht durch seinen lieben Sohn, welchen er für uns gegeben hat zur Erlösung von Sünden, Tod und Teufel. Wer solchs mit Ernst glaubet, der kanns nicht lassen, der muß fröhlich und mit Lust davon singen und sagen, daß es andere auch hören und herzu kommen. Wer aber nicht davon singen und sagen will, das ist ein Zeichen, daß ers nicht glaubet und nicht ins neu fröhliche Testament, sondern unter das alte, faule, unlustige Testament gehört.

ROGATE

Das Gebet der Gemeinde

SONNTAG: Johannes 16/23—33

Des Gerechten Gebet vermag viel, wenn es ernstlich ist.

Vater unser im Himmelreich 241 *Jakobus 5/16*

Niemand glaubet, wie kräftig und stark das Gebet sei und wieviel es vermag, denn der, den es die Erfahrung gelehret und der's versucht hat. Aber es ist ein groß Ding, wenn einer fühlet die große Not, die ihn dringet, daß er alsdann kann das Gebet ergreifen. Das weiß ich, so oft ich mit Ernst gebetet habe, daß mirs recht ernst gewesen ist, so bin ich ja reichlich erhöret worden und habe mehr erlanget, denn ich gebeten habe! Wohl hat Gott bisweilen verzogen, aber es ist dennoch kommen. Ah, wie gar ein groß Ding ists um ein rechtschaffen Gebet frommer Christen. Wie gar kräftig ist es bei Gott, daß ein armer Mensch mit der hohen Majestät im Himmel so reden soll und vor ihm nicht erschrecken, sondern wissen, daß ihn Gott freundlich anlache um Jesus Christus willen, seines lieben Sohns, unsers Herrn und Heilands! Da muß das Herz und Gewissen nicht zurücklaufen, nicht von wegen seiner Unwürdigkeit im Zweifel stehen, noch sich lassen abschrecken; sondern im Herzen gewiß dafür halten, schließen und glauben, daß wir allbereit erhöret sind, was wir im Glauben an Christum gebeten haben.

Darum, lieben Brüder, betet im Herzen, bisweilen auch mit dem Munde, denn (bei dem lieben Gott!) das Gebet erhält die Welt, sonst sollt es viel anders stehen. Daheim im Hause bin ich so wacker und lustig nicht, denn ich muß allzeit zuvor protestieren; aber in der Kirche unter dem Haufen ists herzlich und dringet auch durch.

MONTAG: Rufen mußt du

Wenn du rufst, er wird dir antworten, sobald er's hört.

Jesaja 30/19

In dich hab ich gehoffet, Herr 179

Rufen mußt du lernen und nicht dasitzen bei dir selbst oder liegen auf der Bank, den Kopf hängen und schütteln und mit deinen Gedanken dich beißen und fressen, sorgen und suchen, wie du los werdest, und nichts anders ansehen, denn wie übel dirs gehe, wie wehe dir sei; sondern wohlauf, du fauler Schelm, auf die Knie gefallen, die Hände und Augen gen Himmel gehoben, ein Psalm oder Vater-Unser vorgenommen und deine Not mit Weinen vor Gott dargelegt, geklagt und angerufen. Psalm 142: „Ich schütte mein Gebet vor ihm aus und zeige vor ihm an meine Not"; und Psalm 141: „Mein Gebet müsse vor dir gefordert werden wie ein Rauchopfer, und mein Händeaufheben sei wie ein Abendopfer." Hier hörest du, daß Beten, Notanzeigen und Händeaufheben sind Gott die allergenehmsten Opfer. Er begehrts, er wills haben, daß du sollst deine Not ihm vorlegen, nicht auf dir lassen liegen und dich selbst damit schleppen, nagen und martern, damit du aus einem Unglück zwei, ja, zehn und hundert machest. Er will, daß du sollst zu schwach sein, solche Not zu tragen und überwinden, auf daß du lernest in ihm stark werden, und er in dir gepreiset werde durch seine Stärke. Siehe, da werden Leute aus, die da Christen heißen.

DIENSTAG: Das Gebet in Jesu Namen

Wahrlich, wahrlich ich sage euch: So ihr den Vater etwas bitten werdet in meinem Namen, so wird er's euch geben.

Johannes 16/23

Dir, dir, Jehova will ich singen 237/6—7

Darum so denke, wo du beten willst, daß du keck und unverschämt daher kniest oder tretest (sofern du dich einen Sünder erkennet hast und bessern willst) und mit Gott also redest: Herr Gott, himmlischer Vater, ich bitte und wills unversagt haben, daß es solle und müsse Ja und Amen sein, dies und kein anders, sonst will ich nicht beten noch gebeten haben; nicht, daß ichs recht habe oder würdig sei, ich weiß wohl und bekenne, daß ichs nicht verdienet, ja das höllische Feuer und deinen ewigen Zorn mit vielen großen Sünden verdienet habe; sondern daß ich doch hierin ein wenig gehorsam sei, daß du mich heißest und zwingest zu beten im Namen deines lieben Sohns, unsers Herrn Jesu Christi; auf diesen Trotz und Trost deiner grundlosen Güte, nicht auf meine Gerechtigkeit, knie oder trete ich vor dich und bete um usw.

Zum andern, ist auch genugsam gelehret, daß man Gott im Gebet nicht versuchen solle, das ist, ihm nicht Zeit, Maße, Ziel, Weise oder Person stelle, wie, wenn, wo oder durch was Mittel er uns erhören müsse; sondern das alles ihm demütiglich heimstelle, der es alles nach seiner göttlichen, unbegreiflichen Weisheit wohl recht treffen wird; doch ja nicht indes (ob sichs anders ansehen ließe) zweifeln, das Gebet sei gewißlich erhöret.

MITTWOCH: Amen — es geschehe

Darum sage ich euch: Alles, was ihr bittet in eurem Gebet, glaubet nur, daß ihr's empfangen werdet, so wird's euch werden. *Markus 11/24*

Vater unser im Himmelreich 241/9

Von dem Wörtlein „Amen". Das Wörtlein „Amen" heißt auf Deutsch: fürwahr oder wahrlich. Und ist fast wohl zu bedenken. Denn es drückt aus den Glauben, den man haben soll in allen Bitten. Also soll ein Mensch, der da bitten will, sich prüfen und erforschen, ob er es auch glaub, oder zweifle, daß er erhört werde. Find't er sich, daß er daran zweifelt, oder setzt es in ungewissen Wahn und wagt es auf Abenteuer, so ist das Gebet nichts. Denn er hält nicht sein Herz still. Darum kann Gott nichts Gewisses drein geben; gleich so wenig, als du kannst einem Menschen etwas geben, wenn er die Hand nicht still hält. Und gedenk doch, wie wollts dir gefallen, wenn dich jemand hätt fleißig gebeten, und am End spräch er zu dir: ich glaub aber nicht, daß du mir es gebest; und du hättest es ihm gewiß versprochen. Du würdest das Gebet für einen Spott annehmen und widerrufen alles, was du versprochen hättest, und vielleicht dazu ihn strafen. Wie soll es dann Gott gefallen, der uns gewiß zusagt, wenn wir bitten, daß wir es haben sollen, und durch unsern Zweifel ihn Lügen strafen und im Gebet eben wider das Gebet handeln, seine Wahrheit beleidigen, die wir mit dem Gebet anrufen?

HIMMELFAHRT: Lukas 24/50–53

Der Herr sprach zu meinem Herrn: „Setze dich zu meiner Rechten, bis ich deine Feinde zum Schemel deiner Füße lege." Psalm 110/1

Auf diesen Tag bedenken wir 91

Der Christus sitzt darum im Himmel, daß er warte, bis daß seine Feinde zum Schemel seiner Füße liegen. Das ist sein recht Amt, er schläfet nicht droben, er wachet für uns; er will auch keine Statthalter haben an seiner Statt, er will es selbst ausrichten. Wenn nun Leute sich zu ihm neigen, so will er vorhanden sein und helfen. Ficht nun einen etwas an, der klage es Christo, es soll ihm geholfen werden. Jetzt sind die Feinde noch hier vor dem Jüngsten Tage, es bleiben noch Fleisch, Sünde, Tod usw. Aber am Letzten wird Christus das Regiment dem Vater übergeben. Jetzt regiert er sie im Herzen, er tröstet sie in der Not, reiniget sie, bittet für sie. Am Letzten, da werden alle seine Christen mit ihm regieren, sitzen zu der Rechten Gottes; da wird denn erst der rechte, letzte Feind erwürgt werden. Hier ist noch Mißglauben, Sorge der Nahrung, Verzagen, wenn Gott ein wenig sauer siehet. Was ist jetzt ihr Trost? Christus, ihr Priester, der gnug für uns getan hat und siehet auf uns, daß uns die Feinde wollen zu Boden stoßen. Darum wehret er den Feinden und ermahnet den Vater, er soll unser Teil sein. Wenn das gefühlet wird im Gewissen, so haben wir einen sicheren Zugang zum Vater in aller Angst; es fehlet uns nur an dem Gesicht, daß wir nicht so scharfe Augen haben, daß wir durch die Wolken könnten sehen in den Himmel, Christus wäre und sei unser Fürsprecher.

FREITAG: Gottes Erhören hoch über unsren Gedanken

Der Geist hilft unsrer Schwachheit auf. Denn wir wissen nicht, was wir beten sollen, wie sich's gebührt; sondern der Geist selbst vertritt uns aufs beste mit unaussprechlichem Seufzen. *Römer 8/26*

Dir, dir, Jehova will ich singen 237/3—4

Es ist kein schlechtes, sondern das allerbeste Zeichen, wenn auf unsere Bitten hin scheinbar gerade das Gegenteil eintrifft. So wie es kein gutes Zeichen ist, wenn unseren Bitten alles ganz nach Wunsch widerfährt. Grund und Ursache davon ist dies, daß Gottes Rat und Wille hoch hinausragt über unseren Rat und Willen.

Daher geschieht es denn, daß Gott, wenn wir zu ihm beten, was es nun auch immer sei, und wenn er uns nun erhöret und beginnt, es geben zu wollen, daß er es so gibt, daß es all unseren Vorstellungen, d. h. Gedanken zuwiderläuft, so, daß es uns scheint, als zürne er uns nach unseren Bitten noch mehr als vorher und als werde das, worum wir bitten, noch viel weniger erfüllt als vordem. Das alles tut er nur deswegen, weil es Gottes Art ist, erst zu zerstören und zunichte zu machen, was in uns ist, bevor er seine Gaben schenkt.

Wenn hier nun alles hoffnungslos ist und sich alles wider unser Bitten und Wünschen zu erfüllen beginnt, dann heben jene unaussprechlichen Seufzer an. Hier „hilft der Geist unserer Schwachheit auf". Denn ohne den Beistand des Geistes wäre es für uns ganz unmöglich, dies Wirken Gottes auszuhalten, mit dem er uns erhört und nach unserer Bitte tut. Hier wird der Seele gesagt: Halte dich mannhaft, harre aus; stark sei dein Herz und halte den Herrn aus.

Wer aber den Geist hat, dem wird durch ihn geholfen. Gottes Werk muß nämlich verborgen und unverstanden bleiben, wenn es geschieht. Es wird aber nicht anders verborgen, als unter einer unsrem Begreifen und Denken widersprechenden Gestalt.

SONNABEND: Beten mit und ohne Christus

So ihr in mir bleibet und meine Worte in euch bleiben, werdet ihr bitten, was ihr wollt, und es wird euch widerfahren. *Johannes 15/7*

Betgemeinde, heilge dich 275

Das ist ja ein elend Wesen der Welt außer Christo, da es heißt: Viel getan und gearbeitet, und doch nichts überall ausgerichtet; viel gebetet, gesucht und geklopft, und doch nichts erlanget noch gefunden oder geschaffet. Denn sie fehlen der rechten Tür. Denn was sie tun und beten, das tun sie, wie sonst ein Werk, ohn Glauben; haben keinen Trost noch Zuversicht, ja keinen rechten Gedanken, daß es Gott gefalle, oder daß er sie erhöre. Darum können sie immer nicht beten. Denn, wie ich oft gesagt, Beten ist allein des Glaubens Werk, und das niemand denn ein Christ tun kann. Denn diese beten nicht auf sich selbst, sondern in dem Namen des Sohns Gottes, auf den sie getauft sind, und sind gewiß, daß also beten Gott wohlgefället, weil er befohlen hat, im Namen Christi zu beten, und Erhörung zugesagt. Das wissen die andern nicht, die es in ihrem Namen anfahen, wollen sich so lang bereiten und zusammen lesen, bis sie würdig und geschickt gnug werden, und machen also ein lauter Werk daraus; und so man sie fraget, ob sie gewiß seien, daß sie erhört seien, so sagen sie: Ich hab gebetet, aber ob ich erhört sei, das weiß Gott allein. Was heißt aber das gebetet, wenn du nicht weißt, was du machest oder was Gott dazu sagt?

Ein Christ aber gehet nicht also von dem Gebet, sondern, wie ers anfähet auf Gottes Befehl und Verheißung, also opfert ers Gott auf den Namen Christi und weiß, daß ihm nicht versagt wird, was er gebeten hat, und erfährets auch also in der Tat, daß ihm geholfen wird in allen Nöten.

Die Pfingstzeit

EXAUDI

Die Verheißung des Geistes

SONNTAG: Johannes 15/26—16/4

Ich will über sie ausgießen den Geist der Gnade und des Gebets. *Sacharja 12/10*

Wär Gott nicht mit uns diese Zeit 192

Denn diese zwei Stück soll der Geist ausrichten und schaffen in allen Christen: erstlich, daß ihr Herz versichert und gewiß sei, daß sie einen gnädigen Gott haben; zum andern, daß sie auch können andern helfen durch das Gebet. Das erste Stück machet, daß sie mit Gott versöhnt werden und für sich alles haben, was sie bedürfen. Wenn sie das haben, sollen sie darnach auch Götter werden und der Welt Heiland, durch das Gebet.

Denn wenn ein Christ anfähet, Christum zu kennen als seinen Herrn und Heiland, durch welchen er ist erlöset aus dem Tode und in seine Herrschaft und Erbe gebracht, so wird sein Herz gar durchgottet, daß er gerne wollt jedermann auch dazu helfen. Denn er hat kein höher Freud, denn an diesem Schatz, daß er Christum erkennet. Darum fähret er heraus, lehret und vermahnet die andern, rühmet und bekennet dasselbige vor jedermann, bittet und seufzet, daß sie auch möchten zu solcher Gnade kommen. Das ist ein unruhiger Geist in der höhesten Ruhe, das ist in Gottes Gnade und Friede, daß er nicht kann still noch müßig sein, sondern immerdar darnach ringt und strebt mit allen Kräften, daß er Gottes Ehre und Lob weiter unter die Leute bringe, daß andere solchen Geist der Gnaden auch empfahen und durch denselbigen auch ihm helfen beten.

MONTAG: Der Geist wird Christum verklären

Ich habe dich verklärt auf Erden und vollendet das Werk, das du mir gegeben hast, daß ich es tun sollte.

Nun bitten wir den Heiligen Geist 99 *Johannes 17/4*

Wo Christus wäre unverkläret blieben, so wäre auch des Vaters Klarheit nicht weiter kommen, sondern mit Christo untergangen. Summa, sie sind ineinander geschlossen und geflochten, des Vaters und des Herrn Christi Klarheit und ist beides eine unzerteilte Klarheit, daß der Sohn vom Vater, der Vater in und durch den Sohn muß verkläret werden.

Wie nun Christus, unser Haupt, bittet, so müssen auch wir, die an ihm hangen, bitten, daß er sich in uns verkläre. Denn wie es ihm auf Erden gangen ist, so muß es uns allen gehen, daß wir um seinetwillen (weil wir ihn verklären, sein Lob preisen mit unser Lehre und Leben) uns lassen zu Schanden machen, verdammen, verfluchen und umbringen, also daß um unsertwillen auch sein Name und heiliges Wort verfolgt und gelästert wird. Auf daß er aber bei Ehren bleibe und über seinem Wort halte, muß er uns wieder heraus helfen und das Rädlin umkehren, daß die Welt muß Unrecht haben und mit allen Schanden verdammt werden, wir aber zur höchsten Ehre und Herrlichkeit kommen. So kommt denn seine Ehre und Preis erst recht hervor und bricht immer weiter aus durch den Heiligen Geist und der Christen Mund in alle Welt. Das heißt er nun das Werk, das ihm der Vater gegeben hat, zu vollenden, daß er auf sich lud alle Schande und Schmach, Leiden und Tod, dem Vater zu Ehren, und solches alles um unsertwillen, daß wir erlöset würden und das ewige Leben haben.

DIENSTAG: Christus im Vater, wir in Christus

An dem Tage werdet ihr erkennen, daß ich in meinem Vater bin und ihr in mir und ich in euch. *Johannes 14/20*

Siegesfürste, Ehrenkönig 95/5–6

Das ist der erste Hauptpunkt und vornehmste Artikel, wie Christus im Vater ist; daß man keinen Zweifel habe, was der Mann redet und tut, daß das geredet und getan heißt und heißen muß im Himmel vor allen Engeln, in der Welt vor allen Tyrannen, in der Hölle vor allen Teufeln, im Herzen vor allen bösen Gewissen und eigen Gedanken. Denn so man des gewiß ist, daß, was er denket, redet und will, der Vater auch will, so kann ich alle dem Trotz bieten, was da will zürnen und böse sein. Denn da habe ich des Vaters Herz und Wille in Christo. So du da fassest und siehest, so siehest du und fassest Christum im Vater und den Vater in Christo und siehest keinen Zorn, Tod noch Hölle, sondern eitel Gnad, Barmherzigkeit, Himmel und Leben.

Das ander Stück. Wenn ihr solchs wisset und habt, so werdet ihr darnach weiter kommen, daß ihr wissen werdet, daß ihr mich zum Heiland habt; nämlich also: was ihr seid, was euch fehlet und mangelt, wie ihr Sünder und verdammt seid und im Tod stecket, das ist alles in mir; da liegt es recht. Was aber in mir ist, das muß eitel Gerechtigkeit, Leben und Seligkeit sein. Nun kommt ihr auch durch den Glauben dazu, daß ihr in mir seid mit eurem Tod, Sünd und allem Unglück. Seid ihr nun Sünder in euch, so seid ihr in mir gerecht; fühlet ihr in euch den Tod, so habt ihr in mir das Leben; habt ihr in euch Unfriede, so habt ihr in mir Friede; werdet ihr eurethalben verdammt, so seid ihr in mir gesegnet und selig.

MITTWOCH: Die, für welche Christus bittet

Ich bitte für sie und bitte nicht für die Welt.

Johannes 17/9

Zeuch uns nach dir 94

Nun haben wir wohl gehöret, für welche er bittet, nämlich für die, so sein Wort haben angenommen und dazu kommen sind, daß sie ihn von Herzen lieb haben und fest an dem Wort hangen. Diese mögen sich fröhlich darauf verlassen, daß sie gewißlich in diesem Gebete begriffen sein und bei dem Herrn Christo bleiben sollen.

Das ist aber wiederum schrecklich, daß er spricht: „Ich bitte nicht für die Welt." Da lasset uns ja zusehen, daß wir nicht unter dem Haufen funden werden, für welche er nicht bitten will. Denn daher kann nichts anders folgen, ohn daß sie gar verloren seien, als der sich Christus schlechts äußert und nichts von ihnen wissen will. Das sollt ja die Welt schrecken, daß sie vor Zittern erstarrete vor solchem Urteil. Aber sie hälts nur für ihren Spott, machet ein Gelächter daraus und bleibet in der gräulichen, verstockten Blindheit, daß sie es so sicher in den Wind schlähet und lässets vor den Ohren vorüber gehen, als hätte es irgend ein Narr geredet.

DONNERSTAG: Der Geist wirkt in uns hinein und aus uns heraus

Wenn aber jener, der Geist der Wahrheit, kommen wird, der wird euch in alle Wahrheit leiten. Johannes 16/13

Freut euch, ihr Christen alle 102

Das ist wohl eine herrliche Predigt; aber ihr verstehet und wissets jetzt noch nicht (spricht er). Denn es ist zu hohe Kunst und Verstand, die niemand kann aus sich selbst fassen noch vernehmen. Aber hernach, wenn ich durch die Auferstehung verkläret werde und der Heilige Geist kommen wird, so werdet ihrs fein merken und in eurem Herzen erfahren, wie ich dadurch, daß ich im Vater bin, verschlungen habe alles, was tödlich an mir ist, und werdet solchs auch in euch (die ihr in mir seid) also fühlen. Denn weil in dem Vater alles tot, und nichts ist, was Sünd, Teufel und Tod vermag, so soll es in mir auch tot sein, desgleichen auch in euch, weil ihr in mir seid. Zuletzt werdet ihr auch das lernen, daß ich werde in euch sein. Denn ihr werdet nicht allein solche tröstliche Zuversicht oder Sicherheit, unverzagt Herz und unerschrocken Mut haben durch mich gegen den Vater, daß er euch gnädig sei und so wenig mit euch zürne, als mit mir; sondern, wenn ihr solchs wisset und habt, so werdet ihr des auch gewiß sein: was ihr redet, predigt, lebt und tut, das soll recht und gut, ja, mein selbigs Wort und

Werk sein und heißen. Denn ich bins, der in oder durch euch redet, predigt, täufet und alles tut.

FREITAG: Das Trösteramt unter dem Kreuz

Ich bitte nicht, daß du sie von der Welt nehmest, sondern daß du sie bewahrest vor dem Übel. Heilige sie in deiner Wahrheit; dein Wort ist die Wahrheit.

Johannes 17/15 u. 17

Wo Gott der Herr nicht bei uns hält 193/4

Also ist die ganze Christenheit ein solch Häuflein, das da muß den Rücken herhalten, leiden und tragen, mehr denn alle Menschen, was der Teufel und die Welt können ihnen für Herzeleid tun; wer will nun unter solchem Schein fühlen und ersehen oder lernen, daß sie rechtschaffen seien? Freilich keine Vernunft, sondern der Heilig Geist muß es reden, welcher heißt darum der Geist der Wahrheit, daß er wider solch Ansehen und Fühlen die Herzen im Glauben stärket und erhält. Es würde sonst lang niemand das geglaubt haben oder noch glauben, daß dieser Jesus Christus wahrhaftiger Gott sei, in Ewigkeit zur Rechten des Vaters sitzend, der also schändlich als ein Schächer von seinem eigen Volk ans Kreuz gehängt ist. Oder, wie könnten wir von uns selbst gewißlich schließen, daß wir (so an diesen gekreuzigten Christum glauben) von aller Welt verdammt und verflucht und hingerichtet werden als Gottes Feinde und des Teufels eigen, sollen wahrhaftig Gottes liebe Kinder und Heiligen sein, welches doch wir selbst nicht fühlen, ja unser Herz uns viel anders sagt, weil wir noch voller Schwachheit und Sünde sind? Aber des Heiligen Geists Werk und Kraft ist es, der solches in unserm Herzen bestätigt, daß mans für wahr halten kann, wie das Wort uns sagt, und darauf leben und sterben.

SONNABEND: Den Frieden lasse ich euch

Den Frieden lasse ich euch, meinen Frieden gebe ich euch. Nicht gebe ich euch, wie die Welt gibt. Euer Herz erschrecke nicht und fürchte sich nicht. Johannes 14/27

Jesus Christus herrscht als König 96

Das ist nun ein sehr tröstlich und lieblich Letzewort, daß er ihnen läßt nicht Städte und Schlösser, noch Silber und Gold, sondern den Frieden als den höhesten Schatz im Himmel und Erden, daß sie kein Schrecken noch Trauern sollen von ihm haben, sondern rechten, schönen, gewünschten Frieden im Herzen. Denn so viel als an mir ist (spricht er), sollt ihr nichts anders haben denn eitel Friede und Freude. Denn also hab ich euch gepredigt und bin mit euch also umgangen, daß ihr gesehen und erkannt habt, daß ich euch von Herzen lieb habe und alles Guts tue, und mein Vater euch mit allen Gnaden meinet. Das ist das Beste, so ich euch lassen und geben kann. Denn das ist der höchste Friede, wenn das Herz zufrieden ist; wie man sagt: Herzensfreude ist über alle Freude; und wiederum: Herzenleid ist über alles Leid.

PFINGSTEN

Die Kirche des Heiligen Geistes

PFINGSTSONNTAG: Apostelgeschichte 2/1–13

Sie wurden alle voll des Heiligen Geistes.
Apostelgeschichte 2/4

Komm, Heiliger Geist, Herre Gott 98

Auf dies heilig und fröhlich Pfingstfest begehen wir und danken unserm lieben Herrn Gott für die große, unendliche Wohltat, die er auf Erden erzeiget hat damit, daß er uns armen Menschen vom Himmel herab hat offenbaren lassen sein heiliges, liebes Wort, und nicht ein schlecht, gemein Wort, sondern ein sonderlich und unterschiedlich Wort, gegen das Gesetz Mose. Denn heut auf diesen Tag hat das Reich Christi angefangen durch die Apostel und ist durchs Evangelium geoffenbaret worden für alle Welt. Christus hat wohl in seiner Person sein Reich von Ewigkeit gehabt; aber heut am Pfingsttage ist es von dem Heiligen Geist durch die Apostel geoffenbaret der ganzen Welt. Und ist solche Offenbarung geschehen mit großem Mut, Trotz und Freude der elenden Fischer, der Apostel, die Christum zuvor aus Furcht verleugnet und verlassen hatten und blöde, erschrocken und verzagt waren.

Heute am neuen Pfingsttag ist angegangen das fröhliche, selige und liebliche Reich Christi, welchs ist voll Freude, Muts und Sicherheit.

PFINGSTMONTAG

Was töricht ist vor der Welt, das hat Gott erwählt, daß er die Weisen zu Schanden mache; und was schwach ist vor der Welt, das hat Gott erwählt, daß er zu Schanden mache, was stark ist. *1. Korinther 1/27*

Jauchz, Erd, und Himmel, juble hell 100

Also fähet Christus sein Reich an durch die ungelehrten Laien und unverständige Fischer, so die Schrift nicht gelernet haben. Es lautet läppisch genug, daß die christliche Kirche also anfahen soll durch die armen Bettler und durch die ärgerliche Predigt von dem gekreuzigten Jesu von Nazareth, der da verspottet, verspeiet, verlästert und aufs schändlichst zugerichtet und endlich als ein Aufrührer und Gotteslästerer an ein Kreuz geheftet und schmählich getötet ist, wie sein Titel oben über dem Kreuz ausweiset: „Jesus von Nazareth, der Juden König". Von demselben wird am Pfingsttage öffentlich gepredigt, daß ihm Gewalt und Unrecht geschehen sei, und daß die, so ihn gekreuziget und getötet haben, Gottes Feinde und Teufel sind, die schwerlich gesündiget und Gott heftig erzürnet haben. Und durch diese Predigt wird das Reich Christi und die christliche Kirche angefangen.

Das ist eine treffliche Kühnheit und großer Trost der Apostel und Jünger, daß sie solchs am Pfingsttag predigen dürfen öffentlich. Wer dürfte so kühn sein und so predigen, wie sie predigen?

Worin stehet nun dieselb Gewalt und Kraft? Nirgend anders denn im Wort und Geist. Siehe, welche Gewalt Petrus hat! Und zwar Petrus nicht allein, sondern die andern allesamt. Wie gewiß sind sie der Sachen! Wie gewaltig greifen sie in die Schrift, als hätten sie hunderttausend Jahr darin studieret und dieselb aufs beste gelernet. Ich könnt nicht so ein gewissen Griff in die Schrift tun, ob ich wohl ein Doktor der Heiligen Schrift bin; und diese sind Fischer, die die Schrift nicht gelesen haben.

Also hat die Christenheit angefangen mit dem Wort der armen Fischer und mit dem elenden und verachteten Werk Gottes, das da heißt: Jesus von Nazareth, ans Kreuz gehängt.

DIENSTAG: Der Geist der Gnade

Ich will den Vater bitten, und er soll euch einen andern Tröster geben, daß er bei euch bleibe ewiglich.
Johannes 14/16

O Heiliger Geist, kehr bei uns ein 103

Darum müssen wir den Heiligen Geist also lernen kennen und glauben, wie er ihn uns vorbildet und beschreibt, nämlich, daß er nicht ein Geist des Zorns und Schreckens, sondern ein Geist der Gnaden und des Trostes sei, und also die ganze Gottheit eitel Trost zeiget, daß beide, der Vater will trösten, denn er gibt den Heiligen Geist; der Sohn tröstet, denn er bittet darum; und der Heilige Geist soll selbst der Tröster sein. Darum ist hier ja kein Zorn, Dräuen noch Schrecken über die Christen, sondern eitel freundlich Lachen und süßer Trost im Himmel und auf Erden. Warum das? Ei darum (will er sagen), ihr habt allbereit Henker und Stockmeister gnug, so euch schrecken und plagen.

Das ist nun recht von dem Heiligen Geist gelehret, daß er heißt ein Tröster und dies sein Art, Amt und Eigenschaft sei. Denn von seinem göttlichen Wesen oder Substantia wollen wir jetzt nicht scharf disputieren. Für seine Gottheit ist er mit dem Vater und dem Sohn in unzertrennetem göttlichen Wesen; aber uns wird er ein Tröster genannt. Tröster aber heißt, der ein betrübt Herz lachend und fröhlich machet gegen Gott und heißt dich guts Muts sein, als dem die Sünde ist vergeben, der Tod erwürget, der Himmel offen, und Gott dich anlachet. Wer diese Definitio wohl könnte fassen, der hätte schon gewonnen und würde nichts denn eitel Trost und Freude finden und sehen in Himmel und Erden.

MITTWOCH: Gerechtigkeit, Friede und Freude im Heiligen Geist

Das Reich Gottes ist Gerechtigkeit und Friede und Freude in dem Heiligen Geiste. *Römer 14/17*

O heiliger Geist, o heiliger Gott 104

Soll ich fromm werden, so ists nicht genug, daß ich äußerlich gute Werk tue, sondern muß sie aus Grund des Herzens mit Lust und Liebe tun, also daß ich unerschrocken sei, frei und fröhlich und mit gutem Gewissen und aller Zuversicht vor Gott stehen könne und wisse, wie ich mit ihm dran sei. Das kann mir nun kein Werk, ja keine Kreatur geben, denn allein Christus. Solcher Glaube macht mich angenehm vor Gott, da gibt mir Christus denn den Heiligen Geist ins Herz, der mich lustig und fröhlich machet zu allem Guten. Also und auf die Weise werde ich rechtfertig, und auf keine andere Weise; denn die Werk machen dich nur je mehr und mehr unlustig, je länger du sie treibest.

Aber dies Werk, je mehr du es treibest und erkennest, je lustiger machet es dein Herz; denn wo solch Erkenntnis ist, kann der Heilige Geist nicht außen bleiben. Wenn er denn kommt, so muß er das Herz willig, lustig und fröhlich machen, daß es frei hinan gehe und gerne tue alles, was Gott gefället, mit fröhlichem Mute und leidet, was zu leiden ist, und auch gern sterbe. Und je klarer und größer die Erkenntnis ist, je größer wird auch solche Lust und Freude. So ist denn Gottes Gebot erfüllet und alles getan, was man tun soll; und also bist du rechtfertig.

DONNERSTAG: Die Gemeinde — sein Schmuck

Mit Ehre und Schmuck hast du ihn gekrönt. *Psalm 8/6*

Komm, o komm, du Geist des Lebens 106

Er redet hier vom königlichen Schmuck, damit Christus, als ein König gekrönet, herrlich sein wird in dieser und in der zukünftigen Welt. Könige pfleget man zu schmücken, wenn sie prangen sollen. Also wird der König Christus auch geschmückt sein, nicht allein für sich an seinem natürlichen Leibe, sondern auch für uns an seinem geistlichen Leibe, welcher ist seine Gemeine. Denn er sammelt seine Kirche durch die Predigt des Evangelii und schmücket und zieret dieselb mit seinem Heiligen Geist. Und wird solcher Schmuck entgegen gesetzt seiner häßlichen Gestalt, davon aus Jesaia Kap. 53 gesagt ist; als wollt er sagen: der Menschensohn hat wenig Schmuck, wenig Anhang zur Zeit seines Leidens. Sein eigen Volk schreiet über ihn: Kreuzige ihn, kreuzige ihn! Ja, seine eigenen Jünger werden von ihm abtrünnig und fliehen von ihm. Aber nach seiner Auferstehung wird er einen herrlichen Schmuck und großen Anhang haben vieler Christen auf Erden. Das wird der schöne Schmuck und das schöne Kleid sein, damit er wird in dieser Welt gekrönet werden.

FREITAG: Das Evangelium eine Torheit

Die andern hatten ihren Spott und sprachen: Sie sind voll süßen Weins. *Apostelgeschichte 2/13*

O komm, du Geist der Wahrheit 108

Christus hat einmal, nämlich am Pfingsttage, den Heiligen Geist sichtiglich den Aposteln gegeben, da man sah an ihnen die Zungen zerteilet, als wären sie feurig, also, daß sie mit mancherlei Sprachen redeten, Teufel austrieben, die Kranken gesund machten usw.

Nun aber bis zum Ende der Welt gibt er den Heiligen Geist und seine Gaben nicht auf solche Weise wie dazumal, sondern heimlich und unsichtiglich seinen Christen. Aber gleich so wenig die Vernunft glaubet, daß Christus alle unsere Feinde, Sünde, Tod usw. überwunden und gefangen hat; so wenig glaubt sie auch, daß Christus unter die Menschen Gaben austeilet. Denn da die Apostel den Heiligen Geist am Pfingsttag empfingen, mit neuen Zungen redeten, zu Jerusalem auftraten und predigten, item in ganz Judäa, Samaria, und hernach in alle Welt gingen, nach Christi Befehl. Wer glaubte, daß es recht mit ihnen zuginge? Ja, von ihren eigenen Juden mußten sie hören, daß sie toll und voll süßen Weines wären; item, daß sie besessen und voller Teufel wären, und wurden beide, von Juden und Heiden, als Gotteslästerer, Verführer und aufrührische Bösewichter hingerichtet.

Darum siehet und erkennet die Welt nicht die Gaben des Heiligen Geistes, sondern verachtet und lästert sie; und zwar alles, was unser Herr Gott redet und tut, das ist und muß der

Welt nicht recht sein. Ja, sie hält sein Wort für Ketzerei und Teufelslehre; wiederum des Teufels Lehre nimmt sie an für Gottes Wort. Gottes Wort muß ihr nichts gelten, ja teuflisch sein; wiederum des Teufels Werk achtet sie hoch und heißet's Gottes Werk. Allein die Christen erkennen und halten Gottes Wort für den höhesten Schatz auf Erden und erkennen die Würde und Kraft seiner großen göttlichen Werke; wiewohl sie auch nicht gnugsam sich derselben wundern, hoch halten und preisen, wie sie billig tun sollten. Wie es nun den Aposteln ergangen ist, so gehet es uns zur Zeit auch.

SONNABEND: Die Kirche der Sünder

Das Unedle vor der Welt und das Verachtete hat Gott erwählt, und das da nichts ist, daß er zunichte mache, was etwas ist, auf daß sich vor ihm kein Fleisch rühme.

1. Korinther 1/28—29

Jauchz, Erd, und Himmel, juble hell 100/8

Der barmherzige Gott behüte mich ja vor der christlichen Kirche, darin eitel Heilige sind. Ich will in der Kirche und unter dem Häuflein sein und bleiben, darin Kleinmütige, Schwache und Kranke sind, die ihre Sünde, Elend und Jammer erkennen und fühlen, auch ohne Unterlaß zu Gott um Trost und Hülfe herzlich seufzen und schreien und die Vergebung der Sünden glauben und um des Worts willen Verfolgung leiden. Der Satan ist ein listiger Schalk, er will durch seine Schwärmer den Einfältigen einbilden, es sei nichts mit der Predigt des Evangelii, wir müssen uns anders angreifen, als, einen heiligen Wandel führen, das Kreuz tragen und viel Verfolgung leiden; und durch solchen falschen Schein der selbsterwähleten Heiligkeit (so wider Gottes Wort ist) wird mancher verführet. Aber unser Heiligkeit und Gerechtigkeit ist Christus, in welchem, und nicht in uns, wir vollkommen sind, und da tröste und halte ich mich an das Wort St. Pauli „Christus sei uns von Gott gemacht zur Weisheit, zur Gerechtigkeit, zur Heiligung und zur Erlösung".

TRINITATIS

Der dreieinige Gott

SONNTAG: Römer 11/33—36

Von ihm und durch ihn und zu ihm sind alle Dinge. Ihm sei Ehre in Ewigkeit! Amen. Römer 11/36

Komm, Gott Schöpfer, Heiliger Geist 97

Die andern Feste im Jahr wickeln unsern Herrn Gott ein in seine Werk und Wunder, die er getan hat; als, in den Wiegenachten Christi begehet man, daß Gott ist Mensch worden; am Ostertag, daß er ist von den Toten auferstanden; am Pfingsttage, wie er den Heiligen Geist gegeben und die christliche Kirche angerichtet hat, und so fortan; daß alle anderen Fest von unserm Herrn Gott so predigen, wie er bekleidet ist etwa mit einem Werk. Aber dies Fest hält uns vor, wer er an ihm selbst sei, außer allen Kleidern oder Werken, bloß an seinem göttlichen Wesen. Da muß man hoch über alle Vernunft kommen und alle Kreatur hinnieden lassen und sich hinaufschwingen und allein hören, was Gott von sich selbst sagt und von seinem innerlichen Wesen; sonst werden wir es nicht erfahren. Da stoßen sich denn miteinander Gottes Torheit und der Welt Klugheit.

Darum soll man hiervon nicht disputieren, wie es zugehe, daß Gott Vater, Sohn, Heiliger Geist ein einiger Gott sei, denn solches ist doch unbegreiflich; und lasse ihm genügen, daß Gott von ihm selbst so redet und zeuget in seinem Wort.

Das ist eine sehr tröstliche Predigt, die uns ja sollt ein fröhliches Herz gegen Gott machen; sintemal wir sehen, daß alle drei Personen, die ganze Gottheit, sich dahin wendet und damit ungehet, daß den armen, elenden Menschen wider die

Sünde, den Tod und Teufel zur Gerechtigkeit, ewigem Leben und dem Reich Gottes geholfen werd.

MONTAG: Die eine ungeteilte Gottheit in drei Personen

Der allein Unsterblichkeit hat, der da wohnt in einem Licht, da niemand zukommen kann — dem sei Ehre und ewiges Reich. *1. Timotheus 6/16*

Gelobet sei der Herr 111

Darum ist hier einem Christen wohl zu merken, daß er nicht die Person in Eine Person menge, oder das einige göttliche Wesen in drei Personen teile oder trenne. Man soll die Person inwendig der Gottheit unterscheiden, und doch allen dreien auswendig ein jeglich Werk ohn Unterschied zueignen.

Als, daß ich Exempel gebe: Der Vater ist mein und dein Gott und Schöpfer, der mich und dich gemacht hat; eben dasselbe Werk, das ich und du sind, hat auch der Sohn gemacht, ist gleich so wohl mein und dein Gott und Schöpfer, als der Vater. Also auch, der Heilige Geist hat eben dasselbige Werk, das ich und du sind, gemacht, und ist mein und dein Gott und Schöpfer, gleich so wohl als der Vater und der Sohn. Doch sind es nicht drei Götter oder Schöpfer, sondern ein einiger Gott und Schöpfer unser aller beide. Hie, mit diesem Glauben verwahre ich mich gegen die Ketzerei Arii und seines Gleichen, daß ich das einige göttliche Wesen nicht zertrenne in drei Götter oder Schöpfer; sondern behalte im rechten christlichen Glauben nicht mehr, denn den einigen Gott und Schöpfer aller Kreaturen.

Wiederum, wenn ich nun über und außer der Schöpfung oder Kreatur gehe in das inwendige, unbegreifliche Wesen göttlicher Natur, so finde ich, wie mich die Schrift lehret, (denn Vernunft ist hier nichts) daß der Vater eine andere, unterschiedliche Person ist von dem Sohne 'in der einigen, unzertrennten, ewigen Gottheit; sein Unterschied ist, daß er Vater ist, und die Gottheit nicht vom Sohne noch von jemand hat. Der Sohn eine unterschiedliche Person ist vom Vater in derselben einigen väterlichen Gottheit; sein Unterschied ist, daß er Sohn ist, und die Gottheit nicht von sich selbst noch von jemand, sondern allein vom Vater hat, als ewiglich vom Vater geboren. Der Heilige Geist eine unterschiedliche Person ist vom Vater und Sohne in derselbigen einigen Gottheit; sein Unterschied ist, daß er der Heilige Geist ist, der vom Vater und Sohn zugleich ausgehet ewiglich, und die Gottheit nicht von sich selbst noch von jemand hat, sondern beide vom Vater und Sohne zugleich; und das alles von Ewigkeit in Ewigkeit. Hie mit diesem Glauben verwahre ich mich gegen die Ketzerei Sabellii und seines Gleichen, gegen Juden, Mohamed und wer sie mehr sind, die klüger sind denn Gott selbst, und menge die Person nicht in eine einige Person; sondern behalte im rechten christlichen Glauben drei unterschiedliche Personen in dem einigen, göttlichen, ewigen Wesen, die doch alle drei gegen uns und die Kreaturen ein einiger Gott, Schöpfer und Wirker ist aller Dinge.

DIENSTAG: Die Unterscheidung der drei Personen

Da Jesus getauft war, siehe, da tat sich der Himmel auf über ihm. Und er sah den Geist Gottes gleich als eine Taube herabfahren und über ihn kommen. Und siehe, eine Stimme vom Himmel herab sprach. *Matthäus 3/16—17*

Gott Vater, Herr, wir danken dir 110

Am Jordan, da St. Johannes den Herrn taufet, tat sich der Himmel auf und fuhr der Heilige Geist hernieder leiblich in einer Tauben Gestalt, und des Vaters Stimme ward gehört: „Dies ist mein lieber Sohn, an dem ich Wohlgefallen habe." Hie ist die Taube eine Kreatur, welche nicht allein der Heilige Geist geschaffen hat, sondern auch der Vater und Sohn; was Kreatur ist, das hat Gott Vater, Sohn und Heiliger Geist zugleich als ein einiger Gott gemacht. Doch ist allein der Heilige Geist herniedergefahren in der Taube Gestalt, und würde der christliche Glaube nicht leiden, daß du wolltest sagen von der Taube: Das ist Gott der Vater, oder: Das ist Gott der Sohn; sondern mußt sagen: das ist Gott der Heilige Geist; obwohl Gott der Vater, Sohn und Heiliger Geist ein einiger Gott ist, daß du ganz recht sagest von der Tauben: Das ist Gott, und ist kein ander Gott mehr; und doch unrecht sagest: Das ist Gott der Vater oder Gott der Sohn; sondern mußt sagen: Das ist Gott der Heilige Geist.

Also ist da die Stimme, und kannst als ein Christ hie von der Stimme nicht sagen: Das ist Gott der Heilige Geist, oder: Das ist Gott der Sohn; sondern mußt sagen: Das ist Gott der Vater; obwohl Gott der Heilige Geist und Gott der Sohn und Gott der Vater ein einiger Gott ist, daß du ganz recht sagest von der Stimme: Das ist Gott, und ist kein ander Gott mehr; doch unrecht sagest: Das ist Gott der Sohn oder Gott der Heilige Geist; sondern mußt sagen: Das ist Gott der Vater.

Gleich dem ist zu reden von der Menschheit Christi. Die ist an sich selbst eine rechte Kreatur, geschaffen zugleich vom Vater, Sohn und Heiligen Geist; und ist nicht zu leiden im Glauben, daß der Vater allein oder der Sohn allein oder der Heilige Geist allein diese Kreatur oder Menschheit geschaffen habe: sondern ist ein Werk, welches alle drei Personen als ein einiger Gott und Schöpfer einerlei Werks geschaffen hat; wie der Engel Gabriel zu der Jungfrauen Maria saget, Lukas 1: der Heilige Geist wird über dich kommen, und die Kraft des Allerhöchsten wird dich überschatten. Nicht allein ist der Heilige Geist da über dir (spricht er), sondern auch der Allerhöchste; das ist, der Vater wird dich überschatten mit seiner Kraft, das ist, durch seinen Sohn oder Wort; auch so soll, das in dir geboren wird, des Allerhöchsten Sohn sein und heißen, daß also die ganze Dreifaltigkeit als einiger Schöpfer hie ist und das einige Werk, die Menschheit, geschaffen und gemacht hat, und doch die Person des Sohns allein damit vereiniget und Mensch worden, nicht der Vater noch Heiliger Geist.

Und kannst von diesem Menschen nicht sagen: Das ist Gott der Vater; oder: Das ist Gott der Heilige Geist; sondern mußt sagen: Das ist Gott der Sohn; obwohl Gott der Vater, Sohn und Heiliger Geist ein einiger Gott ist. Hieraus siehest du, wie die drei göttlichen Personen unterschiedlich inwendig der Gottheit zu gläuben, und nicht in Eine Person zu mengen sind, und doch das göttliche einige Wesen nicht zu trennen oder drei Götter zu machen; sondern nach außen gegen die Kreatur ein einiger Schöpfer sei, so gar einig, daß auch die Kreatur, so die Personen unterschiedlich an sich nehmen, aller drei Personen als einiges Gottes einerlei Werk sind.

MITTWOCH: Die unerforschliche Majestät

Der allein Unsterblichkeit hat, der da wohnt in einem Licht, da niemand zukommen kann, welchen kein Mensch gesehen hat noch sehen kann; dem sei Ehre und ewiges Reich! Amen. *1. Timotheus 6/16*

Brunn alles Heils, dich ehren wir 112

Dieser heimliche Wille ist nicht zu erforschen, sondern mit Furcht und Zittern anzubeten als eine tiefe, heilige Heimlichkeit der hohen Majestät, die er sich allein behalten hat.

So müssen wir nun Gott in seiner Majestät und Natur in seinem heimlichen Willen ungeforschet lassen. Denn da haben wir nichts mit ihm zu schaffen; er will auch nicht, daß wir sollen mit ihm zu schaffen haben. Es tut Gott vieles, das er uns durch sein Wort nicht zeigt. Er will auch vieles, da er uns durch das Wort nicht zeigt, daß er es will. Nun sollen wir das Wort ansehen und den unerforschlichen Willen stehen lassen, davon uns nichts befohlen ist. Denn wir müssen uns nach dem Wort regieren, nicht nach dem unerforschlichen Willen. Man soll sich hier nicht kümmern zu erforschen die hohen, großen, heiligen Heimlichkeiten der Majestät, welche doch wohnt in einem Licht, da niemand zukommen kann, wie Paulus sagt (I. Tim. 6). Wir sollen uns halten an Gott, da er uns zu sich läßt, der Mensch geworden ist, an Jesus Christus, den Gekreuzigten, wie Paulus sagt, in welchem alle Schätze der Weisheit Gottes verborgen sind. Denn durch ihn haben wir reichlich, was wir wissen und was wir nicht wissen sollen.

DONNERSTAG: Gott ist unbegreiflich

Wie gar unbegreiflich sind seine Gerichte und unerforschlich seine Wege! *Römer 11/33*

Dir, dir, Jehova will ich singen 237/4

Was ists doch, daß wir arme, elende Menschen grübeln, so wir noch nicht die Strahlen göttlicher Verheißungen mit dem Glauben fassen oder ein Fünklin von Gottes Geboten und Werken begreifen können, welche beide er doch selbst mit Worten und Wunderwerken bestätiget hat?

Lehren soll man zwar von Gottes unausforschlichem und unbegreiflichem Willen; aber sich unterstehen, denselben zu begreifen, das ist sehr fährlich, und man stürzt den Hals darüber ab. Ich zwar pflege an mich zu halten und mir selber zu steuern mit diesem des Herrn Christi Wort, das er zu Petro sagt: „Folge du mir nach, was gehets dich an?" Denn Petrus disputierte und bekümmerte sich auch von Gottes Werk, wie ers mit einem andern wollte machen, wie es Johannes würde gehen? Und wie er Philippo antwortet, der da sagte (Joh. 14, 8): „Zeige uns den Vater"; was sprach er? „Glaubest du nicht, daß der Vater in mir ist, und ich im Vater? Wer mich siehet, der siehet auch den Vater." Denn Philippus hätte auch gerne wollen sehen die Majestät und Gesellschaft des Vaters. — Und gesetzt, wenn wir gleich alle diese heimlichen Gerichte Gottes wüßten, was Nutzes und Frommens brächte es uns mehr über Gottes Gebot und Verheißung?

Vor allen Dingen aber und zum ersten übe den Glauben an Gottes Verheißungen und Werken seiner Gebote.

FREITAG: So wir mit leiden

Sind wir denn Kinder, so sind wir auch Erben, nämlich Gottes Erben und Miterben Christi, so wir anders mit leiden, auf daß wir auch mit zur Herrlichkeit erhoben werden. *Römer 8/17*

Komm, o komm, du Geist des Lebens 106/7

Da hörest du der Christen hohen Ruhm, Ehre und Herrlichkeit. Wer will das gnug preisen und aussprechen? Ist es doch nicht auszureden noch zu begreifen.

Aber hier findet sich die große menschliche Schwachheit in uns; denn wenn wir das recht und ungezweifelt glaubten, wo=

vor wollten wir uns fürchten, und wer wollt oder könnte uns Schaden tun? Denn wer da kann von Herzen sagen zu Gott: Du bist mein lieber Vater und ich dein Kind, der wird freilich allen Teufeln aus der Hölle Trotz bieten und aller Welt Dräuen und Pochen fröhlich verachten; denn er hat ja an diesem Vater einen solchen Herrn, davor alle Kreaturen erzittern müssen und ohn seinen Willen nichts vermögen; so hat er auch solch Erbe und Herrschaft, daran ihm keine Kreatur kann Schaden noch Abbruch tun. Er setzet aber allhier auch das Stücklein dazu: „so wir anders mit leiden"; damit wir wissen, daß wir auch müssen also leben auf Erden und uns beweisen als fromme, gehorsame Kinder, die dem Fleisch nicht folgen und um der Herrschaft willen leiden, was uns widerfähret und dem Fleisch wehe tut; wenn wir das tun, so sollen und mögen wir uns des herrlich trösten und mit Wahrheit wohl freuen und rühmen, wie er gesagt: „Welche der Geist Gottes treibet (daß sie nicht dem Fleisch folgen), die sind Gottes Kinder."

SONNABEND: Der Heilige Geist bringt Christum ins Herz

Christus wohne durch den Glauben in euren Herzen.

Epheser 3/17

Heilger Geist, du Tröster mein 101

Der Heilige Geist bringet Christum ins Herz und lehret ihn erkennen, zündet es an und machet es mutig durch den Glauben an denselben. Wo er nun wohnet, da ist alle Fülle, Gott gebe, er sei schwach oder stark.

Christum aber im Herzen wohnen, ist nichts, denn Christum erkennen, was er sei, und was man sich zu ihm versehen soll; nämlich, daß er unser Heiland sei, durch welchen wir dahin kommen sind, daß wir Gott mögen unsern Vater nennen und durch ihn den Geist empfahen, der uns wider alle Unglück einen Mut gibt. Also wohnet er bei uns im Herzen; denn er sonst nicht zu fassen ist, weil er nicht ein tot Ding, sondern lebendiger Gott ist. Wie fasset man ihn aber ins Herz? Nicht mit Gedanken, sondern allein durch den lebendigen Glauben.

Er läßt sich nicht mit Werken fassen, noch mit Augen schöpfen, sondern allein mit dem Herzen halten. Ist nun der Glaube recht und grundgut, so hast du und fühlest Christum in deinem Herzen und weißt alles, was er gedenket und tut in Himmel und Erden, und wie er durch sein Wort und Geist regieret, und wie die gesinnet sind, beide, die ihn haben und nicht haben.

Trinitatiszeit

Die Kirche der Heiligung

1. WOCHE NACH TRINITATIS

Zuversicht des Glaubens

SONNTAG: Lucas 16/19—31

Sie haben Mose und die Propheten, laß sie dieselben hören.
Lukas 16/29

O Gott, du höchster Gnadenhort 143

Was prediget Moses und die Propheten? Fürnehmlich diese zwei Stück: Das erste, daß sie weisen auf den verheißenen Weibessamen, der der Schlangen den Kopf zertreten soll. Mit solchem Weibessamen, der Gottes Sohn ist, und göttliche Kraft und Gerechtigkeit zu uns auf Erden bringt, gehet Moses und die Propheten um und lehren, vermahnen und treiben, wenn er kommen und auftreten werde, daß man ihn hören, an sein Wort sich halten und seiner Zusage glauben soll. Also ist der Glaube an Christum Jesum der einige und rechte Weg, dadurch man der Sünden und dem Tod entlaufen und zur Seligkeit kommen kann.

Das andere, das Moses und die Propheten lehren, ist dieses: Nachdem wir unsere Gerechtigkeit und Seligkeit allein auf den verheißenen Samen gesetzet haben, daß wir auch Gott gehorsam und in diesem zeitlichen Leben das tun und halten, das er uns geboten; wiederum das meiden und unterlassen, das er uns verboten hat. Denn das heißt Gott fürchten und vor Augen haben. Der Glaube dienet dazu, daß wir von Sünden ledig und Gottes Kinder werden. Der Gehorsam, oder die Liebe und Werke der Liebe dienen dazu, daß wir uns als gehorsame Kinder erzeigen und Gott nicht ferner erzürnen und ein gutes Gewissen haben.

In Summa: fürchte Gott und sei fromm, und verlasse dich doch auf solche Frommheit nicht; sondern tröste dich allein unsers HErrn Jesu Christi, so wird es mit dir nicht Not haben. Denn solcher Glaube hilft dir wider die Sünde und den Tod. Und weil Gott den Gehorsam geboten hat, will er sich denselben auch gefallen lassen; und schadet nicht, ob schon solcher Gehorsam unvollkommen ist. Denn er ist nicht allein, sondern hänget am Glauben, durch welchen uns das vergeben wird, das solchem Gehorsam noch mangelt.

Die aber hören und folgen, das ist, die an Christum glauben und wissen, daß Gott um seinetwillen uns gnädig sein, Sünde nicht zurechnen und uns selig machen will, und darnach sich in Gottesfurcht halten, dem Teufel und ihrem Fleisch nicht folgen, sondern auf Gottes Wort und Willen sehen, die sind's die zu dem Lazaro in den Schoß Abrahams gehören und ewig sollen selig sein. Das verleihe uns Gott um seines Sohns Christi Jesu willen durch seinen Heiligen Geist. Amen.

MONTAG: Stärke uns den Glauben

Die Apostel sprachen zu dem Herrn: Stärke uns den Glauben. *Lukas 17/5*

O heiliger Geist, o heiliger Gott 104/3

In dieser christlichen Brüderschaft hat kein Heiliger mehr denn der andere. St. Petrus und St. Paulus haben nicht mehr davon, denn Maria Magdalena und ich und du. Summa, nimm sie alle auf einen Haufen, so sind sie alle Brüder zugleich, und ist gar kein Unterschied unter den Personen. Maria, die Mutter des Herrn und Johannes, der Täufer und der Schächer am Kreuz haben eben das Gut, das ich und du und alle, die getauft sind und den Willen des Vaters tun, haben. Was haben nun alle Heiligen? Das haben sie, daß ihnen ihre Sünden vergeben sind, Trost und Hülfe zugesagt in allen Nöten durch Christum wider die Sünde, Tod und Teufel. Das habe ich und du auch und alle Gläubigen.

Das ist aber wohl wahr, daß ich und du solches nicht so fest halten und glauben, als Johannes der Täufer, St. Paulus; aber dennoch ist es der einige Schatz. Eben als wenn ihrer zween können einen Becher Malvasier in den Händen halten: der eine zittert mit der Hand, der andere zittert nicht. So können auch zween einen Beutel voll Gelds halten, einer in der schwachen Hand, der andere mit der starken Hand. Die Hand, Gott gebe, sie sei stark oder schwach, so gibt noch nimmt sie dem Beutel nichts. Also auch hier ist kein anderer Unterschied zwischen mir und den Aposteln, denn daß sie solchen Schatz fester hal=ten. Nichtsdestoweniger soll und muß ich wissen, daß ich gleich denselbigen Schatz habe, den alle heiligen Propheten, Apostel und alle Heiligen gehabt haben.

DIENSTAG: Empfundene und unempfundene Vergebung

Und vergib uns unsere Schulden, wie wir unsern Schuldi=gern vergeben. *Matthäus 6/12*

Nun bitten wir den Heiligen Geist 99

Ich sag also, daß Gott vielen Menschen hold ist und alle Schuld vergibt herzlich, und sagt ihnen doch nichts davon, son=dern handelt mit ihm auswendig und inwendig also, daß sie dünkt, sie haben gar einen ungnädigen Gott, der sie zeitlich und ewiglich verdammen wolle. Auswendig plaget er sie; in=wendig erschreckt er sie. Der einer war David, da er Ps. 6, 2 sprach: „Herr, straf mich nicht in deinem Zorn.“ Also wie=derum, etlichen behält er ihre Schuld heimlich und ist ihnen feind, sagt ihnen nichts davon, sondern handelt mit ihnen, daß sie meinen, sie seien die lieben Kinder; auswendig ist ihnen wohl, inwendig sind sie fröhlich und des Himmels gewiß; die stehen beschrieben (Ps. 10, 6): „Ich weiß, daß mich niemand wird rumwerfen ewiglich, ich werd ohn alle Unglück sein.“

Also läßt er zuweilen dem Gewissen einen Trost widerfahren und empfinden ein fröhlich Zuversicht zu seiner Gnaden, auf daß der Mensch dadurch gestärkt werd, auch in der Zeit der Angst seines Gewissens zu Gott zu hoffen. Wiederum läßt er zuweilen ein Gewissen erschrecken und betrüben, auf daß der Mensch auch in der fröhlichen Zeit nicht vergesse der Furcht Gottes.

Die erste Vergebung ist uns bitter und schwer; aber sie ist die edlest und allerliebst. Die andere ist leichter; aber desto geringer.

MITTWOCH: Zuversicht des Glaubens

Es ist der Glaube eine gewisse Zuversicht des, das man hofft, und ein Nichtzweifeln an dem, das man nicht sieht.

Hebräer 11/1

Ich steh in meines HErren Hand 306

Eben dies ist die alleradelichst und teuerste Tugend des Glaubens, daß er seine Augen zutut und einfältiglich und fröhlich Gott alles heimstellet, nicht wissen will, warum Gott also handle, sondern dennoch Gott für die höchste Güte und Gerechtigkeit hält, obwohl hier wider und über alle Vernunft, Sinn und Erfahrung eitel Zorn und Unrecht scheint, denn darum heißt der Glaub ein Zeichen des, das nicht scheinet, ja das Widerspiel scheinet. Darum ist auch das die höchste Ehr und Gotteslieb, ja der höchste Grad göttlicher Liebe und Ehre, daß man ihn hierin kann halten und preisen gut und gerecht, denn da muß der Natur Aug ganz ausgerissen und lauter Glaub da sein, es gehet sonst ohn greuliche, gefährliche Ärgernis nicht ab.

Laßt uns nicht schlafen wie die andern, sondern laßt uns wachen und nüchtern sein. Denn die zeitlichen Lüste sind entgegen dem ewigen Gut, gleichwie die Bilder in dem Traum gegen die rechten Bilder. Darum ist dieser Schlaf nicht anders denn die Liebe und Lust der Kreaturen. Wachen aber ist, anhangen dem ewigen Gute und nach demselbigen sehen und sehnen. Aber darin ist er allein und niemand mit ihm: denn sie schlafen alle. Und er saget: „Auf dem Dach"; als spräche er: Die Welt ist ein Haus, darin sie alle schlafen und beschlossen liegen; ich aber allein bin außer dem Hause auf dem Dache, noch nicht im Himmel, und auch doch nicht in der Welt. Die Welt habe ich 'unter mir und den Himmel über mir; also schwebe ich zwischen der Welt Leben und dem ewigen Leben einsam.

DONNERSTAG: Der unerforschliche Gotteswille

Sein Verstand ist unausforschlich. *Jesaja 40/28*

Wie Gott mich führt, so will ich gehn 302/4

Nun kann der Glaube nicht statt haben, es sei denn alles, das ich glaube, verborgen und unsichtbar; denn was ich sehe, das glaube ich nicht. Es kann aber ein Ding nicht tiefer verborgen werden, denn wenn es gleich widersinnig scheint, und ich es gleich anders in der Erfahrung vor Augen sehe, empfinde und greife, denn mich der Glaube weiset. Also tut nun Gott in allen seinen Werken: wenn er uns lebendig machen will, so tötet er uns; wenn er uns will fromm machen, trifft er uns das Gewissen und macht er uns erst zu Sündern; wenn er uns will gen Himmel aufrücken, so stößt er uns zuvor in die Hölle, wie die Schrift sagt: „Der Herr tötet und macht lebendig; er führet in die Hölle und wieder heraus."

Also verbirgt nun Gott seine ewige unaussprechliche Güte und Barmherzigkeit unter ewigem Zorn, seine Gerechtigkeit unter Ungerechtigkeit. Da ist nun die höchste Staffel des Glaubens zu glauben, daß der Gott gleich wohl der gütigste sei, der so wenige selig macht; glauben, daß der Gott gleich wohl der gerechteste sei, dessen Wille also steht, daß etliche müssen verdammt werden.

Wenn wir nun durch die Vernunft könnten begreifen, wie Gott gütig und barmherzig und gerecht ist, der doch einen solchen greulichen Zorn und Ungerechtigkeit beweist, was wäre dann der Glaube nötig? Dieweil es aber keine Vernunft begreifen kann, so hat der Glaube statt, so kann man den Glauben üben, wenn solches Ding gepredigt und verkündigt wird.

FREITAG: Nichts kann uns schaden

Sehet, ich habe euch Macht gegeben, zu treten auf Schlangen und Skorpionen, und über alle Gewalt des Feindes; und nichts wird euch beschädigen. *Lukas 10/19*

Gib dich zufrieden und sei stille 295/2

Denn Gott ist ein solcher Meister, der die Kunst kann, daß, was uns will hindern und schaden, das muß uns fördern und nützen; was uns will töten, das muß uns zum Leben dienen; was uns will zu Sünden bringen und verdammen, das muß uns nur helfen dazu, daß der Glaube und Hoffnung gestärkt, das Gebet desto kräftiger und desto reichlicher erhört werde.

Denn hier ist der Meister, der immer das Widerspiel schaffet wider der Welt Sinn und Gedanken und eben des wohl brauchet, das sie aufs ärgste meinet. Denn es ist der Gott, „der da rufet dem, das da nichts ist, daß es sei", wendet alles um und machet alles neu. Es scheinet wohl nicht, wenn man seine Christen mit Füßen tritt oder ihnen die Köpfe weghauet, daß es soll Ehre und Herrlichkeit, Freud und Seligkeit heißen, sondern fühlet sich nur eitel Widerspiel. Aber ich kann machen (spricht er), daß da stehe, was da nicht ist, und eitel Freude werde aus Traurigkeit und allem Herzeleid. Ich kann sagen: Tod und Grab, sei du Leben; Hölle, werde du Himmel und Seligkeit; Gift, sei du köstliche Arznei und Labsal; Teufel und Welt, sei du meinen Christen nützer denn die lieben Engel und frommen Heiligen. Denn ich kann und will meinen Weingarten also bauen und warten, daß er durch allerlei Leiden und Unglück nur besser soll werden.

SONNABEND: Gott wohnt im Dunkel

Der Herr hat geredet, er wolle im Dunkel wohnen.

Es jammre, wer nicht glaubt 304 *1. Könige 8/12*

Darum ist der Glaube eine solche Erkenntnis: ob es wohl ganz und gar finster und dunkel ist und gar nichts siehet, ist er dennoch des gewiß und siehet, daß er Christum in solchem Dunkel und Finsternis wahrhaftig ergreifet und hat. Gleichwie vorzeiten unser Herr Gott auf dem Berge Sinai und im Tempel auch mitten im Finstern saß; derhalben unsere Gerechtigkeit, so uns den Schein und das Ansehen machet, daß wir vor Gott gerecht geschätzt werden, ist nicht die Liebe, die solchen Schein und Ansehen dem Glauben gebe, sondern der Glaube selbst und das verborgene Dunkele und heimliche Erkenntnis im Herzen, das ist, das Vertrauen auf etwas Unsichtbares, nämlich auf den unsichtbaren und doch wahrhaftig gegenwärtigen Christum. Warum aber der Glaube recht mache, ist dieses die Ursache, nämlich darum, daß er den köstlichen, edlen Schatz ergreift und gegenwärtig bei sich hat, als nämlich Christum. Wie aber derselbe gegenwärtig sei, solches ist nicht auszudenken; denn wie ich gesagt habe, solches ist eitel Finsternis, das ist, es ist eine verborgene, hohe, heimliche und unbegreifliche Erkenntnis. Derhalben, wo nun ein solches wahrhaftiges Vertrauen und Zuversicht des Herzens ist, daselbst ist gewißlich auch Christus in dem dunkeln Nebel und Glauben. Und solches ist denn die rechte Gerechtigkeit, die da machet, daß der Mensch vor Gott gerecht angenommen und gehalten wird.

2. WOCHE NACH TRINITATIS

Gott ist die Liebe

SONNTAG: 1. Johannes 3/13—18

Denn die Liebe Gottes ist ausgegossen in unser Herz durch den Heiligen Geist, welcher uns gegeben ist. Römer 5/5

„Kommt her zu mir", spricht Gottes Sohn 245

Es ist zu beachten: „Liebe Gottes" heißt es. Denn durch sie lieben wir Gott allein. Hier ist nichts Sichtbares, nichts Erfahrbares, weder innerlich noch äußerlich, auf das man sein Vertrauen setzen könnte oder das man lieben oder fürchten könnte; nein, hoch hinweg über alle Dinge wird sie zu dem unsichtbaren, unerfahrbaren, unbegreifbaren Gott entrückt, mitten hinein in die inwendige Finsternis, ohne daß sie weiß, was sie liebt, während sie wohl weiß, was sie nicht liebt und alles Erkannte und Erfahrene verabscheut, nur das, was sie noch nicht erkennt, ersehnend.

Nicht aus uns stammt also diese hohe Tugend, die in uns ist, wie der Apostel geltend macht, sondern man muß sie von Gott erbitten. Daher folgt: 1. Ausgegossen, also keinesfalls in uns geboren oder entstanden. Und 2. durch den Heiligen Geist, nicht erworben durch Tugend und Gewohnheit, so wie man moralische Tugenden sich erwerben kann. 3. In unseren Herzen, d. h. in den allerinnersten Kern und in das Mark unseres Herzens hinein, nicht etwa nur über die Oberfläche unseres Herzens hin, so wie der Schaum über dem Wasser ist. 4. Welcher uns gegeben ist, d. h. den wir nicht verdient haben; nein, wir haben vielmehr gerade das Gegenteil verdient. Daß es sich aber wirklich so verhält, bestätigt das Folgende: Es ist wirklich „gegeben" und nicht verdient worden. Auch Christus ist nämlich für die Schwachen getötet worden, durchaus nicht etwa für die Starken und Würdigen.

MONTAG: Bleibet in meiner Liebe

Gleichwie mich mein Vater liebt, also liebe ich euch auch. Bleibet in meiner Liebe! *Johannes 15/9*

Bei dir, Jesu, will ich bleiben 279

Das ist des Teufels Freude und Lust, welcher nach nichts anderm trachtet, denn daß er die Liebe unter den Christen zerrütte und eitel Haß und Neid anrichte. Denn er weiß wohl, daß durch die Liebe die Christenheit erbauet und erhalten wird.

Darum vermahnet uns Christus so hoch und teuer, daß wir vor allen Dingen fest an der Liebe halten, und setzet beide, seinen Vater und sich zum Vorbilde als das edelst und vollkommenst Exempel. Mein Vater (will er sagen) liebet *mich* also, daß er seine Macht und Gewalt alle an mich setzet; läßt mich wohl jetzund leiden, aber alles, was ich tue und leide, des nimmt er sich an, als geschehe es *ihm*, und wird mich aus dem Tod lebendig und zum Herrn über alle Ding machen und sein göttliche Majestät gar an mir verklären. Also (spricht er) liebe ich *euch*. Denn ich lasse euch nicht in euern Sünden und Tod, sondern setze meinen Leib und Leben für euch, daß ich euch daraus helfe, und hänge meine Reinigkeit, Heiligkeit, Sterben und Auferstehen und was ich vermag, alles an euch; darum bleibet auch in solcher meiner Liebe unter einander. Ob ihr gleich um meinetwillen hart angefochten und gedrungen werdet, von mir zu fallen, so haltet doch fest und leidet euch; laßt meine Liebe stärker, größer und mächtiger sein denn das Leid oder Schmerzen, so ihr fühlet.

Also sollen wir nun, diesem Exempel Christi nach, auch lernen unter einander dies Gebot üben, ein jeglicher in seinem Stand gegen den andern.

DIENSTAG: Ihn wieder lieben

Lasset uns ihn lieben; denn er hat uns zuerst geliebt.
1. Johannes 4/19

Ein wahrer Glaube Gotts Zorn stillt 246

So wenig das Feuer ohn Hitze und Rauch ist, so wenig ist der Glaube ohne Liebe. Denn wenn ich durch den Glauben erkenne, wie lieb mich Gott hat, da muß der Mensch ein freundlich, süßes Herz gegen Gott gewinnen; welches Herz bei sich allein nicht kann bleiben, es muß heraus fließen und sich frei auch wiederum in aller Dankbarkeit und Liebe erzeigen.

Dieweil aber Gott unser Werk nicht bedarf, er uns auch nicht geboten hat, ihm etwas zu tun, denn allein ihn loben und danken, so fähret derselbige Mensch zu und gibt sich ganz und gar dem Nächsten, dienet demselbigen, hilft und rät ihm frei umsonst, wie er weiß, daß ihm solche Gnade umsonst und aus lauter Barmherzigkeit ist widerfahren, ohn alles Verdienst, ja, da er in Sünden steckete, Gottes Feind war und auf Gott nie gedachte. Der kanns denn nicht lassen, wenn er seinen Nächsten siehet irren oder in Sünden stecken, er weiset ihn auf den rechten Weg, er führet ihn dahin, da er Trost und Hülfe gefunden hat, predigt ihm das Evangelium und macht, daß er auch der Sünden los werde; darnach, siehet er ihn nacket, so kleidet er ihn; hungerig, so speiset er ihn; durstig, so tränket er ihn, und so fortan; und Summa Summarum, wie er wollt, daß man ihm tun sollt, also tut er seinem Nächsten auch, was er nur weiß, damit er ihm dienen kann, das tut er willig und gern, ja ehe ers von ihm fordert oder begehret.

MITTWOCH: Gott ist Liebe

Gott ist Liebe. *1. Johannes 4/16*

Herz und Herz vereint zusammen 217/4

So siehst du, was da heißet, „Gott ist Liebe“, daß es ein jeglicher sehen und greifen muß, wenn er nur die Augen auftut. Denn da stehen täglich alle seine Güter vor Augen, wo du nur hinsiehest: Sonne und Mond und der ganze Himmel voll Licht; Erde voll Laub, Gras, Korn und allerlei Gewächs, die zur Nahrung bereitet und gegeben. Item, Vater und Mutter, Haus, Hof, Friede, Schutz und Sicherheit durch weltlicher Obrigkeit Regiment usw. Und über das alles, daß er seinen lieben Sohn für dich gibt und durchs Evangelium dir heimbringt, aus allem Jammer und Not zu helfen. Was sollte er dir mehr tun, oder was könntest du mehr und Besseres begehren? Das ist ja, meine ich, ein Feuer und Brunst, daß solche große Liebe niemand mit Gedanken erreichen kann. Und wer solches nicht siehet noch achtet, der muß entweder gar stockhaarblind oder gar steinhart und erstorben sein.

Weil nun ihr (will St. Johannes sagen), als die Christen sein wollen und Gott kennen, solches sehet und wisset, daß Gott nichts ist denn eitel Liebe, über uns aufs allerreichlichste ausgeschüttet, so laßt euch doch solches zu Herzen gehen, daß ihr doch auch also tut gegen den Nächsten. Denn es nicht möglich ist, wer solch Feuer seiner Liebe fühlet, daß er nicht auch sollte ein wenig davon erwärmet und entzündet werden.

DONNERSTAG: Nicht um Dank, sondern aus Dank

Mit einem freudigen Geist rüste mich aus. *Psalm 51/14*

Schmückt das Fest mit Maien 107/5—7

Das ist: mit dem Heiligen Geiste, der da macht freiwillige Menschen, die nicht aus peinlicher Furcht oder unordentlicher Liebe Gott dienen. Denn alle, die aus Furcht dienen, sind nicht beständig und fest, ohn so lange die Furcht währet; ja sie sind gezwungen, und mit Widerwillen ihm dienen, also daß sie, wenn keine Hölle oder Strafe wäre, nicht dieneten. Also, die auch aus Liebe des Lohnes oder Gutes Gott dienen, sind auch nicht beständig; denn wenn sie wüßten keinen Lohn, oder wenn das Gute abgehet, hören sie auch auf. Diese alle haben nicht Freude im Heil Gottes, auch nicht ein rein Herze, nicht einen richtigen Geist, sondern sind ihre eigenen Liebhaber über Gott. Die aber aus gutem, richtigem Willen Gott dienen, sind feste in Gottes Dienste, es gehe hier oder da, süß oder saur;

denn sie sind mit einem adeligen, freiwilligen, fürstlichen, ungezwungenen Willen fest und beständig gemacht von Gott. Denn das Wörtlein „freiwilliger Geist", das hier stehet, heißt in hebräischer Sprache auch ein gunstwilliger, ungezwungener Geist. Was mit Gewalt gehalten wird, hat der Währe nicht; was aber mit Willen gehalten wird, bleibt beständig.

FREITAG: Im Leiden die Liebe zu ihm bewahren

Wer mich liebt, der wird mein Wort halten.

Johannes 14/23

Lobet den Herren alle, die ihn ehren 347/8

Es muß die Kirche auf Erden in Schwachheit, Armut, Elend, Angst, Tod, Schmach und Schand sein und kämpfen, und dringet hier wohl die Not dazu, daß du aus dir selbst treten mußt und dich nicht auf Menschenrat, -hülfe und -stärke verlassen, sondern mußt Christum im Herzen haben, daß du seinen Namen, Wort und Reich höher, teurer und werter achtest denn alle Ding auf Erden. Wer das nicht tut, sondern sein eigen Ehre, Gewalt, der Welt Gunst, Freundschaft, Lust und Freude und sein eigen Leben mehr liebet, dem wird hiervon umsonst gepredigt; wie er bald hernach selbst sagt: „Wer mich nicht liebet, der hält meine Wort nicht."

Es heißt aber nicht lieb haben allein mit Worten, sondern es muß lebendig Werk und Beweisung der Liebe sein, welches heißt: „Mein Wort halten usw." Das heißt ein solche Liebe, die da kämpfet und überwindet. Denn das ist auch der rechten Liebe Art, wo sie ist, daß sie um des Geliebten willen alles tut, und ist ihr nichts zu schwer zu leiden und zu tragen, das sie nicht mit Freuden tue.

So uns seine unaussprechliche Wohltat recht zu Herzen ginge, würde uns freilich auch nichts verdrießen noch zu schwer werden, was wir wieder um seinetwillen leiden und tragen sollten, auf daß wir nur in seiner Liebe bleiben möchten. Das heißt denn, sein Wort nicht allein gern gehöret, sondern auch fest gehalten und überwunden.

SONNABEND: Brüderliche Liebe

Die brüderliche Liebe untereinander sei herzlich.
Römer 12/10

Jesu, der du bist alleine 215/3

Da wird nicht gefordert eine schlechte Liebe, sondern die von Herzen gehet, also daß uns unser Herze Zeugnis gebe, anderer Leute Schade tue uns so wehe, als wär er unser eigen, und ihr Fromme uns so wohl tue, als wäre er unser selbst; eben wie die Eltern gegen ihre Kinder gesinnet sein, große Freude haben von ihrem Glück, sehr beklagen ihr Unglück.

Und hier lernen wir, wie weit wir noch von dem Gesetz sind, das da spricht: „Liebe deinen Nächsten als dich selbst"; nämlich, daß wir also sehr in sie sollen geliebet sein, daß wir ganz ihr eigen sein mit Leib, Seele, Gut und Ehre. Es ist ein groß Ding, lieben; noch viel größer, brüderlich lieben; aufs allergrößte ist, lieben wie ein Vater ein Kind; und diese Liebe heißt ein emsige Liebe, die von ganzem Herzen daher gehet.

3. WOCHE NACH TRINITATIS

Rechtfertigung

SONNTAG: Lukas 15/1—10

Sei getrost, dir sind deine Sünden vergeben. Matthäus 9/2

Allein zu dir, HErr Jesu Christ 166

Damit ist angezeigt, daß in diesem geistlichen Reich eitel Vergebung der Sünden sei und sein solle.

Nun soll man fleißig lernen, was Vergebung der Sünde sei. Es ist bald gesagt, Vergebung der Sünde; ja, wenn es mit den Worten ausgerichtet wäre; aber wenns zum Ernst und Treffen kommt, so weiß man nichts davon. Denn es ist ein groß Ding, daß ich mit dem Herzen soll fassen und glauben, mir sei alle meine Sünde vergeben, und daß ich durch solchen Glauben gerecht bin vor Gott. Das mag mir eine wunderliche Gerechtigkeit sein und weit eine andere Gerechtigkeit, denn aller Juristen, Klugen und Weisen in dieser Welt Gerechtigkeit ist. Denn dieselben sagen allesamt also: Die Gerechtigkeit müsse sein in des Menschen Herzen und Seele, als ein qualitas * hinein geklebet. Aber dies Evangelium lehret uns, daß die christliche Gerechtigkeit nicht aller Ding sei in des Menschen Herz und Seele; sondern wir sollen lernen, daß wir gerecht und von Sünden erlöset werden durch Vergebung der Sünde.

MONTAG: Nicht in uns, sondern in Christus gerecht

Er wird die Welt strafen um die Gerechtigkeit, daß ich zum Vater gehe. Johannes 16/10

O gläubig Herz gebenedei 226

---

* Beschaffenheit

Es ist aber solche Gerechtigkeit gar heimlich und verborgen, nicht allein vor der Welt und Vernunft, sondern auch vor den Heiligen. Denn sie ist nicht ein Gedanke, Wort noch Werk in uns selbst, sondern gar außer und über uns, nämlich der Gang Christi zum Vater, das ist, sein Leiden und Auferstehen oder Himmelfahrt; und dasselbige dazu aus unsern Sinnen und Augen gesetzt, daß wirs nicht sehen und fühlen können, sondern allein mit Glauben muß ergriffen werden.

Das ist ja eine wunderliche Gerechtigkeit, daß wir sollen gerecht heißen oder Gerechtigkeit haben, welche doch kein Werk, kein Gedanken und kurz gar nichts in uns, sondern gar außer uns in Christo ist und doch wahrhaftig unser wird durch sein Gnade und Geschenk, und so gar unser eigen, als wäre sie durch uns selbst erlangt und erworben. Diese Sprache könnte freilich keine Vernunft verstehen, daß das soll Gerechtigkeit heißen, da ich nichts tue noch leide, ja nichts gedenke noch fühle oder empfinde, und gar nichts in mir ist, um deswillen ich Gott gefällig und selig werde, sondern außer mir und aller Menschen Gedanken, Werken und Vermögen mich halte an den Christum (droben zur Rechten Gottes sitzend), den ich doch nicht sehe.

Aber der Glaube soll solchs fassen und sich darauf gründen und sich des trösten in Anfechtung.

DIENSTAG: Gerecht allein durch Glauben

Christus ist des Gesetzes Ende; wer an den glaubt, der ist gerecht. *Römer 10/4*

Es ist das Heil uns kommen her 242/3—5

Den Grund muß man ohn alles Wanken lassen bleiben, daß der Glaube ohn alle Werk, ohn allen Verdienst den Menschen versöhne mit Gott und fromm mache, wie Paulus sagt zu den Römern (3, 21—22): „Wir haltens, daß der Mensch gerecht werde ohn des Gesetzes Werke, allein durch den Glauben." Diesen und dergleichen Sprüche viel mehr muß man festhalten und darauf sich verlassen unverrückt, daß dem Glauben ja allein, ohn allen Zusatz der Werk, werde zugeeignet die Vergebung der Sünde und die Rechtfertigung.

Nimm für dich das Gleichnis, welches Christus im Matthäus (7, 17) setzet: „Ein guter Baum bringt gute Früchte, ein fauler Baum bringt arge Früchte." Da siehest du, daß nicht die Früchte den Baum gut machen, sondern ohn alle Früchte und vor allen Früchten muß der Baum vorhin gut sein oder gut gemacht werden, ehe er Früchte trägt.

Also ists stracks wahr, daß der Mensch ohn alle guten Werk und vor allen guten Werken muß zuvor fromm sein.

Darum schließt sichs hier mächtiglich, daß etwas Größeres und Köstlicheres da sein muß, denn alle guten Werk sind, dadurch der Mensch fromm werde und gut sei, ehe er Guts wirke; gleichwie er leiblich muß zuvor gesund sein, ehe er Arbeit und gesunde Werk tut. Dasselbige große und köstliche Ding ist das edle Wort Gottes, das im Evangelium Gottes Gnade in Christo uns prediget und anbeut. Wer das höret und glaubt, der wird dadurch fromm und gerecht. Darum heißt es auch ein Wort des Lebens, ein Wort der Gnade, ein Wort der Vergebung. Wer es aber nicht höret, noch glaubet, der kann sonst in keinem Wege fromm werden.

MITTWOCH: Hier hebt sich nun der fröhliche Wechsel

Ich sage aber von solcher Gerechtigkeit vor Gott, die da kommt durch den Glauben an Jesum Christum zu allen und auf alle, die da glauben. *Römer 3/22*

Durch Adams Fall ist ganz verderbt 243

Nicht allein gibt der Glaub so viel, daß die Seel dem göttlichen Wort gleich wird, aller Gnaden voll, frei und selig, sondern vereinigt auch die Seele mit Christo als eine Braut mit ihrem Bräutigam. Aus welcher Ehe folget, wie St. Paulus sagt (Eph. 5, 30), daß Christus und die Seel ein Leib werden; so werden auch beider Güter, Fall, Unfall und alle Ding gemein, daß, was Christus hat, das ist eigen der gläubigen Seele; was die Seele hat, wird eigen Christi. So hat Christus alle Güter und Seligkeit; die sein der Seelen eigen. So hat die Seel alle Untugend und Sünd auf sich; die werden Christi eigen.

Hier hebt sich nun der fröhliche Wechsel und Streit. Dieweil Christus ist Gott und Mensch, welcher noch nie gesündigt hat, und seine Frömmigkeit unüberwindlich, ewig und allmächtig ist, so er denn der gläubigen Seelen Sünd durch ihren Brautring, das ist der Glaub, ihm selbst eigen macht und nichts anders tut, denn als hätt er sie getan; so müssen die Sünden in ihm verschlungen und ersäuft werden. Denn sein unüberwindlich Gerechtigkeit ist allen Sünden zu stark. Also wird die Seele von allen ihren Sünden geläutert durch ihren Mahlschatz, das ist des Glaubens halber, ledig und frei und begabt mit der ewigen Gerechtigkeit ihres Bräutigams Christi.

DONNERSTAG: Sünder und gerechtfertigt zugleich

An dir allein habe ich gesündigt. Schaffe in mir Gott ein reines Herz. *Psalm 51/6 u. 12*

Aus tiefer Not schrei ich zu dir 195

Wir handeln hier nicht von einer philosophischen Erkenntnis des Menschen, die ihn als Vernunftwesen usw. definiert; das sind physische, nicht theologische Dinge. So redet der Jurist vom Menschen als vom Besitzer und Herrn seiner Sachen, der Arzt vom gesunden und kranken Menschen; der Theologe aber disputiert über den Menschen als Sünder.

Es sind zwei theologische Erkenntnisse, welche David in diesem Psalm kundgibt: er redet von der theologischen Erkenntnis des Menschen und von der theologischen Erkenntnis Gottes, damit nicht jemand über die Majestät Gottes sinne, was Gott getan haben könnte, und wie mächtig er sei; ebenso damit niemand über den Menschen nachdenke als über den Herrn seiner Sachen, wie der Jurist, oder über den Kranken, wie der Arzt, sondern über den Menschen als Sünder. Denn der eigentliche Gegenstand der Theologie ist der Mensch, seiner Sünde halber angeklagt und verloren, und Gott, der da rechtfertigt und der Erlöser des sündigen Menschen ist. Was außerhalb dieses Gegenstandes in der Theologie gefragt und disputiert wird, ist

Irrtum und Gift. Hier wird mitnichten über das leibliche Leben gehandelt, welches des Menschen Unterhalt sei, welche Werke er zu unternehmen habe, auf welche Weise er seine Familie regiere oder den Acker bebaue usw. Das sind Dinge, die vor dem Menschen im Paradies gewesen und dem Menschen in die Hände gegeben sind, als Gott sprach: „Herrschet über die Fische im Meer und über die Vögel im Himmel"; sondern hier wird über das zukünftige und ewige Leben gehandelt, über Gott, der da rechtfertigt, wiederbringt und lebendig macht, und über den Menschen, der von der Gerechtigkeit und vom Leben in die Sünde und den ewigen Tod gefallen ist. Wer beim Studieren der heiligen Schriften darauf achtet, der wird sie mit heiliger Frucht lesen.

Also ist dies die notwendige theologische Erkenntnis, daß der Mensch sich erkenne, d. i., daß er wisse, fühle und in die Erfahrung bringe, daß er sei der Sünde halber angeklagt und dem Tode übergeben; darauf aber auch, daß er das Gegenteil wisse und in die Erfahrung bringe: daß Gott sei der Rechtfertiger und Wiederbringer dieses Menschen, der sich selbst erkennt. Für die andern Menschen, welche ihre Sünden nicht erkennen, zu sorgen, überlassen wir den Juristen, Ärzten und Eltern. Diese nämlich reden in anderer Weise von dem Menschen als der Theologe.

FREITAG: Der „Gnadenhimmel"

Seine Gnade und Wahrheit waltet über uns in Ewigkeit. Halleluja! *Psalm 117/2*

Ist Gott für mich, so trete 250

Es ist ein Reich der Gnaden, das da gewaltiger in und über uns ist denn aller Zorn, Sünde und alles Übel.

Du mußt das Gnadenreich kindlicher Weise also fassen, daß Gott habe durchs Evangelium einen neuen großen Himmel über uns, die wir glauben, gebauet, das heiße der Gnadenhimmel, und ist viel, viel größer und schöner denn dieser sichtbar Himmel, dazu ewig, gewiß und unvergänglich.

Wer nun unter diesem Himmel ist, der kann nicht sündigen, noch in Sünden sein; denn es ist ein Gnadenhimmel, unendlich und ewig. Und ob jemand sündigte oder fiele, der fället darum nicht außer demselbigen Himmel; er wolle denn nicht drunter bleiben, sondern mit dem Teufel in die Hölle fahren, wie die Ungläubigen tun. Und obgleich sich die Sünde fühlen läßt oder der Tod die Zähne bleckt und der Teufel schreckt, so ist hier viel mehr Gnaden, die waltet über alle Sünde, und viel mehr Lebens, das waltet über den Tod, und viel mehr Gottes, der waltet über alle Teufel; daß solche Sünde, Tod, Teufel in diesem Reich nichts anders ist, denn wie finstere Wolken unter dem leiblichen Himmel, welche wohl den Himmel verdecken eine Zeitlang, aber sie mögen nicht über ihn herrschen, müssen unter ihm bleiben und den Himmel lassen über sich bleiben, walten und herrschen; sie aber müssen zuletzt vergehen.

Solchs kann ja nicht mit Werken zugehen, sondern mit dem Glauben allein.

SONNABEND: Fröhlicher Glaube

Christus hat uns erlöst von dem Fluch des Gesetzes, da er ward ein Fluch für uns. *Galater 3/13*

Ist Gott für mich, so trete 250/9—13

Was soll Gott mehr tun? Wie mag ein Herz sich hier enthalten, daß es nicht frei, fröhlich, lustig und willig werde in Gott und Christo? Was mag ihm für Werk oder Leiden begegnen, darein er sich nicht mit Liebe und Lob Gottes singend und springend ergebe? Tut es aber nicht also, so ist gewißlich Gebrechen am Glauben da. Denn je mehr Glaubens da ist, je mehr solche Freude und Freiheit; je weniger Glaube, je weniger Freude. Siehe, das ist die rechte christliche Erlösung und Freiheit vom Gesetz und von des Gesetzes Urteil, das ist, von Sünden und von dem Tode. Nicht, daß kein Gesetz oder Tod bleibe, sondern daß beide, Gesetz und Tod, werden, als wären sie nicht. Das Gesetz macht nicht zu Sünden, der Tod macht nicht zu Schanden, sondern der Glaube gehet durchhin in die Gerechtigkeit und Leben ewiglich.

4. WOCHE NACH TRINITATIS

Einer vergebe dem anderen

SONNTAG: Lukas 6/36–42

Darum seid barmherzig, wie auch euer Vater barmherzig ist. *Lukas 6/36*

Heiliger Geist, du Tröster mein 101

Nun, wie ist Gott barmherzig, unser himmlischer Vater? Also, daß er uns gibt alle Güter, leiblich und geistlich, zeitlich und ewiglich, vergebens und aus lauter Güte. Denn wenn er uns sollt geben aus und nach unserm Verdienst, so müßte er uns allein geben das höllische Feuer und die ewige Verdammnis. Darum, was er uns gibt an Gütern und Ehre, das ist aus lauter Barmherzigkeit. Er siehet, daß wir stecken im Tode; des erbarmet er sich und gibt uns das Leben. Er siehet, daß wir Kinder sind der Höllen; des erbarmet er sich und gibt uns den Himmel. Er siehet, daß wir arm sind, nacket und bloß, hungerig und durstig; des erbarmet er sich, kleidet uns, speiset uns und tränket uns und macht uns satt mit allen Gütern. Also, was wir haben, geistlich und leiblich, das gibt er uns aus Barmherzigkeit und schütt' seine Güter über uns und in uns. Darum sagt hier Christus: „Folget eurem Vater nach und seid auch also barmherzig, wie er barmherzig ist."

Der Christen Barmherzigkeit soll nicht das Ihre suchen, sondern soll also getan sein: Sie muß rund sein und die Augen auftun und alle gleich ansehen, Freund und Feind, wie unser himmlischer Vater tut.

Und wo diese Barmherzigkeit nicht ist, da ist auch der Glaube nicht.

MONTAG: Der Pharisäer

Der Pharisäer stand und betete bei sich also: Ich danke dir, Gott, daß ich nicht bin wie die andern Leute, Räuber, Ungerechte, Ehebrecher oder auch wie dieser Zöllner.

Lukas 18/11

Dies sind die heilgen zehn Gebot 240

Da sind alle Gebot aufgehoben und übertreten, denn er verleugnet Gott, dem Nächsten tut er auch nichts Guts; damit ist er zu Trümmern gegangen, daß er nicht einen Buchstaben des Gesetzes erfüllet hat. Denn hätte er also gesagt: Ach Gott, wir sind allzumal Sünder; der arme Sünder hier ist auch einer, desgleichen ich auch, wie die andern; und hätte sich mit hineingezogen in die Gemeine und gesagt: Ach Gott, sei uns gnädig! so hätte er Gottes Gebot erfüllet, nämlich das erste in dem, daß er Gott die Ehre und den Preis gäbe. Und hätte darnach gesagt: Ach Gott, ich sehe, daß der ein Sünder ist, steckt dem Teufel im Rachen, hilf ihm, lieber Herr! und hätte ihn also genommen auf den Rücken und vor Gott gebracht und Gott für ihn gebeten, so hätte er das ander Gebot auch erfüllet von der christlichen Liebe, wie Paulus (Gal. 6, 2) sagt und lehret: „Einer trage des andern Last, so werdet ihr das Gesetz Christi erfüllen."

Nun kommt er her und lobet sich selbst, er sei gerecht, rühmet sich gar herrlich seiner vermeinten guten Werke, wie er faste und den Zehnten gebe von allem, das er habe. Darnach steckt er so voll Hasses des Nächsten, daß, wenn ihm Gott das Gericht gäbe, so stieße er den armen Zöllner am tiefsten in die Hölle hinein. Sehet, ist das nicht ein bös Herz und greulich zu hören, daß ich wollt, daß alle Menschen zum Teufel führen, allein daß ich gepreiset würde?

Das ist uns nun vorgebildet, daß wir uns davor hüten sollen.

DIENSTAG: All Ding lassen ein Kleid sein, Sünder damit zu decken

Die Liebe deckt auch der Sünden Menge. *1. Petrus 4/8*

Das sollt ihr, Jesu Jünger, nie vergessen 159

Also lernet hier, daß man den Nächsten suche wie ein verloren Schaf, seine Schande mit unserer Ehre decke, und daß unsre Frömmigkeit sei ein Deckel seiner Sünde. Aber jetzund, wenn sie zusammen kommen, so hauen sie einander zu der Bank, damit wollen sie beweisen, wie hitzig sie sind wider die Sünden. Darum, ihr Männer, wo ihr zusammen kommt, so hauet die Leute nicht zu den Bänken. Desgleichen auch ihr Weiber, wenn ihr zusammen kommt, so decket die Schande der andern zu und machet nicht Wunden, die ihr nicht heilen könnt. Kommst du dazu in einer Stuben, so wirf deinen Rock auf beide, und also schließ die Tür zu; Ursach, denn also wolltest du, daß man dir tun sollt.

Also tut Christus, der schweiget auch stille und decket unsre Sünde. Er könnte uns auch wohl zu Schanden machen und mit Füßen über uns laufen, er tut es aber nicht. Also müsset ihr hier auch tun. Eine Jungfrau muß ihren Kranz einer Huren aufsetzen, ein fromm Weib ihren Schleier einer Ehebrecherin, und ganz und gar unser Ding lassen ein Kleid sein, damit wir die Sünder decken. Denn es wird ein jeglicher Mann sein Schaf haben, und ein jegliches Weib seinen Groschen; es müssen alle unsere Gaben eines andern sein.

MITTWOCH: Wie wir unseren Schuldigern vergeben

So ihr den Menschen ihre Fehler vergebet, so wird euch euer himmlischer Vater auch vergeben. *Matthäus 6/14*

Vater unser im Himmelreich 241/6

Gedenk, wie würd es dir gefallen, so dir Gott wiederum tät, wie du deinem Nächsten tust, und breitet der Welt aus alle deine Sünd? Oder, wie wolltest du leiden, daß ein anderer auch also deine Bosheit ausruft? Du wolltest ohn Zweifel, daß jedermann still schwieg, dich entschuldiget, decket und für dich betet. Nun tust du wider die Natur und ihr Gesetz, das da spricht: „Was du willst, daß man dir tu, das tu du auch dem andern." (Matth. 7, 12.)

Und denk nur nicht, daß einem Nachreder, Verleumder, frevelm Richter sein Sünd, noch die kleinst, noch die größt vergeben werde.

Willst du aber je etwas bei der Sünd deines Nächsten tun, so halt die edel, köstliche, golden Regel Christi, da er spricht (Matth. 18, 15): „So dein Bruder etwas sündiget, das dir widert, so gehe hin und straf ihn zwischen dir und ihm allein." O merk: nicht sags andern Menschen, sondern du und er allein.

O wer sich des edlen Werks beflisse, wie leichtlich könnt der sein Sünd büßen, ob er schon sonst nicht viel tät. Denn, so er wiederum sündiget, so wird Gott sagen: Ei, dieser hat seinem Nächsten sein Schuld deckt und vergeben! tretet herzu all Kreaturen und deckt ihn wieder zu, und soll ihm sein Sünd auch nimmer aufgehoben werden.

DONNERSTAG: Vergeben ohne Maß

Da trat Petrus zu ihm und sprach: Herr, wie oft muß ich denn meinem Bruder, der an mir sündigt, vergeben? Ist's genug siebenmal? *Matthäus 18/21*

O heiliger Geist, kehr bei uns ein 103/6

Gottes Reich oder Vergebung der Sünden hat kein Ziel noch Maß; wie denn der Text des Evangelii schön anzeiget, da Petrus den Herrn fragete; und hierauf folget das Gleichnis, das der Herr daselbst sagte, darinnen Christus uns aufs höchst ermahnet, bei Gottes Ungnaden, unserm Nächsten seine Fehle zu vergeben ohn alle Weigerung, dieweil uns Gott unzählig, unendlich viel Schuld und Sünde vergibt. Unsere Schuld, die wir Gott schuldig sind, ist zehntausend Pfund, das ist, ohn Zahl und Maß, so groß, daß wir mit allem unserm Vermögen mit allen Kräften und Werken sie nicht vermögen zu bezahlen; denn wir keine Sünde, auch die geringste, nicht vermögen auszutilgen. So uns nun Gott aus Gnaden in seinem Reiche so viel vergibt, ists billig, daß wir unserm Nächsten auch ein wenig vergeben.

Also spricht Christus: Im Himmelreich, darinnen eigentlich nichts gehandelt wird denn Vergebung der Sünden, das ist, in der gemeinen Christenheit, will ich dermaßen auch tun gegen den, der einem andern seine Sünde verzeihet; und also herwiederum, welcher einem andern nicht Gnade beweiset, dem will ich auch nicht Gnad erzeigen. Ich bin gegen euch alle als ein Herr und König; ihr aber unter einander seid gleich als Mitknechte und Mitgesellen.

FREITAG: Lieben ohne Lohn

So ihr liebet, die euch lieben, was werdet ihr für Lohn haben? Tun nicht dasselbe auch die Zöllner?

Ein wahrer Glaube Gottes Zorn stillt 246 *Matthäus 5/46*

So soll ein Christ bleiben in einem gütlichen, hülflichen Herzen, daß man die Guttat auch beweise an den Bösen. Denn den Guten hülflich sein und den Freunden dienen, ist leicht; denn auch die Mörder können ihren Freunden dienen, und die Heiden können gütig, freundlich und hülflich sein, so lang sie die Wiederhülf fühlen. Wenn aber die Wiederhülfe außen bleibet, so versieget die Güte und Wohltat auch. Da siehet mans offentlich, daß es nicht ein Quell oder lebendiger Brunn der Liebe, sondern nur Wasser sei in Sand getragen, das ist, eine heidnische Hülfe. Wenn ich aber Guts tue, und jener bezahlet mir Guts mit Bösem, und ich sage: Nun wohlan, fahre hin, mein Herz soll dennoch unverdrossen sein, Guts zu tun, ich will dir darum nichts Böses gönnen und zu keinem Bösen helfen; strafen will ich dich wohl; kehrest du dich daran nicht, so fahre hin; straft dich der Bürgermeister und Richter nicht, so wirst du im Himmel einen haben, der dich wohl strafen wird; der hat noch so viel Teufel, so viel böser Buben auf Erden, so viel Wasser, Feuer, Klötz, Stein, Plagen, Pestilenz, daß er dich wohl strafen kann. Weil ich nun weiß, daß es nicht soll ungestraft bleiben, so will ich ein süße, mitleidig Herz, das zu raten und helfen bereit ist, behalten. Das heißt denn ein christlich Herz und christliche Liebe, so die Heiden nicht haben.

Ein Christ soll ein solche Quell haben, die nicht zu erschöpfen sei noch versiege, ob schon die Wohltat wie das Wasser in Sand geschüttet wird.

SONNABEND: In allem Tun Christo gleichförmig

So ziehet nun an, als die Auserwählten Gottes, Heiligen und Geliebten, herzliches Erbarmen, Freundlichkeit, Demut, Sanftmut, Geduld. *Kolosser 3/12*

Kommt, Kinder, laßt uns gehen 272/7—8

Es ist nicht genug, daß du mit Geberden, Zeichen, Mund oder Zunge dich freundlich gegen ihn stellest und vergebest, sondern von Herzen, sonst wird dir Gott nicht vergeben, du würdest auch vom Reich der Gnaden Gottes verstoßen werden. Hierum, wenn wir empfinden die Barmherzigkeit Gottes gegen uns, sollen wir auch den andern Mitbrüdern, so uns beleidigt haben, gern verzeihen. Darum vergibt uns der barmherzige Vater unsere Sünde, auf daß wir unsern Brüdern auch vergeben sollen und Barmherzigkeit erzeigen; gleichwie er gegen uns barmherzig ist und vergibt Sünde, Tod, Schuld und Pein. Wenn wir solches tun, so sind wir im Reich Gottes. Denn Gottes Güte lebt in unsern Herzen und machet uns auch gütig; Christus sitzt zu der Rechten des Vaters und regieret nichts desto weniger in den Herzen und Gewissen der Gläubigen, also daß sie ihn lieben, fürchten, vor ihm sich züchtiglich scheuen und ihm gehorsamlich folgen, gleichwie ein gehorsam Volk seinem Könige, und in allem Tun ihm gleichförmig werden; wie er denn spricht: „Ihr sollt vollkommen sein, gleichwie euer Vater im Himmel vollkommen ist." (Matth. 5, 48.) In dem ist Gott vollkommen, daß er unsere Bosheit, Gebrechen, Sünde und Unvollkommenheit duldet und uns verzeihet, auf daß wir auch also tun sollen unsern Brüdern.

5. WOCHE NACH TRINITATIS

Im rechten Glauben geheiliget und erhalten

SONNTAG: 1. Petrus 3/8—15

Nach dem, der euch berufen hat und heilig ist, seid auch ihr heilig in allem euren Wandel. Denn es steht geschrieben: Ihr sollt heilig sein, denn ich bin heilig.

1. Petrus 1/15—16

Preis, Lob und Dank sei Gott dem HErren 206

Weil ich euer Herr und Gott bin und ihr mein Volk seid, so sollt ihr auch sein, wie ich bin. Denn ein rechter Herr machet, daß ihm sein Volk gleich ist und in Gehorsam daher gehet und sich richtet nach des Herrn Willen. Wie nun Gott, unser Herr, heilig ist, also ist sein Volk auch heilig; darum sind wir alle heilig, wenn wir im Glauben wandeln. Die Schrift redet nicht viel von verstorbenen Heiligen, sondern von denen, die auf Erden leben. Also rühmet sich der Prophet David Psalm 85: „Herr, bewahre meine Seel, denn ich bin heilig."

Denn wer ein Christ ist, der tritt mit dem Herrn Christo in die Gemeinschaft aller seiner Güter: weil nun Christus heilig ist, so muß er auch heilig sein oder leugnen, daß Christus heilig sei. Bist du getauft, so hast du das heilig Kleid angezogen, das Christus ist, wie Paulus sagt. Das Wörtlein „heilig" heißt, das Gottes eigen ist und ihm allein gebührt, das wir deutsch heißen geweihet. Also sagt nun Petrus: „Ihr habt euch nun Gott zu eigen geben, darum sehet zu, daß ihr euch nicht lasset wiederum führen in die weltlichen Lüste; sondern laßt Gott allein in euch regieren, leben und wirken; so seid ihr heilig, wie er heilig ist."

MONTAG: In Christo Heilige

... aber ihr seid abgewaschen, ihr seid geheiligt, ihr seid gerecht geworden durch den Namen des Herrn Jesu und durch den Geist unsers Gottes. 1. *Korinther 6/11*

Es glänzet der Christen inwendiges Leben 265

Wir ehren Christum damit, nicht uns, wenn wir dieselbe Heiligkeit rühmen, daß, weil wir in seinem Leiden und Heiligkeit stecken, wir auch davon heilig werden.

Daß ich mich für einen Sünder erkenne, tue ich recht, so ferne es meine Person betrifft; aber weil ich nun durch denGlauben an Christum nicht mehr Adams Kind bin, sondern Gottes Kind, so bin ich wahrhaftig heilig. Also muß mans fein unterscheiden. So ferne ich ein Mensch und Adams Kind bin, gehöre ich in die Hölle; wenn ich gleich alle selbsterwählte Geistlichkeit, strenges Leben, brünstige Andacht und gute Werke für mich hätte und wollte mich darauf verlassen, wäre ich verdammt und verloren.

Wenn du aber glaubest, daß du durch Christum, der um deiner Sünde willen gestorben und um deiner Gerechtigkeit willen auferstanden ist, zu solcher Brüderschaft und Kindschaft kommest und darauf getauft bist, so sprich: Nun nimmer Adams Kind, nun nimmer Sünder, so lange ich in dieser Brüderschaft bin. Kannst du denn darauf pochen und vermessen, so tue es. Ich studiere noch immer dran; denn es ist schwer, daß ein Sünder soll sagen: Ich habe einen Stuhl im Himmel neben St. Petro. Gleichwohl müssen wir diese Heiligkeit rühmen und preisen. Das heißt denn allein die güldene Brüderschaft.

DIENSTAG: Von Gott geheiligt

Wir sollen Gott danken allezeit um euch, vom Herrn geliebte Brüder, daß euch Gott erwählt hat von Anfang zur Seligkeit in der Heiligung des Geistes und im Glauben der Wahrheit. 2. *Thessalonicher 2/13*

Christi Blut und Gerechtigkeit 273

Darum sollen auch wir die für heilig halten und nennen mit Christo, die sein Wort haben und mit Ernst meinen und bekennen, sonderlich in Anfechtung und Verfolgung, ob sie gleich elende, schwache Menschen sind und keinen Schein sonderlicher Heiligkeit haben. Denn wir können's doch niemand an der Stirn gemalt sehen, wer rechtschaffen, heilig oder nicht ist. Das können wir aber sehen: wo das Wort ist und Frucht bringet, daß man um desselben willen leidet, was man leiden soll usw,. da müssen gewißlich auch lebendige Heilige sein.

Hier spricht nun die falsche Demut unsrer Werkheiligen: Ei, da behüt Gott vor, wie sollt jemand so hoffärtig sein und sich lassen heilig nennen, sind wir doch nichts denn arme Sünder? Antwort: Das kommt alles aus dem alten Wahn, daß, wenn man von Heiligkeit höret, nur nach trefflichen großen Werken gaffet und die Heiligen im Himmel ansiehet, als haben sie es selbst erworben und verdienet. Wir aber sagen also, daß die rechten Heiligen Christi müssen gute, starke Sünder sein und solche Heilige bleiben, die sich nicht schämen, das Vater-Unser zu beten und zu sagen: „Geheiligt werde dein Name, dein Reich komme, vergib uns unser Schuld usw.", da wir bekennen, daß Gottes Name nicht in uns geheiligt wird, wie er soll, noch sein Reich also gehet, noch sein Wille geschehe. Darum heißen sie heilig, nicht daß sie ohn Sünd seien oder durch Werk heilig werden, sondern das Widerspiel: daß sie vor sich und mit allen ihren Werken nichts denn Sünder und verdammt sind, aber durch fremde Heiligkeit heilig werden, nämlich des Herrn Christi, welche durch den Glauben ihnen geschenkt und eigen wird.

MITTWOCH: Heilig — im Glauben

... daß sie empfangen Vergebung der Sünden und das Erbe samt denen, die geheiligt werden durch den Glauben an mich. *Apostelgeschichte 26/18*

HErr Jesu, Gnadensonne 258

Gott hat uns versehen, daß wir heilig sein sollten, und also, daß wir geistlich heilig werden. Es ist ein geistlich Wort, daß wir von Herzen, inwendig im Geist vor Gott heilig sind. Und das hat er eigentlich darum gesagt, daß er will anzeigen, daß nichts heilig sei denn die Heiligkeit, die Gott in uns wirkt.

Also heißt uns die Schrift heilig, dieweil wir noch hier auf Erden leben, so wir glauben.

Heilig mußt du sein; du mußt dich aber also schicken, daß du nicht denkst, du seist von dir selbst oder durch dein Verdienst heilig, sondern darum, daß du das Wort Gottes hast, daß der Himmel dein ist, daß du rechtschaffen fromm bist und heilig durch Christum worden. Das muß du bekennen, willst du ein Christ sein. Denn das wäre die größt Schmach und Lästerung des Namens Christi, wenn wir die Ehre dem Blut Christi nicht wollten tun, daß es uns die Sünd abwasche, oder glauben, daß uns das Blut heilig mache. Darum mußt du glauben und bekennen, daß du heilig seiest, aber durch dies Blut, nicht durch deine Frömmigkeit, also, daß du drob das Leben und was du hast, lassest und wartest, was dir darum begegnen mag.

DONNERSTAG: Noch nicht

Nicht, daß ich's schon ergriffen habe oder schon vollkommen sei; ich jage ihm aber nach, ob ich's auch ergreifen möchte, nachdem ich von Christo Jesu ergriffen bin.

Mache dich, mein Geist, bereit 261 *Philipper 3/12*

Darum hält oder bekennt sich kein Heiliger für gerecht, sondern er bittet immer um Rechtfertigung und wartet immer darauf, daß er die, die sich als Sünder erkennen und darob bekümmert sind, als gerecht anerkennt.

Daher besteht das ganze Leben des neuen Volkes, des glaubenden Volkes, des geistlichen Volkes darin, daß es mit dem Seufzen des Herzens, mit dem Schrei der Tat, mit dem Mühen des Leibes immer nur dies eine fordert, ersehnt und erfleht, es möge immerdar bis zum Tode gerechtfertigt werden, niemals stehen bleiben, es möge niemals ein Schonergriffenhaben kennen, kein Werk als das Ziel einer schon tatsächlich erlangten Gerechtigkeit ansehen, sondern erst darauf warten, als wenn sie bis zur Stunde immer noch außerhalb seines Bereiches wäre, während es selbst noch immerdar in Sünden lebe und liege.

FREITAG: In Gottes Werkstatt

... eine jegliche Rebe, die da Frucht bringet, wird er reinigen. *Johannes 15/2*

Endlich bricht der heiße Tiegel 305/2—7

Immer geht es so zu, daß wir unser Werk begreifen, bevor es geschieht; Gottes Werk aber begreifen wir nicht, bis es geschehen ist, Jer. 23, 20: „Am Ende der Tage werdet ihr seinen Rat erkennen", d. h. am Anfang und zuerst verstehen wir nur unseren Plan, zuletzt verstehen wir den Plan Gottes. Joh. 14, 29: „Auf daß ihr glaubt, wenn es geschehen ist." Denn es ist so, wie ich sagte, gleich als wenn ein Künstler über einen Stoff kommt, der geschickt und geeignet ist, daß er ihn zu einem Werke seiner Kunst bilde. Diese Eignung des Stoffes ist gleichsam eine stumme Bitte um die Form. Die versteht der Künstler und erhört sie, wenn er sich anschickt, das zu tun, wonach jener Stoff durch seine Eignung verlangt. Ebenso kommt auch Gott über unser Fühlen und Denken und sieht, wonach es begehrt und wozu es sich eignet und was es ersehnt. Alsdann beginnt er ihm die Form aufzudrücken, die seine Kunst und sein Plan bereithält. Dabei geht dann notwendigerweise Gestalt und Vorstellung unseres Denkens zugrunde.

SONNABEND: An die Heiligung glauben

Derselbe Geist gibt Zeugnis unserm Geist, daß wir Gottes Kinder sind. *Römer 8/16*

Ist Gott für mich, so trete 250/7—9

Wer in festem Glauben und in fester Hoffnung vertraut, daß er ein Kind Gottes ist, der ist ein Kind Gottes; denn das kann niemand ohne den Geist.

Wenn du glaubst, daß deine Sünden nur von ihm getilgt werden können, so tust du wohl daran. Aber nun glaube auch dies noch dazu, nicht als ob du das könntest, sondern der Geist muß solchen Glauben in dir wirken, daß durch ihn deine Sünden dir nun auch wirklich erlassen werden. Das ist das Zeugnis, das der Heilige Geist unserem Herzen gibt: dir sind deine Sünden vergeben. So wird der Mensch – das ist die Meinung des Apostels – durch den Glauben gerecht. (Ganz fest mußt du auch von dir, nicht nur von den Erwählten glauben, daß Christus auch für deine Sünden gestorben ist und genug getan hat.) Das Gleiche gilt auch von den Verdiensten. Wenn du glaubst, man könne nur durch ihn solche Verdienste besitzen, so genügt das nicht, bis der Geist der Wahrheit dir Zeugnis gibt, daß du nun auch wirklich solche Verdienste durch ihn hast. Dazu kommt es dann, wenn du fest vertraust, daß die Werke, die du tust, Gott angenehm und willkommen seien, welcher Art sie auch immer sein mögen. Du vertraust aber dann zuversichtlich, daß sie angenehm seien, wenn du einsiehst, daß du trotz dieser Werke vor Gott ein Nichts bist, mögen sie auch gut sein und im Gehorsam getan, weil du ja nicht die Werke tust, die böse sind. Und diese Demut und Gewissensanfechtung in den guten Werken bewirkt, daß sie Gott willkommen sind. Ebenso ist es auch mit dem ewigen Leben. Es genügt nicht, wenn du glaubst, er wolle dir dies Leben aus Gnaden schenken; nein, du mußt das Zeugnis des Geistes haben, daß du nun auch wirklich zu diesem Leben durch Gottes Hilfe gelangen wirst.

6. WOCHE NACH TRINITATIS

Taufgedächtnis

SONNTAG: Römer 6/3—11

So wir samt ihm gepflanzt werden zu gleichem Tode, so werden wir auch seiner Auferstehung gleich sein, dieweil wir wissen, daß unser alter Mensch samt ihm gekreuzigt ist, auf daß der sündliche Leib aufhöre, daß wir hinfort der Sünde nicht dienen. *Römer 6/5—6*

Durch Adams Fall ist ganz verderbt 243

Dies ist eine sonderliche apostolische Rede. Das er anderweit gesagt hat: „in Christi Tod getauft und mit ihm begraben sein", das nennet er hier: „samt ihm gepflanzt sein zu gleichem Tode." Bindet und zeucht also ineinander Christi Tod und Auferstehung und unsere Taufe, daß man sie nicht für ein ledig bloß Zeichen halte, sondern daß darein gesteckt ist die Kraft beide, des Tods und der Auferstehung Christi. Das geschieht beides dazu, daß in uns auch folge beide, Tod und Leben. Denn darum wird unsere Sünde durch seinen Tod getötet, das ist weggenommen, daß sie auch endlich an uns sterben und fürder nicht leben soll.

Also, daß wir in der Taufe unter das Wasser gestecket werden, zeiget, daß wir auch in Christo sterben, daß wir aber wieder herauskommen, bedeutet und gibt uns, daß wir auch in ihm wiederum leben, wie er nicht im Tod blieben, sondern auferstanden ist. Aber solch Leben soll und kann nicht sein ein Leben der Sünde, weil sie zuvor in uns getötet und wir ihr haben absterben müssen, sondern muß sein ein neu Leben der Gerechtigkeit und Heiligkeit. Als heißen wir nun in Christo gepflanzet oder vereinigt und gleichwie in einen Kuchen gebacken, daß wir beide, die Kraft seines Tods und Auferstehung in uns haben, und auch die Frucht oder Folge desselben an uns befunden werde, nach dem wir auf ihn getauft sind.

MONTAG: In Christi Tod getauft

Wisset ihr nicht, daß alle, die wir in Jesum Christum getauft sind, die sind in seinen Tod getauft? *Römer 6/3*

O Gott und Vater Gnaden voll 147

Die Bedeutung ist ein seliglich Sterben der Sünd und Auferstehung in Gnaden Gottes, daß der alte Mensch, der in Sünden empfangen wird und geboren, da erträkt wird, und ein neuer Mensch herausgehet und aufstehet, in Gnaden geboren. Also ertrinken die Sünd in der Taufe und gehet auf die Gerechtigkeit für die Sünd.

Die Bedeutung und Sterben oder Ertrinken der Sünd geschieht nicht vollkommen in diesem Leben, bis der Mensch auch leiblich sterb und ganz verwese zu Pulver. Das Sakrament oder Zeichen der Tauf ist bald geschehen, wie wir vor Augen sehen. Aber die Bedeutung, die geistlich Tauf, die Erträkung der Sünd währet, dieweil wir leben, und wird allererst im Tod vollbracht. Da wird der Mensch recht in die Tauf gesenkt und geschieht, was die Tauf bedeutet: Darum ist dies ganz Leben nichts anders denn eine geistlich Tauf ohn Unterlaß bis in den Tod. Und wer getauft wird, der wird zum Tod verurteilt.

Also ist eines Christenmenschen Leben nicht anders denn ein Anheben, seliglich zu sterben von der Tauf an bis ins Grab; denn Gott will ihn anders machen von neu auf am Jüngsten Tag.

DIENSTAG: Wie Gottes Kinder „genaturet" sind

... und taufet sie im Namen des Vaters und des Sohnes und des Heiligen Geistes *Matthäus 28/19*

Ich bin getauft auf deinen Namen 152

Ein frommes Kind nennt man, das, von frommen ehrlichen Eltern geborn, denselben in aller Maß nachfolget und gleichförmig ist. Dasselbe Kind mit Recht besitzt und ererbt die Güter und alle Namen seiner Eltern. Also sind wir Christen durch die Tauf neu geborn und Gottes Kinder worden, und so wir unserm Vater und seiner Art nachfolgen, so sind alle seine Güter und Namen auch unser Erb ewiglich. Nun ist und heißt unser Vater barmherzig und gütig, als Christus sagt: „Seid barmherzig, als euer himmlischer Vater barmherzig ist." Item: „Lernet von mir, denn ich bin sanftmütig und von Herzen demütig." Also auch ist Gott gerecht, rein, wahrhaftig, stark, einfältig, schlicht, weis usw. Und dies sind alles Gottes Namen, die alle eingeschlossen werden in dem Wörtlein „Dein Name". Denn aller Tugend Namen sind Gottes Namen. Dieweil wir denn in diesen Namen getauft seien, und durch sie geweihet und geheiligt, und sie jetzt unsere Namen worden sind, folget, daß alle Gottes Kinder heißen und sollen sein gütig, barmherzig, keusch, gerecht, wahrhaftig, einfältig, freundlich, friedsam, eines süßen Herzens zu einem jeglichen Menschen, auch seinen Feinden. Denn der Name Gottes, darin sie getauft sind, wirket solches an ihnen.

MITTWOCH: Die Bedeutung des Sakraments

Also auch ihr, haltet euch dafür, daß ihr der Sünde gestorben seid und lebet Gott in Christo Jesu, unserm Herrn.

Wärn meiner Sünd auch noch so viel 248 *Römer 6/11*

Also ist der Mensch ganz rein und unschuldig, sakramentlich; das ist nicht anders gesagt, denn er hat das Zeichen Gottes, die Tauf; damit angezeigt wird, sein Sünd sollen alle tot sein, und er in Gnaden auch sterben und am Jüngsten Tag auferstehen rein, ohn Sünd, unschuldig, ewiglich zu leben, also ist des Sakraments halber wahr, daß er ohn Sünd unschuldig sei; aber dieweil nun das noch nicht vollbracht ist und er noch lebt im sündlichen Fleisch, so ist er nicht ohn Sünd, noch rein aller Ding, sondern angefangen, rein und unschuldig zu werden.

So sprichst du: was hilft mir dann die Tauf, wenn sie nicht tilget und ableget die Sünd ganz und gar? Hier kommt nun der rechte Verstand und Erkenntnis des Sakraments der Tauf.

Zum Ersten, daß du dich ergibst in das Sakrament der Tauf und seiner Bedeutung, das ist, daß du begehrest, mit den Sünden zu sterben und am Jüngsten Tag neu gemacht zu werden nach Anzeigung des Sakraments. Das nimmt Gott auf von dir und läßt dich taufen und hebt von Stund an, dich neu zu machen, gießt dir ein sein Gnad und Heiligen Geist, der anfahet, die Natur und Sünd zu töten und zu bereiten zum Sterben und Auferstehen am Jüngsten Tag.

Zum Andern, verbindest du dich, also zu bleiben und immer mehr und mehr zu töten die Sünd, dieweil du lebest, bis in den Tod, so nimmt dasselb Gott auch auf und übet dich dein Lebenlang mit viel guten Werken und mancherlei Leiden; damit er tut, das du begehrt hast in der Tauf, das ist, daß du willst der Sünd los werden, sterben und neu auferstehen am Jüngsten Tag und also die Tauf vollbringen.

DONNERSTAG: Die Taufe — Trost in Sünden

Wer da glaubet und getauft wird, der wird selig werden.
Markus 16/16

Eins ist not! 259/7—8

Ist jemand in Sünd gefallen, so gedenk er am stärksten an sein Tauf, wie sich Gott daselbst mit ihm verbunden hat, alle Sünd zu vergeben, so er wider sie fechten will bis in den Tod. Auf dieselbige Wahrheit und Verbindung Gottes muß man sich fröhlich erwägen, so gehet die Tauf wieder in ihrem Werk und Kraft; so wird das Herz wieder zufrieden und fröhlich; nicht in seinem Werk oder Genugtuung, sondern in Gottes Barmherzigkeit, die ihm in der Tauf zugesagt ist, ewiglich zu halten. Und an dem Glauben muß man also fest halten, daß, ob auch alle Kreaturen und alle Sünd einen überfielen, er dennoch daran hange. Angesehen, daß, wer sich davon läßt dringen, der machet Gott zu einem Lügner in seinem Verbinden am Sakrament der Tauf.

FREITAG: Das Blut bei dem Wasser

Dieser ist's, der da kommt mit Wasser und Blut, Jesus Christus; nicht mit Wasser allein, sondern mit Wasser und Blut. *1. Johannes 5/6*

Christ unser HErr zum Jordan kam 146/6—7

Also will er allezeit das Blut in die Taufe mengen, daß darinnen scheine und ersehen werde das rosenfarbene, unschuldige Blut Christi. Nach menschlichen Augen scheinet da nichts als lauter weiß Wasser, das ist wahr; aber St. Johannes will uns die innerlichen und geistlichen Augen des Glaubens auftun, daß wir damit sehen nicht allein Wasser, sondern auch das Blut unsers Herrn Jesu Christi.

Warum das? Die heilige Taufe ist uns erworben durch dasselbige Blut, welches er für uns vergossen und für die Sünde bezahlet hat. Das Blut und desselben Verdienst und Kraft hat er in die Taufe gelegt, daß man es darinnen erlangen solle. Denn welcher die Taufe empfähet im Glauben, das ist eben, als würde er sichtiglich mit dem Blute Christi gewaschen und von Sünden gereiniget. Denn Vergebung der Sünden erlangen wir nicht durch unsere Werke, sondern durch des Sohnes Gottes Sterben und Blutvergießen. Solche Vergebung aber legt und steckt er in die Taufe.

SONNABEND: Heilige

Nach dem, der euch berufen hat und heilig ist, seid auch ihr heilig in allem eurem Wandel. *1. Petrus 1/15*

Nun laßt uns Gott dem HErren Dank sagen 227

Ich will weder von mir selbst und meinethalben, noch von keinem Menschen nicht heilig heißen, noch von Heiligkeit rühmen; aber daher bin ich heilig, daß ich mit ungezweifeltem Glauben und unverzagtem Gewissen kann sagen: Ob ich wohl ein armer Sünder bin, so ist doch Christus heilig mit seiner

Taufe, Wort, Sakrament und Heiligem Geist. Das ist die einige rechte Heiligkeit, uns von Gott gegeben.

Ja (sprichst du), wie komme ich dazu? Oder was gehet der Heilig Geist mich an? Antwort: Er hat mich getauft und das Evangelium von Christo gepredigt und mein Herz erweckt zu glauben. Die Taufe ist ja nicht aus mir gewachsen, das Evangelium und der Glaube auch nicht; sondern er hat es mir gegeben. Denn die Finger, so mich getauft haben, sind nicht des Menschen, sondern des Heiligen Geists Finger; und des Predigers Mund und Wort, das ich gehört habe, ist nicht sein, sondern des Heiligen Geists Wort und Predigt, der da durch solch auswendig Mittel inwendig den Glauben gibt und also heiliget.

Darum, so wenig als wir sollen leugnen, daß wir getauft und Christen sind, so wenig sollen wir auch leugnen oder in Zweifel stellen, daß wir heilig sind.

7. WOCHE NACH TRINITATIS

Das ist der Wille Gottes: eure Heiligung

SONNTAG: Römer 6/19—23

Nun ihr seid von der Sünde frei und Gottes Knechte geworden, habt ihr eure Frucht, daß ihr heilig werdet, das Ende aber das ewige Leben. Römer 6/22

Sei Lob und Ehr dem höchsten Gut 233

Also redet nun St. Paulus und spricht: Wisset ihr nicht, welchem ihr euch begebet zu Knechten im Gehorsam, des Knechte seid ihr, dem ihr gehorsam seid, es sei der Sünde zum Tode oder dem Gehorsam zur Gerechtigkeit. Das ist, so ihr nun unter der Gnade Vergebung der Sünden habt und nun gerecht seid, so seid ihr Gott den Gehorsam schuldig, daß ihr nach seinem Willen lebet; denn ihr müsset doch in eines Dienst und Gehorsam erfunden werden, entweder der Sünde, welche Gottes Zorn und den Tod über euch führet, wo ihr darin bleibet, oder Gottes in der Gnade, daß ihr ihm dienet in neuem Wandel und Leben. Darum müsset ihr nicht mehr der Sünden gehorsam sein, von welcher Herrschaft und Gewalt ihr nun befreit seid.

Die Sünde wird nicht mehr über euch herrschen können, sintemal ihr nicht seid unter dem Gesetz, sondern unter der Gnade. Das ist, ihr könnet nun wohl der Sünde widerstehen, weil ihr nun in Christo seid und die Kraft seiner Auferstehung habt.

MONTAG: Heiligt Gott in euren Herzen

Heiliget Gott den Herrn in euren Herzen. 1. Petrus 3/15

Vater unser im Himmelreich 241

Wie meinet St. Peter, daß wir Gott sollen heiligen? Wie können wir ihn heiligen, muß er nicht uns heiligen? Antwort: Also beten wir auch im Vater-Unser: „Geheiliget werde dein Name", daß wir seinen Namen sollen heiligen, so er doch seinen Namen selbst heiliget. Darum gehet es also zu: In euern Herzen sollt ihr ihn heiligen, das ist, wenn uns unser Herr Gott etwas zuschickt, es sei gut oder bös, es tu wohl oder wehe, es sei Schand, Ehr, Glück oder Unglück, so soll ich das nicht allein für gut, sondern auch für heilig halten und sprechen: Das ist eitel köstlich Heiltum, daß ichs nicht wert bin, daß michs anrühre. Wenn ich Gott in solchen Dingen den Preis gebe und solche Werk für gut, heilig und köstlich halte, so heilige ich ihn im Herzen.

DIENSTAG: Vor Gott müssen wir wirklich Sünder sein

Allerlei habe ich gesehen in den Tagen meiner Eitelkeit. Da ist ein Gerechter, und geht unter in seiner Gerechtigkeit. *Prediger 7/15*

„So wahr ich lebe", spricht dein Gott 169

Es genügt nicht, sich mit dem Munde nur als Sünder zu bekennen; denn was ist leichter, zumal wenn du Ruhe gefunden hast und unbehelligt bist von Anfechtungen? Nein, wenn du dich so mit dem Munde als Sünder bekannt hast, dann mußt du auch fest im Herzen so über dich denken und bei all deinem Tun und Treiben dich dementsprechend verhalten. Darum findet sich so selten jemand, der es anerkennt und glaubt, daß er ein Sünder ist. Denn wie kann der sich als Sünder bekennen, der nicht einmal ein gegen ihn, gegen sein Tun und gegen sein Planen gerichtetes Wort ertragen kann, sondern sogleich leidenschaftlich aufbraust und beteuert, daß er wahrhaftig sei und das Gute tue, und daß es ein Unrecht sei, ihm zu widerstehen, und verkehrt, ihn zu verwerfen? Sobald er aber gezwungen ist, das eine oder andere zu erdulden, gerät er ganz außer sich und belästigt alle mit der Klage, daß ihm allein von allen unrecht geschehe. Sieh doch da den Heuchler, der sich als Sünder bekannt hatte, wie er nun so gar nicht willens ist, das, was einem Sünder gebührt, zu tun und zu leiden, sondern nur das, was einem Gerechten und Heiligen zukommt.

Auf welchem Wege muß ein Mensch geistlicherweise ein Sünder werden? Auf keinem natürlichen. Denn so wird er nicht erst ein Sünder, nein, da ist es jeder schon. Vielmehr ruht das ganze Schwergewicht dieser Veränderung in den verborgenen Tiefen der Gesinnung, d. h. in der Schätzung und Meinung, die wir von uns haben. Diesen Sinn nämlich zu ändern, darum geht es in jedem Worte der Schrift und in jeglichem Handeln Gottes.

MITTWOCH: Werke sind des Glaubens Siegel

Wir sind sein Werk, geschaffen in Christo Jesu zu guten Werken, zu welchem Gott uns zuvor bereitet hat, daß wir darin wandeln sollen. *Epheser 2/10*

Geh hin nach Gottes Willen 387

Wir müssen vorhin empfahen, ehe wir ausgeben; ehe wir Barmherzigkeit tun, so müssen wir sie vorhin von Gott empfahen. Wir legen den ersten Stein nicht; das Schaf sucht auch den Hirten nicht, sondern der Hirt das Schaf. Darum setzet die Werk ja also, daß wir vor Gott nichts damit erlangen, sondern daß wir ohne Verdienst von Gott erlangen alles, was wir erlangen.

Zum andern, setzet die Werk also, daß sie sind ein gewisses Zeichen und wie ein Siegel an einen Brief gedrückt, damit ich sicher werde, daß der Glaub recht sei. Ursach: Fühle ich in meinem Herzen, daß das Werk daher fließt aus Liebe, so bin ich sicher, daß mein Glaube rechtschaffen ist. So ich vergebe, so macht mich das Vergeben gewiß, daß mein Glaub rechtschaffen sei, und versichert mich und beweist meinen Glauben, daß Gott mir auch vergeben hat und täglich vergebe; vergebe ich aber nicht, so mag ich frisch schließen, daß mir es am Glauben fehlet.

DONNERSTAG: Fasten

Wartet des Leibes, doch also, daß er nicht geil werde.
Römer 13/14

O Durchbrecher aller Bande 262/7 u. 9

Nichts Gefährlichers in uns ist denn unsere Vernunft und Wille. Und dies ist das höchste und erste Werk Gottes in uns und die beste Übung, unsere Werke zu lassen, der Vernunft und Willen müßig gehen und sich Gott befehlen in allen Dingen, sonderlich wenn sie geistlich und wohl gleißen.

Demnach folgen die Übungen des Fleisches, seine grobe, böse Lust zu töten, Ruhe und Feier machen; dieselben müssen wir mit Fasten, Wachen, Arbeiten töten und stillen. Und aus diesem Grunde lernen wir, wieviel und warum wir fasten, wachen oder arbeiten sollen. Es sind leider viel blinder Menschen, die ihr Kasteien, es sei Fasten, Wachen oder Arbeiten, allein darum üben, daß sie meinen, es sind gute Werke, daß sie damit viel verdienen. Solch Fasten ist nicht Fasten, sondern der Fasten und Gott spotten.

Darum lasse ichs geschehen, daß sich ein jeglicher erwähle Tage, Speise, Menge, zu fasten, wie er will, so fern, daß ers nicht da lasse bleiben, sondern habe Achtung auf sein Fleisch; wie viel dasselbige geil und mutwillig ist, so viel lege er Fasten, Wachen und Arbeit darauf, und nicht mehr.

FREITAG: Die Freude und das Kreuz

Die Freude am Herrn ist eure Stärke. *Nehemia 8/10*

In dir ist Freude 288

Sehet, wie mutig und trotzig ist der Mann. Wer hat ihm einen solchen wackern und trotzigen Mut gegeben? Oder woher ist ihm solches kommen? Allein von dem Heilande. Und je mehr man uns will davon treiben, je mehr wir an ihm hangen. Je mehr man uns Schaden, Unglück und Trübsal zufüget, je mehr werden wir uns freuen; denn diese Freude ist ewig. Und je mehr man uns davon reißen will, je größer sie nur wird.

Möchte nun einer sprechen: Kann man auch aus dieser Freude fallen? Ja; und sobald als wir fallen, ist die ewige Pein vorhanden; welche, wiewohl sie in ihrer Art ewig ist, so errettet doch Gott die Seinen daraus. Also bleibet die Freude auch ewig. Aber die Person mag wohl davon fallen, dieweil wir auf Erden sind. Das sollt ihr also verstehen: Christus ist mein Heiland; so ichs glaube und erkenne, ist mirs eine ewige Freude, so ferne als ich drauf bleibe. Wenn aber Christus aus dem Herzen und Gewissen hinweg ist, so ist die Freude auch dahin. Die Gnade bleibet; aber das Gewissen kann wohl fallen. Das sage ich darum, daß ihr euch dermaleinst nicht ärgert, wenn ihrer viel von dem Evangelio fallen werden und Christum verleugnen. Denn wo Christus mit seiner Freude und Trost soll sein, da ist bald das Kreuz und die Verfolgung auch nicht weit.

Aber ich besorge, daß wir weder die Freude noch das Kreuz haben, dieweil wir uns des Evangelii so wenig annehmen. Wir bleiben noch immerdar in unserm alten Wesen, verachten also den köstlichen, teuren Schatz des Evangelii.

SONNABEND: Des Fleisches Geschäfte töten

Wo ihr durch den Geist des Fleisches Geschäfte tötet, so werdet ihr leben. *Römer 8/13*

Wenn meine Sünd mich kränken 61/5

Dies Töten aber der Sünde durch den Geist gehet also zu, daß der Mensch seine Sünde und Schwachheit erkenne, und wo er solche sündlichen Gelüste fühlet sich regen, bald in sich selbst schlage und sich erinnere Gottes Worts und durch den Glauben der Vergebung der Sünden dawider sich stärke und also ihr widerstehe, daß er nicht darein willige, noch sie ins Werk kommen lasse.

Denn dies machet den Unterschied zwischen denen, so da Christen und heilig sind, und den andern, so ohn Glauben und Geist sind, oder denselben lassen fahren und verlieren. Denn obwohl die Gläubigen auch noch sündliche Lüste des Fleisches an sich haben (sowohl als die anderen), doch bleiben sie in der Buße und Furcht Gottes und behalten den Glauben, daß ihnen ihre Sünde um Christi willen vergeben werden, weil sie denselben nicht Raum geben, sondern widerstehen; darum bleiben sie unter der Vergebung, und ist ihnen solche übrige Schwachheit nicht tödlich noch verdammlich, wie den andern, so ohn Buße und Glauben sicher hingehen und ihren Lüsten vorsätzlich wider ihr Gewissen folgen und also beide, Glauben und Heiligen Geist von sich stoßen.

8. WOCHE NACH TRINITATIS

Hoffnung

SONNTAG: Römer 8/12–17

Wir sollen warten auf die selige Hoffnung und Erscheinung der Herrlichkeit des großen Gottes und unseres Heilandes Jesu Christi. Titus 2/13

O gläubig Herz gebenedei 226

Wir sind durchs Evangelium kommen zu dem Schatz, der da heißt nicht Geld und Gut, nicht Gewalt und Ehre, nicht Lust und Freude dieser Welt, ja auch nicht das Leben auf Erden, sondern eine Hoffnung, und eine lebendige, selige Hoffnung, die uns an Leib und Seele wird lebendig und selig machen, vollkommen und ewiglich. Zu dem Schatz sind wir durchs Evangelium berufen, und auf den Schatz sind wir getauft; darum lasset uns mit diesem zeitlichen Leben so umgehen, daß wir gedenken, dasselbige hinter uns zu lassen, und uns strecken nach derselbigen seligen Hoffnung „als nach dem vorgesteckten Ziel und Kleinod, welches uns die himmlische Berufung Gottes in Christo Jesu vorhält", daß wir demselben nachjagen und stets darauf warten sollen.

Wie lange sollen wir aber auf die selige Hoffnung warten? Wird es denn für und für eine Hoffnung bleiben und nichts weiter daraus werden? Nein, spricht er, unsere selige Hoffnung wird nicht für und für so bleiben, sondern wird endlich zur Erscheinung kommen, also, daß wirs nicht mehr werden dürfen hoffen und warten, sondern es wird an uns offenbaret werden, was wir jetzt glauben und hoffen, und wir werden in völliger Gewähr und Besitzung inne haben, darauf wir jetzt warten. Unterdessen müssen wir auf die selige Hoffnung warten, bis es zur Erscheinung kommt.

MONTAG: Lebendige Hoffnung

Der uns wiedergeboren hat zu einem unvergänglichen und unbefleckten und unverwelklichen Erbe, das behalten wird im Himmel. 1. Petrus 1/4

Eins ist not! 259

Weil wir auf Erden sind, müssen wir in der Hoffnung leben. Denn wiewohl wir gewiß sind, daß wir durch den Glauben alle Güter Gottes haben (denn der Glaub bringt dir die neu Geburt, die Kindschaft und das Erbe gewißlich mit sich), so siehest du es dennoch noch nicht; darum stehet es noch in der Hoffnung, ist ein wenig beiseit getan, daß wir es nicht mit Augen sehen konnten. Das nennet er die Hoffnung des Lebens.

Wir warten des köstlichen Erbes (spricht er) in der Hoffnung, in die wir kommen sind durch den Glauben. Denn also gehet es nacheinander: aus dem Wort folgt der Glaub, aus dem Glauben die neue Geburt, aus der Geburt treten wir in die Hoffnung, daß wir des Gutes gewiß warten und sicher sind.

Bist du ein Christ und wartest auf das Erb oder die Seligkeit, so mußt du allein an diesem halten und alles verachten, was auf Erden ist, und bekennen, daß alle weltliche Vernunft, Weisheit und Heiligkeit nichts sei. Das wird denn die Welt nicht können leiden; darum mußt du dich des erwägen, daß man dich verdamme und verfolge. Also fasset St. Petrus den Glauben, die Hoffnung und das heilig Kreuz zusammen; denn eins folget aus dem andern.

DIENSTAG: Das Wesen der Hoffnung

Wir sind wohl selig, doch in der Hoffnung. Die Hoffnung aber, die man siehet, ist nicht Hoffnung; denn wie kann man das hoffen, das man sieht? Römer 8/24

Wir warten dein, o Gottes Sohn 123

Das ist im eigentlichsten Sinn zu verstehen und dient zum Ausdruck einer aufs höchste gesteigerten Spannung. Denn die

Hoffnung, die aus der Sehnsucht nach dem geliebten Gegenstande erwächst, macht die Liebe immer größer durch den Abstand vom Erhofften. So kommts, daß aus dem Gegenstand, der erhofft wird, und dem Hoffenden durch die hochgespannte Hoffnung gewissermaßen eine Einheit entsteht. So verwandelt die Liebe den Liebenden in den geliebten Gegenstand. Die Hoffnung also versetzt den Hoffenden in das Erhoffte, aber das Erhoffte tritt nicht in Erscheinung. Und so versetzt es ihn in das Unbekannte und Verborgene, in die inwendige Finsternis, daß er nicht weiß, was er hofft, und doch weiß, was er nicht hofft. So ist also die Seele Hoffnung und Erhofftes zugleich geworden, weil sie in dem verweilt, das man nicht sieht, d. i. in der Hoffnung. Würde man die Hoffnung sehen, d. h. würden der Hoffende und das Erhoffte sich gegenseitig erkennen, dann würde er nicht in der Weise in das Erhoffte versetzt werden, d. h. in die Hoffnung und das Unerkannte, sondern er würde übermächtig hingerissen werden zu dem, was sichtbar geworden ist, und würde das Erkannte genießen.

MITTWOCH: Der Christ stehet im Werden

Der dir alle deine Sünden vergibt und heilet alle deine Gebrechen. *Psalm 103/3*

O Durchbrecher aller Bande 262

Fasse es also, daß die Christen in zwei Teile geteilt sind: in das innerlich Wesen, welches der Glaub ist, und das äußerliche, das ist das Fleisch. Wenn man nun einen Christen ansieht nach dem Glauben, so ist er lauter und ganz rein; denn das Wort Gottes hat nichts Unreines an ihm, und wo es ins Herz kommt, das daran hanget, so muß es dasselbe auch gar rein machen. Drum sind im Glauben alle Ding vollkommen. Demnach sind wir Könige und Priester und Gottes Volk. Weil aber der Glaub im Fleisch ist, und wir noch auf Erden leben, so fühlen wir zu Zeiten böse Neigung, als Ungeduld und Furcht des Todes usw. Das sind alles noch Gebrechen des alten Menschen, denn der Glaub ist noch nicht gar durchwachsen, hat nicht vollkommen Gewalt über das Fleisch.

Das kannst du fassen aus dem Gleichnis im Evangelio Luc. 10 von dem Menschen, der von Jerusalem gen Jericho herab ging und unter die Mörder fiel, die ihn schlugen und halbtot ließen liegen, den hernach der Samariter aufnahm und ihm seine Wunden verband, pfleget sein und ließ sein warten. Da siehest du, daß dieser Mensch, sintemal sein nun gewartet wird, nun nimmer todkrank ist, ist des Lebens sicher; es fehlet aber nur daran, daß er nicht gar heil ist. Das Leben ist da, aber die Gesundheit hat er noch nicht vollkommen, sondern lieg noch unter den Ärzten, muß sich noch immerdar heilen lassen. Also haben wir auch den Herrn Christum gar und sind des ewigen Lebens gewiß; doch haben wir die Gesundheit nicht gar, es bleibt noch etwas im Fleisch vom alten Adam.

DONNERSTAG: Wachsen

Daß ihr wachset in der Erkenntnis Gottes und gestärkt werdet mit aller Kraft nach seiner herrlichen Macht.

Kolosser 1/11

Erneure mich, o ewigs Licht 264

Es muß wahrlich hier mit Ernst und Fleiß Gottes Wort gehandelt und gebetet sein, nicht allein, daß man Gottes Willen erkennen lerne, sondern auch damit erfüllet werde, und ein jeder immer in dieser Regel gehe und stets fortfahre und dem nachjage und strecke, daß er je mehr und mehr Trost und Stärke habe.

Denn diese Fülle der Erkenntnis ist also getan, daß, wer sie hat, der wird ihr nicht satt noch überdrossen, sondern immer je lustiger und fröhlicher davon und je länger, je begieriger und durstiger darnach, wie die Schrift sagt: „Wer mich trinket, den wird noch mehr nach mir dürsten usw.“ (Sir. 24, 30). Denn auch die lieben Engel im Himmel des nicht satt werden (wie St. Petrus sagt), sondern haben ihre ewige Freud und Lust daran, daß sie es mögen schauen, das uns offenbart und gepredigt wird, 1. Petr. 1, 12. Darum, wo nicht auch bei uns ist dieser Hunger und Durst (wie wir doch viel mehr sollten haben denn die Engel), solches reichlich und völlig zu begreifen, bis wir es auch mögen ewiglich schauen in jenem Leben, da ist noch nicht mehr davon, denn ein bloßer lediger Schaum, so weder tränken noch sättigen, weder trösten noch bessern kann.

FREITAG: Warten auf das Neue

Wir warten eines neuen Himmels und einer neuen Erde nach seiner Verheißung, in welchen Gerechtigkeit wohnt.
Herzlich tut mich erfreuen 311 *2. Petrus 3/13*

Denn er will, weil wir sollen neue Menschen sein, daß wir auch andere und neue Gedanken, Verstand und Sinne haben und kein Ding ansehen nach der Vernunft, wie es vor der Welt stehet, sondern wie es vor seinen Augen ist, und uns richten nach dem zukünftigen, unsichtbaren, neuen Wesen, des wir zu hoffen haben, und das nach diesem Leiden und elenden Wesen folgen soll, auf daß wir uns nicht dieses Lebens lassen gelüsten, noch trauern und jammern, daß wir davon sollen, noch daß die Welt sogar samt allem, was drinnen ist, und so viel großen Leuten vergehen soll; sondern vielmehr erbarmen der lieben, armen Christen, beide, der Lebendigen, die jetzt leiden und unterdrückt werden, und der Toten, die da liegen und gerne wieder hervor und verkläret wären, als das Korn, das in dem Winter in der Erden verscharret, oder der Saft in den Bäumen, der vor Kälte nicht heraus kann und des Sommers wartet, daß es wieder ausschlagen, grünen und blühen möge.

SONNABEND: Die neue Herrlichkeit

Vater, ich will, daß, wo ich bin, auch die bei mir seien, die du mir gegeben hast, daß sie meine Herrlichkeit sehen, die du mir gegeben hast. *Johannes 17/24*

O Lebensbrünnlein tief und groß 290/5—6

Da sollen sie hinkommen, meine lieben Christen, daß sie nicht allein bei mir seien, sondern auch in ein klar und hell Anschauen kommen meiner Herrlichkeit; davon er kurz zuvor mit andern Worten gesagt hat: „Ich habe ihnen die Herrlichkeit gegeben, die du mir gegeben hast." Denn jetzt auf Erden haben wir und erkennen sie wohl im Glauben; sehen sie aber nicht, ohn durch einen Spiegel und im dunklen Wort, nämlich, daß wir davon hören predigen und ins Herz fassen, daß Christus sei auferstanden von den Toten, gen Himmel gefahren und sich gesetzt in die Herrlichkeit und Majestät des Vaters als ein einiger, gewaltiger Herr über alle Kreatur. Aber es ist noch ein dunkel Erkenntnis als ein dicker Wolken, vor die helle Sonne gezogen. Denn es gehet in keines Menschen Herz und kann kein Verstand begreifen, daß die Herrlichkeit so groß sei, sonderlich weil sich Christus jetzt in seinen Christen so widersinnig dazu stellet. Dort aber wird ein ander Licht scheinen, daß wirs nicht mehr glauben noch predigen und im Wort vortragen, sondern aufs Allerhelleste und gegenwärtig vor Augen sehen und anschauen werden mit unaussprechlichen, ewigen Freuden.

9. WOCHE NACH TRINITATIS

Der Christ im weltlichen Stande

SONNTAG: Lukas 16/1–12

Der Herr lobte den ungerechten Haushalter, daß er klüglich gehandelt hatte; denn die Kinder dieser Welt sind klüger als die Kinder des Lichtes in ihrem Geschlecht.

Ich weiß, mein Gott, daß all mein Tun 384 *Lukas 16/8*

Nun stehet hier: Der Herr hat den ungerechten Haushalter gelobet. Das muß nicht dahin gedeutet werden, als sollt ers ihm lassen gefallen, wo wir andern Leuten Unrecht tun; sondern allein die Geschwindigkeit und Vorsichtigkeit lobet er und will, daß wir in einer guten Sache auch den Ernst und Fleiß brauchen, den dieser Haushalter in einer bösen Sache ihm zu Nutz und seinem Herrn zu Schaden gebraucht hat.

Dagegen aber sehen wir, wie die Kinder des Lichts, das ist die rechten Christen, faul, verdrossen, unachtsam und unfleißig sind in Gottes Sachen. Darum beschließt Christus recht und spricht, daß die Weltkinder auf das Ihre viel fleißiger und klüger sind denn seine Kinder. Denn also findets sich im Werk, daß der Teufel allweg hundert Dienst bei den Seinen hat, da Christus kaum einen hat. Was sollen wir dazu tun? Ändern können wirs nicht, denn die Welt läßt ihr nicht sagen. Predigen mögen wir und immer anhalten mit Strafen, Drohen, Vermahnen, auch den faulen, lässigen Christen, ja uns allen getrost zusprechen, daß wir von solchem Fleiß, welchen die Welt in des Teufels Diensten brauchet, ein Exempel nehmen, daß wir uns auch üben in dem Guten, wie die Adamskinder sich üben in dem Bösen, ob wir doch ein wenig solch Exempel möchten erlangen. Sonderlich, weil wir den Vorteil haben, daß wir Kinder des Lichts sind.

MONTAG: In unserem Stand stehen wir in Gottes Ordnung

Lasset euch dünken, daß ihr dem Herrn dienet und nicht den Menschen. *Epheser 6/7*

Mein erst Gefühl sei Preis und Dank 350/7—10

Gott muß viel und mancherlei Ämter und Stände haben, darum gibt er auch mancherlei unterschiedene Gaben und machts also, daß immer einer des andern bedarf. Was wären Fürsten, Adel, Regenten, wenn nicht auch da wären andere, als Pfarrer, Prediger, Lehrer, item die den Acker bauen, Handwerksleute usw.?

Darum, obgleich eines andern Stand geringer ist denn deiner, sollst du dennoch wissen, daß er auch von Gott geschaffen und geordnet ist. Wiederum sollst du wissen, daß du auch dazu in deinen Stand gesetzt bist, daß du dich herunter sollst lassen und andern dienen: als ein Edelmann seinem Fürsten zu Hofe oder zu Feld, Knecht und Magd ihren Hausherren und Frauen; und sollst solches tun um Gottes Willen.

Gott fragt nicht danach, ob du ein Herr, Knecht, Mann oder Weib bist, sondern bleib in dem Stande, darin du berufen bist, und lerne darin Gott dienen gegen deinen Nächsten.

DIENSTAG: Wo der Herr nicht das Haus baut

Wo der Herr nicht das Haus baut, so arbeiten umsonst, die daran bauen. *Psalm 127/1*

Das walte Gott, der helfen kann 386

Laß den Herrn Haus bauen und haushalten, greif ihm nicht in sein Werk, ihm gebührt darüber zu sorgen, dir aber nicht. Denn wer der Hausherr ist und haushält, den laß sorgen. Gehöret viel in ein Haus, wohlan, so ist Gott ja größer denn ein Haus; der Himmel und Erden füllet, wird ja auch ein Haus füllen können, sonderlich weil er sichs annimmt und läßts von ihm singen.

Aber damit ist nicht zu verstehen, als verböte er zu arbeiten. Arbeiten muß und soll man, aber die Nahrung und des Hauses Fülle ja nicht der Arbeit zuschreiben, sondern allein der Güte und dem Segen Gottes. Denn wo mans der Arbeit zuschreibet, so hebt sich alsobald der Geiz und Sorge und meinet denn, mit viel Arbeit viel zu erwerben. So findet sich das Widerspiel, daß etliche ungeheuer arbeiten, und haben doch kaum Brot zu essen. Andere tun gemach mit Arbeit, denen fließet es zu. Das macht alles, daß Gott will die Ehre haben, als der allein gibt alles Gedeihen. Denn wenn du gleich hundert Jahr pflügest und aller Welt Arbeit tätest, so möchtest du doch nicht einen Halm aus der Erden bringen; sondern Gott, ohn alle dein Werk, dieweil du schläfest, machet aus dem Körnlein einen Halm und viel Körner darauf, wie er will.

MITTWOCH: Unsre Arbeit – Gottes Larven

Alles, was wir ausrichten, hast du uns gegeben.

In Gottes Namen fang ich an 385 *Jesaja 26/12*

Was ist aber alle unsere Arbeit auf dem Felde, im Garten, in der Stadt, im Hause, im Streit, im Regieren anders gegen Gott, denn ein solch Kinderwerk, dadurch Gott seine Gaben zu Felde, zu Hause und allenthalben geben will? Es sind unsers Herrn Gottes Larven, darunter will er verborgen sein und alles tun. Hätte Gideon nicht dazu getan und wäre zu Felde gezogen wider Midian, so wären die Midianiter nicht geschlagen; und Gott hätte sie doch wohl ohn Gideon können schlagen. Er könnte dir wohl Korn und Früchte geben ohn dein Pflügen und Pflanzen; aber er wills nicht tun; so will er auch nicht, daß dir dein Pflügen und Pflanzen Korn und Früchte gebe, sondern du sollst pflügen und pflanzen und darauf einen Segen sprechen und beten also: Nun berat Gott, nun gib Korn und Frucht, lieber Herr, unser Pflügen und Pflanzen werdens uns nicht geben, es ist deine Gabe.

Gott bescheret alles Gute, aber du mußt zugreifen und den Ochsen bei den Hörnern nehmen, das ist, du mußt arbeiten und damit Gott Ursachen und eine Larven geben.

DONNERSTAG: Amt und Stand

Hat jemand ein Amt, so warte er des Amtes. Römer 12/7

O Gott, du frommer Gott 383

Es müssen bleiben die ungleichen Stände und Ämter und heißt nicht *ein* Stand, sondern mancherlei Stände. Aber jene mancherlei Stände kann man fassen in einer Einheit des Geistes. So hat der Leib mancherlei Glieder. Es können nicht alle Glieder Augen sein, sondern die Augen sind Augen, und ein jegliches Glied ist für sich und hat ein unterschiedlich Amt, und dennoch ists *ein* Leben, Trank und Speise, die alle Glieder und den einen Leib erhalten, obwohl es mancherlei Glieder sind. Siehe, also macht Gott einerlei Wesen und Gleichheit in der großen Ungleichheit der mancherlei Stände und Personen, so er selbst geordnet, wie sie denn in diesem Leben sein müssen; doch also, daß ein Jeglicher sein Amt führe und desselben befohlen Werk übe und tue, wie es solcher Stand erfordert in der Demut, so alle Stände und Personen vor Gott gleichmachen, als die er alle zugleich geschaffen; und ihm einer so gut ist als der andere, daß sich niemand darum vor Gottt brüsten und wider den Nächsten hervortun soll, daß er in höherem Stande ist, sondern wissen, wo er in höherem Stande nicht in der Demut bleibt, daß er viel greulicher sündigt und viel tiefer verdammt wird denn andere.

Darum kämpfe ein Jeglicher also in seinem Beruf! Bist du ein Mann oder Frau und gedenkest: ich will mein Amt ausrichten, nicht ins Kloster laufen, sondern das Werk tun, das mir Gott befohlen hat, und kein anderes suchen, so gehst du her in einem rechten Kampf... Bist du ein Mann oder ein Eheweib, so hast du dein Amt von Gott. Desgleichen Knecht und Magd und Bürgermeister.

Das wird wohl bleiben, daß ein Knecht murrt wider seinen Herrn. Aber wenn er dann nur spräche: ich habe nicht gegen meinen Herrn Unrecht getan, sondern gegen Gott. Wenn diese Erkenntnis bliebe, daß unsere Werke nicht einen Menschen, sondern unsern Herrgott angingen, so wäre uns geholfen.

FREITAG: Mühsal des Lebens

Im Schweiße deines Angesichts sollst du dein Brot essen, bis daß du wieder zu Erde werdest, davon du genommen bist. *1. Mose 3/19*

In Gottes Namen fahren wir 388

Dem Mann ist nicht aufgelegt, daß er Herzeleid haben soll mit Kindertragen, das gehöret dem Weibe zu; aber daneben ein anders, daß er Weib und Kind versorgen und ernähren muß; da gehöret Mühe und Arbeit zu; da scheuet sich jedermann vor, es wills niemand tragen, und muß doch getragen sein. Denn nimmst du nicht ein Weib und issest dein Brot im Schweiß, so nimmt Gott die Strafe, die er dem Leibe aufgelegt hat, und leget sie auf die Seele. Das ist nicht wohl gewechselt. Er will der Seele gnädig sein und helfen; aber den Leib will er wohl plagen.

Rechte ehelich Weib und Mann sollen nicht gute Tage haben, es muß Unglück und Mühe da sein, oder ist vor Gott nicht recht. Wenn es nun so geht im ehelichen Stande, in Kummer und Arbeit, so tröste dich des, und denke also, daß es so sein muß und Gott so angesetzt und haben will, daß ich ehelich soll sein; darum will ich meinen Leib hinansetzen und die Mühe auf mich laden in Gottes Namen, willig und fröhlich mich hinein geben. Tust du aber nicht also und willst es besser machen, so wirst du machen, daß die Seel verloren wird, ob es dem Leibe gleich wohl gehet.

Darum verflucht Gott auch die Erde, daß sie nicht halb Korn trägt, sondern das meiste Teil Dorn und Disteln, welche sonst nicht würden wachsen. Da der Mensch arbeiten soll, jetzt mengt ers also, daß sie schier das meiste Teil Dorn und Disteln trägt. Darum ist das die Summa, daß er uns also im Zaum will halten.

SONNABEND: Die Ehe

Die Ehe soll ehrlich gehalten werden. *Hebräer 13/4*

Komm her, mit Fleiß zu schauen 170

Das erste, das man an diesem Stande, wie auch an allen andern Ständen, die Gott gestiftet hat, lernen soll, ist dies, daß ein jeder wisse und gewiß dafür halte, daß der Ehestand von Gott verordnet und gestiftet sei. Das ist fast die höchste Kunst im ehelichen Leben, zu wissen, daß man den Stand lerne ansehen nach seiner höchsten Ehre, nämlich daß er Gottes Gestifte ist und Gottes Wort hat.

Christlich und göttlich davon zu reden, ist das Höchste, daß Gottes Wort an deinem Weibe und an deinem Manne geschrieben ist. Wenn du dein Weib also ansiehest, als wäre nur eins und keins mehr auf dieser Welt; und wenn du deinen Mann also ansiehest, als wäre nur einer und sonst keiner mehr in der Welt, daß kein König, ja auch die Sonne nicht schöner scheinen und in deinen Augen leuchten soll als eben deine Frau oder dein Mann. Denn allhier hast du Gottes Wort, welches dir die Frau oder den Mann zuspricht und schenket, spricht: Der Mann soll dein sein; die Frau soll dein sein; das gefället mir so wohl, alle Engel und Kreatur haben Lust und Freude darob. Denn es ist ja kein Schmuck über Gottes Wort, damit du dein Weib ansiehest als ein Gottes Geschenk.

Ach wollte Gott, daß ein jeder in einem solchen Sinn daher ginge! daß einer von Herzen sagen könnte: Daß ich mit meinem ehelichen Gemahl allhier sitze und lebe, des bin ich gewiß, daß es Gott also wohlgefalle, daß Gott also gestiftet und geordnet hat, daß mich Gottes Wort solches heißet. Ein solches Wort, das tröstet denn die Eheleute wiederum und machet ein gut Gewissen.

10. WOCHE NACH TRINITATIS

Der Herr und sein Volk

SONNTAG: Lukas 19/41—48

Und als er nahe hinzukam, sah er die Stadt an und weinte über sie und sprach: Wenn doch auch du erkenntest zu dieser deiner Zeit, was zu deinem Frieden dient.

HErr, der du vormals hast dein Land 185 *Lukas 19/41—42 a*

So wird nun in diesem Evangelio uns fürgehalten ein sonderlich Exempel des greulichen Urteils Gottes über seine liebste und heiligste Stadt Jerusalem und sein eigen Volk, welche Stadt unsers lieben Herren Gottes eigen Haus und Herdstätte, und das Volk sein eigen Hausgesind gewesen ist. Denn Jerusalem ist gleich als ein halber Himmel gewesen, da Gott selbst mit seinen Engeln gewohnet hat, da aller Gottesdienst hingeordnet, da schier alle Patriarchen gelebt und ihre Begräbnis gehabt, da endlich Christus, der Sohn Gottes, selbst gewandelt, gestorben, begraben, auferstanden und den heiligen Geist gegeben hat. Daß also diese Stadt mit Heiligkeit dermaßen überhäufet, daß ihresgleichen auf der ganzen Welt nicht gewesen ist, noch sein wird, bis an den jüngsten Tag.

Dennoch solches alles unangesehen, da sie Gottes Wort nicht annehmen und demselben nicht folgen wollte, hat unser Herr Gott so fest an seinem Wort gehalten, daß seine liebste Stadt auf das Greulichste, hat müssen verwüstet werden. Wie viel weniger wird ers andern Städten schenken, die Jerusalem das Wasser nicht können reichen, und andern Völkern, die ihm nicht so nahe zugehören, als die Juden, die seine Blutfreunde waren.

Darum soll man bei diesem Exempel Gottes Zorn merken und sich vor Verachtung des Worts hüten; daß man nicht sage, wie wir gemeinlich pflegen: Ei, Gott wird nicht so zornig sein, er wird nicht so hart strafen. Denn so er die heilige Stadt Jerusalem, sein höchstes Kleinod auf Erden, also hat zerreißen lassen, daß kein Stein auf dem andern blieben ist, darum daß die Juden das Evangelium höreten und sich nicht besserten: so darfst du nicht gedenken, daß ers uns schenken werde, wenn wir in der gleichen Sünde auch liegen. Denn Jerusalem ist so gar hinweg, daß man nicht könnte sagen, daß ein Haus da gestanden wär.

MONTAG: Gott warnet treulich für und für

Aber nun ist's vor deinen Augen verborgen.

Erhebet er sich, unser Gott 183 *Lukas 19/42 b*

Aber nun ist's vor deinen Augen verborgen. Darum gehest du sicher hin, als hätte es nicht Not mit dir. Aber es wird nicht lang so bleiben, es wird müssen brechen; und ist schon vor der Hand, nur daß es noch verborgen ist und du es nicht siehest.

Hier möchte einem einfallen, warum doch unser Herr Gott die Straf verbirgt? Warum läßt er's nicht bald gehen? Antwort: Er tut's darum, daß er seine Geduld damit beweisen und sehen will, ob wir uns bessern und Gnade wollen suchen. Denn wenn er so bald sollte mit dem Donner und Blitzen drein schlagen, alsbald wir's verdienen, so könnt unser keiner sieben Jahr alt werden. Darum hält er mit der Straf an sich, uns Zeit und Raum zu lassen, daß wir uns bessern. Solches stehet Gott wohl an, der preiset damit seine Barmherzigkeit gegen uns. Darum kehre bei Zeiten um, tue Buße und bessere dich.

Das meinet hier Christus, da er spricht: Nun aber ist's vor deinen Augen verborgen. Als sollt er sagen: Lasse dich nicht betrügen, daß die Strafe verborgen ist. Du wirst mich töten und mein Blut vergießen, wie du mit anderen Propheten vor mir getan hast. Ich schweige still dazu, lasse es geschehen und leide es. Solches macht, daß du denkst, es werde immer so hin=

gehen und wohl ungestraft bleiben. Derhalb tut niemand mit Ernst dazu, daß er frommer würde und sich besserte. Aber siehe dich vor, du bist vor der Straf nicht gefreiet. Wenn du zu überreden wärst, daß du es glauben könntest, so würdest du darnach denken, wie du der Strafe entliefest. Aber du glaubest es nicht; darum gehest du so sicher hin, läßt die Zeit deiner Heimsuchung, darin du gewarnet wirst und du wieder zu Gnaden könntest kommen, vorüber rauschen, bist sicher und besserst dich nicht. Das ist eben die Sünde, darum Gottes Zorn dich überfallen und übereilen wird.

Hier lerne ja mit Fleiß und merk, was Gott für die größte Sünde achtet, die er am wenigsten dulden noch leiden kann, nämlich daß sein Volk die Zeit seiner Heimsuchung nicht erkennet hat.

DIENSTAG: Gottes gnädige Heimsuchung

Er sprach: Wenn doch auch du erkenntest zu dieser deiner Zeit, was zu deinem Frieden dient! Aber nun ist's vor deinen Augen verborgen. *Lukas 19/42*

Wach auf, wach auf, du deutsches Land! 390

So soll es gehen allen, die Gott nicht fürchten und mehr auf sich selbst denn auf Gott sehen. So rächte Gott den Tod aller heiligen Propheten. Ich besorge hart des Deutschen Landes. Denn jetzund hat es den Tag der gnädigen und barmherzigen Heimsuchung. So es ihn verachtet und nicht aufnimmt, sondern verspottet und verlacht — o wahrlich, verlieret Deutschland diesen klärlichen und hellen Glanz dieses Tages, so helf ihm nur Gott, so ist es aus und aus mit ihm. Es ist ihm besorglich, denn es bedenkt jetzt zu der Zeit der Gnaden sein Bestes auch nicht. Denn wie der Herr sagt: Wenn du es erkennetest, du würdest weinen und heulen, und es würde dir alles verziehen. Und sprach: Ich komme jetzt nicht als ein Henker, Richter oder Verfolger, dich zu verderben; sondern als ein Vater, Prediger und wahrer Heiland, dir zu raten und zu helfen. Lässest du aber diese Sonne untergehen, so ist es um dich geschehen.

Der Herr prediget bei drei Tagen stets im Tempel, daß er zuvor nie so heftig gewesen war; denn die Not und Stunde drang ihm auf den Hals. Der liebe Christus hätte es ja gerne gut gesehen.

MITTWOCH: Das Amt der Obrigkeit

Die Obrigkeit ist Gottes Dienerin dir zugut. Römer 13/4

HErr, höre, HErr erhöre 394/4

Weltliche Herrschaft ist ein Bild, Schatten und Figur der Herrschaft Christi. Denn das Predigtamt bringt und gibt ewige Gerechtigkeit, ewigen Frieden und ewiges Leben. Aber das weltliche Regiment erhält zeitlichen und vergänglichen Frieden, Recht und Leben. Aber dennoch ist's eine herrliche, göttliche Ordnung und eine treffliche Gabe Gottes, der es auch gestiftet und eingesetzt hat und auch will erhalten haben, als des man allerdinge nicht entbehren kann, und wo es nicht wäre, könnte kein Mensch vor dem anderen bleiben, es müßte einer den andern fressen, wie die unvernünftigen Tiere untereinander tun. Es erhält einem jeglichen seinen Leib, daß den nicht jedermann erwürgen müsse; es erhält jeglichem sein Weib, daß nicht jedermann dasselbige nehmen und schänden müsse; es erhält jeglichem sein Kind, Tochter und Sohn, daß ihm dasselbige nicht jedermann entführen noch entwenden müsse; es erhält jeglichem sein Haus und Hof, daß nicht ein jedermann hinein brechen, noch darinnen freveln müsse; es erhält jeglichem seinen Acker, Vieh und allerlei Güter, daß dieselbigen nicht ein jedermann angreifen, stehlen, rauben, beschädigen müsse.

Meinest du nicht, wenn die Vögel und Tiere reden könnten und das weltliche Regiment unter den Menschen sehen sollten, sie würden sagen: O ihr lieben Menschen, ihr seid nicht Menschen, sondern eitel Götter gegen uns. Wie gar sicher sitzet, lebt und habt ihr alle Dinge; wir aber sogar keines vor dem andern eine Stunde sicher sind, weder Lebens, Hauses noch Nahrung. Wehe eurer Undankbarkeit, daß ihr nicht sehet, wie ein herrlich Leben euch unser aller Gott vor uns Tieren gegeben hat.

DONNERSTAG: Vom Kriege

*Schauet an die Werke des Herrn, der auf Erden solch Zer=
stören anrichtet, der den Kriegen steuert in aller Welt, der
Bogen zerbricht, Spieße zerschlägt und Wagen mit Feuer
verbrennt.* *Psalm 46/9—10*

Verleih uns Frieden gnädiglich 139

Wo das Schwert nicht wehrete und Friede hielte, so müßte es alles durch Unfriede verderben, was in der Welt ist. Derhalben ist ein solcher Krieg nicht anders denn ein kleiner kurzer Un=friede, der einem ewigen, unmäßlichen Unfrieden wehret, ein klein Unglück, das einem großen Unglück wehret.

Daß man nun viel schreibt und sagt, welch eine große Plage Krieg sei, das ist alles wahr; aber man sollt auch daneben an=sehen, wie vielmal größer die Plage ist, der man mit Kriegen wehret. Ja, wenn die Leute fromm wären und gerne Friede hiel=ten, so wäre Kriegen die größte Plage auf Erden. Wo rechnest du aber hin, daß die Welt böse ist, die Leute nicht wollen Friede halten, rauben, stehlen, töten, Weib und Kind schän=den, Ehre und Gut nehmen? Solchem gemeinen aller Welt Un=friede, davor kein Mensch bleiben könnte, muß der kleine Un=friede, der da Krieg oder Schwert heißt, steuren. Darum ehret auch Gott das Schwert also hoch, daß ers seine eigen Ordnung heißt, und will nicht, daß man sagen oder wähnen solle, Men=schen habens erfunden oder eingesetzt. Denn die Hand, die solch Schwert führet und würget, ist auch alsdann nicht mehr Menschen Hand, sondern Gottes Hand, und nicht der Mensch, sondern Gott hänget, rädert, enthäupt, würget und krieget; es sind alles seine Werk und seine Gerichte.

FREITAG: Weltlich Regiment steht auf Ordnung und der Christen Gebet

*Lasset uns stark sein für unser Volk und für die Städte
unsers Gottes; der Herr aber tue, was ihm gefällt.*

Du Friedefürst, HErr Jesu Christ 391 *2. Samuelis 10/12*

Wir aber sollens wissen (als Christen), daß das ganze leib=liche Regiment und Wesen stehet und bleibet, so lange es ste=hen soll, allein durch Gottes Ordnung oder Gebot und der Christen Gebet. Das sind die zwei Säulen, so die ganze Welt tragen. Wenn nun diese werden abgehen, so muß es alles zu Boden fallen, als man sehen wird gegen den Jüngsten Tag und schon siehet, daß jetzt alle Königreich und Regiment geschwächt sind und fast anfahen zu fallen, weil die zwei Säulen schier wollen sinken und brechen. Denn die Welt will es auch nicht anders haben, weil sie Gottes Wort (welches doch sie ehret und erhält) nicht leiden will, verfolgt und erwürgt die unschuldigen Christen und höret nicht auf zu toben wider ihre Säulen, die sie tragen; als wollt sie, wie ein unsinniger Hausvater, selbst alles in einander reißen. Nun, wir halten, so lange wir können, ob wir schon keinen Dank davon haben; kommts aber zum Fallen, daß Gottes Wort und der Christen Gebet aufhöret, so gnade der Welt ihr Gott, der Teufel.

SONNABEND: Gott und der Kaiser

Er sprach zu ihnen: so gebet dem Kaiser, was des Kaisers ist, und Gott, was Gottes ist. *Lukas 20/25*

Verzage nicht, du Häuflein klein 211

Es heißt also: nicht die Welt, Fürst oder Kaiser, sondern der Heilige Geist soll Richter sein durch das Wort; die Welt aber soll sich strafen und richten lassen und solchem Urteil folgen. Wo sie sich aber dawider setzet und selbst will über Gottes Wort urteilen und verdammen und uns gebieten, sollen wir wissen, daß solch Urteil verdammt und des Teufels sei, und wir demselben widerstehen sollen und sagen: Lieber Fürst, Kaiser und Welt, ich bin wohl unter deiner Gewalt mit Leib und Gut, und was dein Regiment über Leib und Gut betrifft, soll und will ich gern gehorsam sein; aber wenn du willst weiter greifen in Gottes Regiment, da du nicht sollst noch kannst Richter sein, sondern dich richten lassen samt mir und allen Kreaturen durch sein Wort, da soll und will ich dir nicht folgen, sondern eben das Widerspiel tun, damit ich ihm gehorsam sei und bei seinem Wort bleibe.

Lieber, wir sind nicht getauft auf Könige, Fürsten, noch auf die Menge, sondern auf Christum und Gott selber; wir heißen auch nicht Könige, Fürsten oder Menge, wir heißen Christen. Der Seelen soll und kann niemand gebieten, er wisse denn ihr den Weg zu weisen gen Himmel. Das kann aber kein Mensch tun, sondern Gott allein. Darum, in den Sachen, die der Seelen Seligkeit betreffen, soll nichts denn Gottes Wort gelehret und angenommen werden.

11. WOCHE NACH TRINITATIS

Der Nächste

SONNTAG: Lukas 18/9—14

Es gingen zwei Menschen hinauf in den Tempel, zu beten, einer ein Pharisäer, der andere ein Zöllner. *Lukas 18/10*

Aus tiefer Not schrei ich zu dir 195

Nun wollen wir den Narren, den Pharisäer, ansehen. Da sind die allerschönsten Werk! Zum ersten danket er Gott, fastet zweimal in der Wochen, und dennoch Gott zu Ehren, gibt den Zehnten von allen seinen Gütern, und hat auch keine Ehe gebrochen, hat auch niemand Gewalt getan oder das Seine genommen; also fromm hat er sich gehalten. Ist das nicht ein schön ehrbar Leben, so nimmt michs Wunder! Es hätte ihn wahrlich niemand können schelten nach der Welt, ja man hätte ihn müssen loben; ja, zwar er tut es selbst. Da fällt nun Gott daher und sagt, daß alle des Pharisäers Werk Gotteslästerung sind. Herr Gott behüte, wie ist das ein Urteil! Da möchten wir uns entsetzen bis ins Mark hinein, der doch keiner nicht halb so fromm ist, als eben der ist.

Sehet aber, wie Gottes Schwert so tief schneidet und gehet zu Grunde der Seelen! Es muß hier alles zu Trümmern gehen oder ganz zu Boden fallen und sich demütigen, sonst kann es nicht bestehen vor Gott. Also muß allhier eine fromme Frau niederfallen und der ärgsten Huren die Füße küssen, ja die Fußtapfen.

Der Zöllner stehet da und demütigt sich, sagt von keinem Fasten, von keinem guten Werk, noch von nichts nicht; doch sagt der Herr, daß des Sünde nicht so groß sei als des Gleiß=

ners Sünde. Trotz da, daß sich nun jemand erhebe über den geringsten Sünder. Ziehe ich mich eines Fingers breit über den Nächsten, ja über den ärgsten Sünder, so bin *ich* hinunter geworfen.

MONTAG: Verachtung des Nächsten

Der Pharisäer stand und betete bei sich selbst also: Ich danke dir, Gott, daß ich nicht bin wie die andern Leute, Räuber, Ungerechte, Ehebrecher oder auch wie dieser Zöllner. *Lukas 18/11*

Die güldne Sonne voll Freud und Wonne 346/6

Desgleichen siehe, wie er auch in die andere Tafel rumpelt und tobet wider seinen Nächsten; denn da ist auch gar keine christliche Lieb noch Treue, dabei man spüren könnte, daß er des Nächsten Ehre oder Seligkeit suchte oder ihm gönnete, sondern schlecht zuführet und ihn gar mit Füßen tritt durch sein schändliche Verachtung und nicht eines Menschen wert achtet; ja, da er sollte seinem Nächsten helfen und retten, daß ihm kein Leid noch Unrecht geschehe, tut er ihm selbst das höhest Unrecht. Denn da er siehet und weiß, daß sein Nächster sündigt wider Gott, denket er nicht, wie er ihn bekehren oder retten möge aus Gottes Zorn und Verdammnis, daß er sich bessere; hat kein Erbarmen noch Mitleiden in seinem Herzen über eines armen Sünders Elend und Jammer; achtet, es geschehe ihm recht und billig, daß er in Verdammnis und Verderben bleibe; entzieht ihm alle schuldige Pflicht der Liebe und Dienstes.

Was kann solcher Mensch in Gottes Reich nütze sein, der sich auch noch freuen kann, ja herzlich Wohlgefallen hat an der Sünde und Ungehorsam aller Welt wider Gott, und wäre ihm leid, daß jemand von Herzen fromm wäre und Gottes Gebot hielte, daß er auch ungerne wollte, wo ers vermöchte, mit dem geringsten ihm dazu helfen, oder des Nächsten Übel und Verdammnis abwenden? Was sollt man bei dem Gutes suchen oder hoffen, der auch so verböset ist, daß er seinem Nächsten die Seligkeit nicht gönnen kann?

DIENSTAG: Einer dem andern ein Christus

Ein jeglicher sehe nicht auf das Seine, sondern auch auf das, was des andern ist. *Philipper 2/4*

Herzlich lieb hab ich dich, o HErr 247/2

Siehe, da hat Paulus klärlich ein christlich Leben dahin gestellet, daß alle Werk sollen gericht sein dem Nächsten zu gut, dieweil ein jeglicher für sich selbst genug hat an seinem Glauben, und alle anderen Werk und Leben ihm übrig sind, seinem Nächsten damit aus freier Lieb zu dienen.

Wohlan, mein Gott hat mir unwürdigen, verdammten Menschen ohn allen Verdienst, lauterlich umsonst und aus eitel Barmherzigkeit geben durch und in Christo vollen Reichtum aller Frömmigkeit und Seligkeit, daß ich hinfort nichts mehr bedarf, denn glauben, es sei also. Ei so will ich solchem Vater, der mich mit seinen überschwenglichen Gütern also überschüttet hat, wiederum frei, fröhlich und umsonst tun, was ihm wohlgefället, und gegen meinen Nächsten auch werden ein Christen, wie Christus mir worden ist, und nichts mehr tun, denn was ich nur sehe, ihm not und nützlich und seliglich sei; dieweil ich doch durch meinen Glauben aller Ding in Christo genug habe.

Sieh, so fließet aus dem Glauben die Lieb und Lust zu Gott, und aus der Lieb ein frei, willig, fröhlich Leben, dem Nächsten zu dienen umsonst.

MITTWOCH: Der Christ im Glauben und im Amt

Hat jemand ein Amt, so warte er des Amtes. *Römer 12/7*

Das walt Gott Vater und Gott Sohn 343

Ich habs gesagt, daß die Christen untereinander und bei sich und für sich selbst keins Rechtens noch Schwerts bedürfen; denn es ist ihnen kein not noch nütz. Aber weil ein rechter Christ auf Erden nicht sich selbst, sondern seinem Nächsten lebt und dienet, so tut er von Art seins Geistes auch das, des er nicht bedarf, sondern das seinem Nächsten nutz und not ist.

Nun aber das Schwert ein groß nötlicher Nutz ist aller Welt, daß Fried erhalten, Sünd gestraft und den Bösen gewehret werde, so gibt er sich aufs allerwilligst unter des Schwerts Regiment, gibt Schoß, ehret die Oberkeit, dienet, hilft und tut alles, was er kann, das der Gewalt förderlich ist, auf daß sie im Schwang und bei Ehren und Furcht erhalten werde.

Also gehets denn beides fein miteinander, daß du zugleich Gottes Reich und der Welt Reich genug tuest äußerlich und innerlich, zugleich Übel und Unrecht leidest, und doch Übel und Unrecht strafest, zugleich dem Übel nicht widerstehest, und doch widerstehest. Denn mit dem einen siehest du auf dich und auf das Deine, mit dem andern auf den Nächsten und auf das Seine. An dir und an dem Deinen hältst du dich nach dem Evangelio und leidest Unrecht als ein rechter Christ für dich; an dem andern und an dem Seinen hältst du dich nach der Liebe und leidest kein Unrecht für deinen Nächsten: welches das Evangelium nicht verbeut, ja vielmehr gebeut an anderm Ort. Auf diese Weise haben das Schwert geführet alle Heiligen von Anfang der Welt.

DONNERSTAG: Selig sind die Sanftmütigen

Ein Knecht des Herrn soll sein freundlich gegen jedermann, der die Bösen tragen kann und mit Sanftmut strafe die Widerspenstigen. *2. Timotheus 2/24—25*

O Gott, du frommer Gott 383/4

Wo gründliche Sanftmut ist, da jammert das Herz alles Übel, was seinem Feinde widerfähret. Und das sind die rechten Kinder und Erben Gottes und Brüder Christi, der für uns alle hat also getan an dem heiligen Kreuze. Also sehen wir, daß ein frommer Richter mit Schmerzen ein Urteil fället über den Schuldigen, und ihm leid ist der Tod, den das Recht über denselben bringet. Hier ist ein Schein in dem Werke, als sei es Zorn und Ungnade. So gar gründlich gut ist die Sanftmut, daß sie auch bleibet unter solchen zornigen Werken, ja am aller=

heftigsten im Herzen quälet, wenn sie also zürnen und ernst sein muß.

Doch müssen wir hier zusehen, daß wir nicht sanftmütig sind wider Gottes Ehre und Gebot. Also ziemet sichs nicht, daß Obrigkeit wollte feiern und Sünde regieren lassen, und wir desselben still schweigen. Mein Gut, meine Ehre, meinen Schaden soll ich nicht achten und nicht darum zürnen; aber Gottes Ehre und Gebot und unsers Nächsten Schaden oder Unrecht müssen wir wehren, die Obrigkeit mit dem Schwert, die andern mit Worten und Strafen, und doch alles mit Jammer derer, so die Strafe verdienet haben.

FREITAG: Daß wir einen Sünder in den Himmel bringen

Herrsche unter deinen Feinden! *Psalm 110/2*

Ach Gott vom Himmel sieh darein 177/3–4

Das ist: nicht unter die Freunde, nicht in die Rosen oder Lilien, sondern unter die Dornen und Feind hab ich gelegt dein Ruten. Und daher fleußt es, daß alle, die Gott dienen und Christi Gesind sein wollen, müssen viel Stechens und Widerwärtigkeit leiden; als Christus selber spricht: In der Welt werdet ihr Gedrang haben, aber in mir allein den Frieden. So also ist es beschlossen von Gott und wird nicht anders sein: Dein Herrschaft soll sein in Mitten deiner Feind. Und wer das nicht leiden will, der will nicht sein von der Herrschaft Christi, sondern er will in Mitten von Freunden sein, in den Rosen und Lilien sitzen, nicht bei bösen, sondern bei frommen Leuten sein.

O ihr Gotteslästerer und Christi Verräter! Wenn Christus getan hätte als ihr tut, wer wär immer selig worden? Er entleert sich seiner Gottheit, seiner Frömmigkeit und Weisheit und wollt sein bei den Sündern, auf daß er sie erfüllete; ja er nahm sie an sich, wollt noch nie mit den Geistlichen, Frommen, Gerechten zu schaffen haben. Was tut ihr? Das Widerspiel. Ihr entledigt euch fremder Sünde, ihr beladet euch eigner Gerechtigkeit und Weisheit, und Christus entlediget sich eigener Gerechtigkeit und Weisheit und belud sich mit fremder Sünd und Bosheit. Eia, wie gar fein folget ihr Christo nach!

Die Kinder Gottes, die fliehen nicht die Gesellschaft der Bösen, ja, sie suchen sie, daß sie ihnen helfen mögen; sie wollen nicht allein in den Himmel, sondern mit sich bringen die Allersündigsten, ob sie mochten.

SONNABEND: Die Starken und die Schwachen

Den Schwachen im Glauben nehmet auf und verwirret die Gewissen nicht. *Römer 14/1*

Das sollt ihr, Jesu Jünger, nie vergessen 159

Der Apostel will vor allen Dingen, daß die, die schwach im Glauben sind, von den Stärkeren getragen und gebildet werden sollen. Sodann, daß die Schwächeren nicht vorschnell über die anderen aburteilen sollen. Und so ermahnt er sie zum Frieden und zur Einigkeit. Denn mag auch der schwache Glauben zur Seligkeit nicht ausreichen, so muß man sich doch inzwischen ihrer annehmen, damit sie stark werden. Man darf sie nicht im Stiche lassen in ihrer Schwachheit, wie die tun, die voll Abscheu sich von ihnen abwenden und nur auf ihr eigenes Heil bedacht sind.

Was aber Gott nicht verbeut, sondern frei läßt, das soll jedermann frei bleiben, und niemand zu gehorchen ist, der das verbeut, das Gott will frei haben, sondern schuldig ist jedermann, wider solch Verbot mit Worten und Werken zu tun und immer das Widerspiel zu Trotz dawider zu treiben.

12. WOCHE NACH TRINITATIS

Krankheit

SONNTAG: Markus 7/31—37

Es ist kein Reichtum zu vergleichen einem gesunden Leibe.
Sirach 30/16

Nun lob, mein Seel, den HErrn 188

Ach lieber Herr Gott, welch ein Kleinod ist ein gesunder Leib! Wie wenig dankt man ihm dafür! Gott hat mancherlei Krankheiten und Plagen auf das arme Fleisch gelegt, noch will sichs nirgend erkennen. Wir sollten ja alle Tage sehen und spüren, wer wir wären. O Blindheit über Blindheit!

Wenn das Herz bekümmert und traurig ist, da folget auch des Leibes Schwachheit. Des Herzens Krankheiten sind die rechten Krankheiten, als da sind Traurigkeit, Anfechtung usw. Ich bin ein rechter Lazarus, in der Krankheit wohl versucht!

Wahr ists, unser Leiden sind wohl etwas groß, aber was sind sie gegen Christus, Gottes Sohn, den Gekreuzigten? Da mögen wir wohl alle stillschweigen.

MONTAG: Herzliebe Rute

Welchen der Herr liebhat, den züchtigt er; und er stäupt einen jeglichen Sohn, den er aufnimmt. *Hebräer 12/6*

Schwing dich auf zu deinem Gott 296/7

Denn, wie ein frommes Kind tut, wenn es den Vater von Herzen lieb hat und ist ihm gehorsam und weiß, daß der Vater es wieder liebet, ob es gleich von ihm gestäupt wird, dennoch so küßt es das Rütlin, spricht: Herzliebe Rute, du tust mir viel zu Gute, wie fein hast du gestäupt; und kann denn die Strafe wohl leiden und wird dem Vater desto holder, denn die Liebe und das Vertrauen des Kindes zum Vater macht alle Strafe süße. Also gehets mit uns auch zu. So wir erkennen die Wohltaten in Christo, so lachet mir das Herz; da fahe ich an, wenn er mir ein Unglück, Trübsal und Gefährlichkeit zuschicket, und danke ihm, sage: Gott sei gelobt in Ewigkeit, daß er mich also züchtiget. Zuvor hätte ich wohl gedacht, ich wäre von Gott gar verlassen gewesen; aber jetzt ist mir die Krankheit so lieb als Gesundheit, und ein Turm und Gefängnis dünkt mich ein königlicher Saal zu sein. Denn weil Gott ein gnädiger Vater ist, so ist dieses alles lieblich und köstlich.

DIENSTAG: Die Angst des Herzens

Mein Herz ängstet sich in meinem Leibe, und des Todes Furcht ist auf mich gefallen. *Psalm 55/5*

Ach Gott, verlaß mich nicht 301

Dies ist die größte Marter und Weh über alles Leiden, wo das Herz angegriffen und gequälet wird. Ander Leiden sind noch alle träglicher, so dem Leibe widerfahren; ja es kann in solchem wohl das Herz fröhlich sein, daß es alles äußerlich Leiden verachtet. Das ist fein geteilet und nur halb gelitten, da allein dem Leibe weh geschieht, aber das Herz und Seele voller Freuden bleibet. Aber wo das Herz allein tragen soll, da gehören nur große, höheste Geister und sonderlich Gnade und Stärke dazu, daß mans könne ertragen.

Nun, warum läßt Gott solchs seinen Liebsten widerfahren?

Zum ersten, daß er die Seinen bewahre wider die Vermessenheit, auf daß die großen Heiligen, die sonderliche hohe Gnade und Gaben von Gott haben, nicht darauf fallen und sich auf sich selbst verlassen. Darum muß es ihnen also gesalzen und gemenget werden, daß sie nicht immerdar eitel Stärke des Geists fühlen, sondern unterweilen ihr Glaube zappelt und ihr Herz zaget, auf daß sie sehen, was sie sind, und bekennen müssen, daß sie nichts vermögen, wenn sie Gott nicht durch seine lauter Gnade erhält.

Zum andern läßt ihnen Gott solchs widerfahren andern zum Exempel, beide, die Sichern zu schrecken und die Erschrockenen zu trösten.

Zum dritten kommt nun die rechte Ursach, warum Gott vornehmlich solchs tut, nämlich, daß er seine Heiligen will lehren, wie sie sollen rechten Trost suchen und sich drein schicken, daß sie Christum finden und behalten.

MITTWOCH: Das Alleinsein

Ich bin nicht allein; denn der Vater ist bei mir.

Johannes 16/32

Hilf, Helfer, hilf in Angst und Not 287

Wer ein rechter Christ sein will, der suche sich solche Hülfe und Stärke, daß er also gesinnet und gerüstet sei, daß er niemands bedürfe, sondern in sich selbst stark sei, auf daß er in der Not nicht dürfe um sich gaffen und der andern Hülfe suchen. Wahrlich, Christus soll unser Exempel sein, daß wir lernen und wissen, daß unsere Stärke durch seine Gnade in uns sei. David hat solches wohl versucht, darum spricht er Ps. 142: „Schau zur Rechten und siehe, da will mich niemand kennen; ich kann nicht entfliehen, niemand nimmt sich meiner Seelen an." Also gehets den Christen zu allen Zeiten, daß sie verlassen und allein gelassen werden. Die es gerne tun wollten, beistehen und helfen, sind verzagt und könnens nicht tun; die es aber tun sollen und tun könnten, die fallen ab, werden die ärgsten Feinde. Darum müssen wir unsere Stärke in uns selbst, nicht in andern Leuten haben.

Dies Exempel des Herrn Christi sollen wir wohl lernen und merken, denn das christliche Leiden hebet an in der Einsamkeit. Es wird und muß doch dahin kommen, daß du allein gelassen werdest; geschiehts in diesem Leben nicht, so geschiehts doch im Tode. Darum soll ein jeder Christ sich rüsten und bewahren mit dieser Stärke, daß er dieselbe bei sich habe, welche ist Christus, unser einiger Trost und Beistand, wie er verheißen hat.

DONNERSTAG: Das gehorsame Warten

Ich harre des Herrn. *Psalm 130/5*

Befiehl du deine Wege 294/6—11

Nun sind etliche, die wollen Gott das Ziel weisen, Zeit und Maße legen, und gleich ihm selbst vorschlagen, wie sie sich geholfen haben wollen; und wenn es ihnen nicht so widerfährt, verzagen sie, oder so sie mögen, suchen sie anderswo Hülfe. Diese harren nicht, sie warten Gottes nicht, Gott soll ihrer warten und alsbald bereit sein und nicht anders helfen, denn wie sie es abgemalet haben. Die aber Gottes warten, die bitten Gnade; aber sie stellen es frei zu Gottes gutem Willen, wenn, wie, wo und durch was er ihnen helfe. An der Hülfe zweifeln sie nicht, sie geben ihr aber auch keinen Namen, sie lassen sie Gott taufen und nennen, und sollt es auch lange, ohn Maße verzogen werden. Wer aber der Hülf einen Namen gibt, dem wird sie nicht; denn er wartet und leidet Gottes Rat, Willen und Verziehen nicht.

FREITAG: Vor Gott ein Nichts sein

Verlaß mich nicht, Herr! Mein Gott, sei nicht ferne von mir! *Psalm 38/22*

Lob Gott getrost mit Singen 205/3

Ich bin ein Einsamer, von allen verlassen und verachtet, darum nimm du mich auf und verlaß mich nicht. Gottes Natur ist, daß er aus Nichts etwas macht; darum wer noch nicht Nichts ist, aus dem kann Gott auch nichts machen. Diese Menschen aber machen aus etwas ein anders, das ist aber eitel unnütz Werk.

Darum nimmt Gott nicht auf, denn die Verlassenen; macht nicht gesund, denn die Kranken; macht nicht sehend, denn die Blinden; macht nicht lebendig, denn die Toten; macht nicht fromm, denn die Sünder; macht nicht weise, denn die Unweisen; kurz, er erbarmt sich nicht, denn der Elenden, und gibt nicht Gnade, denn denen, die in Ungnaden sind. Derhalben kann kein hoffärtiger Heiliger, Weiser, oder Gerechter Gottes Materien werden, und Gottes Werk in sich erlangen, sondern bleibt in seinem eigen Werke und macht einen erdichteten, scheinenden, falschen, gefärbten Heiligen aus sich selber, das ist ein Heuchler.

SONNABEND: Christus wunderbar in seinen Heiligen

Erkennet doch, daß der Herr seine Heiligen wunderbar führt. *Psalm 4/4*

Warum sollt ich mich denn grämen? 297

Gott ist wundersam in seinen Heiligen und handelt wunderbarlich mit ihnen wider alle menschliche Weisheit und Vernunft, auf daß die Gottfürchtigen und Christen lernen an unsichtlichen Dingen hangen und durch die Mortifikation * wieder lebendig werden. Denn Gottes Wort ist ein Licht, das an einem finstern Ort scheinet, wie alle Exempel des Glaubens anzeigen.

Gott gehet mit den Gottfürchtigen und Christen schier um, gleich als mit den Gottlosen und Unchristen, ja zuweilen wohl ärger. Er tut nicht anders, denn gleich wie ein Hausvater mit seinem Sohne und Knechte handelt. Den Sohn stäupt und schläget er viel mehr und öfter denn den Knecht, doch sammlet er ihm einen Schatz zum Erbe. Sonst kann ich dies Argument nicht solvieren, warum Gott seine lieben Kinder in der Welt durch die Rolle lässet laufen.

* das In-den-Tod-gegeben-sein

13. WOCHE NACH TRINITATIS

Gute Werke

SONNTAG: Lukas 10/25—37

Du sollst Gott, deinen Herren lieben von ganzem Herzen... und deinen Nächsten als dich selbst. Lukas 10/27

Ich ruf zu dir, HErr Jesu Christ 244

Da sehet ihr die guten Werk, die alle auf einen Haufen hier beschrieben sind, die sollen wir gegen einander üben, wie sie der himmlische Vater gegen uns geübet hat und noch übet ohn Unterlaß. Ihr habet oft gehört, daß wir gegen Gott nicht bedürfen der Werk, sondern gegen den Nächsten. Man kann Gott weder stärker noch reicher machen mit den Werken, aber den Menschen kann man damit stärken und reich machen; dem sind sie vonnöten, da sollen sie auch hingehen, und nicht zu Gott. Das habt ihr nun oft gehört und habt das nun in den Ohren; wollt Gott, daß es auch in die Hände und in die Werk käme!

Der Glaube muß allein Gott gebühren, der empfähet göttliche Werk, die wirket allein Gott, und dieselbigen Werke Gottes empfahen wir allein durch den Glauben. Darnach sollen wir uns fleißigen gegen den Nächsten und alle unsere Werk dahin ordnen, daß sie dem Nächsten dienen.

Den Glauben muß ich hinein und hinauf zu Gott bringen; die Werk heraus und hernieder in den Nächsten.

MONTAG: Der barmherzige Samariter

Ein Samariter aber reiste und kam dahin; und da er ihn sah, jammerte ihn sein. Lukas 10/33

Wenn meine Sünd mich kränken 61/7—8

Darum lerne, was da heiße, Gott lieben. Dieser Samariter hat Gott lieb: nicht daß er Gott etwas gegeben hätte; sondern daß er dem armen, verwundeten Menschen hilft, soviel er kann. Denn also sagt Gott: Willst du mich lieb haben und mir dienen, so tu es deinem Nächsten, der bedarf es; ich bedarf es nicht. Darum dienet dieser Samariter hie mit seinem Geld, Tier, Öl und Wein unserm Herrgott im Himmel. Nicht daß es unser Herrgott für seine Person bedürfte, oder er es unserm Herrn Gott tue; er tut's seinem Nächsten. Es heißt aber darum Gott getan und Gott damit gedienet, daß es Gott also geheißen und befohlen hat.

Darum trachte danach, daß du lernest, nach dem Exempel dieses Samariters dich halten, welcher sich des Verwundeten in seiner Not also annimmt, ihm hilft und pfleget, wie er hätte begehrt, daß ihm ein anderer in solcher Not getan und seiner gepfleget hätte; und bringt dadurch das Lob davon, daß er Gott und seinen Nächsten geliebet hab. Das, sage ich, sollt du lernen, daß du es auch tust. Denn diese Frucht soll bei denen folgen, die das Wort haben. So sie aber nicht folget, sind es falsche Christen; wie dieser Priester und Levit hie, die sind Stockheilige, ja Teufelsheilige. Denn wer vor seinem Nächsten vorübergehet, der gehet auch vor Gott vorüber.

Also gibt uns dies Evangelium eine schöne und sehr nütze und nötige Lehre, wie wir unser Leben sollen anschicken, wenn wir unter dem Haufen wollen sein, der Gott recht liebet, daß wir unsern Nächsten lieben und ihm in seiner Not alles Gute beweisen sollen. Das will Gott annehmen, als hätten wir es ihm getan.

DIENSTAG: Im Nächsten begegnet uns Gott

Was ihr getan habt einem unter diesen meinen geringsten Brüdern, das habt ihr mir getan. *Matthäus 25/40*

Kommt, Kinder, laßt uns gehen 272/7

Ach lieber Herr Gott! wie sind wir so blind, daß wir solche Liebe nicht zu Herzen nehmen! Wer hätte doch können ausgründen, daß sich Gott selbst so tief herunter wirft und nimmt sich der Werke aller an, die wir auf die Armen wenden, als seien sie ihm geschehen. Also ist die Welt voll, voll Gottes; in allen Gassen, vor deiner Tür findest du Christum. Gaffe nicht in den Himmel und sprich: Ei, sollte ich unsern Herrn Gott ein= mal sehen, wie wollte ich ihm alle möglichen Dienste bewei= sen? Du lügst, sagt Johannes. Höre zu, du elender Mensch, willst du Gott dienen? Du hast ihn in deinem Hause, an dei= nem Hausgesinde und Kindern; lehre die wohl Gott fürchten und lieben und ihm allein trauen; tröste die betrübten, kran= ken Nachbarn, hilf ihnen mit deinem Gut, Weisheit und Kunst. Zeuch deine Kinder, daß sie mich erkennen, halte ihnen einen guten, frommen Zuchtmeister, wende keine Kosten von ihnen; es ist mir selbst alles getan, ich will dirs redlich bezahlen.

Siehe nun wohl, daß du mich nicht übergehest; ich will dir ganz nahe genug sein in einem jeglichen armen Menschen, der deiner Hülfe und Lehre bedarf; da stecke ich mitten inne; du kannst ihm so wenig oder viel nicht tun, du hast es mir selbst getan. Es soll dir auch der kalte Trunk Wassers nicht vergebens ausgegeben werden, du sollst tausendfältige Frucht wieder er= heben, nicht um deines Werks willen, sondern um meiner Zu= sage willen.

MITTWOCH: Almosen

Wenn du Almosen gibst, so laß deine linke Hand nicht wissen, was die rechte tut, auf daß dein Almosen verbor= gen sei. *Matthäus 6/3–4*

Der Tag bricht an und zeiget sich 333

Das ist nichts anderes gesagt, denn wie St. Paulus pflegt zu reden Röm. 12 und sonst: „Wer da gibt, der gebe einfältig= lich." Einfältiglich geben aber heißt, daß er nicht seine Ehre, Gunst, Dank oder Lohn damit suche, und sehe auf keinen Men= schen, er sei undankbar oder nicht; sondern frei dahin gebe, was er geben will; gleichwie Gott täglich gibt und seine Sonne lässet scheinen, ungeachtet Dankbarer oder Undankbarer, gleich als sähe er niemand. Das heißet ein einfältigs Herz und Mei=

nung, die nichts anders suchet noch begehret, sondern allein Gottes Willen und Ehre ansiehet.

Darum ists ja ein schändlich Ding um die Welt; sie sei fromm oder böse, so taug sie doch nirgend zu. Denn sie will entweder gar ein öffentlicher Teufel sein mit bösen Werken, oder will selbst Gott sein mit guten Werken. Und ist doch keines nicht zu leiden. Darum kann niemand kein gut Werk tun, er sei denn ein Christ. Denn tut ers als ein Mensch, so tut ers nicht um Gottes, sondern um seiner eigen Ehre und Genuß willen; oder ob er gleich Gottes Ehre vorwendet, so ists doch erlogen und erstunken.

Das heißt aber das Almosen im Verborgenen gegeben, wo das Herz sich nicht offenbar machet und will davon Ehre und Namen haben; sondern so gesinnet ist, daß es frei dahin gibt, nichts angesehen, obs gleich vor den Leuten keinen Schein noch Lob habe. Denn es ist zugedeckt mit dieser Einfältigkeit des Herzens, das nicht darnach fragt noch achtet, Gott gebe, es gerate dafür Dank oder Undank, Guts oder Böses.

DONNERSTAG: Ohne Lohn

Umsonst habt ihr's empfangen, umsonst gebt es auch.

Geh hin nach Gottes Willen 387 *Matthäus 10/8*

Denn so die Frommen Gutes täten, das Himmelreich zu erlangen, so erlangen sie es nimmermehr und gehörten viel mehr unter die Gottlosen, denn sie suchten mit schalkhaftigen Augen das Ihre in den höchsten geistlichen Sachen und an Gott.

Denn die frommen Gotteskinder tun aus gutem Willen und gerne das Gute, suchen keinen Lohn, sondern allein Gottes Ehre und Willen, ganz wacker und bereit, Gutes zu tun, auch wenn kein Himmel noch eine Hölle wäre. Und das ist allein genug bewiesen aus den Worten Christi, da er sagt: „Kommet her, ihr Gebenedeieten meines Vaters, erbet das Reich, das euch bereitet ist von Anbeginn der Welt." Wie könnten sie das Reich mit ihrem Tun verdienen, das ihnen bereitet ist, ehe sie geschaffen sind? Das Reich Gottes wird nicht bereitet, sondern ist bereitet, die Kinder aber des Reiches werden bereitet und bereiten nicht das Reich, das ist, das Reich verdient die Kinder und nicht die Kinder das Reich.

FREITAG: Feindesliebe

Liebet eure Feinde. *Matthäus 5/44*

O Gott, du frommer Gott 383/4

Was ist das für eine Guttat, so wir allein den Freunden milde sind? „Tut doch das auch ein böser Mensch dem andern, seinem Freunde"; dazu auch die unvernünftigen Tiere ihresgleichen guttätig und milde sind. Darum muß ein Christenmensch höher fahren, seine Mildigkeit auch den Unverdienten, Übeltätern, Feinden, Undankbaren lassen dienen, und wie sein himmlischer Vater seine Sonne auch lassen aufgehen über Fromme und Böse und regnen über die Dankbaren und Undankbaren.

Hier wird sich aber finden, wie schwer gute Werke sind zu tun nach Gottes Gebot, wie sich die Natur dagegen krümmet und windet, die doch ihre eigenen, guten, erlesenen Werke leichtlich und gerne tut. Also nimm vor dich deine Feinde, die Undankbaren, tue ihnen wohl; so wirst du finden, wie nahe oder ferne du von diesem Gebot seist, und wie du dein Lebenlang wirst immer zu schaffen haben mit Übung dieses Werkes. Denn so dein Feind deiner bedarf und du ihm nicht hilfest, so du magst, so ists gleich viel, als hättest du ihm das Seine gestohlen, denn du bist ihm schuldig gewesen zu helfen.

SONNABEND: Dem Nächsten zur Besserung

Es stelle sich ein jeglicher unter uns also, daß er seinem Nächsten gefalle zum Guten, zur Besserung. *Römer 15/2*

Mein erst Gefühl sei Preis und Dank 350/7—10

Ein Christenmensch lebet nur darum, daß er den Leuten nützlich sei und nicht die Menschen, sondern ihre Laster vertilge; welches er nicht mag tun, wenn er niemand leiden will, noch mit niemand zu schaffen haben will, der gebrechlich ist. Es wäre gar ein närrisch Werk der Barmherzigkeit, wenn du wolltest die Hungerigen speisen und die Durstigen tränken, die Nackten kleiden, die Kranken besuchen, und wolltest doch nicht leiden, daß zu dir kämen oder um dich wären die Hungerigen, Durstigen, Nackten und Kranken. Also auch, daß du wolltest kein böse oder gebrechliche Menschen um dich leiden, wäre eben so viel, als wolltest du niemand nützlich noch hilflich sein zur Frömmigkeit.

Darum laßt uns lernen hier in dieser Epistel, daß ein christlicher Wandel und Liebe stehet nicht darin, daß sie fromme, gerechte, heilige Menschen *finde,* sondern daß sie fromme, gerechte, heilige Menschen *mache,* und laß das ihr Arbeit und Übung sein auf Erden, daß sie solche Leut mache, es sei mit Strafen, Bitten, Dulden und womit sie kann. Gleichwie ein Christenmensch nicht darum lebet, daß er reiche, starke, gesunde Menschen finde, sondern aus den Armen, Schwachen, Kranken solche Leut mache.

14. WOCHE NACH TRINITATIS

Frucht

SONNTAG: Galater 5/16–24

Bleibet in mir, und ich in euch. Gleichwie die Rebe kann keine Frucht bringen von ihr selber, sie bleibe denn am Weinstock, also auch ihr nicht, ihr bleibet denn in mir.

Johannes 15/4

Von Gott will ich nicht lassen 283

Wer ein Christ sein soll, der muß sein natürlich geboren und gewachsen aus dem Weinstock Christo.

Wenn ich getauft werde oder durchs Evangelium bekehret, so ist der Heilige Geist da und nimmt mich wie einen Ton und machet aus mir eine neue Kreatur, so jetzt ander Sinn, Herz und Gedanken kriegt, nämlich recht Erkenntnis Gottes und recht herzlich Vertrauen seiner Gnade. Summa, Grund und Boden meines Herzens wird erneuert und geändert, daß ich gar ein neu Gewächs werde, gepflanzt in den Weinstock Christum und aus ihm gewachsen. Denn meine Heiligkeit, Gerechtigkeit und Reinigkeit kommt nicht aus mir, stehet auch nicht auf mir; sondern ist allein aus und in Christo, welchem ich eingewurzelt bin durch den Glauben, gleichwie der Saft aus dem Stock sich in die Reben zieht, und bin nun ihm gleich und seiner Art, daß beide, er und ich, einerlei Natur und Wesens sind, und ich in und durch ihn Früchte trage, die nicht mein, sondern des Weinstocks sind. Also wird aus Christo und den Christen ein Kuchen und ein Leib, daß er kann rechte Früchte bringen, nicht Adams oder sein eigene, sondern Christi.

MONTAG: Der gute und der faule Baum

Also ein jeglicher guter Baum bringt gute Früchte; aber ein fauler Baum bringt arge Früchte. *Matthäus 7/17*

Die Ernt ist nun zu Ende 381/7

Dem, der ohn Glauben ist, ist kein gut Werk förderlich zur Frömmigkeit und Seligkeit. Wiederum kann kein bös' Werk ihn böse und verdammt machen; sondern der Unglaub, der die Person und den Baum bös macht, der tut böse und verdammt Werk. Darum, wenn man fromm oder böse wird, hebet sichs nicht an den Werken an, sondern an dem Glauben, wie der weise Mann sagt (Sir. 10, 14—15): „Anfang aller Sünd ist von Gott weichen und ihm nicht trauen." Also lehret auch Christus, wie man nicht an den Werken muß anheben, und sagt: Entweder macht den Baum gut und seine Früchte gut; oder macht den Baum böse und seine Früchte böse; als sollt er sagen: Wer gute Früchte haben will, muß zuvor an dem Baum anheben und denselben gut setzen. Also, wer da will gute Werk tun, muß nicht an den Werken anheben, sondern an der *Person,* die die Werk tun soll. Die Person aber macht niemand gut, denn allein der Glaub, und niemand macht sie böse, denn allein der Unglaub. Das ist wohl wahr, die Werke machen einen fromm oder böse vor den Menschen, das ist, sie zeigen äußerlich an, wer fromm oder böse sei. Wie Christus sagt, Matth. 7, 20: „Aus ihren Früchten sollet ihr sie erkennen." Aber das ist alles im Schein und äußerlich.

DIENSTAG: Vollkommen in der Liebe

Darum sollt ihr vollkommen sein, gleichwie euer Vater im Himmel vollkommen ist. *Matthäus 5/48*

Morgenglanz der Ewigkeit 349

Also können wir nicht vollkommen sein, noch werden, daß wir keine Sünde haben, wie andere von der Vollkommenheit träumen; sondern das heißt vollkommen sein, hier und allenthalben in der Schrift, daß erstlich die Lehre ganz rechtschaffen und vollkommen sei, und darnach das Leben sich auch darnach richte und gehe.

Aber der Juden Lehre und Leben ist beides unvollkommen und unrecht, weil sie lehren nur ihre Freunde lieben, und demnach auch leben. Denn das ist eine gestückte oder geteilte und nur eine halbe Liebe. Er aber will eine ganze, runde, ungestückte Liebe haben, daß man den Feind ebensowohl liebe und ihm Gutes tue, als dem Freund. So heiße ich ein rechter vollkommener Mensch, der die Lehre fein rund hat und hält. Ob aber das Leben nicht hernach so stark in Schwang gehet, wie es denn nicht gehen kann, weil Fleisch und Blut ohn Unterlaß hindert, das schadet der Vollkommenheit nichts; allein, daß man darnach strebe und darin gehe und täglich fortfahre, also, daß der Geist über das Fleisch Meister sei und dasselb im Zaum halte, unter sich zwinge und zurückziehe, daß es nicht Raum kriege, wider diese Lehre zu tun; also, daß ich die Liebe in rechter Mittelstraße gegen jedermann gleich gehen lasse, daß sie keinen Menschen ausschlage. So habe ich die rechte christliche Vollkommenheit, die nicht in sonderlichen Ämtern oder Ständen stehet, sondern allen Christen gemein ist und sein soll.

MITTWOCH: Die Frucht des Geistes ist Freude

Die Frucht des Geistes ist Freude. *Galater 5/22*

Zeuch ein zu deinen Toren 105/6

Freude ist eine Frucht des Heiligen Geistes; die ist eben wie die Liebe in Gott und dem Nächsten. In Gott ist sie, wenn wir von der göttlichen Barmherzigkeit fröhlich sind, auch mitten in Ungestüm und Widerwärtigkeit der Welt, wenn wir loben den HErrn auch im Backofen des Feuers Tag und Nacht, Daniel 3. Sie ist das freundliche Gespräch des Bräutigams und der Braut,

d. i. die fröhlichen, lieblichen Gedanken, so ein gläubig Herz von Christo hat, die heilsamen Ermahnungen, die fröhlichen Gesänge, Lobgesänge, Dankpsalmen, damit sich die Christen unter einander ermahnen, üben und fröhlich machen. Die Schrift zeugt hin und wieder, daß Gott kein Gefallen habe an der Traurigkeit des Geistes, sondern will, daß wir in ihm sollen fröhlich sein. Darum hat er auch seinen Sohn nicht gesandt, daß er uns betrübe, sondern fröhlich machte. Daher ermahnen, ja gebieten die Propheten, Apostel, ja Christus selbst, wir sollen fröhlich sein und uns freuen. Wo diese geistliche Freude ist, davon Paulus hier redet (denn der weltlichen Freude folgt Trauern und Weinen), da freut sich das Herz innerlich durch den Glauben an Christum, hält gewiß dafür, daß er unser Heiland und Hoherpriester sei, der uns zur Rechten Gottes vertritt, und zeigt auch solche Freude äußerlich an mit Worten und Gebärden; ja es kann fröhlich sein mitten in der Trübsal und Tode. In Summa, Christen freuen sich des, daß sie einen gnädigen Vater im Himmel durch Christum haben, und ist ihnen nichts Liebers, denn wenn das Evangelium weit ausgebreitet wird und viel Leute zum Glauben treten, daß dadurch das Reich Christi gemehrt wird. Solche Freude ist der Welt unbekannt. Endlich im Nächsten ist die Freude, wenn wir ihm seiner Güter halben nicht mißgünstig und neidisch sind, sondern Freude mit ihm haben, eben als wären sie unser eigen, und loben die Gaben Gottes in ihm.

DONNERSTAG: Dankbarkeit

Jesus aber antwortete und sprach: Sind ihrer nicht zehn rein geworden? Wo sind aber die neun? Lukas 17/17

Sei Lob und Ehr dem höchsten Gut 233

Das ist ein sehr erschrecklich Exempel, daß ihrer zehn so einen feinen Glauben haben und gesund werden; und doch die neun wieder abfallen und dem HErrn Christo solcher Wohltat halb keinen Dank sagen.

Es soll aber solch Exempel uns dazu dienen, daß wir dankbar sein und vor dem schändlichen Laster der Undankbarkeit uns hüten sollen. Denn es will unser HErr Gott, und nicht unbillig, die Ehre haben, daß wir ihm für alle seine Wohltat danken sollen. Solches sollten wir auch gern und williglich tun; denn es ja ein Ding ist, das nicht viel Mühe und Arbeit kostet. Denn was kann's doch dir schaden, daß du dich zu Gott kehrest und sagest: Ach HErr, du hast mir gesunde Augen, gesunde Hände und Füße, dies und anderes gegeben; ich danke dir von Herzen dafür, denn es ist ja deine Gabe.

Also, was kann es dir schaden, daß du deinem Vater und Mutter, deinem Herrn und Frauen, deinem Nachbarn dankest, wenn dir eine Wohltat von ihnen widerfahren ist? Bricht es dir doch kein Bein, und ist allein darum zu tun, daß man sehe, ob es auch wohl an dir angelegt sei.

Also tut der Samariter hie, kehret um zum HErrn und danket. Das hat ihn keinen Pfennig, sondern wenig Worte gekostet; und gefällt doch dem HErrn so wohl, daß es Wunder ist. Den Leuten gefällt Dankbarkeit auch wohl und tut ihnen sanft; werden auch dadurch gereizet, daß sie ein andermal mehr helfen.

Die Heiden haben gesaget: der Undank sei das größte Laster. Darum, wenn man einen undankbar schelte, so habe man ihn auf das höchste gescholten. Gleichwohl erfahren wir, daß solche Untugend sehr allgemein ist und denen am meisten begegnet, die allen Dank an uns verdienet haben; als da sind Vater und Mutter, die an ihre Kinder Leib, Leben, Ehr und Gut und was sie haben, wagen. Aber wie lohnen ihnen die Kinder? Was erleben sie an ihnen? Selten gerät's, daß ein Kind dankbar ist. Das macht der leidige Teufel.

Darum, wenn ihr fromme Christen sein wollt, so lernet, daß ihr dankbar seid, erstlich Gott, unserm gnädigen Vater im Himmel, der Leib und Leben schenket und erhält; gibt darnach auch alles, was gehöret zum ewigen Leben. Darnach seid auch dankbar gegen eure Eltern, Freunde, Nachbarn und alle, die euch Gutes bewiesen haben, und beweiset ihnen wieder Gutes; auf daß, wo ihr's gleich mit Werken nicht vergelten könnt, dennoch ihr mit Worten euch dankbar und freundlich erzeiget.

FREITAG: Undank

Wie soll ich dem Herrn vergelten alle Wohltat, die er an mir tut? Ich will den Kelch des Heils nehmen und des Herrn Namen verkündigen. *Psalm 116/12—13*

O Welt, sieh hier dein Leben 64/12—14

Also stehet im Psalm. Ja, liebes Kind, spricht unser HErr Gott, da habe ich eben gnug an.

Aber der gütige Vater kann es bei wenig Leuten erlangen. Der meiste Teil verfolget sein Wort und lästert ihn, unangesehen, daß alles, was wir haben, wir allein durch ihn und aus seinen Gnaden haben. Und ist an solchem noch nicht genug: seinen eingeborenen Sohn, den er uns zum Trost wider Sünde und ewigen Tod geschenkt hat, hängen sie noch an den Galgen. Das mag ja eine Welt sein, der Gott sollte billig feind sein und ihr nichts Gutes tun. Aber er läßt sich nicht erzürnen, er bleibt gütig und gnädig und hilft allenthalben.

Darum ist es an dem nicht genug, daß wir lernen dankbar sein, sondern wir müssen uns auch zu der Tugend gewöhnen, die den Undank leiden kann. Das ist allein Gottes und der rechten Christen Tugend.

Wer nun ein Christ will sein, der lerne, daß er mit all seiner Wohltat, Treu und Dienst nicht allenthalb werde Dank verdienen, sondern müsse auch Undank leiden. Solches aber sollen wir uns nicht bewegen lassen, daß wir andern nicht mehr dienen noch helfen wollten. Denn das ist eine christliche Tugend und rechte Frucht des Glaubens, daß, wenn du dein Bestes getan hast, und man dir dagegen das gebrannte Herzeleid antut, du Geduld habest und sagest: Nein, damit sollst du mich nicht erzürnen noch unlustig machen; ich will es leiden und dennoch helfen, wo ich kann. Willst du undankbar sein? Ich weiß einen über uns im Himmel, der wird mir an deiner Statt danken; das soll mir lieber sein, denn so du mir dankest. Das heißt, christlich sich halten und, wie es Salomo nennet, brennende Kohlen auf des Undankbaren Haupt schütten.

SONNABEND: Die Frucht des Geistes ist Geduld und Freundlichkeit

Die Frucht des Geistes ist Geduld und Freundlichkeit.

O Heilger Geist, kehr bei uns ein 103/6 *Galater 5/22*

Die „Geduld" (als eine Frucht des Heiligen Geistes) ist eine solche Tugend, da einer lange Zeit Geduld haben kann, also daß er Widerwärtigkeit, Unglück, Unrecht etc. nicht allein duldet und leidet, sondern hält es auch denen, die ihm solch Leid anlegen, lange zu gut, wartet auf ihre Besserung, wünscht ihr Heil und denkt nicht auf Rache (Röm. 2, 4). Der Teufel hat die Weise: was er mit Macht und Gewalt in der Anfechtung nicht überwinden kann, das erlauert er mit langwierigem Anhalten und harret uns den Hals ab; denn wer weiß wohl, daß wir schwache, irdische Gefäße sind, welche große Gewalt und viel harte Streiche in die Länge nicht leiden können; darum überwindet er viele damit, daß er so lange und fleißig anhält. Wenn man ihm aber da widerstehen will, ist nötig, daß man sich lange leiden könne und nicht zu weich werde, auf daß man durch diese Geduld nicht allein der Besserung erwarte an denen, so uns Gewalt und Unrecht tun, sondern auch des Endes aller Anfechtung, die der Teufel wider uns erregt.

Die andere Frucht ist „Freundlichkeit", daß einer also geschickt ist, daß jedermann mit ihm wohl auskommen kann und gerne mit ihm umgeht. Denn Christen sollen nicht unfreundliche und wunderliche Leute sein, sondern sanftmütig, leutselig, freundlich, mit denen jedermann gern umgeht, die andern ihre Fehle und Gebrechen können zugut halten, andern gerne weichen, sich mit den Wunderlichen leiden können, wie die Heiden lehren: Eines guten Freundes Fehl und Gebrechen mag man wohl wissen, man soll ihm aber darum nicht feind sein. Ein solcher feiner, freundlicher Mann ist unser lieber HErr Christus gewesen, wie man im Evangelio durch und durch sieht. Man liest, daß Petrus allweg habe weinen müssen, so oft er daran gedacht habe, wie freundlich der HErr Christus in all seinem Tun und Wandel gewesen sei. Gewißlich ist es eine sehr feine, sanftmütige, stille und liebliche Tugend und allerdinge füglich zu der Gesellschaft und lockt alle Welt, mit ihr Gemeinschaft zu haben.

15. WOCHE NACH TRINITATIS

Vom Sorgen und vom Gottvertrauen

SONNTAG: Matthäus 6/24—34

Sehet die Vögel unter dem Himmel an: sie säen nicht, sie ernten nicht, sie sammeln nicht in die Scheunen; und euer himmlischer Vater nährt sie doch. Seid ihr denn nicht viel mehr denn sie? *Matthäus 6/26*

Gib dich zufrieden und sei stille 295/8

Also stellet der Herr uns der Kreatur Exempel vor, daß wir daran lernen sollen, Gott trauen und nicht sorgen. Denn da fliegen die Vögelein vor unsern Augen, uns zu kleinen Ehren, daß wir wohl möchten unsere Hütlein gegen sie abtun und sagen: Mein lieber Herr Doktor, ich muß bekennen, daß ich die Kunst nicht kann, die du kannst. Du schläfst die Nacht über in deinem Nestlein ohn alle Sorge. Des Morgens stehest du wieder auf, bist fröhlich und guter Ding, setzest dich auf ein Blümlein und singest, lobest und dankest Gott; darnach suchest du deine Nahrung und findest sie. Pfui, was hab ich alter Narr gelernet, daß ich es nicht auch tu, der ich doch so viel Ursach dazu habe.

Kann das Vöglein sein Sorgen lassen und hält sich in solchem Fall wie ein lebendiger Heilig, und hat dennoch weder Acker noch Scheunen, weder Kasten noch Keller; es singet, lobet Gott, ist fröhlich und guter Ding, denn es weiß, daß es einen hat, der für es sorget; der heißt unser Vater im Himmel; warum tun wirs denn nicht auch, die wir den Vorteil haben, daß wir können arbeiten, das Feld bauen, die Früchte einsammeln, aufschütten und auf die Not behalten? Dennoch können wir das schändliche Sorgen nicht lassen.

MONTAG: Ohne Sorge

Ich wollte aber, daß ihr ohne Sorge wäret.

1. Korinther 7/32

Wer nur den lieben Gott läßt walten 298

Noch steckt der verzweifelte Unglaube so tief in uns, daß wir immerdar Sorge haben, wir werden nicht ernähret. Das macht allein, daß wir gewiß wissen wollen, wie uns Gott ernähren wolle; also, daß wir das Haus voll Korns und die Kasten voll Gelds haben, wollen Gott also anbinden an Haus und Kasten; so will er frei und ungebunden sein, weder an Zeit, Person, Stätte, noch dieses oder jenes. Man lasse ihn dafür sorgen, wie er uns ernähren werde, er wird wohl Korn und Geld geben, die Zeit und Maß wohl treffen; daß du nur denkst: Ich will heut arbeiten, werde wohl sehen, woher ers gibt; morgen wieder also; so würdest du inne werden, daß er dich ohn deine Sorge ernähre.

Darum soll man ihm das Sorgen lassen. Die Arbeit und Mühe, die du tust, ist nicht wider den Glauben, sondern ist nütze, das Fleisch zu zähmen; die Sorge aber ist wider Gott. Das Weib soll der Kinder warten, das Haus regieren und warten, was Gott mit ihr schaffe. Der Mann desselbigengleichen arbeite und sich Gott befehle; der wird ihn nicht lassen, er hats stark genug verheißen. Wir tun nicht mehr mit unserm Sorgen, denn daß wir ihn hindern und im Wege liegen.

DIENSTAG: Gott legt's hin, der Mensch findet's

Aller Augen warten auf dich und du gibst ihnen ihre Speise zu seiner Zeit. *Psalm 145/15*

Ich singe dir mit Herz und Mund 230

Nun arbeitet kein Tier um seine Nahrung, sondern ein jeglichs hat sein Werk, darnach suchts und findet seine Speise. Das Vöglein flieget und singet, machet Nester und zeuget Junge; das ist sein *Arbeit*, aber davon *nähret* sichs nicht. Ochsen pflügen, Pferde tragen und streiten, Schafe geben Wolle, Milch und

Käse, das ist ihre Arbeit; aber davon nähren sie sich nicht; sondern die Erde trägt Gras und nähret sie durch Gottes Segen.

Also soll und muß der Mensch auch arbeiten und etwas tun, aber doch daneben wissen, daß ein Andrer sei, der ihn ernähre, denn seine Arbeit, nämlich göttlicher Segen; wiewohl es scheinet, als nähre ihn seine Arbeit, weil Gott ohn seine Arbeit ihm nichts gibt. Wiewohl das Vögelein nicht säet noch erntet, aber doch müßte Hungers sterben, wo es nicht nach der Speise fliege und suchte. Daß es aber Speise findet, ist nicht seine Arbeit, sondern Gottes Güte. Denn wer hat seine Speise dahin gelegt, daß er sie findet? Denn wo Gott nicht hinlegt, da find't niemand nichts, und sollt sich alle Welt zu Tod arbeiten und suchen. Das sehen wir mit Augen und greifens mit Händen; noch glauben wir nicht. Wiederum, wo er nicht zurate hält und bewahret, da bleibts nicht, und wenn hunderttausend Schloß davor gelegt wären; es zerstäubt und zerfleugt, daß niemand weiß, wo es bleibt.

MITTWOCH: Eure Sorge werfet auf Ihn

Wirf dein Anliegen auf den Herrn; der wird dich versorgen und wird den Gerechten nicht ewiglich in Unruhe lassen. *Psalm 55/23*

Befiehl du deine Wege 294

Wer nun ein Christ sein will, der lerne doch solches glauben und den Glauben üben und erzeigen in seinen Sachen, beide, leiblichen und geistlichen, im Tun und Leiden, Leben und Sterben, daß er sich der Sorge und ängstlichen Gedanken entschlage und dieselbige frisch und getrost von sich werfe; nicht in einen Winkel, wie etliche vergeblich meinen zu tun; denn sie lassen sich nicht also hinwegwerfen, wo sie im Herzen stecken; sondern daß er beide, sein Herz mit seinen Sorgen, Gott auf seinen Rücken werfe, denn er hat einen starken Hals und Schultern, daß er es wohl tragen kann; dazu solches geboten hat, daß man sie ihm auftrage, und kannst soviel nicht auf ihn legen und werfen, er hat es noch viel lieber und verheißet dir auch, daß er will die Sorge tragen für dich und alles, was dir anliegt. „Alle eure Sorge werft auf ihn, denn er sorget für euch."

Ah! Wer das Werfen wohl lernen könnte, der würde erfahren, daß es gewiß also sei. Wer aber nicht lernet solch Werfen, der muß bleiben ein verworfen, zerworfen, unterworfen, ausgeworfen, abgeworfen und umgeworfen Mensch.

DONNERSTAG: Gott verstellt sich oft

Herr, warum trittst du so ferne, verbirgst dich zur Zeit der Not? *Psalm 10/1*

Befiehl du deine Wege 294/9

Laßt uns fragen, wenn es uns übel gehet an Leib, Gut, Ehre, Freunden, oder was wir haben, ob wir denn auch glauben, daß wir Gott nicht wohlgefallen, und er unser Leiden und Widerwärtigkeit, sie sein klein oder groß, gnädiglich über uns ordne. Hier ist Kunst, zu Gott, der sich zornig stellet nach allen unsern Sinnen und Verstand, gute Zuversicht haben und Bessers sich zu ihm versehen, denn sichs empfindet. Hier ist er verborgen, gleichwie die Braut saget im Hohelied 2, 9: „Siehe, er stehet hinter der Wand und siehet durch die Fenster"; das ist so viel, unter den Leiden, die uns gleich von ihm scheiden wollen wie eine Wand, ja eine Mauer, stehet er verborgen und siehet doch auf mich und läßt mich nicht; denn er stehet und ist bereit zu helfen in Gnaden, und durch die Fenster des dunkeln Glaubens läßt er sich sehen.

FREITAG: Gottes unerforschliche Wege mit uns

Ich will dich unterweisen und dir den Weg zeigen, den du wandeln sollst; ich will dich mit meinen Augen leiten.

Psalm 32/8

Ich hab mein Sach Gott heimgestellt 315

Du bittest, ich soll dich erlösen; laß dir nicht leid sein, lehre du mich nicht, lehre dich auch nicht, laß mir dich, ich will dir Meister genug sein, ich will dich führen den Weg, darin du mir gefällig wandelst. Dich dünkt, es sei verderbt, wenn es nicht geht, wie du denkest; dein Denken ist dir schädlich und hindert mich. Es muß gehen nicht nach deinem Verstand, sondern über deinen Verstand; senk dich in Unverstand, so gebe ich dir meinen Verstand. Unverstand ist der rechte Verstand; nicht wissen, wohin du gehest, das ist recht wissen, wohin du gehest. Mein Verstand macht dich gar unverständig. So ging aus Abraham von seinem Vaterland und wußte nicht, wohin. Er gab sich in mein Wissen und ließ fahren sein Wissen, und ist kommen den rechten Weg an das rechte Ende.

Siehe, das ist der Weg des Kreuzes, den kannst du nicht finden, sondern ich muß dich führen als einen Blinden; darum nicht du, nicht ein Mensch, nicht eine Kreatur, sondern ich, ich selbst will dich unterweisen durch meinen Geist und Wort den Weg, da du inne wandeln sollst. Nicht das Werk, das du erwählest, nicht das Leiden, das du erdenkest, sondern das dir wider dein Erwählen, Denken, Begierden zukommet, da folge, da rufe ich, da sei Schüler, da ist es Zeit, dein Meister ist da kommen.

SONNABEND: Gott verläßt die Seinen nicht

Wir wissen, daß Trübsal Geduld bringt; Geduld aber bringt Erfahrung. *Römer 5/3–4*

Auf meinen lieben Gott 289

Wenn Gott eines Menschen Glauben will stärken, so macht ers also, daß es ihm am Glauben mangeln will, er stellt sich, als wollt er ihm weder Treu noch Glauben halten, wirft ihn in alle Unglücke und macht ihn also mürbe, daß er schier verzagen muß, und in dem schafft er gleichwohl, daß er stillhält; das Stillhalten ist Geduld, und dieselbige Geduld bringet Erfahrung: nämlich, wenn Gott wiederkommt und läßt die Sonne wiederum scheinen, und das Wetter überhin ist, so tut der

Mensch die Augen auf, verwundert sich und spricht: Ei, das sei Gott gelobet, daß ich des Unglücks los bin! Hier wohnet Gott, des hätte ich mich nicht versehen, daß es also gut hätte werden sollen.

Über zwei, über drei, über acht Tage, über ein Jahr, über eine Stunde kommt ein ander Kreuz von der Sünde, Schaden der Ehre, des Guts, des Leibs, oder wovon solch Trübsal kann kommen; da hebt es sich aufs Neue, da gehet das Wetter wieder daher; und dieweil Gott vormals also gnädiglich geholfen hat, und weiß, wie es der beste Gottes Wille sei, der uns mit der Vaterrute stäupet, daß wir Ursach haben, zu ihm zu rufen und zu laufen, tröst sich der Mensch selbst und rühmet sich der Trübsal und spricht: Der mir zuvor so oft geholfen hat, der wird jetzt abermals helfen. Dasselbige Sehnen im Herzen drinne (dadurch das Herz spricht: Ach wäre ich los! ach käme Gott! ach wäre mir geholfen!) ist die Hoffnung, und die läßt niemand zu Schanden werden, es muß Gott einem solchen Menschen helfen.

Auf die Weise verbirget Gott unter den Tod das Leben, unter die Hölle den Himmel, unter die Torheit die Weisheit, unter die Sünde die Gnade.

16. WOCHE NACH TRINITATIS

Stark zu werden an dem inwendigen Menschen

SONNTAG: Epheser 3/13—21

... daß er euch Kraft gebe nach dem Reichtum seiner Herrlichkeit, stark zu werden durch seinen Geist an dem inwendigen Menschen. *Epheser 3/16*

Erneure mich, o ewigs Licht 264

Wie nun die Weltleute mutig und stolz sind, so sind die Christen auch; aber viel größer und stärker durch den Heiligen Geist, daß sie unerschrocken sind gegen die Welt, Teufel, Tod und all Unglück. Das heißt nun eine geistliche Stärke. Denn das Wörtlein „Geist" sollt man billig deuten einen Mut, der da trotzig und kühne ist. Denn geistliche Stärke ist nicht Bein noch Fleisch, sondern das Herz und der Mut selbst; als wiederum, Schwachheit heißt: blöde und feig sein und am Mut fehlen.

So will nun St. Paulus sagen: Das bitte und wünsche ich euch von Gott, daß er euch einen solchen kühnen und trotzigen Mut und so einen starken, freudigen Geist gebe, der unerschrocken sei vor Armut, Schande, Sünd, Teufel und Tod, daß ihr gewiß seid, daß euch nichts schaden noch mangeln könnte. Der Welt Mut bleibt und stehet nicht länger, denn solang ein Vorrat vorhanden ist, darauf man sich verläßt; aber jener Geist verläßt sich allein auf Gott, hat auch keinen Vorrat noch Barschaft denn Gott allein, darauf trotzet er wider alles Übel, gewinnet gar ein ander Herz und Mut, denn die Welt hat.

MONTAG: Jeder sei seiner Sache gewiß

Unser Evangelium ist bei euch gewesen nicht allein im Wort, sondern auch in der Kraft und in dem Heiligen Geist und in großer Gewißheit. *1. Thessalonicher 1/5*

Ich weiß, woran ich glaube 278

Wir Christen müssen unserer Lehre aufs allergewisseste sein und gründlich und ohn alles Wanken wissen, Ja oder Nein sagen und dabei zu bleiben. Wie oft braucht wohl der Apostel das griechische Wort „Plerophoria", welches er heißt eine solche Gewißheit und Fülle, da unsere Herzen gar nicht wanken, sondern allenthalben voll Gewißheit sind. Wie ich schon gesagt habe, Christen müssen gewiß schließen und bekennen, was sie glauben und halten. Darum wenn du das gewisse Bejahen wegnimmst, und daß Christen ihres Dinges nicht gewiß sind, so sind es schon nimmer Christen und hast den Glauben weggenommen. Denn der Heilige Geist wird darum den Christen vom Himmel gegeben, daß er die Herzen der Gläubigen heilige, sie beständig und gewiß mache, Christum zu bekennen und darauf fest zu bleiben und zu sterben. Heißt das nun nicht aufs allergewisseste bejahen und schließen, wenn ich so auf meinem Ja bleibe, daß ich darauf sterbe? Ja.

Der Heilige Geist ist kein Skeptiker; er hat nicht einen ungewissen Wahn in unser Herz geschrieben, sondern eine kräftige, große Gewißheit, die uns nicht wanken läßt und (will Gott) nicht wird uns wanken lassen, sondern (Gott lob) so gewiß macht, als wir gewiß sind, daß wir jetzt natürlich leben oder daß zwei und drei fünf sind.

DIENSTAG: Trotzen auf Christus

Der Herr ist dein Trotz. *Sprüche 3/26*

Warum sollt ich mich denn grämen? 497/7–8

Christus, deine Gerechtigkeit, ist größer denn deine und aller Welt Sünde, sein Leben und Trost stärker und mächtiger denn dein Tod und Hölle.

Daher wird denn ein fein getrost und unerschrocken Herz, das den Teufel verachten kann mit all seinem Schrecken und Plagen und wider alle seine Macht trotzet: Sünde, willst du mich verdammen, so tue es zuvor Christo, meinem lieben Heiland, Priester und Fürbitter bei dem Vater. Tod, willst du mich fressen, so fahe droben an bei Christo, meinem Haupt. Teufel und Welt, willst du mich plagen und schrecken, so reiße ihn zuvor herab von dem Stuhl. Summa, ich soll und will mich vor nichts fürchten, und wenn der Blitz dieses Augenblicks herabschlüge und alles ineinander würfe. Denn Christus ist mein mit seinem Leiden, Sterben und Leben, der Heilige Geist mit seinem Trost, dazu der Vater selbst mit all seiner Gnaden, so den Heiligen Geist sendet, daß er mir Christum ins Herz predige und mit seinem Trost fülle.

MITTWOCH: Christus führt uns weiter

Ich bin desselben in guter Zuversicht, daß, der in euch angefangen hat das gute Werk, der wird's auch vollführen bis an den Tag Jesu Christi. *Philipper 1/6*

O gläubig Herz gebenedei 226/7

Bleibe nur fest an mir halten. Ich hab durch mein Wort angefangen und dich zu mir bracht, und so du nun solches beweisest und darüber kämpfest, daß du in mir bleibest, will es erst Not haben und dir schwer werden, daß es scheinet, als seiest du allein, und ich dich verlassen habe und lasse dich in eitel Angst und allem Jammer stecken. Aber halt nur fest, ich will dir beweisen, daß ich dich lieb habe, daß du es fühlen wirst in deinem Herzen, wie Gott so wohl gefället dein Glaube, Bekenntnis und Leiden. Aus solchem wirst du je länger je mehr erkennen und erfahren, wer ich bin, was ich vermag und an dir tue, und will mich also von Tag zu Tag dir offenbaren, bis du so versucht wirst, daß du deinen Trotz ganz gen Himmel setzen könnest und den Teufel zurückschlagen.

Siehe solcher Trotz folget aus dem, daß man also in der Anfechtung prüfet und erfähret die Lehre, so man zuvor geglaubt hat; nun aber selbst inne wird, wie wir in Christo sind und

Christus in uns sei; und so etwa zuvor ein Zorn oder Ungnade gewest ist, so ists doch nicht mehr, denn Christus ist unser lieber Bischof und Mittler bei Gott und soll allein unser Meister und Herr bleiben, und soll uns niemand verklagen, schrekken, meistern oder lehren.

DONNERSTAG: Haltet am Wort

Halte an mit Lesen, mit Ermahnen, mit Lehren, bis ich komme. *1. Timotheus 4/13*

Laß mich dein sein und bleiben 140

Ich hab Anfechtung bei mir selbst oft gefühlet und kann mich noch heutigen Tags kaum gnugsam davor hüten; bekenne das frei zum Exempel, wem es gefället, der ich nun fast ein alter Doktor und Prediger bin und freilich so viel kann oder ja können sollt in der Schrift, als alle solche Klüglinge können; noch muß ich zum Kinde werden und täglich des Morgens frühe bei mir selbst daher mündlich zählen das Vater-Unser, die zehn Gebot, den Glauben, und was ich für liebe Psalmen und Sprüche haben will, allerdings, wie man jetzt die Kinder lehret und gewöhnet; wiewohl ich sonst über das täglich mit der Schrift muß umgehen und mit dem Teufel im Kampf stehen; noch darf ich nicht sagen in meinem Herzen: Das Vater-Unser ist alt, du kannst die zehn Gebot, du weißt den Glauben wohl usw., sondern lerne täglich dran und bleibe des Katechismus Schüler, fühle auch, daß mirs merklich hilft, und befinde mit der Erfahrung, daß Gottes Wort nicht auszulernen ist, sondern ist eigentlich wahr, das der 147. Psalm davon sagt: „Seines Verstandes ist keine Zahl."

FREITAG: Bist du nicht ein wunderlicher lieblicher Gott?

Ich danke dir, daß du mich demütigst und hilfst mir. *Psalm 118/21*

Ich steh in meines HErren Hand 306

So ist nun dieser Vers fröhlich und singet mit aller Lust daher: Bist du nicht ein wunderlicher, lieblicher Gott, der du uns so wunderlich und so freundlich regierest! Du erhöhest uns, wenn du uns niedrigest. Du machst uns gerecht, wenn du uns zu Sündern machst. Du führest uns gen Himmel, wenn du uns in die Hölle stößest. Du gibst uns Sieg, wenn du uns unterliegen lässest. Du machst uns lebendig, wenn du uns töten lässest. Du tröstest uns, wenn du uns trauern lässest. Du machst uns fröhlich, wenn du uns heulen lässest. Du machst uns singen, wenn du uns weinen lässest. Du machst uns stark, wenn wir leiden. Du machst uns weise, wenn du uns zu Narren machst. Du machst uns reich, wenn du uns Armut zuschickest. Du machst uns zu Herrn, wenn du uns dienen lässest. Und dergleichen unzählige Wunder mehr, die alle in diesem Vers begriffen sind und in der Christenheit auf einen Haufen gerühmet werden mit diesen kurzen Worten: „Ich danke dir, daß du mich demütigest, aber hilfest mir auch wiederum."

SONNABEND: Das Zeugnis des Geistes in uns

Desgleichen auch der Geist hilft unsrer Schwachheit auf.

Römer 8/26

Dir, dir, Jehova will ich singen 237/6

Niemand gedenke, er wolle aller Sünde, Lust und böser Gedanken los sein. Da sehe ein jeglicher, daß er das Sehnen in ihm habe und seufze zu Gott: Ach ich wollte doch gerne der Sünde los sein. Dieses Geschrei Spiritus Sancti in uns währet bis an den Jüngsten Tag; darum ist allezeit Sünde in den armen Christen. Sie sündigen; aber nicht aus Bosheit und Vorsatz, sondern aus Schwachheit; die kann denn Gott wohl zugute halten. Darum ist der beste Trost, daß wir das Testimonium Spiritus Sancti* in uns haben, nämlich, wer in der Not sich kann sehnen zu Gott, er wolle ihm gnädig sein und helfen. Denn er stellet sich viel anders denn zuvor, ehe er in der Not stecket, und kann ihm vertrauen, er werde ihn nicht verlassen, der ist gewiß ein Christ.

* Das Zeugnis des Heiligen Geistes.

Die Kirche des Kampfes

17. WOCHE NACH TRINITATIS

Eine heilige christliche Kirche

SONNTAG: Epheser 4/1—6

... auf daß sie alle eins seien. *Johannes 17/21*

Wo Gott der HErr nicht bei uns hält 193

Denn wer durch das Wort der Apostel glaubt, dem soll von Christi wegen und in Kraft dieses Gebets zugesagt sein, daß er mit der ganzen Christenheit soll *ein* Leib und Kuchen sein, daß, was ihm (als einem Glied) wohl und wehe tut, das soll dem ganzen Leib wohl und wehe getan haben, und nicht einer oder zween Heiligen, sondern alle Propheten, Marterer, Apostel, alle Christen, beide, auf Erden oder bei Gott, mit ihm leiden und siegen, für ihn fechten, helfen, schützen und retten und in solchem freundlichen Wechsel stehen, daß sie alle sein Mangel, Leiden und Ungemach tragen, und er dagegen alle ihrer Güter, Trost und Freude teilhaftig wird.

Wie konnt nun jemand etwas Seligers wünschen, denn daß er in diese Gemeinschaft oder Bruderschaft komme und ein Glied werden möchte dieses Leibs, der da heißt die Christenheit? Denn wer will einem Menschen, der solchen Trotz hat, abbrechen oder schaden? sintemal er weiß, wenn er das kleinste Leiden hat, so muß schreien beide, Himmel und Erden, alle Engel und Heiligen. Greifet ihn eine Sünde an, die das Gewissen will erschrecken, beißen, drücken und mit dem Teufel, Tod und Hölle dräuet, so sagt Gott mit dem ganzen Haufen: Liebe Sünde, laß mir ihn ungebissen; Tod, ungewürget; Hölle, unge=

fressen. Aber da gehöret Glaube zu; denn es scheinet vor der Welt Augen und Vernunft gar viel anders, ja eben das Widerspiel.

MONTAG: Die wahre Kirche

Euer Leben ist verborgen mit Christo in Gott.

Kolosser 3/3

Es glänzet der Christen inwendiges Leben 265/7

Die Kirche wird regiert vom Heiligen Geist, und die Heiligen werden auch getrieben und regiert vom Heiligen Geist (Röm. 8), und Christus ist bei seiner Kirche bis ans Ende der Welt.

Aber hier ist die Frage, ob es gewiß sei, daß diejenigen, so ihr die Kirche nennt, auch die Kirche sind, oder ob sie vielmehr ihr Leben lang durchgeirrt und zuletzt wieder auf die rechte Bahn gekommen sind. Denn siehe, zu des Propheten Elias Zeiten war doch alles, was nur unter dem Volk Israel hoch, groß, ansehnlich, am Regiment, Lehramt und anderen Ämtern war, zur Abgötterei abgefallen, so daß Elias meinte, er wäre allein geblieben. Da hatte Gott der Herr dennoch Siebentausend behalten. Ja, wer sah aber diese, wer kannte sie, daß sie Gottes Volk waren?

Und wie ist es gegangen in den Zeiten des Herrn Christi selbst, da alle Apostel sich ärgerten und fielen, da Christus von dem ganzen, großen, herrlichen Volk verleugnet, verworfen, verdammt und gekreuzigt wurde, daß auch kaum ein oder zwei, Nicodemus, Joseph und Maria und der Schächer am Kreuz erhalten wurden. Hießen die nun nicht auch Gottes Volk? Oder war da kein rechtes Gottesvolk übrig? Ja, es war wohl. Es hatte aber den Namen und das Ansehen nicht. Und wie, wenn es von Anbeginn der Welt her (wie denn Gottes Werke viel anders gehen denn Vernunft und Menschending) also mit der Kirche oder mit Gottes Haufen gegangen wäre, daß etliche sind Gottes Volk und Heilige genannt und sind es nicht gewesen; etliche, als das kleine, verachtete übrige Häuflein, sinds nicht genannt und sind es gewesen?

DIENSTAG: Die Kirche ist aufs Wort gegründet

Denn die Worte, die du mir gegeben hast, habe ich ihnen gegeben. *Johannes 17/8*

HErr, öffne mir die Herzenstür 144

Dies zwingt und macht uns gewiß, daß ein frommer Christ weiß, daß die Kirche außerhalb des Wortes Gottes nichts ordnet noch setzt; und welche das tut, die ist keine Kirche denn mit dem Namen, als Christus sagt. Es ist nicht Gottes Wort darum, daß es die Kirche sagt; sondern, daß Gottes Wort gesagt wird, darum wird die Kirche. Die Kirche macht nicht das Wort, sondern sie wird von dem Wort; ein gewiß Zeichen, dabei wir erkennen, wo die Kirche sei, ist das Wort Gottes.

Woher können wir wissen, wo die Kirche sei, so wir nicht hören ihre Prophezeiung und das Zeugnis des Geistes?

MITTWOCH: Das Volk der Vergebung

Das Volk, das darin wohnt, wird Vergebung der Sünden haben. *Jesaja 33/24*

Jesus Christus herrscht als König 96/6

Das Reich Christi ist nicht: verdammen; ich bin nicht darum da, daß ich dich verdammen will, sondern, daß ich die Sünde vergebe. Denn in meinem Reich ist niemand ohne Vergebung der Sünde. Mein Reich muß nicht wüste sein. Alle, die hinein sollen kommen und drinnen sind, die müssen Sünder sein. Sind sie nun Sünder, so können sie nicht leben, sie müssen Vergebung der Sünden haben.

So kommt nun niemand in dies Reich denn die Sünder. Das ist das Reich Christi. Er lässet keinen Heiligen hinein, er bläst sie alle hinaus, er stößet aus der Kirchen, was da heilig sein will. Kommen aber Sünder hinein, so bleiben sie nicht Sünder, er decket den Mantel drüber und saget: Hast du gesündiget, so vergebe ich dir die Sünde und decke sie zu. Es ist wahr, die Sünde ist da; aber der Herr in diesem Reich will sie nicht sehen, sondern zudecken, vergeben und nicht zurechnen. So stehet nun da ein lebendiger Heiliger und Glied Christi.

DONNERSTAG: Das Schlüsselamt der Kirche

Wahrlich ich sage euch: Was ihr auf Erden binden werdet, soll auch im Himmel gebunden sein, und was ihr auf Erden lösen werdet, soll auch im Himmel los sein.

Matthäus 18/18

Allein zu dir, HErr Jesu Christ 166

Es soll einerlei Binden sein, unten auf Erden und droben im Himmel. Allhier bindet sich Gott an das Urteil der heiligen, christlichen Kirchen, wenn sie es recht gebraucht, daß der Kirchen Urteil dann Gottes eigen Urteil sei. Du hörest allhier, daß der Herr Christus ein solch fein Regiment in der Kirchen stiftet, daß er und sie in öffentlichen Sünden und Lastern die Gewalt haben sollen, durchs Wort die Leute zu binden und zu bannen; er spricht nicht, er wolle sich doch hierin etwas vorbehalten, sondern was die Kirche schließt, das soll bei ihm auch geschlossen sein. Dies und kein anders.

Wo du nun siehest, daß man Sünde vergibt oder straft in etlichen Personen, es sei öffentlich oder sonderlich, da wisse, daß Gottes Volk da sei. Denn wo nicht Gottes Volk ist, da sind die Schlüssel nicht. Denn Christus hat sie darum hinter sich gelassen, daß ein öffentlich Zeichen und Heiltum sein sollt, dadurch der Heilige Geist die gefallenen Sünder wieder heiliget, und die Christen damit bekenneten, daß sie ein heilig Volk sind unter Christo in dieser Welt. Und welche sich nicht wollen bekehren, noch wieder heiligen lassen, daß dieselbigen ausgestoßen werden von solchem heiligen Volk, das ist, gebunden und durch den Schlüssel ausgeschlossen worden.

FREITAG: Das Heiligtum des Kreuzes

Selig seid ihr, wenn euch die Menschen um meinetwillen schmähen und verfolgen und reden allerlei Übles wider euch, so sie daran lügen. *Matthäus 5/11*

Treuer Wächter Israel' 210

Auch erkennet man äußerlich das heilige christliche Volk bei dem Heiligtum des heiligen Kreuzes, daß es muß alles Unglück und Verfolgung, allerlei Anfechtung und Übel (wie das Vater=Unser betet) vom Teufel, Welt und Fleisch, inwendig trauern, blöde sein, erschrecken, auswendig arm, veracht, krank, schwach sein, leiden, damit es seinem Haupt, Christo, gleich werde. Und muß die Ursache auch allein diese sein, daß es fest an Christo und Gottes Wort hält, und also um Christus willen leide. Sie müssen fromm, still, gehorsam sein, bereit, mit Leib und Gut zu dienen der Obrigkeit und jedermann, niemand kein Leid tun. Aber kein Volk auf Erden muß solchen bittern Haß leiden. Sie müssen ärger denn Juden, Heiden, Türken, Summa, sie müssen Ketzer, Buben, Teufel, verflucht und die schädlichsten Leute auf Erden heißen, daß auch die einen Gottesdienst tun, von welchen sie erhenkt, ertränkt, ermordet, gemartert, verjagt, geplagt werden, und sich niemand über sie erbarme, sondern auch mit Myrrhen und Gallen dazu tränke, wo sie dürstet; und doch nicht darum, daß sie Ehebrecher, Mörder, Diebe oder Schälke sind, sondern daß sie Christum allein und keinen andern Gott haben wollen. Wo du nun solchs siehest oder hörest, da wisse, daß die heilige, christliche Kirche sei, wie er spricht: „Seid fröhlich und freuet euch, euer Lohn ist im Himmel groß." Denn mit diesem Heiligtum macht der Heilige Geist dies Volk nicht allein heilig, sondern auch selig.

SONNABEND: Abendmahlsgemeinde

Der gesegnete Kelch, welchen wir segnen, ist der nicht die Gemeinschaft des Blutes Christi? Das Brot, das wir brechen, ist das nicht die Gemeinschaft des Leibes Christi?

1. Korinther 10/16

Wohlauf, die ihr hungrig seid 155

Wo du nun solch Sakrament siehest in rechtem Brauch gereicht, da wisse gewiß, daß Gottes Volk sei. Denn wie droben vom Wort gesagt, wo Gottes Wort ist, da muß die Kirche sein; also auch, wo die Taufe und Sakrament sind, muß Gottes Volk sein; wiederum. Denn solche Stücke Heiligtums hat, gibt, übet, braucht, bekennet niemand denn allein Gottes Volk, ob gleich etliche falsche und ungläubige Christen heimlich drunter sind; aber dieselben entheiligen nicht das Volk Gottes.

Sieh zu, daß du den Glauben übest und stärkest, daß, wenn du betrübet bist oder dich dein Sünd treiben, also zum Sakrament gehest, daß du begehrest herzlich dies Sakraments und seiner Bedeutung und nicht dran zweiflest, wie das Sakrament deutet, so gescheh dir, das ist, daß du gewiß seiest, Christus und alle Heiligen treten zu dir mit allen ihren Tugenden, Leiden und Gnaden, mit dir zu leben, tun, lassen, leiden und sterben und wollen ganz dein sein, alle Ding mit dir gemein haben. Wirst du diesen Glauben wohl üben und stärken, so wirst du empfinden, wie ein fröhlich, reich, hochzeitlich Mahl dir dein Gott auf dem Altar bereit hat.

18. WOCHE NACH TRINITATIS

Lehre und Erkenntnis

SONNTAG: 1. Korinther 1/4—9

Ist Christus aber nicht auferstanden, so ist euer Glaube eitel, so seid ihr noch in euren Sünden. 1. Korinther 15/17

Wir danken dir, HErr Jesu Christ, daß du vom Tod erstanden bist 84

Wenn man will das Evangelium predigen, so muß es kurzum sein von der Auferstehung Christi. Wer das nicht predigt, der ist kein Apostel, denn das ist das Hauptstück unsers Glaubens; und das sind die rechtschaffen, edelsten Bücher, die solches am meisten lehren und treiben. Es liegt die größte Macht an diesem Artikel des Glaubens. Denn wäre die Auferstehung nicht, so hätten wir keinen Trost noch Hoffnung, und wäre das andere alles, was Christus getan und gelitten hat, vergebens. Darum soll man also lehren: Siehest du, Christus ist für dich gestorben, hat auf sich genommen Sünd, Tod und die Höll' und sich darunter gelegt; aber es hat ihn nichts können unterdrükken, denn er war zu stark; sondern ist darunter auferstanden und hat das alles überwunden und unter sich gebracht; und das darum, daß du davon ledig und ein Herr darüber würdest. Glaubst du das, so hast du es. O wie sollten wir Christen das so wohl wissen, wie sollt uns die Epistel so klar sein!

MONTAG: Unsre Verkündigung in Schwachheit

Was schwach ist vor der Welt, das hat Gott erwählt, daß er zu Schanden mache, was stark ist. 1. Korinther 1/27

Wach auf, du Geist der ersten Zeugen 216

Wenn wir nicht schwach sind, so kann Christus seine Stärke an uns nicht brauchen. Wäre es nun unser Stärk und Kraft, dadurch wir unsern Widersachern widerstreben, so hätten wir den Ruhm und nicht Christus. Aber aus der Erfahrung wird gelernet, daß wir die Gesellen nicht sind, die uns selbst geholfen haben, sondern Gott muß es tun; also kommet Gott zu Ehren in unserer Schwachheit.

Damit tröstet uns der Herr Christus, daß wir wissen, es gehet nicht anders mit uns zu, denn daß wir zuweilen schwach sind, unsere Feinde und Widersacher werden dagegen stark und ruhmredig, aber doch führets Christus hinaus.

Also tut Gott mit uns, wenn wir und unsere Sache vor der Welt will fallen und zu scheitern gehen, wir sind öffentlich schwach vor der Welt, oder es will bei einem jeglichen insonderheit zu Boden gehen, daß er nicht erschrecke noch kleinmütig werde; sondern lerne hieraus, es sei unsers Herren Gottes Ernst, er scherze nicht, wenn er sich schwachlich stellt, er meinet dieses, daß er will mit dem Schwachen den Starken zu Boden schlagen und den Schwachen emporheben. Aber dieses müssen wir nicht mit den Augen der Vernunft ansehen, wie gemeiniglich geschieht, denn da hätte man verloren, sondern wisse du, daß Gott mit den Schwachen wolle die Starken aufheben. Das sollen wir glauben und die Augen stracks zutun.

DIENSTAG: Ob Kirche ist, das entscheidet das Wort

Sie waren dein, und du hast sie mir gegeben, und sie haben dein Wort behalten. *Johannes 17/6*

Lobt Gott, ihr frommen Christen 202/3

Hiervon ist kein Streit, daß eine Kirche auf Erden ist, und daß man ihr soll gehorsam sein; aber hiervon ist der Streit, wer und welche solche Kirche sei? Diesen Hader zu scheiden und die rechte Kirche zu treffen, tuts nicht, daß wir nach Menschen Worten und Urteil richten; sondern also können wir der Sachen gewiß werden, wenn wir hören, wie sie Christus, der Herr, selbst in seinem Wort beschreibet und abmalet. Nun taufet und malet er sie also, daß es sei dies Häuflein, die Christum lieben und sein Wort halten (denn dabei kennet und spüret man solche Liebe). Mein Wort muß da sein (spricht er), und gehalten oder dabei geblieben sein, sonst wird es nichts tun. Das Wort, so da heißt Christi Wort, soll hier das Richtscheit und die Probe sein, dabei man die Kirche kenne und treffe, und darnach sie sich richte, denn es muß dennoch ein gewisse Regel und Maße haben, was sie reden und tun soll, und gilt nicht, daß ein jeder reden oder tun wollt, was ihn gelüstet, und darnach vorgeben, es hätte die Kirche aus dem Heiligen Geist geredet und getan.

Darum bindet Christus die Kirche an sein Wort und gibt solches zum Wahrzeichen, dabei man sie prüfen und spüren soll, so sie dasselbe hat, lehret und predigt und nach demselben alles tut aus der Liebe Christi.

MITTWOCH: Der Prediger — Gottes Mund

Wer euch höret, der höret mich. *Lukas 10/16*

HErr, für dein Wort sei hoch gepreist 145

Gott redet in den heiligen Propheten und Gottesmännern, wie es St. Petrus in seiner Epistel auch saget: „Die Heiligen Gottes haben geredet, getrieben durch den Heiligen Geist.“ Da soll Gott und Mensch nicht von einander gesondert noch geschieden werden nach dem Verstande und Urteil menschlicher Vernunft; sondern man soll stracks sagen: Dieser Mensch, Prophet, Apostel oder rechtschaffene Prediger und Lehrer, was er aus Gottes Befehl und Wort redet und tut, das redet und tut Gott selber, denn er ist Gottes Mundstück oder Werkzeug. Da sollen die Zuhörer schließen und sagen: Jetzt höre ich nicht Paulum, Petrum oder einen Menschen, sondern Gott selber reden, taufen, absolvieren, strafen, bannen und das Abendmahl reichen.

Lieber Gott, welch einen großen Trost könnt ein arm, schwach und betrübt Gewissen von einem solchen Prediger nehmen, wenn es glaubte, daß solch Wort und Trost wäre Gottes Wort,

Trost und ernste Meinung! Darum schließen wir stracks, rund und gewiß: Gott wirket durchs Wort, welches gleich wie ein Wagen ist und als ein Werkzeug, dadurch man ihn lernet im Herzen recht erkennen.

DONNERSTAG: Prüfet die Geister

Ihr Lieben, glaubet nicht einem jeglichen Geist, sondern prüfet die Geister, ob sie von Gott sind; denn es sind viel falsche Propheten ausgegangen in die Welt.

Fahre fort 213/4 *1. Johannes 4/1*

Er heißt ein Geist der Wahrheit wider alle Lügen und falsche Geisterei. Denn die Welt ist auch allzeit voll Geister; wie man spricht: Wo Gott ein Kirchen baut, da baut der Teufel sein Kapellen daneben; das ist: Wo Gottes Wort rein aufgehet, da führet er nebenein Sekten und Rotten und viel falscher Geister, die auch führen den Ruhm und Namen Christi und seiner Kirchen. Es ist aber im Grunde alles falsch und keine Wahrheit noch Gewißheit. Ich aber will euch geben (spricht Christus) den Geist, der euch sicher und gewiß macht der Wahrheit, daß ihr nicht dürft zweifeln in diesem oder jenem Stücke, so euer Seligkeit betrifft, sondern der Sache gewiß und Richter sein könnet und urteilen über alle ander Lehre. Also wird er euch machen nicht allein Kämpfer und Siegmänner, sondern auch das Barettlein aufsetzen und heißen Doctores und Meister sein, die gewiß können schließen, was rechte oder falsche Lehre sei in der Christenheit; so spitzig solls der Teufel nicht vorgeben und kein Rottengeist so behend sein, daß er euer Lehre falsch oder euch irre mache.

Also ist die Christenheit blieben von Anfang bis hierher unter so viel Lügengeistern, die nicht zu zählen sind, so von Anfang gewest und noch kommen mögen. Doch gehet sie hindurch und behält ihre Taufe, Sakrament, Evangelium und Christum, zehn Gebot und Gebet rein und lauter, urteilet und sondert damit von ihr alle falsche Lehre und was sich wider sie setzet, ob auch der Teufel zum lichten Engel wird und in schöner, herrlicher Gestalt als Gott selbst sich vorbildet.

FREITAG: Fest im Bekenntnis

Lasset uns halten an dem Bekenntnis der Hoffnung und nicht wanken; denn er ist treu, der sie verheißen hat.

Ach Gott vom Himmel sieh darein 177/5 *Hebräer 10/23*

Darum hüt' dich und laß ja kein Ding so groß sein auf Erden, ob es auch Engel vom Himmel wären, das dich wider dein Gewissen treibe von der Lehre, die du göttlich erkennst und achtest. St. Paulus sagt Gal. 1, 8: Wenn ein Engel vom Himmel anders saget denn das Evangelium, sollt er verbannet werden. Du bist nicht der erste, wirst auch nicht allein, noch der letzte sein, der um Gottes Wort willen verfolget wird. Christus sagt Matth. 5, 10: Selig seid ihr, so ihr verfolget werdet um der Gerechtigkeit willen; item Matth. 24, 9: Ihr müsset von allen Menschen gehasset werden um meinetwillen; item Joh. 16, 2: Es wird die Zeit kommen, daß, so euch verfolgen werden, meinen, sie tun Gott einen Dienst dran. Solche Sprüche müssen wir fassen und uns damit stärken, ja Gott danken, loben und bitten, daß wir würdig werden, um seines Worts willen zu leiden. Gedenk, daß verkündiget ist, wie zu Zeiten des Endchrists niemand predigen darf und werden alle wie die Verbannten geachtet werden, die Gottes Wort reden oder hören. Das geht jetzt und hat länger denn hundert Jahre gangen.

SONNABEND: In Christi Gewalt

Wahrlich, wahrlich ich sage euch: Wer an mich glaubt, der wird die Werke auch tun, die ich tue, und wird größere als diese tun; denn ich gehe zum Vater. *Johannes 14/12*

Siegesfürste, Ehrenkönig 95/5–6

Weil wir denn solchen Schatz haben, so haben wir alles und sind Herren über alle Herren. Bettler sind wir auf Erden, wie

Christus auch selbst gewesen ist, aber vor Gott sind wir überschüttet mit allen Gütern, daß die Welt gegen uns elend und bloß ist und ohne uns auch ihre Güter nicht behalten kann. Nun, was ist denn die Ursache, warum die Christen sollen eben so große und größere Werk tun denn er selbst? Kein anderer (spricht er), ohne diese: „Denn ich gehe zum Vater."

Das heißt Christus zum Vater gehen, daß er zum Herrn erhoben und auf den Königstuhl zur Rechten des Vaters gesetzt wird und ihm eingetan und gegeben alle Gewalt und Macht im Himmel und Erden. Das wirds tun, daher ihr die Gewalt werdet haben, solche Werk zu tun, weil ihr meine Glieder seid und an mich glaubet, daß ihr in mir und ich in euch sein werde. Denn durch die Gewalt, so ich haben werde zur Rechten des Vaters, in gleicher göttlicher Majestät und öffentlich verkläret als wahrhaftiger Gott und Herr aller Kreaturen, will ich in euch wirken, die ihr an mich glaubet, mein Wort, Taufe und Sakrament habt und bei demselbigen bleibet; und wie ich bin der Herr über Sünde, Tod, Hölle, Teufel, Welt und alles, so sollt ihrs auch sein, daß ihr euch könnet rühmen derselben Gewalt; nicht, daß ihr sie habt von eurer Würdigkeit oder aus eigner Kraft, sondern allein daher, daß ich zum Vater gehe. Durch das Wort und Gebet will ich in euch kräftig sein.

19. WOCHE NACH TRINITATIS

Die Heiligungskraft der Kirche

SONNTAG: Epheser 4/22—32

Lasset uns niemand ein Ärgernis geben, auf daß unser Amt nicht verlästert werde. 2. *Korinther 6/3*

Nun laßt uns Gott dem HErren Dank sagen 227

Ein Christ soll sich hüten, daß er mit seinem Leben niemand ärgerlich sei, damit nicht Gottes Name gelästert werde. Es ist ein groß Ding um einen Christen, der da ist ein neuer Mensch, nach Gott geschaffen und ein rechtschaffen Gottes Bild, darin Gott selbst leuchten und scheinen will. Darum, was ein Christ Guts tut oder wiederum Böses tut (unter dem Namen eines Christen), das reichet Gottes Namen zu Ehren oder Schanden. Wo ihr nun euern Lüsten folget und tut, was euer alter Adam will, so tut ihr nichts, denn daß ihr dem Lästerer Raum und Ursach gebet, daß Gottes Name um euretwillen gelästert wird.

Hier soll sich ein Christ zum höchsten vor scheuen und hüten, wenn er sonst nichts ansehen wollte, daß er doch seines lieben Gottes und Heilands Christi Namen und Ehre schone.

MONTAG: Haushalter über Gottes Geheimnisse

Dafür halte uns jedermann: für Christi Diener und Haushalter über Gottes Geheimnisse. 1. *Korinther 4/1*

O daß doch bald dein Feuer brennte 219

Nun hätte St. Paulus hier wohl könnt sagen also: Wir sind Haushalter der Weisheit Gottes oder der Gerechtigkeit Gottes oder dergleichen. Aber das wäre stücklich gewesen; darum wollt er auf einen Haufen mit einem Wort begreifen alle diese Güter, die von Christo zu predigen sind, und nennet es „Geheimnisse". Als sollt er sagen: Wir sind geistliche Haushalter, die wir sollen austeilen Gottes Gnade, Gottes Wahrheit, und wer kann sie alle erzählen insonderheit? Ich wills kürzlich begreifen und sagen: Es sind Gottes Geheimnisse; nenne sie darum Geheimnisse und verborgene Ding, daß sie allein mit Glauben erlanget werden.

Die Geheimnisse Gottes, das ist, solche verborgene Ding, die Gott gibt und in Gott sind. Denn der Teufel hat auch seine Geheimnisse, wie Apokalypsis 17, 5 spricht: „Sie hat an ihrer Stirn geschrieben das Geheimnis Babylon." Sie geben vor, ihre Lehre und Werk führen zum Himmel; und ist dahinten eitel Tod und Hölle allen, die dran glauben. Aber dies sind Gottes Geheimnisse, da Leben und Seligkeit innen ist.

So haben wir nun des Apostels Meinung in diesen Worten, daß ein Diener Christi sei ein Haushalter in den Geheimnissen Gottes; das ist, er soll sich dafür halten und halten lassen, daß er nichts anders denn die Ding predige und dem Gesind Gottes gebe, die Christus ist und in Christo sind; das ist, er soll das lautere Evangelion, den reinen Glauben predigen, wie allein Christus sei unser Leben, Weg, Weisheit, Kraft, Preis und Seligkeit, und daß unser Ding eitel Tod, Irrtum, Torheit, Unkraft, Schande und Verdammnis sei. Wer anders prediget, den soll kein Mensch für Christus Diener noch Haushalter in göttlichen Gütern halten.

DIENSTAG: Die Christen erhalten die Welt

... als die Armen, aber die doch viele reich machen; als die nichts innehaben, und doch alles haben.

2. Korinther 6/10

Es glänzet der Christen inwendiges Leben 265/5

Ein jeglicher einzelner Christ ist ein solcher Mann, wie der Herr Christus selbst auf Erden gewest ist, und so groß Ding ausrichtet, daß er kann die ganze Welt regieren in göttlichen

Sachen, jedermann helfen und nützen, und tut die größten Werk, so auf Erden geschehen. Denn er ist auch vor Gott höher geachtet denn die ganze Welt, daß Gott um seinetwillen der Welt alles gibt und erhält, was sie hat; daß, wo nicht Christen auf Erden wären, so hätte keine Stadt noch Land Friede, ja es würde auf einen Tag, was auf Erden ist, alles durch den Teufel verderbet werden. Daß aber noch Korn auf dem Felde wächset und die Leute genesen, ihre Nahrung, Friede und Schutz haben, das haben sie alles den Christen zu danken.

Wir sind wohl arme Bettler, aber doch die Viele reich machen; die wir wohl nichts inne haben, und doch alles haben, und ist auch wahr, was Könige, Fürsten, Herrn, Bürger und Baur in der Welt haben, das haben sie nicht um ihrer gelben Haar willen, sondern um Christi und seiner Christen willen.

Sie haben das Evangelium, Taufe und Sakrament, dadurch sie die Leute bekehren, dem Teufel die Seelen abschlagen, aus der Hölle und Tod reißen und gen Himmel bringen; item, dadurch sie die armen betrübten angefochten Gewissen trösten, stärken und erhalten; item, daß sie können alle Menschen in allerlei Ständen lehren, unterrichten, raten, wie sie darin christlich und seliglich leben sollen.

Das sind eitel solche Werk, der alle Könige und Kaiser, Gewaltige und Reiche, Gelehrten und Weisen in der Welt keines vermögen zu tun, noch mit alle ihrem Gut könnten bezahlen. Denn ihr Keiner vermag ein einig Gewissen, so von einer Sünden gedrückt und betrübt ist, zu trösten und fröhlich zu machen.

MITTWOCH: Die rechte Bruderschaft

Alle eure Dinge lasset in der Liebe geschehen!

1. Korinther 16/14

Herz und Herz vereint zusammen 217

Die rechte Bruderschaft ist die göttliche, die himmlische, die alleredelste, die alle andern übertrifft, wie das Gold übertrifft Kupfer oder Blei, die Gemeinschaft aller Heiligen, in welcher wir allesamt Brüder und Schwestern sein, so nah, daß nimmer=

mehr kein Näher mag erdacht werden. Denn da ist *ein* Tauf, *ein* Christus, *ein* Sakrament, *ein* Speis, *ein* Evangelium, *ein* Glaub, *ein* Geist, *ein* geistlicher Körper und ein jeglich des andern Gliedmaß; kein ander Bruderschaft ist so tief und nah.

So du aber sprichst: Soll ich nicht etwas Besonderes in der Bruderschaft überkommen, was hilft sie dann? Antwort: Diene du der Gemein und andern Menschen damit, wie die Art der Liebe pflegt, so wird sich dein Lohn für dieselbe Liebe wohl finden ohn dein Suchen und Begierde. So aber dir der Liebe Dienst und Lohn gering ist, so ist es ein Zeichen, daß du ein verkehrte Bruderschaft habest. Die Liebe dienet frei umsonst, drum gibt ihr auch Gott wiederum frei umsonst alles Gut. Dieweil denn alle Ding in der Liebe müssen geschehen, sollen sie anders Gott gefallen, so muß die Bruderschaft auch in der Liebe sein. Was aber in der Liebe geschieht, des Art ist, daß's nicht sucht das Seine noch seinen Nutz, sondern der andren und zuvor der Gemeine.

Je mehr du dich befindest, daß du in Christum und seiner Heiligen Gemeinschaft eingeleibet wirst, je besser du stehest, das ist, so du befindest, daß du stark wirst in der Zuversicht Christi und seiner lieben Heiligen, daß du gewiß seiest, sie lieben dich und stehn bei dir in allen Nöten des Lebens und Sterbens. Und wiederum, daß dir zu Herzen gehe aller Christen und der ganzen Gemein Abnehmen oder Fall in einem jeglichen Christen, und dein Lieb einem jeglichen gemein werde und wolltest jedermann gerne helfen, niemand hassen, mit allen mitleiden und für sie bitten – sieh, so geht das Werk recht.

DONNERSTAG: Die Gemeinde des Sakraments

Ein Brot ist's, so sind wir viele ein Leib, dieweil wir alle eines Brotes teilhaftig sind. *1. Korinther 10/17*

Im Frieden dein, o HErre mein 165/3

Dies Sakrament in Brot und Wein empfahen ist nicht anders, denn ein gewiß Zeichen empfahen der Gemeinschaft und Einleibung mit Christo und allen Heiligen.

Zugleich als aus vielen Körnlein zusammen gestoßen das Brot gemacht wird, und vieler Körner Leibe *eins* Brots Leib werden, darin ein jeglich Körnlein sein Leib und Gestalt verlieret und den gemeinen Leib des Brots an sich nimmt; desselben gleichen auch die Weinkörnlein mit Verlust ihrer Gestalt, werden *eins* gemein Weins und Tranks Leib: also sollen und sein wir auch, so wir dies Sakrament recht brauchen. Christus mit allen Heiligen, durch seine Liebe, nimmt unser Gestalt an, streitet mit uns wider die Sünd, Tod und alles Übel, davon wir, in Lieb entzündet, nehmen seine Gestalt, verlassen uns auf sein Gerechtigkeit, Leben und Seligkeit, und sind also durch Gemeinschaft seiner Güter und unsers Unglücks *ein* Kuchen, *ein* Brot, *ein* Leib, *ein* Trank, und ist alles gemein. O! das ist ein groß Sakrament, daß Christus und die Kirche *ein* Fleisch und *ein* Gebein sind. Wiederum sollen wir durch dieselbe Lieb uns auch wandeln und unser lassen sein aller anderen Christen Gebrechen und ihr Gestalt und Notdurft an uns nehmen und ihr lassen sein alles, was wir Gutes vermögen, daß sie dieselben genießen mögen. Das ist die recht Gemeinschaft und wahre Bedeutung des Sakraments.

FREITAG: In Christus der Lehre gewiß

Wir haben desto fester das prophetische Wort, und ihr tut wohl, daß ihr darauf achtet. 2. *Petrus* 1/19

Verzage nicht, du Häuflein klein 211

Wir haben die tröstliche Zusagung und gewissen Trotz, daß, was wir (als Christen) reden, tun und leiden, das soll Wahrheit sein und aus dem Geist der Wahrheit; und wiederum, alles, was man dawider tut und redet, predigt und vornimmt, das muß vor Gott falsch und Lügen sein, ob es gleich noch so großen Schein hat und vorgegeben wird, als sei es lauter Wahrheit, die größte Heiligkeit und Geisterei, und die Welt mit aller Macht drob ficht, solchs zu erhalten, und aufs greulichst wider uns lästert und tobet. Denn es stehet ja unser Lehre und Tun nicht auf uns selbst, ist auch nicht um uns zu tun; sondern alles um diesen Herrn Christum, von welchem wir alles haben, und um welches willen wir predigen, leben und leiden. Weil es nun alles um seinetwillen geschieht, so lassen wir auch ihn dafür sorgen, der da sagt, er wolle es hinausführen und den Geist oder Mut dazu geben, daß es bestehen soll, und was er durch seine Christenheit tut, das soll lauter Wahrheit und gewiß sein.

SONNABEND: Vor Gott alle gleich

Es ist kein Ansehen der Person vor Gott. *Römer 2/11*

Sei Lob und Ehr dem höchsten Gut 233/3

Also ist nun alles vergleicht und in eines bracht, daß keiner nichts vor dem andern vor Gott zu rühmen hat, und er schlecht niemand will verachtet, getadelt noch verworfen haben; es heißt: Allen Kreaturen sollt ihr solchs predigen und verkündigen; da ist der Größeste, Gewaltigste, Edelste, Gelehrteste, Heiligste nichts besser denn der Geringste, Einfältigste und Verachtetste auf Erden, alles in einen Haufen geschmelzt, niemand zu Leid oder Lieb oder zu Ehren und Vorzug ausgemalet und abgesondert; sondern darin stehets gar und alles: wer da glaubt, sie seien wer und welcherlei Leute, Völker, Stände und Wesens, und wie ungleich sie wollen in der Welt. Denn da muß es ungleich und mancherlei sein nach dem äußerlichen Leben auf Erden, wie denn Kreaturen sind und heißen, eine jede für sich und eine jede anders denn die andern.

Aber obgleich dieses alles gehet aufs schönste in seiner Ordnung, so kann man doch nicht sagen: wer dies oder jenes tut, der wird selig. Darum wird es in diesem Reich Christi alles in eines gemenget und zusammen bracht und mit einem Wort und in ein einig Stück gefasset: nicht dieser oder jener, der also lebt, dies oder jenes tut; sondern: wer da glaubt, der wird selig. Da hast du es alles miteinander, du seiest Jude oder Heide, Herr oder Knecht, Jungfrau oder Ehemann, so du glaubest, so bist du (spricht Christus) in meinem Reich ein seliger Mensch, erlöset von Sünd und Tod.

20. WOCHE NACH TRINITATIS

Der Gottesdienst der Gemeinde

SONNTAG: Epheser 5/15—21

... daß ihr einmütig mit einem Munde lobet Gott und den Vater unsers Herrn Jesu Christi. *Römer 15/6*

Fröhlich wir nun all fangen an 125

Alle das Gut, das wir Gott tun mögen, das ist Lob und Dank; welchs auch der recht einige Gottesdienst ist, wie er selbst sagt.

Wie soll aber Gottes Lob und Preis, der rechte Gottesdienst, bei uns sein, wenn wir ihn nicht lieb haben und seine Güter nicht empfahen? Wie sollen wir aber ihn lieb haben, wenn wir ihn nicht erkennen, noch seine Güter? Wie sollen wir aber ihn und seine Güter erkennen, wenn man nichts davon prediget und läßt das Evangelion unter der Bank liegen? Denn wo nicht Evangelion ist, da ists unmöglich, daß Gott erkennet werde. So muß es auch unmöglich sein, daß da sollt Gottes Lieb und Lob sein. So ists auch unmöglich, daß da sollt Gottesdienst sein.

Nun spricht Paulus, daß dieser Gottesdienst solle *einmütiglich* und mit *einem* Mund geschehen. Das geschieht, wenn wir *eines* Sinnes sind und erkennen, daß wir alle gleich sind und gleiche Güter empfangen haben in Christo, daß sich keiner über den andern heben, keiner ein Besonders aufwerfen kann.

MONTAG: Der Gottesdienst

... denn ich wollte gerne hingehen mit dem Haufen und mit ihnen wallen zum Hause Gottes mit Frohlocken und Danken unter dem Haufen derer, die da feiern. Psalm 42/5

Liebster Jesu, wir sind hier 127

Nun muß ja derselbige Haufe etwa einen Raum und seine Tage oder Stunden haben, so den Zuhörern bequem sei; darum hat es Gott wohl geordnet und angerichtet, daß er die heiligen Sakramente eingesetzt, zu handeln in der Gemeinde und an einem Orte, da wir zusammen kommen, beten und Gott danken.

Und ist hier der Vorteil dabei, wenn die Christen also zusammen kommen, daß das Gebet noch eins so stark gehet als sonsten. Man kann und soll wohl überall, an allen Orten und zu allen Stunden beten; aber das Gebet ist nirgend so kräftig und stark, als wenn der ganze Haufe einträchtiglich miteinander betet.

Das sei gesagt, wie und wozu und welchermaßen wir Christen das brauchen sollen, nämlich darum, daß wir auf Zeit und Ort, da wir des eins sind, zusammen kommen, Gottes Wort handeln und hören und Gott unsere und andere gemeine und sondere Not vortragen und also ein stark, kräftig Gebet gen Himmel schicken, auch mit einander Gottes Wohltat mit Danksagung rühmen und preisen; welches wir wissen, daß es der rechte Gottesdienst ist, so ihm herzlich wohl gefället, und selbst dabei ist.

Und ist also alles, was da geschiehet in solcher Sammlung der ganzen Gemeinde oder Kirche eitel heilig, göttlich Geschäfte und Werk und ein heiliger Sabbat, damit beide, Gott recht und heiliglich gedienet und allen Menschen geholfen wird.

DIENSTAG: Die Fürbitte der Gemeinde

So ermahne ich nun, daß man vor allen Dingen zuerst tue Bitte, Gebet, Fürbitte und Danksagung für alle Menschen.
1. Timotheus 2/1

Betgemeinde, heilge dich 275

Dies gemeine Gebet ist köstlich und das allerkräftigste, um welches willen wir auch zusammen kommen. Davon auch die Kirche ein Bethaus heißet, daß wir allda einträchtiglich im Haufen sollen unser und aller Menschen Not vor uns nehmen, dieselbe Gott vortragen und um Gnade anrufen. Das muß aber geschehen mit herzlicher Bewegung und Ernst, daß uns solche aller Menschen Notdurft zu Herzen gehe, und also mit wahrhaftigem Mitleiden über sie in rechtem Glauben und Trauen bitten.

O wenn Gott wollte, daß irgend ein Haufe solcherweise betete, daß ein gemein, ein ernst Herzensgeschrei des ganzen Volks zu Gott aufginge, wie unermeßliche Tugend und Hülfe sollte aus dem Gebet folgen? Was möchte schrecklicher allen bösen Geistern begegnen? Was möchte größer Werk auf Erden geschehen, dadurch so viel Fromme erhalten, so viel Sünder bekehret würden.

Es lieget fürwahr nicht an Städten noch Gebäuden, wo wir zusammen kommen, hohen, großen, schönen Kirchen, Türmen, Glocken, sondern allein an diesem unüberwindlichen Gebet, daß wir dasselbige recht zusammen tun und vor Gott kommen lassen.

MITTWOCH: Der Katechismus

Halte an mit Lesen, mit Ermahnen, mit Lehren, bis ich komme. *1. Timotheus 4/13*

Ach Gott vom Himmel sieh darein 177

Mein Rat ist, daß man nicht disputiere von heimlichen, verborgenen Dingen, sondern einfältig bleibe in Gottes Wort, vor=

nehmlich im Katechismo, denn im selben habt ihr einen sehr feinen, richtigen, kurzen Weg der ganzen christlichen Religion und die vornehmsten Hauptartikel kurz verfasset. Denn die zehn Gebot hat Gott selber gegeben, Christus hat das Vater-Unser gestellet und gelehret, der Heilige Geist hat die Artikel des Glaubens aufs allerkürzeste und richtigste gefasset und begriffen. Aber man verachtets als schlecht, gering Ding, weil es die Kinderlein täglich aufsagen und erzählen müssen.

Der Katechismus ist die rechte Laienbibel, darin der ganze Inhalt der christlichen Lehre begriffen ist, so einem jeden Christen zu der Seligkeit zu wissen vonnöten.

Der Katechismus ist die vollkommenste und beste Lehre, darum soll man sie für und für predigen und gar nicht unterlassen, wie denn alle anderen gemeinen, öffentlichen Predigten darauf sollen gerichtet und bezogen werden. Ich wollt, daß man ihn täglich predigte und aus dem Buch einfältig lese.

DONNERSTAG: Kommt, denn es ist alles bereit

Er sandte seinen Knecht aus zur Stunde des Abendmahls, zu sagen den Geladenen: Kommt, denn es ist alles bereit!

Lukas 14/17

Jesus Christus, unser Heiland, der von uns 154

Wenn du keine Ursach noch Not hättest zum Sakrament zu gehen, Lieber, wäre das nicht böse und Not genug, daß du dich kalt und unlustig findest zum Sakrament; was ist das anders, denn daß du dich kalt und unlustig findest zu glauben, zu danken und zu denken an deinen lieben Heiland und an alle Wohltat, die er durch sein bitter Leiden dir erzeigt hat, auf daß er dich von Sünden, Tod und Teufel erlösete und gerecht, lebendig und selig machte. Womit willst du dich aber wider solchen Frost und Unlust erwärmen? Womit willst du deinen Glauben erwecken? Womit willst du dich reizen zum Danksagen? Willst du harren, bis es dich selber ankomme, oder der Teufel dir Raum dazu gebe? Da wird nimmermehr nichts aus. Hier an das Sakrament mußt du dich reiben und hinzu halten;

da ist ein Feuer, das die Herzen kann anzünden; da mußt du deine Not und Durft bedenken und die Wohltat deines Heilandes hören und glauben, so wird dir dein Herz anders werden und ander Gedanken fassen.

FREITAG: Predigen und leiden

Die Opfer, die Gott gefallen, sind ein geängsteter Geist.
Psalm 51/19

Lob Gott getrost mit Singen 205

Es ist eine überaus liebliche und schöne Verheißung, so es nur jemand glauben könnte, daß unsere Trübsale Gott die angenehmsten Opfer sind. Predigen, leiden und betrübet werden gefällt unserm Herrn Gott wohl und ist das höchste Opfer. Er redet aber hier nicht von dem Opfer des Lobs oder Dankopfer, sondern lehret, daß Trübsal und Angst das größte Opfer ist; denn es tötet den alten Menschen. Wenn ich predige, so tue ichs unserm Herrn Gott zu Lob, auf daß ich habe das Morgen- und Abendopfer. Denn er hats gerne, daß man von ihm predige, und ist eines jeglichen Predigen das höchste Opfer. Wenn man recht prediget, so muß man unsern Herrn Gott loben. Wird einer drüber in den Kerker geworfen, so tut er auch das ander Opfer; daß also unser Trübsal und Leiden Gott gefällt und für Gott zugleich sind als tausend Opfer. Der geängstete und betrübte Geist ist ein größer Opfer denn das ganze levitische Opfer; ja, wer es glauben könnte!

SONNABEND: Die Opfergabe der Gemeinde

Nehmet euch der Notdurft der Heiligen an. Herberget gern.
Römer 12/13

Herzlich lieb hab ich dich, o HErr 247/2

Das ist fein verkehret. Wir begehren und suchen täglich, daß sich die Heiligen unsrer Notdurft annehmen; so lehret

St. Paulus, wir sollen uns der Heiligen annehmen in ihrer Notdurft.

Daß nun St. Paulus diese Notdurft der Heiligen nennet, tut er darum, daß er uns desto mehr reize und entzünde, den Christen Guts zu tun. Er zeiget uns die rechten Heiligen, nämlich, die in den Notdürften stecken, das ist, sie scheinen nichts weniger denn Heilige, sondern arme, verlassene, hungerige, nackete, gefangene, getötete Leut, die jedermanns Hülfe bedürfen und sich selbst nicht helfen könnten, dazu auch vor der Welt für Unselige und Übeltäter gehalten werden, als die alles Unglücks würdig sind. Solche Heiligen wird auch Christus am Jüngsten Tag hervor ziehen und sagen: „Was ihr den Geringsten unter den Meinen getan habt, das habt ihr mir getan." Da werden denn die großen Heiligendiener gar schändlich bestehen und erschrecken vor diesen Heiligen, die sie nicht haben wollten ansehen im Leben, wie sie schuldig waren.

Herberget gerne! Hier fahet er an, zu erzählen etliche Notdurft der Heiligen, und lehret, wie man sich derselben soll annehmen; nämlich, daß nicht mit Worten allein geschehe, sondern mit der Tat, als, daß man sie herberge, wo sie es bedürfen. Dabei ist dann mit eingebunden alle andere leibliche Notdurft, als ist, die Hungerigen speisen, die Durstigen tränken, die Nacketen kleiden.

21. WOCHE NACH TRINITATIS

Die kämpfende Kirche

SONNTAG: Epheser 6/10–17

Zuletzt, meine Brüder, seid stark in dem Herrn und in der Macht seiner Stärke. Epheser 6/10

O König Jesu Christe 203

Er tut wie ein frommer, rechter Feldhauptmann, der seinem Volk, in der Schlachtordnung gerichtet, eine Feldpredigt tut und vermahnet, daß sie feste stehen und sich kecklich und getrost wehren sollen, daß es wohl mag heißen eine Heerpredigt für die Christen. Denn er zeiget hiermit, daß, die in Christum getauft und an ihm hangen wollen, müssen und sollen Krieger sein und allezeit gerüstet mit ihren Waffen und Wehre, und daß der Christenstand nicht ein müßiger Stand, noch ein Stand des Friedens und Sicherheit, sondern daß es gilt, stets zu Felde liegen und kriegen und den Mann daran strecken.

Darum will er auch hiermit seine Krieger gewarnet und gemustert haben: Ihr seid in meinem Heer und unter meinem Fähnlein; aber sehet zu und wartet des Feindes und wehret euch wider seine Engel; denn er ist nicht weit von euch. Tut ihr das, so hats nicht not. Denn wir haben einen Herrn, der hat auch Engel und Macht genug und heißt der Herr der Heerscharen und der rechte Siegsmann des Drachens, der uns beistehet, ja für uns streitet, daß doch der Teufel mit allen seinen Engeln muß niederliegen und verstoßen werden. Denn Gottes Wort bleibet ewig. Anfechtung mag es leiden, und die Kirche von dem Feinde keine Ruhe kann haben; und etliche auch dahin fallen, die sich das Wort aus dem Herzen nehmen lassen; aber es muß doch bleiben.

MONTAG: Der große Streit Michaels

Es erhob sich ein Streit im Himmel: Michael und seine Engel stritten mit dem Drachen; und der Drache stritt und seine Engel. *Offenbarung 12/7*

Lobt Gott, ihr frommen Christen 202/4

Was hier von dem Streit im Himmel gesagt wird, das muß auch hier auf Erden bei der sichtbaren Kirchen geschehen, und solcher Streit nicht von den Geistern im Himmel, sondern von dem Streit der Christen, die in Christi Reich sind durch den Glauben, verstanden werden.

Diese streiten mit dem Teufel, der die Welt verführet, und ist hier kein andrer Krieg, denn wider seine Verführung bei den Menschen auf Erden. Darum geschieht auch dieser Streit nicht mit Harnisch, Schwert, Spieß, Büchsen und leiblicher oder menschlicher Macht; sondern allein durch das Wort; wie er auch sagt: „Daß sie den Sieg behalten durch das Wort ihres Zeugnisses." Mit diesem Zeugnis (das ist, durch Predigt und Bekenntnis des Worts) schlagen sie den Teufel aus dem Himmel, da der Teufel sich unter sie mengen will und sie wieder stürzen von ihrer Seligkeit, dort des Schauens und hier des Glaubens.

DIENSTAG: Für Gottes Ehre einstehen

Da antworteten die Juden und sprachen zu ihm: Sagen wir nicht recht, daß du ein Samariter bist und hast den Teufel? Jesus antwortete: Ich habe keinen Teufel, sondern ich ehre meinen Vater, und ihr unehret mich.

Johannes 8/48—49

Ein feste Burg ist unser Gott 201/4

Was tut hier Christus? Das Leben läßt er stecken in der Schande, schweigt und leidet; aber die Lehre verteidiget er. Denn die Lehre ist nicht unser, sondern Gottes, der soll nichts leiden; da höret Geduld auf; sondern ich soll dafür setzen alles, was ich habe, und leiden alles, was sie tun, daß die Ehre Gottes und seines Worts nicht leide. Denn daß ich untergehe, schadet nicht viel; aber wenn ich Gottes Wort lasse untergehen und schweige, so tue ich Gott und aller Welt Schaden.

So sollen wir nun tun. Wenn sie unser Leben antasten, sollen wirs leiden und Lieb um Haß, Guts und Böses tun.

Aber wenn sie die Lehre angreifen, da wird Gottes Ehre angegriffen, da soll Liebe und Geduld ein Ende haben und nicht schweigen, sondern auch sagen: Ich ehre meinen Vater, so unehret ihr mich; doch ich frage nicht darnach, daß ihr mich unehret, denn ich suche auch meine Ehre nicht. Aber sehet euch gleichwohl vor. Es ist einer, der sie suchet und richtet, das ist, der Vater wird sie von euch fordern und euch richten und nicht ungestraft lassen. Nicht allein suchet er seine Ehre, sondern auch meine, weil ich seine Ehre suche, wie er sagt. Welche mich ehren, sollen zu Ehren werden. Und das ist unser Trost, daß wir fröhlich sein, ob uns alle Welt schändet und unehret, so sind wir gewiß, daß Gott unsere Ehre fordert und darum strafen, richten und rächen wird. Wers nur glauben und erharren könnte, er kommt gewißlich.

MITTWOCH: Die Wahrheit geht über die Einheit

Wir können nichts wider die Wahrheit, sondern für die Wahrheit. *2. Korinther 13/8*

HErr Jesu, Gnadensonne 258/4

Das Gut ist so groß, daß es keines Menschen Herz begreifen kann, (darum gehöret auch ein großer, harter Kampf dazu), und ja nicht so geringe zu achten ist, wie die Welt tut und etliche unverständige Geister vorgeben: man soll nicht über einen Artikel so hart streiten usw. und darüber die christliche Liebe zertrennen, sondern, ob man gleich in einem geringen Stück irrete, da man sonst in andern eines ist, möge man wohl etwas weichen und gehen lassen, und gleichwohl brüderliche und christliche Einigkeit oder Gemeinschaft halten.

Nein, lieber Mann, rat mir nicht des Friedens und Einigkeit, darüber man Gottes Wort verlieret; denn damit wäre schon das ewige Leben und alles verloren. Es gilt hier nicht weichen, noch etwas einräumen dir oder einigen Menschen zu Liebe; sondern dem Wort sollen alle Dinge weichen, es heiße Feind oder Freund. Denn es ist nicht um äußerlicher oder weltlicher Einigkeit und Friedens willen, sondern um des ewigen Lebens willen gegeben. Das Wort und die Lehre soll christliche Einigkeit oder Gemeinschaft machen; wo die gleich und einig ist, da wird das andere wohl folgen; wo nicht, so bleibt doch keine Einigkeit. Darum sage mir nur von keiner Liebe noch Freundschaft, wo man dem Wort oder Glauben will abbrechen; denn es heißt nicht, die Liebe, sondern das Wort bringet ewiges Leben, Gottes Gnade und alle himmlischen Schätze.

DONNERSTAG: Waffen des Glaubens

Nehmet das Schwert des Geistes, welches ist das Wort Gottes. *Epheser 6/17*

O heilger Geist, kehr bei uns ein 103/4

Solche Leute muß die Christenheit auch haben, die ihre Widersacher und Gegenteil können niederschlagen, dem Teufel seine Rüstung und Harnisch nehmen, daß er zu Schanden werde; aber da gehören starke Krieger zu, die die Schrift in voller Gewalt haben und die falsche Deutung widerlegen können und ihnen ihr eigen Schwert, das ist, dieselben Sprüche, so sie führen, wissen zu nehmen und sie damit vor den Kopf schlagen, daß sie zurückprallen. Denn so geschickt können sie nicht alle sein, die Lehre und Artikel des Glaubens zu verfechten. Darum müssen sie Prediger und Lehrer haben, die täglich in der Schrift studieren und damit umgehen, daß sie für die andern alle streiten. Doch soll ja ein jeglicher Christ so gerüstet sein, daß er für sich seines Glaubens und der Lehre gewiß sei und sich so gründe mit Sprüchen aus Gottes Wort, daß er wider den Teufel bestehen und auch sich wehren könne, wenn man ihn will auf ein anders führen, und also helfe die Lehre erhalten und verfechten.

FREITAG: Die leidende Kirche

Widerstehet dem Teufel fest im Glauben und wisset, daß ebendieselben Leiden über eure Brüder in der Welt gehen.
1. Petrus 5/9

HErr unser Gott, laß nicht zuschanden werden 209

In solchen Anfechtungen tröstet nun St. Petrus die leidenden Christen damit, daß sie nicht allein, noch die ersten sind, die also angefochten werden, als wäre es gar ein wunderlich, seltsam, unerhöret Kreuz und Leiden, daß sie fühlen und denken, sie tragens allein; sondern wissen sollen, daß ihre Bruderschaft, die Christen, zu aller Zeit und allenthalben zerstreuet, auch desgleichen leiden müssen, weil sie in der Welt sind, vom Teufel und seinen Schuppen; denn es lindert und tröstet aus der Maßen sehr, so der Leidende siehet und weiß, daß er nicht allein, sondern mit dem Haufen leidet.

Darum soll niemand seine Angst und Not so schwer und greulich halten, als wäre es neu und nicht andern auch widerfahren. Dir mag es auch wohl neu und unerfahren sein; aber siehe um dich in den ganzen Haufen der lieben Kirchen von Anfang bis auf diese Stunde, welche in der Welt dazu gesetzet ist, daß sie stets muß dem Teufel durch die Spieße laufen und ohn Aufhören sich lassen sichten und würfeln, wie man dem Weizen tut.

Denn wo Gott durch sein Wort und Glauben eine Kirche gesammelt hat, da kann abermal der Teufel nicht Friede haben; und wo er nicht kann schaffen durch Rotterei, dieselbe zu zerstören, greifet er sie an mit Verfolgung und Wüterei, daß man muß darob wagen und zusetzen Leib, Leben und alles, was wir haben.

SONNABEND: Rüstet euch, ihr Christenleute

Vor allen Dingen aber ergreifet den Schild des Glaubens, den Helm des Heils und das Schwert des Geistes.
Epheser 6/16—17

Zeuch an die Macht, du Arm des HErrn 223

Wir müssen zur Wehr greifen, und gehöret dazu vor allen Dingen ein guter, starker Schild. Solcher Schild ist nun der Glaube, wie er es selbst deutet, der sich hält an das Wort von Christo und denselben ergreifet und dem Teufel antwortet: Bin ich ein Sünder und habe nicht recht gelebet oder zu wenig getan, so ist der Mann heilig und rein, der für mich sich gegeben und gestorben ist und mir geschenkt vom Vater, daß er mein eigen sei mit seiner Heiligkeit und Gerechtigkeit. Den mußt du wohl mit Frieden und unverklagt lassen. Da halte ich mich an. Mein Leben und Tun bleibe, wo es könne.

„Und das Schwert des Geistes, welches ist das Wort Gottes."

Das ist das Letzte, aber das Allerstärkeste und die rechte Kriegswaffen, dadurch wir den Teufel schlagen und siegen müssen. Denn es ist nicht genug, daß man sich vor dem Feinde wohl verwahret habe und könne ihm vorsetzen, wenn er uns angreifet, daß wir nicht geschlagen werden; welches heißet eine Schutzkraft; sondern gehöret auch dazu die Wehrkraft, damit man dem Feind nachjage und in die Flucht schlage. Also ist hier nicht genug, sich wider den Teufel wehren mit Glauben und Hoffnung, als Schild und Helm, sondern muß auch das Schwert zucken und wider nach ihm schlagen und damit nachdrücken, daß er müsse zurücke fallen und fliehen, und also den Sieg an sich behalte. Solch Schwert ist nun (sagt er) das Wort Gottes. Denn es muß nicht leiblich Stahl und Eisen, sondern ein geistlich Schwert sein, damit man den Teufel schlagen soll.

Die Vollendung der Kirche

SONNTAG: Philipper 1/3—11

Ich bin desselben in guter Zuversicht, daß, der in euch angefangen hat das gute Werk, der wirds auch vollführen bis an den Tag Jesu Christi. *Philipper 1/6*

Nimm von uns, HErr, du treuer Gott 119

Also stehet ein christlich Herz, und dies ist seine Farbe und Gestalt; wie St. Pauli Wort lauten, daß er von Grund fröhlich und lustig darüber ist und Gott danket dafür, daß auch andre Leute zu der Gemeinschaft des Evangelii kommen, und hat eine gute Zuversicht gegen die, so da angefangen zu glauben, nimmt sich ihres Heils an, freuet sich des ja so hoch als seines eigenen und kann Gott nicht genug dafür voll danken; und bittet ohn Unterlaß, daß er möge erleben und sehen viel Leute mit ihm zu solcher Gemeinschaft kommen und dabei erhalten werden bis an den Tag des Herrn Jesu Christi, der alles vollkommen und ganz mache, woran es noch hier mangelt und fehlet, und also in solchem Glauben und Hoffnung fortfahren unanstößig, bis sie denselbigen fröhlichen Tag erreichen.

Siehe, also erzählet der fromme Apostel und schüttet heraus den Grund seines Herzens voll rechter Früchte seines Geists und Glaubens, so da brennet vor Freude und Lust über dem, wo er siehet das Evangelium erkannt und angenommen und geehret werden, und vor herzlicher Liebe gegen seine Kirchen, daß es nichts Höheres weiß, ihnen zu wünschen und von Gott zu bitten, denn daß sie darin zunehmen und bleiben. Für so teuern und großen Schatz hält er es, wo man Gottes Wort mag haben und behalten.

MONTAG: In der Kraft des Christus

... bis daß ihr angetan werdet mit Kraft aus der Höhe.

Treuer Wächter Israel' 210/7—11 *Lukas 24/49*

Wir, die wir das Evangelium predigen und bekennen und darum von der Welt verfolget werden, wissen, daß wir unsern Trost auf den treuen Ratgeber, Christum, setzen und seiner Kraft gewarten sollen. Und weil wir das tun, so sehen und erfahren wir, daß er der rechte Siegmann ist, der dem Teufel in seinem Reich so viel Leute absieget, so gar leichtlich ohn alle Schwertschlag, allein durch den Odem seiner Lippen. Und solchen Streit beweiset er nicht allein an seinen Feinden, sondern beweiset ihn täglich an uns, daß er oder wir durch ihn den Teufel, das ist, die Sünde und den Tod in unsern Herzen totschlagen. Wie und wodurch? Durchs Wort, welchs mir Christus als ein treuer Ratgeber ins Herz gibt.

Das ist der Streit dieses Helds: wenn das Evangelium aufgehet, so läßts nicht ab, es schlägt und schmeißt in die Welt, daß viel Leute gewonnen und Christus Reich groß werde. Solchs ist ein selig Schmeißen und ein seliger Krieg. Denn dadurch werden die Menschen dem Teufel abgeschlagen und zu Christo in sein Reich bracht. Das mag ein Held und Riese sein. Also stehet geschrieben Psalm 149: „Die Heiligen sollen nehmen scharfe Schwerter in ihre Hände"; das sind nicht leibliche Schwerter dieser Welt, sondern geistliche Schwerter des Mundes Christi. Mit denselben Schwertern sollen sie drein schmeißen und die Heiden, Völker und Könige niederschlagen mit all ihrer Weisheit und Heiligkeit, sie gefangen nehmen und Christo unterwerfen. Solche Ehre haben die Krieger und Heiligen Gottes.

DIENSTAG: Die Herrlichkeit der Kirche ist noch verborgen

Fürwahr, du bist ein verborgener Gott, du Gott Israels, der Heiland. *Jesaja 45/15*

Wo Gott der HErr nicht bei uns hält 193/5

Der Prophet Jesaias sagt recht von ihm. Denn er verbirget seine Allmächtigkeit, Weisheit, Kraft und Stärke und stellet sich gleich, als vermöchte er nichts, wüßte nichts, verstünde nichts, oder wollte es nicht tun. Jetzt lässet er unsere Widersacher mit seinem Wort, Sakramenten und Christen umgehen, wie sie wollen; lässet uns rufen und schreien und schweiget dazu stille, eben als dichte er oder hätte zu schaffen oder wäre über Feld und schliefe und hörete nicht. Aber er wird dermaleinst seine Größe, seine Allmächtigkeit und Kraft sehen lassen.

Unterdes müssen die Christen, so auf seinen Namen getauft sind, stille halten, müssen mit Füßen über sich laufen lassen und Geduld haben. Denn im Reiche des Glaubens will er klein sein; aber im Reiche des Schauens wird er nicht klein, sondern groß sein. Alsdann wird er sich erzeigen, daß er das Elend seines Volkes gesehen und ihr Schreien gehöret habe und einen geneigten Willen gehabt, ihnen zu helfen, auch Kraft genug gehabt, daß er hat helfen können. Jetzt verbirgt er seinen guten Willen, seine Kraft und Stärke; aber wenn er erscheinen wird, dann wird er seinen Willen, seine Kraft und Stärke offenbaren. Jetzt kann er auch helfen und retten, er hat Kraft genug, daß ers tun kann; es fehlet am Willen nicht, daß ers tun will; aber solches alles ist im Worte zugedeckt, daß wir es nicht sehen können, sondern mit dem Glauben fassen müssen. Am Tage aber seiner Zukunft wird er die Decke wegtun und erscheinen als ein großer Gott und seinem Namen genug tun, daß man sagen wird: Das ist ein Herr und Heiland.

MITTWOCH: Im Zeichen des Sieges

Der Herr sprach zu meinem Herrn: Setze dich zu meiner Rechten, bis ich deine Feinde zum Schemel deiner Füße lege. *Psalm 110/1*

O Christenheit, sei hoch erfreut 225

Auf die Weise malet der Prophet hier Christi Reich ab, daß es ein ewig Reich sei, das ohn Unterlaß zu Felde liege. Denn es stehet hier so: „Bis ich deine Feinde zum Schemel deiner

Füße lege." Wiewohl es uns nicht fein dünket. Denn ein solcher König sollte nicht viel Feinde haben, sollte sie flugs in einem Hui austreiben. Er wirds auch tun, aber mit der Zeit. Weil wir leben, soll immer eines das andere treiben. Rotten, menschlicher Witz und Vernunft, unser eigen Fleisch, Gewissen, Tod, Teufel, treiben alle auf uns und mit Angst und Schrecken. Darum, wer ein Christ sein will, der erwäge sich des und lerne das Reich wohl erkennen.

Es muß mit Unfrieden zugehen, da wird nichts anders aus.

Darum, wenn man so tobt und wütet, soll ich sagen: Es gehet so recht zu. Weißt du nicht, was Christus ist, nämlich ein solcher Mann, wider welchen sich auflehnet alles, was da ist, Welt, Teufel, Sünde, Tod; denn der Mann muß Feinde haben, und sein Reich stehet für und für zu Unfrieden. Dort, in jenem Leben, wird es mit Frieden werden; hier soll es ein unfriedlich Reich sein.

DONNERSTAG: Wunderbar ist Christus

Er heißt Wunderbar. *Jesaja 9/5*

Einer ists, an dem wir hangen 221/2

So heißt nun Christus „Wunderbar" darum, daß alles wunderbar und seltsam ist, daß er alles, was er an der christlichen Kirchen tut, aus unsern Augen, Vernunft und Sinnen reißt und in sein Wort verbirget. Gerechtigkeit, Heiligkeit, Weisheit, Stärke, Leben, Seligkeit und alles, was die Kirche in Christo hat, ist der Vernunft unbegreiflich und der Welt verborgen. Willst du die Kirche richten nach der Vernunft und nach dem äußerlichen Ansehen, so ists falsch. Denn da wirst du sehen solche Leute, die sündhaftig, gebrechlich, erschrocken, betrübt, elend, verfolget und verjagt sind. Wenn du aber darauf siehest, daß sie getauft sind, an Christum glauben, ihren Glauben beweisen mit rechtschaffenen Früchten, tragen das Kreuz in Geduld und Hoffnung, so ists recht. Denn das ist die rechte Farbe, dabei man die christliche Kirche kennen kann.

Die christliche Kirche ist gerecht und heilig, und hat doch nicht den Schein, daß sie gerecht und heilig sei; man siehet eitel Sünde und Tod und höret eitel Lästerung des Teufels und der Welt. Ursach ist diese: die christliche Gerechtigkeit stehet außer uns, allein in Christo und im Glauben an ihn. Also, daß die christliche Kirche und ein jeder Christ bekennet und spricht: Ich weiß, daß ich sündhaftig und unrein bin, liege im Gefängnis, in Fährlichkeit, im Tode, in Schande und Schmach und fühle in mir nichts denn eitel Sünde; dennoch bin ich gerecht und heilig, nicht in mir selbst, sondern in Christo Jesu, welcher mir gemacht ist von Gott zur Weisheit und zur Gerechtigkeit und zur Heiligung und zur Erlösung.

FREITAG: Und das Ende davonbringen

Der Herr ist meines Lebens Kraft; vor wem sollte mir grauen? *Psalm 27/1*

Christe, du Beistand deiner Kreuzgemeine 212

Er gibt wohl Ruhe, auch mitten in der Anfechtung; doch macht ers also, daß es allezeit gehet Berg auf, Berg ab, bald wieder Berg auf; jetzt ists Nacht, jetzt Tag, bald ists wieder Nacht; und ist nicht allzeit Nacht, auch nicht allzeit Tag, sondern eins wechselt sich um das ander ab, daß es jetzt Nacht, jetzt Tag, bald wieder Nacht ist. So regieret er seine christliche Kirche, wie wir sehen in allen Historien des Alten und Neuen Testaments.

Das heißt nun Kraft, daß der Herr nicht ein solcher Ratgeber und Tröster ist, der es allein bleiben läßt bei dem Wort und nichts weiter dazu tut, sondern auch abhilft, daß es ein Ende habe. Wenn wir in Anfechtung kommen, so gibt er uns seinen treuen Rat und stärket uns mit seinem Wort, daß wir vor Schwachheit nicht sinken, sondern bestehen mögen. Wenns aber Zeit ist und wir ausgelitten haben, so kommt er mit seiner Kraft, daß wir hindurchkommen und den Sieg behalten. Beides müssen wir haben, den Rat, daß wir in Leiden getröstet und aufgerichtet werden, und die Kraft, daß wir hindurchkommen. Alle Psalmen geben den Christen eine leidende Stärke, das ist, trösten in Anfechtungen und Leiden, daß uns der Rükken nicht breche, sondern daß wir haben Hoffnung in Geduld.

So führet er die ganze Christenheit, und das ist sein Regiment. Wer das nicht weiß, der weiß nicht, was Christus für ein König ist.

SONNABEND: Erlösung von Kampf und Leiden

Er sendet eine Erlösung seinem Volk. *Psalm 111/9*

Ermuntert euch, ihr Frommen 122

Die an mich geglaubt haben und um meinetwillen gelitten und auf den Glauben an mich gestorben, haben sich nichts zu fürchten. Lasset die erschrecken, die nicht geglaubt haben. Ihr aber erschrecket nicht, denn es muß also zugehen. Soll die Welt zerbrechen, so muß sie zuvor knacken, sonst kann ein solch groß Gebäud nicht einfallen, es muß sich alles regen und weben. Eben wie ein krank Mensch, wenn ihn der Tod streckt, so windet und krümmet er sich, verkehret die Augen, krümmet den Mund, erblasset im Angesicht und wird gar ungestalt. Also wird die Welt auch tun.

Darum sage ich euch: Erschreckt nicht davor, sondern richtet eure Häupter auf, als die es von Herzen gerne sehen. Denn merkt, eure Erlösung ist nahe.

Solchs redet der Herr mit den Frommen. Die auch darob erschrecken, wenn Sonn und Mond so die Augen verkehren und der Himmel voll Feuers wird sein. Denn die Heiligen sind nicht so stark; es müßte auch wohl St. Peter und Paul davor erschrecken, wenn sie lebten. Aber seid getrost, spricht der Herr; es wird ein wohl greulicher, schrecklicher Anblick sein, aber es gilt euch nicht, sondern dem Teufel und den Ungläubigen. Euch kommt die Seligkeit und die fröhliche Erlösung, da ihr so lang nach geseufzet habt und gebeten, daß mein Reich zu euch kommen, ihr gänzlich von allen Sünden rein und von allem Übel sollt erlöset werden. Was ihr nun so lang von ganzem Herzen gebeten habt, das soll da zu euch kommen.

23. WOCHE NACH TRINITATIS

Unser Wandel ist im Himmel

SONNTAG: Philipper 3/17—21

Unser Wandel ist im Himmel, von dannen wir auch warten des Heilands Jesu Christi, des Herrn. *Philipper 3/20*

In dich hab ich gehoffet, HErr 179

Wir (spricht er), so in Christum getauft sind und glauben, haben nicht unser Wesen und Trost gesetzt auf diese Gerechtigkeit des zeitlichen oder weltlichen Lebens auf Erden, sondern haben eine solche Gerechtigkeit, die da hanget durch den Glauben an Christo im Himmel, stehet und bleibet allein in ihm (sonst würde sie vor Gott nichts sein noch bestehen), und allein dahin trachtet, daß wir ewiglich in Christo seien, und daß er uns durch seine Zukunft in jenem Leben auch dieses irdischen ein Ende, und dieses Leibs ein ander Leben mache, daß er gar neu, rein, heilig und dem Leben und Leibe Christi gleich werde.

Darum heißen wir nicht mehr Bürger auf Erden, sondern wer da ist ein getaufter Christen, der ist durch die Taufe ein geborner Bürger im Himmel. Darum sollen wir uns also halten und wandeln, als die dorthin gehören und daheim sind, und uns jetzt des trösten, daß uns Gott also annimmt und dahin setzen will, aber indes warten des Heilands, der uns vom Himmel herab bringen wird ewige Gerechtigkeit, Leben, Ehre und Herrlichkeit.

MONTAG: Siehe, ich mache alles neu

Ist jemand in Christo, so ist er eine neue Kreatur.

2. Korinther 5/17

Wir warten dein, o Gottes Sohn 123

Denn ein Christ soll ja sein eine neue Kreatur oder neu geschaffen Werk Gottes, der anders rede, gedenke und urteile von allerlei Sachen, denn die Welt davon redet oder urteilet. Und weil er ein neuer Mensch ist, so soll und muß ihm auch alles neu werden, hier in diesem Leben durch den Glauben, dort aber zukünftig durch offenbarlich Wesen. Nun kann und vermag die Welt nicht anders, denn nach ihrem Herkommen und alten Wesen vom Tod urteilen, daß es sei das allergreulichste und schrecklichste Ding auf Erden und das Ende des Lebens und aller Freude.

Aber dagegen soll ein Christ, als ein neuer Mensch, also geschickt sein, daß er viel andere, ja widersinnige Gedanken habe und könne auch trotzen und fröhlich sein oder rühmen, wenn es übel zugehet, und sein Herz eitel solche Gedanken ergreife, daß er einen großen Schatz habe, wenn er arm ist; ein mächtiger Fürst und Herr sei, wenn er im Kerker liegt, und trefflich stark, wenn er schwach und krank ist; in eitel Ehren schwebe, wenn er geschändet und geschmähet wird. Also auch, daß er erst ein neu lebendig Mensch werde, wenn er jetzt sterben muß, und Summa, daß er eitel neues Herz und Mut gewinne und alle Dinge auf Erden mit sich neu mache, und also hier ein Vorspiel anfahe des zukünftigen Wesens, da es alles am Tage und vor Augen so neu werden wird, wie ers jetzt erschöpft und erdenket durch den Glauben, nach seinem neuen Wesen.

DIENSTAG: Wartende Menschen

So wir des hoffen, das wir nicht sehen, so warten wir sein durch Geduld. *Römer 8/25*

Ich hab mein Sach Gott heimgestellt 315

Solches ist recht gelehret, aber nicht bald gelernet; recht geprediget, aber nicht bald geglaubet; fein vermahnet, aber nicht leichtlich gefolget; wohl gesagt, aber übel getan. Denn sehr wenig Leute auf Erden sind, die auf die selige Hoffnung, auf das zukünftige, unvergängliche Erbe und Reich warten, und so gewiß drauf warten, wie es wohl sein sollte, daß sie dies gegenwärtige Leben nicht so gewiß besitzen. Wenig sind, die dies zeitliche Leben nur durch ein gemaltes Glas und gleichsam blindlich, aber jenes ewige Leben mit klaren, aufgetanen Augen ansehen. Der seligen Hoffnung und des himmlischen Erbes wird leider allzuoft vergessen; aber des zeitlichen Lebens und des vergänglichen Reichs auf Erden wird allzuviel gedacht. Dies vergängliche hat man stets im Gesichte, denket dran, sorget dafür und freuet sich darob, aber jenem unvergänglichen kehret man den Rücken; diesem jagt man nach Tag und Nacht, jenes schlägt man in den Wind.

Nun sollte es wahrlich bei den Christen nicht so sein, sondern das Widerspiel sollte sein. Ein Christ sollte dies zeitliche Leben nur mit zugetanen Augen und blinzelnd anschauen, aber das zukünftige, ewige Leben sollte er mit ganzen aufgetanen Augen und mit klarem, hellem Licht ansehen und sollte nur mit der linken Hand in diesem Leben auf Erden sein; aber mit der rechten Hand und mit der Seele und ganzem Herzen sollte er in jenem Leben sein, im Himmel, und desselben in gewisser Hoffnung allezeit fröhlich warten.

MITTWOCH: Gäste und Fremdlinge

... und haben bekannt, daß sie Gäste und Fremdlinge auf Erden wären. *Hebräer 11/13*

Ich bin ein Gast auf Erden 326/6

So will nun St. Petrus anzeigen, daß wir dies Leben nicht anders ansehen sollen, denn als ein Fremdling und Pilgrim das Land ansiehet, darin er ein Ausländer und Gast ist. Ein Fremdling darf nicht sagen: Hier ist mein Vaterland; denn er ist da nicht einheimisch. Ein Pilgrim gedenkt nicht zu bleiben im

Lande, da er wallet, und in der Herberge, da er über Nacht lie=get, sondern sein Herz und Gedanken stehen anderswohin. In der Herberge nimmt er nur sein Mahl und Lager und wandert immer davon an den Ort, da er daheim ist.

Darum stellet euch auch als Fremdlinge und Gäste in diesem fremden Lande und Gasthofe, daraus ihr nicht mehr nehmet denn Essen, Trinken, Kleider, Schuh und was ihr bedürft zu dieser Nachtherberge, und denkt damit nur fort und davon in euer Vaterland, da ihr Bürger seid.

Dies Stück sollen wir wohl merken. Nicht, daß wir uns hier in dieser Welt ein ewig Leben bauen, demselben so nachgehen und anhangen, als wäre es unser Hauptschatz und Himmel=reich, und als wollten wir des Herrn Christi und des Evangelii genießen zu diesem Leben, an ihm reich und gewaltig werden; sondern weil wir ja auf Erden leben müssen, so lange Gott will, daß wir also essen, trinken, freien, pflanzen, bauen, Haus und Hof, und was Gott bescheret, haben und brauchen als Fremd=linge und Gäste in einem fremden Lande, die solches alles ge=denken zu lassen und ihren Stab fürder zu setzen aus dem fremden Lande und aus dem bösen, unsichern Gasthofe in das rechte Vaterland, da eitel Sicherheit, Friede, Ruhe und Freude sein wird ewiglich.

DONNERSTAG: Gott macht uns des Lebens müde

Das Warten der Gerechten wird Freude werden.

Sprüche 10/28

HErr, nun laß in Friede 323

Ob uns nun indes die Welt alle Plage und Herzleid anlegt und einen bittern, sauren Trunk schenket, ohne was sonst täg=lich Unfall, Krankheit, Pestilenz, teure Zeit, Krieg über uns gehet, das dem Leibe oder äußerlichen Menschen wehe tut, das müssen wir lassen gehen und als in einen sauren Apfel beißen und das bittere Trünklein kosten, auf daß uns das Süße her=nach desto besser schmecke und wir dadurch getrieben werden, dieses Tages desto mehr mit Sehnen zu begehren. Sonst gingen wir wohl immer dahin, kalt und verstarret, daß wir unser Un=

glück zuletzt nicht fühleten, wie die sichere, unbußfertige Welt, bis wir auch Gottes Wort nicht mehr achteten und samt den Gottlosen verderben müßten. Nun aber tut Gott uns die Gnade, daß er uns dieses Lebens müde und satt machet und eines bessern tröstet, nämlich, daß er bald kommen werde in den Wolken mit großer Kraft und Herrlichkeit und uns zu sich nehme, aus allem Unglück erlöset zu ewigen Freuden, daß uns freilich unserthalben nichts Besseres noch Liebers widerfahren kann. Aber den Gottlosen wirds alsdann nicht ein fröhlicher Anblick sein.

FREITAG: Das tägliche Sterben

Ich sterbe täglich. *1. Korinther 15/31*

Lasset uns mit Jesu ziehen 252/3

Wie lautets aber, daß er spricht: „Ich sterbe täglich"? Sehe ich doch nicht (spräche die Welt), daß man dich noch je begraben habe; sondern daß du gehest und stehest, issest und trinkest, umher ziehst und predigst und dein Handwerk treibest; heißt das sterben oder tot sein? Aber das ists, daß nicht jedermann weiß noch verstehet, was er damit meinet, oder was solch Sterben heiße, und wie es zugehet, nämlich, daß er den Tod immerdar am Hals trägt und ohn Unterlaß so geplagt wird, daß er des Todes mehr fühlet denn des Lebens; und sagt doch, daß er ein Ehre oder Ruhm daneben habe, nämlich des Lebens; wiewohl sichs schwächlich und oft nichts überall fühlet; und liegt also stest im Kampf, und ringet mit einander Tod und Leben, Sünd und Frömmigkeit, gut und böse Gewissen, Freud und Traurigkeit, Hoffnung und Schrecken, Glaube und Unglaube, kurz, Gott und Teufel, Höll und Himmel. Von solchem Kampf redet er hier, den er auch allein verstanden hat, als ein hoher Apostel, der ohn Unterlaß damit umgangen und wohl geübt ist; darum muß er auch dazu schwören, daß man ihm glaube, als der die Wahrheit sage, obs wohl ander Leute nicht so fühlen noch verstehen.

SONNABEND: Der wird den Tod nicht sehen ewiglich

Wahrlich, wahrlich, ich sage euch: So jemand mein Wort wird halten, der wird den Tod nicht sehen ewiglich.

Johannes 8/51

HErr Jesu Christ, wahr' Mensch und Gott 314

Hier müssen wir acht auf die Rede Christi haben, der macht einen Unterschied, daß Tod ein ander Ding sei, denn den Tod sehen oder schmecken. In den Tod müssen wir alle und dahin sterben; aber ein Christ schmeckt oder siehet den Tod nicht, das ist, er fühlet ihn nicht, erschrickt nicht so davor und gehet sanft und stille hinein, als entschliefe er, und stürbe doch nicht. Aber ein Gottloser fühlet ihn und entsetzt sich davor ewiglich. Also, daß man den Tod schmecken wohl mag heißen die Kraft und Macht oder Bitterkeit des Todes.

Diesen Unterschied machet das Wort Gottes. Ein Christ hats und hält sich dran im Tode; darum siehet er den Tod nicht, sondern das Leben und Christum im Wort; darum fühlet er den Tod auch nicht. Aber der Gottlose hat das Wort nicht, darum siehet er kein Leben, sondern eitel Tod; so muß er ihn denn auch fühlen, das ist denn der bitter und ewige Tod.

So meinet nun Christus, daß wer an seinem Wort hanget, der wird mitten im Tode den Tod nicht fühlen noch sehen.

Da sehen wir nun, welch ein groß Ding es sei um einen Christen, der schon bereits vom Tod ewiglich erlöset ist und darf nimmermehr sterben. Denn sein Tod oder Sterben siehet wohl gleich dem Sterben des Gottlosen äußerlich, aber innerlich ist ein solcher Unterschied, als zwischen Himmel und Erden. Denn der Christ schläft im Tode und gehet dadurch ins Leben; aber der Gottlose gehet vom Leben und fühlet den Tod ewiglich.

24. WOCHE NACH TRINITATIS

Das Erbteil der Heiligen

SONNTAG: Kolosser 1/9–14

Er hat uns wiedergeboren zu einem unvergänglichen und unbefleckten und unverwelklichen Erbe, das behalten wird im Himmel. *1. Petrus 1/4*

Mitten wir im Leben sind 309

Das ist, wir hoffen nicht auf das Gut oder Erbe, das gegenwärtig sei; sondern wir leben in der Hoffnung auf ein Erb, das vorhanden ist und das unvergänglich, dazu unbefleckt und unverwelklich ist; das Gut haben wir ewiglich ohn End, nur daß wirs jetzt nicht sehen. Das sind mächtige und treffliche Wort; welchem das zu Sinn gehet, der wird (halt ich) nicht viel fragen nach zeitlichem Gut und Wollust; wie kann es möglich sein, daß einer also an vergänglichem Gut und Wollust klebte, wenn er das gewißlich glaubte? Denn wenn man das weltlich Gut gegen dieses hält, so siehet man, wie es alles vergehet und nur ein Zeitlang währet; aber das bleibt allein ewig, wird nicht verzehret. Dazu ist jenes alles unrein und beflecket uns, denn es ist kein Mensch so fromm, den das zeitlich Gut nicht unrein mache; aber dies Erb ist allein lauter; wer das hat, der ist ewig unbefleckt; es wird auch nicht welk, verdorret und verfault nicht. Alles, was auf Erden ist, wenns gleich so hart ist als Eisen und Stein, so wirds doch wandelbar und hat keinen Bestand. Ein Mensch, so bald er alt wird, so ist er häßlich. Aber das verwandelt sich nicht, bleibt immerdar frisch und grün. Auf Erden ist kein Wollust so groß, die nicht die Läng verdrießlich wird; wie wir sehen, daß man alles Dings müde wird; aber dies Gut ist nicht also. Das alles haben wir in Christo durch Gottes Barmherzigkeit, so wirs glauben, und wird uns umsonst geschenkt.

MONTAG: Die Freude in der Anfechtung

In derselben werdet ihr euch freuen, die ihr jetzt eine kleine Zeit, wo es sein soll, traurig seid in mancherlei Anfechtungen. *1. Petrus 1/6*

Betgemeinde, heilge dich 275/7

Hier zeiget der Apostel an, wie es den Christen in der Welt gehet. Vor Gott im Himmel sind sie die lieben Kinder, des ewigen, himmlischen Erbes und der Seligkeit gewiß; aber auf Erden sind sie nicht allein traurig, betrübt und verlassen, sondern müssen auch mancherlei Anfechtungen vom Teufel und von der argen Welt leiden. Wie verschulden sie es denn? Das ist ihre größte Sünde, daß sie an Christum glauben und Gottes unaussprechliche Wohltat, durch ihn aller Welt erzeiget, rühmen und preisen, nämlich, daß er allein von Sünde und Tod könne erretten, gerecht und selig machen; daß menschliche Vernunft durch ihren freien Willen, Kräfte, gute Werke usw. sich zur Gnaden nicht bereiten möge, viel weniger das ewige Leben verdienen, sondern mit all ihrem Dichten und Tun, es heiße und gleiße so schön es wolle, Gott nicht versöhne, sondern mehr erzürne, weil sie solches alles ohn, ja wider sein Wort und Befehl vornimmt, lasse fahren und verachte, was er verheißen und geboten hat, und erwähle aus eigener Andacht etwas Sonderliches. Da gehet denn das Feuer an, denn die Welt will und kann nicht leiden, daß man ihre gute Meinung, Andacht, Heiligkeit, köstliche Werk usw. strafet und verdammt, als die vor Gott nichts gelten sollen, fähret denn zu, verfolget und würget, die solchs sagen, und meinet, sie tue Gott einen Dienst dran. Darum ist der Glaube nicht ein schläferiger Gedanke im Herzen, sondern wer ihn hat, der redet und bekennet, wie ers im Herzen fühlet; darüber er denn zu Unglück kommt. Daher spricht St. Peter: „die ihr jetzt eine kleine Zeit traurig seid"; fasset also den Glauben, die Hoffnung und das heilige Kreuz zusammen, denn eins folget aus dem andern.

DIENSTAG: Das Warten auf die selige Hoffnung

Wir warten auf die selige Hoffnung und Erscheinung der Herrlichkeit des großen Gottes und unsers Heilandes Jesu Christi. *Titus 2/13*

Endlich bricht der heiße Tiegel 305/10

Laß uns die Wort bewegen! Er nennet es eine selige Hoff=nung. Das setzt er gegen dieses elende, unselige Leben, darin=nen nicht mehr, denn alles Unglück, Fahr und Sünde uns jagen und martern, daß billig alles, was hier ist, uns soll verdrießlich sein und solche Hoffnung stärken; als denn auch denen ge=schieht, die sich redlich üben, nüchtern, rechtfertig und göttlich zu leben. Wir lassen uns die Trübsale ein köstlich Ding sein und rühmen uns derselbigen. Denn wir wissen, daß die Trüb=sal ist nütz, die Geduld zu lehren, die Geduld aber macht uns bewähret, die Bewährung aber machet uns hoffen, die Hoff=nung läßt uns nicht zu Schanden werden. Also stehen unser Augen zugetan für die weltlichen, sichtlichen Dinge und hoffen dagegen die ewigen, unsichtlichen Ding; das machet alles die Gnade durch das Kreuz, darein uns bringt das göttlich Leben, das der Welt unleidlich ist.

MITTWOCH: Die Herrlichkeit der neuen Schöpfung

Ich halte es dafür, daß dieser Zeit Leiden der Herrlichkeit nicht wert sei, die an uns soll offenbart werden. *Römer 8/18*

Herzlich tut mich erfreuen 311

Jetzt ist die Sonn ein schön, hell Licht, also, daß kein Mensch, wie scharfe, helle Augen er auch hat, in der Sonnen Glanz ohn Wanken sehen mag. Was will denn in jenem Leben werden, wenn der Sonnen Schein wird siebenmal heller sein, denn jetzt? Da werden auch helle, klare Augen zugehören, welche solche Sonne leiden und ertragen mögen. Wenn Adam in der Unschuld blieben wäre, darinnen er geschaffen war, so hätte er helle, klare Augen gehabt und können in die Sonne sehen wie ein Adler. Aber durch die Sünde und Fall sind wir Menschen an Leib, Seel, Augen, Ohren und allenthalben so geschwächt, vergiftet und verderbet, daß unser Gesichte nicht das hundertste Teil so scharf ist, wie Adams Gesichte vor dem Fall gewesen ist. Unser Leib ist unrein, und alle Kreaturen sind der Eitelkeit unterworfen, Röm. 8. Sonn, Mond, Sterne, Wolken, Luft, Erde, Wasser sind nicht mehr so rein, schön und lieblich, wie sie gewesen sind. Aber an jenem Tage wirds alles wieder neu und schön werden; wie St. Paulus spricht Röm. 8: „Die Kreatur wird frei werden von dem Dienst des vergänglichen Wesens zu der herrlichen Freiheit der Kinder Gottes."

DONNERSTAG: Im Sterben kein andrer Weg als Christus

Ich bin der Weg und die Wahrheit und das Leben; niemand kommt zum Vater denn durch mich. Johannes 14/6

Alle Menschen müssen sterben 329

Wenn das Stündlein kommt, da unser Tun und Werk aufhören muß, und wir nicht länger allhier zu bleiben haben und diese Disputation angehet: Wo nehme ich nun eine Brücken oder Steg, der mir gewiß sei, dadurch ich hinüber in jenes Leben komme? Wenn man dahin kommt (sage ich), so siehe dich nur nach keinem Wege um, so da heißen menschliche Wege und unser eigen gut, heilig Leben oder Werk; sondern laß solchs alles zugedeckt sein mit dem Vater-Unser und drüber gesprochen: „Vergib uns unsere Schuld" usw. und halte dich allein zu diesem, der da sagt: „Ich bin der Weg usw." und siehe, daß du dies Wort alsdann fest und tief eingebildet habest und also, als höretest du Christum gegenwärtig dir sagen: Was suchest du nach andern Wegen? Hierher auf mich mußt du sehen und bleiben und dir keinen andern Gedanken lassen machen, wie du mögest gen Himmel kommen, sondern alles rein ab und weit aus dem Herzen gesetzt und nichts anders gedacht, denn wie ich dir sage: „Ich bin der Weg." Siehe nur, daß du auf mich tretest, das ist, halte dich mit festem Glauben und aller Zuversicht des Herzens an mich; ich will die Brücke sein und dich übertragen, daß du sollst in einem Augenblick aus dem Tod und der Höllenangst in jenes Leben kommen. Denn ich bins, der den Weg oder Bahn selbst gepflastert und selbst gegangen und übergefahren bin, auf daß ich dich und alle, so an mir hangen, hinüber bringe; allein, daß du dich ungezweifelt auf mich setzest, frisch auf mich wagest und getrost und fröhlich dahin fahrest und sterbest in meinem Namen.

FREITAG: Der Tod eine Gnade

Der Gerechte ist auch in seinem Tod getrost.

Sprüche 14/32

Christus, der ist mein Leben 316

Wenn der Tod nicht wäre, würde die Sünde nimmer untergehen; darum wird eben damit der Sünde endlich gewehret, und ist sonst kein Rat, sie los zu werden. Solche gnädige und heilsame Strafe gibt er uns, daß die Sünde durch den Tod erwürget werde. Darum sollten wir solchs mit Freuden aufnehmen und tragen als von einem gnädigen Vater, wie denn auch tun die Gläubigen. Denn so gut ist der Vater, daß auch der Tod muß dienen zu töten und auszurotten alles Unglück.

Derhalben der Tod nun nichts ist denn lauter Gnade, ja ein Anfang des Lebens. Denn nachdem er machet, daß die Seele geneset, so muß das leibliche Wesen, was da ist, Krankheit, Fährlichkeit, Mühe und Arbeit, alles dienen zum Besten, das nicht besser zu wünschen wäre.

Denn Adam der muß sterben und verwesen, ehe denn Christus ganz erstehe; und das hebet an das bußfertige Leben, und wird vollbracht durch das Sterben. Darum ist der Tod ein heilsams Ding allen denen, die an Christum glauben; denn er tut nichts anders denn verweset und zerpulvert alles, was aus Adam geboren ist, auf daß Christus alleine in uns sei.

SONNABEND: Geduld und Langmut

... daß ihr wachset in der Erkenntnis Gottes und gestärkt werdet mit aller Kraft nach seiner herrlichen Macht zu aller Geduld und Langmütigkeit mit Freuden.

Kolosser 1/11

Wir warten dein, o Gottes Sohn 123/2

Von solcher Kraft und Macht müssen wir auch gestärkt werden im Glauben, darnach trachten und anhalten durch Gottes Wort und beten, daß es nicht allein ein Anfahen, sondern ein Nachdrücken und Durchdringen sei, und also je stärker und stärker werde in seiner Macht.

Aber also gestärkt werden und überwinden, das muß auch geschehen in allerlei Geduld; ja, es gehöret nicht allein Geduld, sondern auch Langmut dazu. Das unterscheidet er von der Geduld, als das etwas Größeres und Stärkeres ist. Denn der Teufel hat die Art an sich, wo er nicht kann ein Herz mit Leid und Plagen überwinden, so greift ers an mit der Länge, daß der Geduld zu viel und zu lang wird und scheinet, als wolle es kein Ende haben, daß er zuletzt den Menschen weich und müde mache und ihm den Mut und Hoffnung nehme zu überwinden.

Dagegen ist vonnöten zur Geduld auch die Langmütigkeit, die dawider fest und stetig anhalte und fortfahre im Leiden und also gesinnet sei: Nun sollst du mirs nicht zu viel noch zu lang machen, wenn es auch sollt währen bis an das End der Welt. Das heißt die rechte, ritterliche, christliche Stärke, so in hohem Kampf und Leiden alle Länge derselben kann aushalten. Aber hierzu ist auch uns am allermeisten not der Stärkung und Kraft Gottes durchs Gebet, daß wir in solchem schweren Kampf nicht unterliegen, sondern auch das Ende erreichen.

Und solche Geduld und Langmut sollt ihr haben und üben mit Freuden.

25. WOCHE NACH TRINITATIS

Die Auferstehung der Toten

SONNTAG: 1. Thessalonicher 4/13–18

So wir glauben, daß Jesus gestorben und auferstanden ist, also wird Gott auch, die da entschlafen sind, durch Jesum mit ihm führen. *1. Thessalonicher 4/14*

Valet will ich dir geben 318

Da führet er uns aus dem Tod und Grabe der Sünden zur Auferstehung und Leben, beide, des Geistes und des Leibes. So wir beide, geistlich den Sünden und leiblich der Welt und uns selbst sterben, was haben wir denn davon? Soll es denn mit einem Christen nicht anders sein, denn gestorben und begraben? Nein, sondern des sind wir gewiß durch den Glauben, daß wir auch *leben* werden, gleichwie Christus aus dem Tode und Grabe auferstanden ist und lebet; denn wir sind auch mit ihm gestorben oder mit ihm in seinen Tod gepflanzt. Denn er hat durch seinen Tod unser Sünd und Tod gewürget, darum werden wir auch mit ihm der Auferstehung und des Lebens sein; also, daß keine Sünde noch Tod weder an der Seele, noch an dem Leibe mehr sein wird, gleichwie an ihm gar kein Tod mehr ist.

Dies ist nun der Trost wider die Blödigkeit des armen, schwachen Fleisches, so noch sich vor seinem Tode entsetzet. Denn bist du ein Christ, so sollst du wissen, daß dein Herr Christus, schon von den Toten erwecket, nun nicht kann sterben und der Tod nichts wider ihn vermag; darum soll er auch wider dich nichts mehr vermögen.

MONTAG: Sie schlafen in Gottes Wort

Verwundert euch des nicht. Denn es kommt die Stunde, in welcher alle, die in den Gräbern sind, werden seine Stimme hören. *Johannes 5/28*

Herr, nun laß in Friede 323

Hier entsteht die Frage, wenn es gewiß ist, daß die Seelen leben und im Frieden sind, welches jenes Leben oder jene Ruhe sei. Gott hat nicht gewollt, daß dies von uns in diesem Leben zu erkennen sei. Es genügt uns also das Wissen, daß die Seelen nicht aus den Leibern in die Gefahr von Martern und Höllenstrafen komme, sondern daß ihnen ein Lager bereitet sei, darinnen sie in Frieden schlafen.

Dennoch unterscheiden sich der Schlaf oder die Ruhe dieses und des zukünftigen Lebens. Denn der Mensch in diesem Leben, von des Tages Arbeit ermüdet, geht bei der Nacht in sein Kämmerlein, gleichsam in Frieden, doch zu schlafen und zur Nacht der Ruhe zu genießen, und weiß nichts von Unheil, Brand oder Mord. So aber schläft die Seele nicht, sondern sie wacht, erfährt Gesichte, Worte der Engel und Gottes selbst. In diesem Maße ist der Schlaf im zukünftigen Leben tiefer als in diesem, und dennoch lebt die Seele vor Gott. Mit diesem Gleichnis begnüge ich mich.

So geht die Seele nach dem Tode in ihr Kämmerlein und Frieden, und schlafend fühlt sie ihren Schlaf nicht und dennoch behütet Gott die wachende Seele. So ist es für Gott möglich, Elia und Mose zu erwecken und sie so zu leiten, daß sie leben. Aber auf welche Weise? Das wissen wir nicht. Es genügt das Gleichnis vom menschlichen Schlaf, und daß Gott gesagt hat, daß es ein Schlaf sei.

So wie eine Mutter ihr Kindlein in die Wiege legt, nicht daß es sterbe, sondern schlafe und sänftiglich ruhe, so sind vor Christus und vielmehr nach Christus alle Seelen der Gläubigen in den Schutz Christi eingetreten.

Sie haben viel über den Ruheplatz der Seele disputiert. Augustinus sagt, daß die Seelen zu der Zeit, die zwischen des Menschen Tod und Auferweckung liegt, in verborgenen Ge=

mächern aufbehalten werde, so wie es jede verdient hat, teils in Ruhe, teils in Drangsal, nachdem sie bei Leibes Leben verdient hat. Hier wird die Verlegenheit der menschlichen Vernunft klar erwiesen. Man muß auf das Wort und die Allmacht Gottes blicken. Wenn Gott nämlich mit drei Fingern Himmel und Erde wägt, wie Jesaja 40 gesagt ist, so ist gewiß sein Wort bei weitem größer und herrlicher.

Das Wort ist der Raum der unendlichen Fülle. So sind die Ruhekammern der Seelen das Wort Gottes oder die Verheißungen, in denen wir schlafen. Wenn wir dies im Glauben ergreifen und im Worte entschlafen, so kommt die Seele in einen unendlichen Raum. Solches habe ich sagen wollen zu dem unnützen und überflüssigen Gedanken solcher Fragen. Es genügt völlig zu wissen, daß wir sicher und ruhig in den Schutz Christi auswandern und uns auf sein Wort und Verheißung verlassen.

DIENSTAG: Der neue Leib

Es wird gesät ein natürlicher Leib, und wird auferstehen ein geistlicher Leib. Ist ein natürlicher Leib, so ist auch ein geistlicher Leib. *1. Korinther 15/44*

Jesus, meine Zuversicht 330

Ich hoffe, wir wollen auch also sterben und einen armen Sünder mit uns gen Himmel bringen, wenn wir allein diesen Schmuck behalten und uns in den Tod des Sohns Gottes windeln und mit seiner Auferstehung uns decken und hüllen. Wenn wir darauf fest stehen und nichts davon ablassen, so ist unsere Gerechtigkeit so groß, daß alle unsere Sünden, sie heißen, wie sie wollen, sind wie ein kleines Fünklein, und die Gerechtigkeit wie ein großes Meer, und unser Tod viel geringer denn ein Schlaf und Traum. Dazu unsere Schande, daß wir so unflätig begraben werden, ist bedeckt mit einer Ehre, die heißt Jesu Christi Auferstehung, damit ist sie so geschmückt, daß sich die Sonne davor schämen wird, wenn sie es wird ansehen, und die lieben Engel nicht genugsam werden ansehen können. Mit der Schöne sind wir gezieret und geschmücket, daß aller andrer Unflat des armen Leibes, als der Tod und anders nichts dagegen gilt.

Darum muß man eines Christen Sterben ansehen mit andern Augen, daß man die verstorbenen Christen nicht rechne als tote und verscharrete Leute. Vor den fünf Sinnen scheinets wohl so; so weit uns dieselben führen, so tut es wehe. Darum sollen wir fleißig hören, was St. Paulus davon sagt, daß sie schlafen in Christo und Gott sie mit Christo führen wird. Mit solchen Worten lernet euch fein trösten. Gott kann nicht lügen. Allein, bildet es euch so ein. Denn wer den Trost nicht hat, der kann sich sonst nicht trösten noch fröhlich sein.

MITTWOCH: Die Auferstehung aus der Schöpfung geschlossen

Was du säst, ist ja nicht der Leib, der werden soll, sondern ein bloßes Korn, etwa Weizen oder der andern eines. Gott aber gibt ihm einen Leib, wie er will, und einem jeglichen von den Samen seinen eigenen Leib.

1. Korinther 15/37—38

Das Feld ist weiß 382/7—8

Also zieht der Apostel diesen Artikel von der Auferstehung in den Artikel von der Schöpfung und beweiset einen Artikel mit dem andern. Als wollte er sagen: Wer Gottes Wort hat, daß eine Auferstehung der Toten sei, und glaubet und bekennet, daß Gott, der solch Wort gesprochen hat, allmächtiger Vater, Schöpfer Himmels und der Erden sei, wie die Kinder im Glauben beten und das Korn auf dem Felde samt allen Kreaturen des ein stark Exempel und Zeugnis sind; der glaubet und bekennet auch, daß eine Auferstehung der Toten sei. Wer aber verneinet und leugnet, daß eine Auferstehung der Toten sei, der verneinet und leugnet auch zugleich, daß Gott allmächtiger Schöpfer Himmels und der Erden sei und dies Wort von der Auferstehung der Toten geredet habe. Wer diesen Artikel bekennet, daß Gott allmächtig ist, der disputieret und klügelt nicht, ob es möglich sei oder nicht, daß die Toten auferstehen werden, sintemal Gottes Wort dastehet, das solches saget.

Gott, der solches saget, ist ein allmächtiger Gott und Schöpfer Himmels und der Erden und aller Kreaturen; darum muß die Auferstehung geschehen und kann nicht zurück, weil es Gott gesagt hat. Sonst wäre er nicht ein allmächtiger Gott und Schöpfer.

DONNERSTAG: Christo nach in die Auferstehung

Er hat uns samt ihm auferweckt und samt ihm in das himmlische Wesen gesetzt in Christo Jesu.

Epheser 2/6

O Ewigkeit, du Freudenwort 325

Wenn wir also glaubeten, so hätten wir gut leben und sterben; denn solcher Glaube würde uns fein lehren, daß er nicht allein für seine Person sei auferstanden; sondern so aneinander hängen, daß es uns gelte und auch wir in dem „Resurrexit" * stehen und gefasset sind und um oder durch dasselbe auch auferstehen und mit ihm ewiglich leben müssen, daß schon unsere Auferstehung und Leben in Christo angangen ist und so gewiß, als wäre es schon gar geschehen, nur daß es noch verborgen und nicht offenbar ist. Und sollen hinfort diesen Artikel so scharf ansehen, daß alle anderen Anblicke dagegen nichts sein, als sehest du nichts anders im ganzen Himmel und Erden: daß, wenn du siehest einen Christen sterben und begraben werden, und beide, vor Augen und Ohren, eitel Tod ist, doch durch den Glauben in und darunter ein ander Bild ersehest für jenes Totengebilde, als sähest du nicht ein Grab, sondern eitel Leben und einen schönen, lustigen Garten oder eine grüne Wiesen und darin eitel neue, lebendige, fröhliche Menschen.

Denn, so das wahr ist, daß Christus auferstanden ist vom Tode, so haben wir schon das beste und vornehmste Teil hinweg von der Auferstehung, daß die leibliche Auferstehung des

* Er ist auferstanden

Fleisches aus dem Grabe (die noch zukünftig ist), dagegen geringe zu rechnen ist.

FREITAG: Das Korn zum Gleichnis der Auferstehung

Also auch die Auferstehung der Toten. Es wird gesät verweslich, und wird auferstehen unverweslich.

1. Korinther 15/42

O Jesu Christ, meins Lebens Licht 317/8—10

Siehe, wie tut ein Ackermann, der da sähet auf dem Felde und das Korn dahin in die Erden wirft, daß es scheinet, als sei es gar verloren; noch hat er keine Sorge davor, als sei es umsonst, ja er vergisset, wo das Korn bleibt, fragt nichts darnach, wie es ihm gehe, ob es die Würmer fressen oder sonst verderbe, sondern gehet mit eitel solchen Gedanken davon, daß um die Ostern oder Pfingsten werden schöne Halme herauskommen und viel mehr Ähren und Körnlein tragen, denn er dahin geworfen hat. Aber wenn du ihn fragest, so würde er dir antworten und sagen: Lieber, das wußte ich zuvor wohl, daß ich das Korn nicht soll vergeblich wegwerfen; aber ich tue es nicht darum, daß es verderben soll, sondern daß es dadurch, daß es in der Erde verweset, eine andere Gestalt gewinne und viel Frucht bringe. Also denket jedermann, der solches siehet oder tut.

Weil wir nun in solchem irdischen Wesen solches tun müssen, vielmehr sollen wir in diesem Artikel solches lernen (welchen wir viel weniger können begreifen und verstehen), weil wir Gottes Wort haben, dazu die Erfahrung, daß Christus vom Tode auferstanden ist, und uns nicht nach dem richten, was wir vor Augen sehen, wie unser Leib begraben, verbrannt oder sonst zu Erden wird, sondern Gott lassen machen und sorgen, was daraus werden soll. Denn wenn wirs sobald vor Augen sähen, so bedürften wir keines Glaubens, und hätte Gott nicht Raum, seine Weisheit und Gewalt über unsere Weisheit und Verstand zu zeigen. Darum heißt das der Christen Kunst und Weisheit, daß man in Heulen und Klagen könne tröstliche und fröhliche Gedanken des Lebens erschöpfen, daß uns Gott lässet also in die Erden bescharren und verfaulen auf den Winter, auf daß wir auf den Sommer sollen wieder hervor fahren viel schöner, denn diese Sonne, als sei das Grab nicht ein Grab, sondern ein schöner Würzgarten, darin schöne Nägelein und Rosen gepflanzet, so auf den lieben Sommer daher grünen und blühen sollen.

SONNABEND: Dies Lied noch in Christi Person

Der Tod ist verschlungen in den Sieg. Tod, wo ist dein Stachel? Hölle wo ist dein Sieg? *1. Korinther 15/55*

Auf diesen Tag bedenken wir 91/5

Dies Liedlein singen wir jetzt in der Person Christi und derer, die mit Christo auferstanden sind von den Toten. Denn dieselben sind hindurch und behalten den Sieg wider den Tod. Aber in der Auferstehung werden wir dies Liedlein auch in unsrer Person singen; da werden wir auch für uns des Todes lachen, sein spotten und sagen: Tod, wo bist du nun? Hier ist eitel Leben, ich bin Herr und Siegsmann über dich. Vorhin hast du mich gefressen und über mich geherrschet; jetzt lässest du mich wohl ungefressen, ich herrsche über dich. Vorhin mußte ich mich vor dir fürchten; aber nun kannst du nichts mehr an mir schaffen; vorhin legtest du mich in das Grab unter die Würmer und strichest mir eine scheußliche Gestalt an; nun bin ich von den Toten auferstanden und leuchte schöner denn die Sonne. Siehe, wie gefalle ich dir nun? Vorhin schrecktest du mich; jetzt biete ich dir Trotz, krümme mir ein Härlein.

26. WOCHE NACH TRINITATIS

Die letzte Zeit

SONNTAG: 2. Thessalonicher 1/3—10

Daß wir uns euer rühmen unter den Gemeinden Gottes über eure Geduld und euren Glauben in allen euren Verfolgungen und Trübsalen, die ihr duldet; welches anzeigt, daß Gott recht richten wird und ihr würdig werdet zum Reich Gottes, für das ihr auch leidet.

2. Thessalonicher 1/4—5

Es ist gewißlich an der Zeit 120

Erstlich preiset St. Paulus hier seine Kirche zu Thessalonica, welche der feinsten und besten eine gewesen ihres Glaubens und Liebe halben, so unter dem Kreuz und Verfolgungen bestanden und zugenommen durch Geduld; sie damit zu reizen, in demselben also fortzufahren, damit er auch andern ein Exempel und Bild vorstellet der Früchte, so die Predigt und Erkenntnis des Evangelii wirken soll; und zeigt, worin der rechten Kirchen Christi Erbauung und Aufnehmen stehe. Darnach tröstet er sie (über ihre Leiden und Geduld) der herrlichen Zukunft des Herrn Christi zu ihrer Erlösung und Vergeltung ihrer Trübsal mit Ruhe und Freuden und der ewigen Rache über ihre Verfolger.

Nun muß es ja nicht also sein und bleiben und kann nicht Gottes Meinung sein, daß er seine Christen ewig und ohn Aufhören also sollt lassen leiden, und darüber also dahin sterben und im Tod bleiben; denn das wäre seiner ewigen, göttlichen Ehre und Wahrheit ungemäß, so er durch sein Wort bezeuget, daß er wolle der Frommen Gott sein, die ihn fürchten und vertrauen, und ihnen so große Verheißung gegeben hat. Daraus folget, daß er muß ein anders bei sich beschlossen haben zu geben, und daß eben das sei eine der vornehmsten Ursachen, warum er die Christen auf Erden leiden läßt, daß er damit zeige, daß er gedenke ein ander Wesen mit beiden zu machen; darum muß jetzt beide, der gläubigen Christen Leiden und der gottlosen Welt Bosheit, Tyrannei, Toben und Verfolgen der Frommen, ein gewiß Zeugnis sein eines andern zukünftigen Lebens und endlichen Gerichts Gottes, dadurch allen Menschen, Frommen und Bösen, soll ewiglich und ohn Aufhören vergolten werden.

MONTAG: Das Erbe der Heiligen

Sind wir denn Kinder, so sind wir auch Erben, nämlich Gottes Erben und Miterben Christi, so wir anders mit leiden, auf daß wir auch mit zur Herrlichkeit erhoben werden. *Römer 8/17*

Ist Gott für mich, so trete 250/10—12

Von solchem Mitleiden sagt hier St. Paulus, daß wir Christi Brüder und Miterben sind. Nun hebt er an und tröstet die Christen in solchem Leiden und redet als einer, der erfahren und der Sache ganz gewiß ist, und dazu auf solche Weise, als sehe er dies Leben blinzlich oder durch ein gemalt Glas an, jenes aber mit klaren Augen.

Siehe nur, wie er den Rücken gegen die Welt kehret, und wendet das Angesicht in die zukünftige Offenbarung, als sehe er auf Erden nirgend kein Unglück noch Jammer, sondern nur eitel Freude. Fürwahr, wenn es uns schon übel gehet (spricht er), was ist doch unser Leiden gegen die unaussprechliche Freude und Herrlichkeit, die an uns soll offenbaret werden? Es ist nicht wert, daß man es mit ihr vergleichen soll oder ein Leiden heiße. Aber es fehlet daran, daß wir die große und treffliche Herrlichkeit, der wir sollen warten, mit leiblichen Augen nicht sehen und greiflich nicht tappen, daß wir nimmermehr sollen sterben, nimmermehr hungern oder dürsten und über das noch einen solchen Leib kriegen, der nicht dürfe leiden noch krank werden usw. Wer dies **also** könnte ins Herz bringen, der müßte sagen: Ob er schon zehnmal, wenns möglich wäre, gebrannt oder ersäuft würde, daß es doch garnichts wäre gegen das künftige herrliche Leben; denn was ist zeitlich Leiden, es währe, so lang es wolle, gegen das ewige Leben? Es ist nicht wert, daß man es für Leiden rühmen oder Verdienst heißen soll.

DIENSTAG: Warten auf die Erlösung

Wir warten auf unsers Leibes Erlösung. *Römer 8/23*

Wer weiß, wie nahe mir mein Ende 331/5–7

Also lehret uns auch unser täglich Vater-Unser, daß wir sollen fröhlich des Tages begehren und müssen zu Gott schreien, daß er einmal seinen Namen, Blut und Gut räche an der verzweifelten, gottlosen Welt, daß kein Christ soll noch kann anders beten. Und wer sollte sonst beten denn ein Christ, der so geängstet und geplaget wird über seiner Taufe und Evangelio oder Gottes Namen und Reich, daß er keine andere Hülfe noch Trost auf Erden hat? Und wer noch nicht so geschickt und bereit ist, daß er des Tages begehret, der verstehet noch nicht das Vater-Unser, vielweniger kann ers von Herzen beten; wie ich selbst vorzeiten gefühlet habe, daß ich dem Vater-Unser so feind war, daß ich viel lieber etwas anders gebetet hätte. Wenn du aber in dem Jammer steckest und fühlest, so wird dirs wohl süße werden, daß du es von Herzen gern betest. Denn wer sollte nicht von Herzen begehren und bitten „Erlöse uns vom Übel", daß unserer Plage und Herzleid in der Welt einmal ein Ende werde? Weil wir sehen, daß die Welt doch will bleiben, wie sie ist, und läßt ihr die alte Haut nicht ausziehen, und nicht besser werden will noch kann, sondern nur täglich ärger wird. Drum nichts besser ist, denn davon, je eher, je lieber.

MITTWOCH: Wie ein Dieb in der Nacht

Ihr selbst wisset gewiß, daß der Tag des Herrn kommen wird wie ein Dieb in der Nacht. *1. Thessalonicher 5/2*

O Ewigkeit, du Donnerwort 324

Der Jüngste Tag wird also kommen, daß es ein fröhlicher Tag sein wird den Gläubigen und rechten Christen; aber ein schrecklicher Tag den Ungläubigen, Gottlosen, Geizigen, Wucherern und falschen Christen. Denn so wird es zugehen: Man wird uns nicht allen auf dem Bette das Sakrament reichen, in den Sarg legen und zu Grabe tragen. Denn das heißt er entschlafen, wenn man auf dem Ruhebettlein liegt, den Geist aufgibt, hinaus getragen und in die Erde verscharret wird. Das wird man nicht bedürfen, sagt er, am Jüngsten Tage. Da wirds nicht heißen: Komm, höre die Beicht, absolviere ihn von Sünden, reiche ihm das Sakrament, begrabe ihn usw., sondern wenn du wirst sitzen überm Tische und essen, stehen überm Kasten und die Taler zählen, im Bette liegen und schlafen, an der Zeche sitzen und saufen, am Tanze sein und springen, bald in einem Augenblick wirst du verwandelt werden, das ist, tot und wieder lebendig sein.

Wem nun zu raten ist, der sehe drauf, tue Buße, und bessere sich; denn der Jüngste Tag wird nicht außen bleiben. Die letzte Posaune Gottes wird daher kirren, ehe wir meinen.

DONNERSTAG: Gerüstet sein

Darum wachet; denn ihr wisset nicht, welche Stunde euer Herr kommen wird. *Matthäus 24/42*

Rüstet euch, ihr Christenleute 267

Es ist niemand baß gerüstet auf den Jüngsten Tag, denn der da begehret, ohn Sünde zu sein. Bist du in solcher Begierd, was fürchtest du dich? Bist du doch dadurch mit diesem Tage einer Meinung. Er kommt, daß er von Sünden erlösen will alle, die es begehren, und du bist auch der Meinung, daß du also willst los sein; danke du Gott, bleibe und fahre fort in der Meinung. Christus spricht, es sei eine Erlösung seine Zukunft.

Aber siehe zu und betrüg dich selbst nicht, daß du sprichst, du wolltest gern ohn Sünde sein und den Tag nicht fürchten. Vielleicht ist dein Herze falsch und fürchtest ihn; nicht, daß du gern ohn Sünde wärest, sondern daß du vor ihm nicht kannst frei und sicher sündigen. Da siehe zu, daß nicht das Licht in dir Finsternis sei. Denn ein Herz, das wahrhaftig der Sünde gern los wäre, das freuet sich gewißlich dieses Tages, der ihm sein Begierd erfüllen wird. Freuet sichs aber nicht, so ist nicht gründlich Begierde da, von Sünden los zu sein.

Darum müssen wir vor allen Dingen ablegen den Haß und Scheu dieser Zukunft und Fleiß haben, daß wir mit ganzem Ernst gerne der Sünde los wären. Wenn das getan ist, so mögen wir des Tages nicht allein sicher gewarten, sondern auch mit ganzem Begierden und Freuden darum bitten.

FREITAG: Der Sieg des Christus

Gott sei Dank, der uns den Sieg gegeben hat durch unsern Herrn Jesus Christus! *1. Korinther 15/57*

O Tod, wo ist dein Stachel nun? 87/4

St. Paulus macht zweierlei Sieg. Der erste Sieg ist des Todes, welcher herrschet und sieget über alle Menschenkinder vom ersten Menschen Adam an bis an der Welt Ende. Von dem Sieg redet er Röm. 5, 12: „Durch *einen* Menschen ist die Sünde kommen in die Welt und der Tod durch die Sünde, und ist also der Tod zu allen Menschen durchgedrungen, dieweil sie alle Sünder sind." Das ist des Todes Sieg und Triumph, daß der Tod durch die Sünde herrschet, Macht und Recht hat über alle Menschen, also, daß kein Mensch ist, er sei Kaiser, König, Fürst oder Herr, er sei so reich, groß, stark, als er immer wolle, er muß herhalten, der Tod wird sein Herr.

Der andere Sieg ist des Lebens, welches in und durch Christum herrschet und sieget wider den Tod. Von dem Sieg redet er auch Röm. 5, 17: „So um des Einigen Sünde willen der Tod geherrschet hat durch den Einen; vielmehr werden die, so da empfahen die Fülle der Gnade und der Gaben zur Gerechtigkeit, herrschen im Leben durch Einen, Jesum Christum." Das ist des Lebens Sieg und Triumph, daß das Leben in Christo wider den Tod herrschet und triumphieret und der Tod nicht allein Christum, sondern auch alle Menschen, die auf Christum getauft sind und an ihn glauben, nicht halten kann.

Davon redet nun der Apostel hier. Er will also sagen: Der Tod liegt unter, hat sein Reich, Macht und Sieg verloren. Denn wider des Todes Reich und Sieg hat unser Herr Gott, der Herr Zebaoth einen andern Sieg gemacht, die Auferstehung von den Toten in Christo. Hier ist eitel Leben und kein Tod; der Tod ist in Christo überwunden und gestorben, das Leben behält den Sieg und hat gewonnen.

SONNABEND: Bei dem Herrn allezeit

Wir werden bei dem Herrn sein allezeit.

1. Thessalonicher 4/17

Machs mit mir, Gott, nach deiner Güt 321

Nichts Lieblichers ist einem Christen denn denken, daß er in Gott lebe, und will hier zu schaffen haben; aber wenn der Tag kommt, es sei um welche Stunde es wolle, so ist er mein Herr, so werde ich erlöset. Doch dieser Trost gehöret alleine den Christen zu.

Dieser Richter, der mit solcher Gewalt kommen wird, daß er auch den Teufel und alle Toten erwecken wird, der wird ein Bruder, Vater und Patron sein der Christen. O! es wird ein fröhlich Ding sein, wenn er uns seine Freunde und Brüder wird heißen und seine Gabe und Heiligen Geist in uns ansehen; und den Toten wird es wiederum fröhlich Ding sein. Wiewohl sich die Natur vor solcher göttlichen Majestät entsetzen muß; doch so wird der Geist diese Majestät mit Freuden ansehen. Welcher diese Tröstung nicht wird haben, der wird mit dem Teufel gequälet; da richte man sich darnach. Niemand wird sich verbergen können, er muß hervor, wenn er auch tausend Klafter im Meer oder in der Erden oder im Abgrund der Höllen läge; wenn er der Richter ist, so muß alles an den Tag und sich hervor tun.

27. WOCHE NACH TRINITATIS

Der Tag des Menschensohnes

SONNTAG: Matthäus 15/1–13

Alsdann werden sie sehen des Menschen Sohn kommen in der Wolke mit großer Kraft und Herrlichkeit.

Lukas 21/27

„Wachet auf", ruft uns die Stimme 121

Hier magst du die Kraft deuten auf das Heer der Engel, der Heiligen und aller Kreatur, die mit Christo an das Gericht kommen werden, oder auf die Gewalt und Stärke, daß diese Zukunft Christi sei so viel gewaltiger, so viel die erste ist kränker und geringer gewesen. Er spricht auch nicht allein: er wird kommen; sondern: sie werden ihn sehen kommen. Denn nach der leiblichen Geburt ist er auch kommen, ward aber von niemand gesehen. Er kommt auch noch täglich durchs Evangelium geistlich in die gläubigen Herzen; das siehet auch niemand. Aber diese Zukunft wird öffentlich geschehen, daß ihn jedermann sehen muß, wie Offbg. 1, 7 auch saget: Und alle Augen werden ihn sehen, und also sehen, daß kein anderer sei, denn der leibliche Mensch Christus, in leiblicher Gestalt, wie er ist von Maria geboren und auf Erden gewandelt.

Denn er hätte sonst wohl mögen sagen: Sie werden mich sehen; welches wäre nicht klärlich gesagt von der leiblichen Gestalt. Aber nun er sagt: des Menschen Sohn werden sie sehen, ists klar ausgedrückt, daß es eine leibliche Zukunft, ein leiblich Sehen in leiblicher Gestalt sei, doch in großer Gewalt, mit großem Heer der Engel und mit aller Herrlichkeit, und wird sitzen auf einer lichten Wolke und alle Heiligen mit ihm. Von dem Tage sagt die Schrift viel, und ist auch alles darauf gericht.

MONTAG: Das Gericht

Dann wird er auch sagen zu denen zur Linken: Gehet hin von mir, ihr Verfluchten, in das ewige Feuer, das bereitet ist dem Teufel und seinen Engeln. *Matthäus 25/41*

O Ewigkeit, du Donnerwort 324

Was wird denn das für ein schrecklich Ansehen sein, da die Gottlosen nicht allein alle Engel und Kreaturen, sondern den Richter in seiner göttlichen Majestät werden sehen und hören das Urteil des ewigen Verderbens und höllischen Feuers ewiglich über sie sprechen? Das sollt ja billig allein eine starke, kräftige Warnung sein, daß wir uns also darein schickten als Christen, daß wir mit Ehren und unerschrocken vor diesem Herrn der Majestät stehen möchten zu seiner Rechten, da keine Furcht noch Schrecken, sondern eitel ewiger Trost und Freude sein wird.

Denn er will alsdann (spricht er hier selbst) sobald die Böcke scheiden von den Schafen, daß es vor allen Engeln, Menschen und Kreaturen öffentlich gesehen werde, welche seine frommen, rechtschaffenen Christen gewesen, und dagegen auch die falschen Heuchler samt dem ganzen Haufen der gottlosen Welt; welche Scheidung und Sonderung bis auf denselben Tag nicht kann in der Welt geschehen (auch in dem Haufen, da doch die Kirche Christi ist); sondern müssen hier Gute und Böse untereinander bleiben.

Aber sie haben hier auch den Trost dieses künftigen Tages des Gerichts, da Christus wird solche Sonderung machen zwischen ihnen und dem andern Haufen, daß darnach kein falsche, böse Menschen, ja auch weder Teufel noch Tod sie werden nimmermehr rühren noch anfechten können.

DIENSTAG: Die neue Herrlichkeit

Ich sah einen neuen Himmel und eine neue Erde.

Herzlich tut mich erfreuen 311 *Offenbarung 21/1*

Das ist unsers Herrn Jesu Christi Glanz und Herrlichkeit auf Erden, daß er verachtet und verworfen wird; aber er wird kommen und erscheinen in Herrlichkeit; er wird einen Glanz mit sich bringen, der herrlich sein wird, also, daß alle Kreaturen schöner sein werden, denn sie jetzt sind. Der Sonnen Schein wird siebenmal heller sein denn jetzt; des Monds Schein wird sein wie jetzt der Sonnen Schein; Bäume, Laub, Gras, Früchte und alles wird siebenmal schöner sein denn jetzt.

Die Christen werden alsdann aus den Gräbern heraus fahren und leuchten wie die schönsten, glänzenden Sterne. Ein heiliger Märtyrer, der jetzt um Christi und seines Evangelii willen verfolget und zu Pulver verbrannt wird als ein finstrer, schwarzer Stern, wird alsdann in der Luft schweben, dem Herrn entgegen in den Wolken hingezuckt werden und hinauf gen Himmel fahren als ein heller, lichter, herrlicher Stern. Summa, da werden alle Auserwählten und Heiligen Gottes sein in der größten Herrlichkeit. Er selbst, der Herr Jesus, wird sitzen in den Wolken, „auf dem Stuhl seiner Herrlichkeit, und werden vor ihm versammelt werden alle Geschlechter auf Erden." Matth. 25,31. Die ganze Welt wird verkläret werden und hunderttausendmal herrlicher sein, denn sie jetzt ist.

MITTWOCH: Die Auferstehung der Frommen

Er selbst, der Herr, wird mit einem Feldgeschrei und der Stimme des Erzengels und mit der Posaune Gottes herniederkommen vom Himmel, und die Toten in Christo werden auferstehen zuerst. *1. Thessalonicher 4/16*

Herzlich lieb hab ich dich, o HErr 247/3

Wie wirds denn zugehen, wenn die Stimme des Erzengels und der Schall der Posaunen angehen und zugleich Christus kommen wird? In dem Nu werden die Toten in Christo auferstehen; wir aber, so alsdann leben und überbleiben, werden eben in demselben Augenblick verwandelt werden, und zugleich mit ihnen hingezuckt werden in den Wolken, dem Herrn entgegen in der Luft, und werden also bei dem Herrn ewig bleiben. Es sind kurze und schlechte Worte; aber wer kanns ausreden, was dahinten stecket, ein jeglicher gedenke ihnen fleißig nach und lasse sie seinen Trost sein in allerlei Anfechtungen, sonderlich in Todesnöten.

Da werden wir dann keine Anfechtung mehr haben, sondern von allem Übel erlöset sein, Trauern, Weinen, Leid, Schmerzen, Tod wird nicht mehr sein, auch keine Sünde in unserm Fleisch wohnen, sondern wird ganz rein sein ohn allen Unflat, böse Lust und Begierde.

Hier möchte jemand fragen, ob auch die Gottlosen werden auferstehen? Antwort: So wohl als die Gottseligen; denn Christus ist ein Richter über Lebendige und Tote, sie seien fromm oder böse, gerecht oder gottlos. Aber allein den Gläubigen, das ist, so in Christo entschlafen sind, wird die unaussprechliche Herrlichkeit und Gnade widerfahren, daß sie mit Christo, ihrem Bräutigam, in das neue und ewige Jerusalem eingeführet werden in einem viel herrlichern Schmuck, denn alle Welt hat. Die Gottlosen aber, so in ihrem Unglauben sterben, werden nicht hingezuckt werden in den Wolken dem Herrn entgegen in der Luft, sondern hier unten bleiben und ihr Urteil hören: „Gehet hin von mir, ihr Verfluchten, ins ewige Feuer usw." Matth. 25, 41. So werden die Gottlosen eben sowohl auferwekket als die Gläubigen; aber diese zur Auferstehung des Lebens, jene zur Auferstehung des Gerichts.

DONNERSTAG: Das Reich der Vollendung

... darnach das Ende, wenn er das Reich Gott und dem Vater überantworten wird, wenn er aufheben wird alle Herrschaft und alle Obrigkeit und Gewalt.

1. Korinther 15/24

Jerusalem, du hochgebaute Stadt 320

Das heißt nun auch das Himmelreich (wie es Christus selbst nennet), nicht allein, darin die seligen Geister und Engel sind, so nicht Fleisch und Blut haben, dazu wir auch endlich kommen sollen und mit ihnen uns ewig freuen, sondern auch in diesem

Leben und unter den Menschen. Denn es ist dieser Unterschied zwischen beiderlei Reich gemacht, des Vaters und des Sohns, wie St. Paulus 1. Kor. 15, 25 sagt: „daß Christus, Gottes Sohn, muß herrschen und regieren bis zu seiner Zukunft, daß er alle seine Feinde unter seine Füße lege; darnach das Ende, wenn er das Reich Gott dem Vater überantworten wird.“ Hier nennet er zweierlei Reich, eines, dadurch er in diesem Leben regieret, da er eine Decke vor die Augen zieht, daß wir ihn nicht sehen, sondern müssen glauben. Das andere, da wir nicht mehr glauben, sondern vor Augen sehen werden; sonst ist es und wird ganz *ein* Ding sein; das wir jetzt predigen und glauben, das werden wir alsdann gegenwärtig schauen.

Denn das Predigen und Glauben muß aufhören und die Decke abgetan werden, also, daß wir alsdann mit den lieben Engeln des göttlichen Anschauens ewig selig sein, welches wir hier allein im Hören und Glauben haben. Darum wird aus diesem, welches ist ein Reich des Worts und Glaubens, ein ander Reich werden, da wir nicht mehr werden hören und glauben; sondern Gott den Vater und Christum vor Augen sehen. Jetzt aber müssen wir uns die Augen blenden lassen und allein durch Glauben und Wort uns führen und leiten; und sind doch allbereit in demselbigen Reiche des Himmels alle die da getauft sind und glauben, daß Gottes Sohn ist uns gleich und Mensch worden.

FREITAG: Nun ist das Reich des Herrn und seines Christus

Es erhob sich ein Streit im Himmel: Michael und seine Engel stritten mit dem Drachen; und der Drache stritt und seine Engel. *Offenbarung 12/7*

Zeuch an die Macht, du Arm des HErrn 223/1—2

Darum siehe nun, was wir allhier zu lernen und uns zu trösten haben, daß wir wissen, daß wir, so getauft sind, wahrhaftig selig, gesetzt sind in das Himmelreich, darin Gottes Sohn selbst regieret; ohne allein, daß allhier (weil wir des Glaubens und nicht des Schauens leben), noch der Streit gehet und der

Teufel unter Gottes Kindern ist (wie er anfänglich im Paradies auch war) und fähet daselbst einen Krieg an wider das Wort, Sakrament, Taufe und alles, was Christus ist.

Denn er will allezeit das Himmelreich besitzen und Herr sein in der Christenheit. Da will er sitzen und regieren in dem reinen, heiligen Tempel Gottes.

Nun, wie sollen wie ihm tun? Des mögen wir uns, sonderlich die da Gottes Wort führen, fröhlich erwägen und hier keinen Frieden hoffen, sondern denken, wir sind seine Kriegsleute, die da müssen zu Felde liegen, ja stets zur Wehr gerüstet stehen, daß, wo ein Krieg aufhöret, gehet flugs der andere an. Denn wir sind berufen durch Christum und schon angeschrieben (in der Taufe) unter das Heer, das da unter Christo kriegen soll wider den Teufel. Denn er ist der Gott, der ein Kriegsfürst oder rechter Herzog ist und sein Regiment im Streit führet, nicht droben im Himmel unter den heiligen Geistern, da es keines Streitens bedarf, sondern allhier auf Erden in seiner Kirche. Ja, er ist selbst bei seinem Kriegsvolk an der Spitze (ob er wohl zur Rechten des Vaters sitzet) wider den Feind, dem keine menschliche Gewalt noch Waffen widerstehen kann, steuret und wehret ihm durchs Wort, so er ihnen gegeben.

SONNABEND: Die große Doxologie

Nun ist das Heil und die Kraft und das Reich unsers Gottes geworden und die Macht seines Christus.

Offenbarung 12/10

„Wachet auf", ruft uns die Stimme 121/3

Wenn es aber dazu kommt, daß der Satan überwunden durch der Christen Streit und aus dem Himmel des Reichs Christi verstoßen wird, so oft gehet die Freude an, daß man darob Gott danket und fröhlich singet: „Nun ist das Heil und die Kraft und das Reich und die Macht unsers Gottes, seines Christi worden." Da setzet er selbst beides zusammen, daß das Reich, die Kraft und Macht Gottes, ist seines Christi, das ist, einerlei Reich, Gewalt und Macht des Vaters und Christi, des Sohns.

Dieses Lob folgt gewißlich nach dem Streit und Kampf wo die Christenheit gereinigt und des Teufels Lügen zu Schanden wird.

Es soll aber solch Lob und Dank sein derer, die da überwinden durch das Blut dieses Lammes und auch ihr Leben darum nicht lieben. Darum vermahnet er nun zu solchem Lob und Dank: Freuet euch ihr Himmel, das ist, ihr Christen, die ihr dieses Herrn Reich seid und in seinem Himmel wohnet, ihr habts nun hindurch und den Sieg an dem alten Drachen erobert; doch nicht durch euch selbst, sondern durch dieses Lammes Blut; das ists und tuts.

Es stehet aber dabei, daß die Christen über solchem Sieg müssen ihr Leben hinan setzen, wie er spricht: „Sie haben ihr Leben nicht geliebet bis an den Tod." Darum muß es hier fest gestanden und beharret sein in dem Glauben und Bekenntnis, durch Leben und Tod, bis der Teufel vollends gar ausgeworfen werde durch die Kraft und den Sieg dieses Heilandes Christi. Dahin gehet die ganze Schrift und ist alles zu tun um diesen Sohn Gottes, der für uns Mensch worden und sein Blut vergossen, daß er den Teufel mit seinem höllischen Heer und Waffen, Sünde, Tod, Hölle, unter unsere Füße trete und durch seine fröhliche Zukunft aus diesem Streit des Glaubens zu ewiger Sicherheit und Herrlichkeit des Schauens uns bringe. Amen.

ERNTEDANKFEST
REFORMATIONSFEST / BUSSTAG

ERNTEDANKFEST: Psalm 145/15–21

Aller Augen warten auf dich, und du gibst ihnen ihre Speise zu seiner Zeit. *Psalm 145/15*

Die Ernt ist nun zu Ende 381

Wir sollen hier lernen und Gott loben und danken, daß er Korn wachsen läßt, und erkennen, daß es nicht unser Arbeit, sondern seines Segens und seiner Gaben ist, daß Korn und Wein und allerlei Früchte wachsen, davon wir essen und trinken und alle Notdurft haben; wie denn das Vater-Unser auch beweiset, da wir sagen: „Gib uns unser täglich Brot." Hier bekennen wir mit dem Wort „gib", daß es Gottes Gabe sei und nicht unser Geschöpfe; und wo er nicht gäbe, so würde nicht ein Körnlein wachsen, und unser Ackerbau würde gar umsonst sein. Ja, es ist so eine starke Gabe, daß sie durch Gottes Kraft muß wunderbarlich erhalten werden, bis wir sie kriegen und genießen. Denn wie bald könnte alles Korn in der Erden verfaulen, erfrieren, vermodern, von Wurmlein gefressen, vom Wasser ersäuft werden? Und wenn es schon daher wächst, wie bald könnte es mit Hitze, Wetter, Hagel verderbet werden, von Käfern und andern Tieren abgefressen werden? Und wer kann alle die Gefahr erzählen, die das Korn muß ausstehen, ehe denn es auf den Boden kommt, daselbst es auch noch von Würmern verzehret wird und wegflieget? Der Teufel ließe nicht einen Halm noch Blatt aufgehen und wachsen, wo ihm Gott nicht wehret.

Darum, wenn wir einen Acker oder Korn ansehen, sollten wir nicht alleine Gottes Güte, sondern auch seine Macht erkennen und also denken: O du liebes Korn, wie aus reicher, milder Güte gibt dich uns Gott so vollauf; aber auch, wie mit großer

Gewalt behütet er dich von der Stunde an, wenn du gesäet bist, bis du auf den Tisch kommest, wie gar durch unzählige Gefahr alles Unglücks bist du kommen!

Ein fromm, gläubiges Herz siehet hier wohl, wie gar unser Arbeit mit Pflügen, Säen und dergleichen verloren wäre, wo nicht Gottes Gabe hier hülfe, wiewohl wir solche Arbeit sollen mit Fleiß tun und unser Futter aus der Erden suchen, aber nicht darauf uns verlassen, finden wirs mit unsrer Hand. Es gehöret mehr dazu denn unsre Hand. Gott muß Segen und Gedeihen geben, darnach auch gewaltiglich erhalten.

REFORMATIONSFEST: 1. Korinther 3/11—23

Er antwortete und sprach: Es steht geschrieben: „Der Mensch lebt nicht vom Brot allein, sondern von einem jeglichen Wort, das durch den Mund Gottes geht."

Ein feste Burg ist unser Gott 201 *Matthäus 4/4*

So müssen wir nun gewiß sein, daß die Seele kann aller Dinge entbehren, ohn des Worts Gottes, und ohn das Wort Gottes ist ihr mit keinem Ding geholfen. Wo sie aber das Wort hat, so darf sie auch keines andern Dings mehr; sondern sie hat in dem Wort genug, Speis, Freud, Fried, Licht, Kunst, Gerechtigkeit, Wahrheit, Weisheit, Freiheit und alles Gut überschwenglich.

Welches ist denn das Wort, das solch große Gnad gibt, und wie soll ichs gebrauchen? Antwort: Es ist nicht anders, denn die Predigt von Christo geschehen, wie das Evangelium inne hält; welche soll sein und ist also getan, daß du hörest deinen Gott zu dir reden, wie alle dein Leben und Werk nichts ist vor Gott, sondern müssest mit alle dem, das in dir ist, ewiglich verderben. Welchs, so du recht glaubst, wie du schuldig bist, so mußt du an dir selber verzweifeln und bekennen, daß wahr sei der Spruch Hoseä (13, 9): „O Israel, in dir ist nichts denn dein Verderben; allein aber in mir steht dein Hülf." Daß du aber aus dir und von dir, das ist, aus deinem Verderben kommen mögest, so setzt er dir vor seinen lieben Sohn Jesum Christum, und lässet dir durch sein lebendiges, tröstliches Wort sagen, du sollst in demselben mit festem Glauben dich ergeben und frisch in ihn vertrauen. So sollen dir um desselben Glaubens willen alle deine Sünd vergeben, alle dein Verderben überwunden sein, und du gerecht, wahrhaftig, befriedet, fromm und alle Gebote erfüllet sein, von allen Dingen frei sein.

Darum sollt das billig aller Christen einiges Werk und Übung sein, daß sie das Wort und Christum wohl in sich bildeten, solchen Glauben stetig übeten und stärkten. Denn kein ander Werk mag einen Christen machen. Darum ists gar ein überschwenglich Reichtum ein rechter Glaub in Christo; denn er mit sich bringt alle Seligkeit und abnimmt alle Unseligkeit.

BUSSTAG

Tut Buße *Matthäus 3/2*

Aus tiefer Not schrei ich zu Dir 195

Buße kann nicht sein oder heißen, wenn ich durch mein Werk für die Sünde genug tun und bezahlen will. Denn weil ich ein Sünder und Kind des Zorns von Natur bin, wie die Schrift sagt, werde ich Sünde mit Sünde nicht tilgen, sondern ihr nur mehr machen.

Das heißet aber Buße, wenn ich Gottes Wort glaube, das mir anzeiget und verklaget mich, daß ich vor Gott ein Sünder und verdammt sei, und davor von Herzen erschrecke, daß ich meinem Gott je und je ungehorsam bin gewesen, seine Gebote nie recht angesehen noch betrachtet, viel weniger das größte oder kleinste gehalten habe. Doch nicht verzweifle, sondern mich zu Christo lasse weisen, Gnade und Hülfe bei ihm zu suchen, und auch feste glaube, ich werde es finden. Denn er ist Gottes Lamm, von Ewigkeit dazu ersehen, daß er aller Welt Sünde tragen und durch seinen Tod bezahlen soll.

Willst du aber Recht haben, so suche es in anderen Sachen. Gehe ins weltliche Regiment, da kannst du wohl Recht haben wider deinen Feind, der dir Leide tut und das Deine nimmt. Da magst du dich aufs Recht berufen, es suchen und fordern. Aber wenn du mit Gott sollst handeln und vor seinem Gerichte bestehen, so gedenke nur auf kein Recht, sondern gib dir selbst Unrecht und ihm Recht, willst du anders Gnade finden. Das tust du dann, wenn du mit David und allen Heiligen sagest: Lieber Herr, ich bekenne, fühle und glaube, daß ich ein verdammter Sünder bin; darum bitte ich dich, absolviere, wasche und taufe mich um Christi willen: so weiß ich, daß du mir gnädig bist, ich Vergebung der Sünden habe und rein und schneeweiß bin.

Und solche Predigt gehet ohne Früchte nicht ab; sie findet allezeit Schüler, die dadurch bekehret und gebessert werden.

KLEINE FESTE

2. Februar

Tag der Darstellung Jesu im Tempel

Lukas 2/22—24

Da die Tage ihrer Reinigung nach dem Gesetz des Moses kamen, brachten sie ihn gen Jerusalem, daß sie ihn darstellten dem Herrn. *Lukas 2/22*

Mit Fried und Freud ich **fahr** dahin 310

Also sagt Gott im Gesetz: Heilige mir alle erste Geburt, die allerlei Mutter bricht, bei den Kindern Israel, beide unter den Menschen und unter dem Viech; denn sie sind mein (1. Mose 13, 2); und bald hernach sagt er (V. 15), daß es ein Männlein sein soll. Dies Gesetz hat Mariam fürnehmlich getroffen; denn Christus ist die erste Geburt, die allein dem Herrn zugeeignet und heilig ist, welchen auch die Schrift anzeiget.

Mit diesem äußerlichen Gesetz hat Gott wollen etwas bedeuten, welches in Christo sollt vollendet werden, nämlich, daß er sollt bedeuten die wahrhaftige Erstgeburt. Die erst ist, die wir von Adam bracht haben; dieselb ist der Unglaub, ja, wir sind es selbst, wie Christus Johannes 3, 6 sagt: Was aus Fleisch geboren ist, das ist Fleisch; was aber aus dem Geist geboren ist, das ist Geist. Das ist soviel gesagt: Ein natürlicher Mensch, der den Geist Gottes nicht hat, der liebt, sucht, gedenkt und begehrt nichts anderes, denn was dem Fleisch, ihm selbst wohlgefällt. Diese erste Geburt hat Christus ertötet, auf daß er an uns erlangete die rechte erste Geburt.

Die andere Erstgeburt ist der Glaube, welchen wir Gott geben, und ein Hauptstück ist eines ganzen christlichen Wesens. Dieser Glaube tötet den alten Menschen, machet neue Kinder, die immerdar forthin gedenken und trachten den Dingen nach, die da Gottes sind. Diese erste Geburt ist Gott geheiliget und zugeeignet, und dieser Geburt soll sich keiner annehmen, das ist, keiner soll sich unterstehen, den Glauben aus seinen Kräften zu haben; wie ihrer viele tun, so sie vom Glauben hören, nehmen sie sich vor, denselben aus ihrem Vermögen zu überkommen, und eignen sich das zu, das Gottes allein ist, so es doch ganz ein göttlich Werk ist, einen rechten Glauben zu haben, wie Paulus zu den Ephesern (2, 8) sagt: Aus Gnade seid ihr selig worden, durch den Glauben, und dasselbige nicht aus euch: Gottes Gabe ist es; nicht aus den Werken, auf daß sich nicht jemand rühme.

oder: Lukas 2/25—32

Da nahm er ihn auf seine Arme und lobte Gott.

Lukas 2/28

Mit Fried und Freud ich fahr dahin 310

Der unschuldig König und Priester liegt unter dem Gesetz; der Herr wird ein Knecht und wird unser aller Diener; wollte Gott, daß wir diesen König auch also ansähen mit dem Glauben, wie der heilige Simeon.

Dieser graue Mann nahm das Kind zu sich, war fröhlich, und sein Herz ward jung vor großen Freuden, ja, er war so voll Freuden, daß es niemand kann schreiben noch aussprechen. Denn da er das kleine Kind ansahe, stund sein Herz also: Hie hab ich ein klein Kind, sechs Wochen alt, von der Welt unbekannt; aber er ist der rechte Heiland, er ist der rechte Schatz, den ich lang begehrt habe. Diesen sähe weder Fürst, noch Kaiser noch König an; aber sein Herz, das ihn recht kannte, ward so fröhlich, daß nicht Wunder wäre, er wäre vor Freuden gestorben, denn seine Begierde war also reichlich erfüllet, daß er ihm nicht allein zu sehen ward, sondern fasset ihn auch in seine Arm. Darum spricht er aus solchen Freuden:

Das ist der Schatz, der mich erfreuet und mir den Tod lieblich macht. Das ist, wie ich jetzt gesagt hab, so wir den sehen, der unter dem Gesetz ist gewesen, und kennen ihn als den, der uns hilft, ist es nicht möglich, daß wir fröhlich sein sollen und unerschrocken vor dem Tode und vor allem Unglück. Sehet nun, was der gute alte Greis in seinem Herzen habe; er sollt jetzund sterben und spricht, er wolle im Frieden hinfahren. Es ist ein groß, tröstlich und fein Wort, fröhlich und im Frieden sterben; woher hat er einen solch lieblichen Tod? Allein von dem Kind. Wer hat je einen solchen Tod gesehen? Sehe man die an, die sich auf Werk verlassen, so sie sterben sollen, ob sie auch mit Frieden fahren?

25. März

Tag der Verkündigung Mariä

Lukas 1/26—38

Maria aber sprach: Siehe, ich bin des Herren Magd; mir geschehe, wie du gesagt hast. *Lukas 1/38*

O süßer Herre Jesu Christ 47

Maria hört hie und wird ihr vom Engel verkündigt, sie solle ein Kind gebären und Mutter werden. Das war nu nicht ein groß Ding; denn das mag auch leichtlich von einer andern Jungfrauen, wo sie einem Manne vertrauet wird, gegläubt werden. Aber da laßt uns auf sehen, daß diese Jungfrau hie selbst spricht und auf die Botschaft des Engels also antworte: Wie soll das zugehen, sintemal ich von keinem Manne weiß? Allhie hat Maria kein Exempel in aller Kreatur auf Erden, daran sie sich halten und stärken könnte, ja sie sind alle wider ihren Glauben. Meinet ihr nicht, daß ihr solcher Puff des Glaubens sei zu Herzen gangen? Denn sie ist ja auch Fleisch und Blut gewesen, wie unser einer. Drum hat sie alles müssen lassen fahren, auch sich selbst, und allein hangen an dem Wort, welches ihr der Engel von Gott verkündigte. Sie schleußt die Augen zu, vertrauet Gott, daß derselb mächtig sei, diese Dinge alle=

samt zu vollbringen, obwohl Vernunft und alle Kreatur dawider sind. Dieweil sie nu gläubt, so geschieht ihr auch also, wie der Engel gesagt hat.

Diese Wort, da der Engel spricht: Bei Gott ist kein Ding unmöglich, sollen uns auch trösten, wenn wir im Glauben wanken und zappeln. Als wollt er sprechen: Es ist nicht Menschenwerk, davon ich mit dir rede, Gott wird in dir wirken übernatürlich sein Werk, welches weder ich noch du verstehen können. Drum glaub meinen Worten und tu Gott die Ehre; was dich unmöglich dünkt, ist bei Gott alles möglich; wie denn Christus auch sagt Markus 9, 23: Alle Ding sind möglich dem, der da gläubet. Denn Christus weiß wohl, daß wir die überschwänglichen Reichtümer seiner Gnaden nicht begreifen können, denn sie übertreffen all unser Sinn und Gedanken; drum reizet er uns nur zum Glauben, welchem nichts zu schwer ist. Also haben wir die Hauptstücke dieses Evangelii schlicht gesagt, draus wir denn lernen, wie ein rechter, richtiger Glaub genaturt ist, und was sein Art sei, daß er an keinem äußerlichen Dinge, an keinem Werke, wie es genannt ist, sondern allein an Gottes Wort klebet und hanget.

24. Juni

Am Tage der Geburt Johannes des Täufers

Lukas 1/57—68

Und er forderte ein Täfelein und schrieb also: Er heißt Johannes. Und sie verwunderten sich alle. *Lukas 1/63*

Wir woll'n sing'n ein Lobgesang 114

Die Schrift zeiget Johannem also an, daß er stehe im Mittel des Alten und Neuen Testaments, nämlich, daß er sei ein Mittler zwischen Mose und Christo. Das ist ein groß Ding und über alle Werk zu ziehen; wie auch Christus das größte Werk getan hat mit seiner Lehre, denn die Wunderzeichen sind nichts gegen seine Lehre. Daß aber dem also sei, daß Johannes ein Mittler ist des Neuen und Alten Testaments, bezeuget Christus selbst, da er von ihm (Matthäus 11, 12, 13) sagt: Von den Tagen Johannis des Täufers bis hierher leidet das Himmelreich Gewalt, und die Gewalt tun, reißen es zu sich. Denn alle Propheten und das ganze Gesetz haben geweissaget bis auf Johannem. Denn Johannes erkläret das Gesetz; da sehen wir denn, daß wir nichts sind; und weist uns Christum, unsere Seligkeit; um den reißet sich denn die ganze Welt, gleichwie um einen Schatz, der jedermann geöffnet ist.

Und derhalben ist auch Johannes mitten zwischen das Alte und Neue Testament gesetzt, daß er die Leute bringe in den Himmel und hinwegnehme die Hölle. Denn seine Stimme hat den Buchstaben lebendig gemacht, und hat den Geist bracht zu der Schrift, und hat das Gesetz und das Evangelium miteinander geführet. Und das sind die beiden Predigten Johannis: die erste, die darniederlegt, die andere, die aufhebt; die eine führt in die Hölle, die andere führt in den Himmel; die eine tötet, die andere macht lebendig; die eine verwundet, die andere macht gesund. Denn er predigt beide, das Gesetz und Evangelium, Tod und Seligkeit, den Buchstaben und den Geist, Sünde und Gerechtigkeit.

Die erste Predigt, die er tut, da schlägt er das Gesetz für; die ist, wenn man das Gesetz geistlich auslegt, daß aller Menschen Leben und Werke sündlich sind, und des ewigen Todes würdig. Darum strafet er auch so hart die Gleißner, die da kamen und sich wollten in den Himmel heben um der Werke willen, und je frömmer sie waren, je härter er sie strafte.

Wenn nun diese Lehre ist empor gehoben, daß ich nun geschlagen bin in meinem Gewissen, daß alle meine Ding nichts sind, wo will ich denn hin? Da wird mir die Welt zu eng werden. So muß nun Johannes herkommen mit seiner andern Predigt, und das neue Testament anheben und die rechte Lehre anfangen, nämlich, daß er ein rechter Mittler sei, und sagen: Ich taufe euch mit Wasser zur Buße; der aber nach mir kömmt, ist stärker denn ich, dem ich auch nicht genugsam bin, seine Schuh zu tragen: der wird euch mit dem Heiligen Geist und mit Feuer taufen (Matth. 3, 11). Reckt seine Finger aus und weiset auf das Lamm Gottes und sagt: Siehe, das ist Gottes Lamm, welches der Welt Sünde auf sich nimmt! (Johannes 1, 29). Als wollt er sagen: Erkenne den als ein Lämmlein, dem deine Sünden auf dem Hals liegen, auf daß du selig seiest, so bist du es gewiß. Da gehet nun her die Lehre des Neuen Testaments, die allein auf Christum den Heiland weiset, daß der den Sündern raten könne, und sonst niemand.

2. Juli

Am Tage der Heimsuchung Mariä

Lukas 1/39—56

Maria aber stand auf in den Tagen und ging auf das Gebirge eilends zu der Stadt Juda's und kam in das Haus des Zacharias und grüßte Elisabeth. *Lukas 1/39—40*

Mein Seel, o Herr, muß loben dich 200

Dies Evangelium ist geschrieben uns zu einem Exempel und Lehre, nämlich, was da sind die Früchte des Glaubens; denn, wie ihr oft gehört habt, ein christlich Wesen stehet allein in diesen zweien Stücken, im Glauben und in der Liebe. Diese zwei werden uns hier auch in den zweien Weibern Maria und Elisabeth angezeiget.

Wenn du Mariam hier hättest gefraget, warum sie hingehe zu Elisabeth, hätte sie ungezweifelt gesagt: Nicht darum, daß ich will fromm werden; denn sie war vorher fromm und voll aller Güter Gottes; sondern darum, daß ich meiner Muhmen Elisabeth dienen will, ihr helfen und sie trösten.

Da sehen wir ein Exempel, da je höher die Gabe ist, je mehr wir uns herabwerfen sollen, uns demütigen und andern dienen. Darum ist das ein rechter Christ, der jedermann dienet, wie Christus getan hat, und der sich seiner Gaben, ihm von

Gott gegeben, nicht überhebt, auch andere derhalben nicht verschmähet. Es hätte Maria wohl mögen sagen: Ich hab jetzund genug, ich bin eine Mutter Gottes und hab Gottes Sohn in meinem Leibe; es sollte mir billig alle Welt dienen, ja alle Creaturen sollten auf mich sehen; ich sollte auf einem Polster sitzen und eine Magd oder sechse um mich her haben, die auf mich warteten und dieneten mir. Aber das tut sie nicht, sie gehet dahin und will andern dienen.

Sehet, das ist gar ein großes Exempel der Liebe, daß sich die, die aller Gnaden Gottes voll war, ja Gott selbst bei sich hatte, so sollte herniederwerfen und also tief sich demütigen. Dem Exempel sollen wir auch nachfolgen.

Der Gruß Mariä zu Elisabeth ist ohne Zweifel gewesen nach Gewohnheit der ebräischen Sprache, wie es oft in den Evangelisten angezogen wird: Friede sei mit dir! In welchem Gruß eigentlich das Evangelium verkündigt wird, nämlich Vergebung der Sünde und Friede des Herzens. Wenn das Wort einem vor die Ohren kommt, ist anders ein fromm Herz da und das da nach Friede dürstet, da gehet der Heilige Geist mit ein; der macht dies Wort im Herzen kräftig und lehret, Christum recht erkennen; da muß denn zu Boden gehen alle menschliche Vernunft, Sinn, Witz und Verstand. Darum müssen wir dem Evangelio die Ehre geben und ihm diesen Preis lassen, daß es sei ein Mittel und Weg, und gleichwie ein Rohr, durch welches der Heilige Geist einfleußt und in unsere Herzen kommt.

29. September

Am Tage des Erzengels Michael

Matthäus 18/1—11

Sehet zu, daß ihr nicht jemand von diesen Kleinen verachtet. Denn ich sage euch: Ihre Engel im Himmel sehen allezeit das Angesicht meines Vaters im Himmel.

Herr Gott, dich loben alle wir 115 *Matthäus 18/10*

Will damit vermahnet haben, daß man sich fürchten soll vor den lieben Engeln, welche bei den Kindern sind. Desgleichen auch vor dem, den die lieben Engel ohne Unterlaß sehen.

Dieses Fest der lieben, heiligen Engel feiern wir nicht darum, daß es ein Fest sei der Engel; sondern daß es ein Fest sei unseres Herrn Gottes, welcher die Engel geschaffen hat, daß wir ihren Dienst an uns erkennen und Gott dafür danken.

Also soll ich bald von Jugend auf ein Kind gewöhnen, daß ich zu ihm sage: Liebes Kind, du hast einen eigenen Engel; wenn du des Morgens und des Abends betest, wird derselbige Engel bei dir sein, wird bei deinem Bettlein sitzen, wird dein pflegen und behüten, daß der böse Mann, der Teufel, nicht zu dir kommen könne. Wenn man solches den Kindern einbildete, so würden sie von Jugend auf lernen und gewöhnen, daß die Engel bei ihnen sein; und solches dienete nicht allein dazu, daß die Kinder sich auf den Schutz der lieben Engel verließen; sondern auch, daß sie züchtig würden und sich lerneten scheuen. Die lieben Engel sind nicht so hoffärtig, als wir Menschen; sondern gehen daher in göttlichem Gehorsam, und im Dienst der Menschen, und warten der jungen Kinder.

Also auch die lieben Engel sind Wächter, daß sie die Wache über uns halten, und uns schützen. Weiter ist der lieben Engel Amt, daß sie mich bewahren und geleiten, wenn ich ausreise, daß sie mit mir auf dem Wege sein.

Solcher Unterricht lehret uns, daß wir getrost werden, und Gott lieb haben für seine unendliche Gnade, daß er gibt Vater und Mutter, Nahrung, Fürsten und Obrigkeit, und dazu die lieben Engel, daß mein Leib bei Gesundheit bleibe, und endlich meine Seele selig werde. Solche Hut der lieben Engel erinnert uns, daß wir Gott preisen und ihm dafür danken. Wenn wir das tun, so machen wir keine Abgötter aus den lieben Engeln. So wir aber diese Unterrichte behalten, bleiben wir bei rechtem Verstande und Glauben, und die lieben Engel bleiben bei ihrem Amte und bei ihrer Ehre. Sie tun, was ihnen von Gott befohlen ist. Daß also wir und sie Gott erkennen und preisen für unsern Schöpfer und Herrn. Amen.

oder: Offenbarung 12/7—12

Und es erhob sich ein Streit im Himmel: Michael und seine Engel stritten mit dem Drachen; und der Drache stritt und seine Engel, und siegten nicht, auch ward ihre Stätte nicht mehr gefunden im Himmel. *Offenbarung 12/7—8*

Heut singt die liebe Christenheit 116

In solchem Streit sind zween Kriegsherren und die Obersten zu Felde, die heißen Michael und der große Drache. Und deren jeder hat ein Heer, die da heißen seine Engel. Die tun eine Schlacht und treffen miteinander, doch also daß der Drache mit seinen Engeln nicht sieget, sondern geschlagen und ausgeworfen wird. Solches legt er selbst also aus, daß der Drache heiße die alte Schlange, der Teufel und Satan, der die ganze Welt verführet. Von diesem hat er gesagt, daß er streite im Himmel, wider diesen Michael und seine Engel. Und jetzt saget er, daß er auf Erden die ganze Welt verführe. Wie reimet sich das zusammen? Ja, bald hernach sagt er, wie eben dieses Kriegsfürsten, Michaels Engel, den Teufel überwunden haben, durch des Lammes Blut und durch das Wort ihrer Zeugnis; und haben ihr Leben nicht geliebet bis an den Tod. Das können ja nicht die himmlischen Geister sein, die kein Blut haben, noch sterben können, auch nicht mündlich in der Gemeinde zeugen und predigen, noch durch das Lamm erlöset sind, sondern eben das sind diese Engel, die durch des Lammes (Christi) Blut erlöset sind und an ihn glauben. Das sind ja allein wir Menschen.

Der Fürst aber dieses Krieges, den er Michael heißet, der ist und kann kein andrer sein, denn unser Herr Jesus Christus, Gottes Sohn. Denn obwohl Michael sonst auch eines Engels Namen ist, Dan. 10, 21, welchen er heißt, der vornehmsten Fürsten einer; so ist er doch hier nicht ein solcher persönlicher Name, noch ein kreatürlicher Name, sondern des Herrn und Schöpfers selbst, der führet diesen Namen allein. Denn er heißt auch eigentlich, und wenn man's recht wohl soll deutschen, nichts anders, denn Gott gleich. Das ist ein Name, der niemand ohn der Majestät zustehet, wie die Schrift oft saget: Quis sicut

Dominus? Also lautet eigentlich das Hebräische Michael, ein sonderlicher, der Gott gleich ist, oder vollkömmlich wie Gott: wie ihn sonst die Schrift heißet, ein einig, göttlich Bild, Col. 1, 15: „Welcher ist das Ebenbild des unsichtbaren Gottes", das ist, Gott dem Vater allerdinge gleich, und doch uns unsichtbar. Und Hebr. 1, 3: „Er ist der Glanz seiner Herrlichkeit, und das Ebenbild seines Wesens." Der ist's, der mit dem Drachen, dem Teufel und Satan, streitet in seinem Himmelreich, das ist, in seiner Christenheit.

Weisung durch das Jahr

Die angeführten Lutherstellen sind nach der Weimarer und Erlanger Ausgabe zitiert (Erlanger Ausgabe 2. Auflage). „Römerbriefvorlesung“ bedeutet: die Übertragung des Römerbriefes 1515/16 von Eduard Ellwein, Chr. Kaiser-Verlag, München 1927. „Vom unfreien Willen“ bedeutet: die nach der Übersetzung von Justus Jonas von Friedr. Gogarten besorgte Ausgabe, Chr. Kaiser-Verlag, München 1924.

Advent und Weihnachten

1. Advent / Der kommende Herr

Sonntag: Siehe, dein König kommt zu dir / Sacharja 9, 9 / WA 37, S. 201 f. EA I, II f. u. 4, 11 f.
Montag: Dein König kommt / Lukas 1, 33 / WA 10, I^{11}, S. 27 ff. EA 10, 9 f.
Dienstag: Er kommt zu dir / Offenbarung 3, 20 / WA 10, I^{11}, S. 28 ff. EA 10, 10 ff.
Mittwoch: Die gnadenreiche Zukunft Christi / Lukas 1, 68 / WA 10, ^{3}, S. 67. EA 16, 305 f.
Donnerstag: Die Erfüllung der Zeit / Galater 4, 4 / WA 10, I^{1}, S. 352 ff. EA 7, 271 ff.
Freitag: Verachtet — ein verborgener König / Psalm 24, 7 / WA 31, S. 373. EA 38, 256, 362 ff.
Sonnabend: Wie viele ihn aber aufnahmen / Johannes 1, 12 / WA 46, S. 610 f. EA. 45, 402 f.

2. Advent / Er kommt zum Weltgerichte

Sonntag: Das Gericht / 1. Thessalonicher 4, 16 / WA 49, S. 740 f. EA 20^{II}, 324 f.
Montag: Gottes treuliche Warnung / Lukas 21, 34 / WA 49, S. 743. EA 20^{II}, 327.
Dienstag: Dein Reich komme / Matthäus 6, 10 / WA 2, S. 95 f. EA 21, 180 ff.
Mittwoch: Darum, daß sich eure Erlösung naht / Lukas 21, 28 / WA 34^{11} S. 470 ff. EA 18, 372 f.
Donnerstag: Kinder des Lichts / Römer 13, 13 / WA 10, I^{11}, S. 13. EA 7, 37.
Freitag: Widerstand dem Bösen / 2. Thessalonicher 2, 8 / WA 45, 43 f. EA 19, 284 f.
Sonnabend: Komm, wir gehen dir entgegen / Lukas 12, 35 / WA 45, 384 ff.

3. Advent / Den Armen wird das Evangelium gepredigt

Sonntag: Den Armen wird das Evangelium gepredigt / Matthäus 11, 5 / WA 52, S. 24 ff. EA 1, 30 ff.

Montag: Dies Reich gehört uns auch zu / Lukas 1, 35 / WA 52, S. 629 f. EA 3, 328.

Dienstag: Auf ihn weiset die ganze Schrift / 1. Johannes 1, 3 / WA 46, S. 643. EA 46, 31.

Mittwoch: Er hat die Niedrigkeit seiner Magd angesehen / Lukas 1, 49 / WA 7, S. 570 f. EA 45, 252 f.

Donnerstag: Ein Herz, das Demut liebet / Psalm 138, 6 / WA 12, S. 612 u. 7, S. 562 ff. EA 15, 450 u. 45, 236, 239 ff.

Freitag: Ein ärgerlicher König des Kreuzes / Matthäus 11, 6 / WA 52, S. 27 ff. EA 1, 34 ff.

Sonnabend: Meine Seele erhebet den Herren / Lukas 1, 48 / WA 7, S. 557 f. EA 45, 234; 245.

4. Advent / Der Vorläufer

Sonntag: Johannes der Täufer / Lukas 1, 76 / WA 46, S. 573. EA 45, 344 ff.

Montag: Des Täufers Person / Johannes 1, 8 / WA 46, S. 590 f. EA 45, 371 ff.

Dienstag: Des Täufers Amt / Matthäus 3, 3 / WA 10, I^{11}, S. 198. EA 10, 122.

Mittwoch: Mit Ernst, o Menschenkinder, das Herz in euch bestellt / Matthäus 3, 2 / WA 49, S. 114 f. EA 20^{1}, S. 474.

Donnerstag: Siehe, das ist Gottes Lamm / Johannes 1, 29 / WA 10, I^{11}, S. 206 f. EA 10, 132.

Freitag: Die hohe Majestät — ein Mensch / 1. Timotheus 3, 16 / WA 37, 42 f. EA 19, 12.

Weihnachten / Das Wort ward Fleisch

24. Dezember vorm.: Kein Raum in der Herberge / Lukas 2, 7 / WA 10, I^{1}, S. 62 ff. EA 10, 136 f.

Heiligabend: Euch ist heute der Heiland geboren / Lukas 2, 10—11 / WA 52, S. 46. EA 4, 113 u. 1, 66.

1. Weihnachtstag: Christi und unsere Geburt / Johannes 1, 14 / WA 10, I^{1}, S. 71. EA 10, 143 f.

2. Weihnachtstag: Große Freude / Lukas 2, 10 / WA 34^{11}, S. 505. EA 4, 99 f.

27. Dez.: Das Herz und das Kind / Jesaia 9, 5 / WA 7, 190 f. EA 16, 504 f.

28. Dez.:	Er siehet auf das Niedrige / Lukas 1, 52 / WA 10, I[1], S. 68 ff. EA 10, 139 f.
29. Dez.:	Simeon / Lukas 2, 28—30 / WA 52, S. 157 ff. EA 1, 230 ff.
30. Dez.:	Da schenke ich euch alle meine Gnade / Matthäus 3, 17 / WA 37, S. 658 ff. EA 19, 146 ff.

Jahreswende / Jesus Christus gestern und heute und derselbige auch in Ewigkeit

Sylvester vorm.:	Festhalten am Bekenntnis / Hebräer 4, 14 / WA 48, S. 226. EA 52, 393 f.
Sylvester-Abend:	Lasset Gott allein die Herrlichkeit / 5. Mose 32, 3, / EA 52, 404 f.
Neujahr:	Auf Gott allein / 2. Samuelis 22, 3 / WA 7, 215 f. EA 22, 16.
2. Januar:	Wir sind des Herrn / Römer 14, 8 / WA 48, S. 206. EA 52, 381.
3. Januar:	Der Herr — unsere Macht / Psalm 118, 14 / WA 48, S. 65. EA 52, 315.
4. Januar:	Das Trauen des Herzens / 2. Mose 20, 2 / WA 30[1], S. 132 f. EA 21, 34 ff.
5. Januar:	Könige und Priester / 1. Petrus 2, 9 / WA 7, S. 27 f. EA 27, 185 f.

Die Epiphanienzeit

Epiphanien / Wir sahen seine Herrlichkeit

Epiphaniastag:	Die Weisen / Matthäus 2, 10—11 / WA 52, S. 91 f. EA 1, 131 f.
7. Januar:	Herodes' und Christi Reich / Matthäus 2, 3 / WA 7, S. 239 f. EA 16, 233 f.
8. Januar:	Die Taufe Jesu / Matthäus 3, 13 / WA 52, S. 101 ff. EA 1, 147; 150/151.
9. Januar:	Um unserer Gerechtigkeit willen getauft / Matthäus 3, 15 / WA 52, S. 99 ff. EA 1, 144/145; 147.
10. Januar:	Such Gott allein in Christus / Johannes 14, 9 / WA 28, S. 101 f. EA 50, 182 ff.
11. Januar:	Christus lauter Evangelium / Johannes 14, 1 / WA 45, S. 472 ff. EA 49, 11 ff.
12. Januar:	Es gibt keinen andren Weg / Johannes 14, 6 / WA 45, S. 493 / EA 49, 43

1. Woche nach Epiphanien / Die Herrlichkeit Gottes über dem Kinde

Sonntag: In dem, das meines Vaters ist / Lukas 2, 49 / WA 17^{II}, S. 24 f. EA 11, 26 f.

Montag: Er war ihnen untertan / Lukas 2, 51 / WA 37, S. 257 f. EA 1, 158 f.

Dienstag: Das vierte Gebot / Kolosser 3, 20 / WA 30^{I}, S. 147 f. EA 21, 53.

Mittwoch: Himmel und Hölle an den Kindern verdienen / Matthäus 18, 5—6 / WA 9, S. 279.

Donnerstag: Er segnet die Kinder / Markus 10, 16 / WA 47, S. 243 f. EA 44, 19 ff.

Freitag: Die Grenze des Gehorsams / Johannes 2, 4 / WA 17^{II}, S. 67. EA 11, 45 f.

Sonnabend: So ihr nicht werdet wie die Kinder / Matthäus 18, 3 / EA 57, 258 f.

2. Woche nach Epiphanien / Die Herrlichkeit Gottes über der Ehe

Sonntag: Das harte Gesetz und das liebliche Evangelium / Johannes 2, 6—8 / WA 17^{II}, S. 69 f. EA 11, 48 ff.

Montag: Gesetz und Evangelium / Römer 3, 28 / WA 7, S. 23 f. EA 27, 180 ff.

Dienstag: Vom christlichen Ehestande / Epheser 5, 25 / WA 41, S. 549 f. EA 19, 245 f.

Mittwoch: Der Bräutigam Christus / Epheser 5, 27 / WA 41, S. 553 ff. EA 19, 249 ff.

Donnerstag: Die Ehe, ein Spiegel der geistlichen Hochzeit Christi / Epheser 5, 32 / WA 41, S. 558 f. EA 19, 254 f.

Freitag: Auf dem Lamm liegen unsere Sünden / Johannes 1, 36 / WA 46, S. 683 f. EA 46, 108.

Sonnabend: Und ein jeglicher sein Gemahl liebe und ehre / Epheser 5, 33. WA 41, S. 559 f. EA 19, 255 f.

3. Woche nach Epiphanien / Die Herrlichkeit Gottes über dem Leibe

Sonntag: Der Hauptmann zu Kapernaum / Matthäus 8, 10 u. 13 / WA 41, S. 18 ff. EA 19, 168 f.

Montag: Gottes Geschöpf / Hiob 33, 4 / WA 30^{I}, S. 183 ff. EA 21, 96 f.

Dienstag: Das Seufzen Christi über alle Krankheit / Markus 7, 32 f. WA 37, S. 509. EA 13, 383 f.

Mittwoch: Zunge und Ohr / Markus 7, 33 / WA 37, S. 512. EA 13, 386.
Donnerstag: Das Evangelium reißt die Natur nicht aus / 1. Mose 23, 1 u. 2 / WA 24, S. 408 f. EA 34, 34 ff.
Freitag: Der Sünde gestorben / Römer 6, 8 / WA 22, S. 99 f. EA 9, 150 ff.
Sonnabend: Die Glieder im Dienst der Gerechtigkeit / Römer 6, 19 / WA 22, S. 112 f. EA 9, 165 f.

4. Woche nach Epiphanien / Die Herrlichkeit Gottes über der Schöpfung

Sonntag: O ihr Kleingläubigen / Matthäus 8, 26 / WA 17^{II}, S. 104 f. EA 11, 73 f.
Montag: Durchs Wort geschaffen und erhalten / Johannes 5, 17 / WA 46, S. 558 f. EA 45, 321 ff.
Dienstag: Die Schöpfung im Lichte der Fleischwerdung Christi / Kolosser 1, 17 / WA Tischreden 4, S. 198, 1538. EA op. lat. 30, 478. EA 57, 232.
Mittwoch: In ihm besteht alles / Hebräer 1, 3 / WA 10^{I}, ^{1}, S. 158 f. EA 7, 201 ff.
Donnerstag: Wie wunderbar sind deine Werke / Psalm 66, 3 / WA 49, S. 436 f. EA 20, ^{II}, 98 f.
Freitag: Das Kreuz in der Schöpfung / Römer 8, 22 / WA 41, S. 307 ff. — EA 9, 103 ff.
Sonnabend: Gottes Wirken in der Schöpfung / Psalm 33, 5 / WA 49, S. 435 f. EA 20^{II}, S. 97 f.

5. Woche nach Epiphanien / Die Herrlichkeit Gottes über der Geschichte

Sonntag: Das Unkraut unter dem Weizen / Matthäus 13, 26 / WA 51, S. 184 f. EA 20^{II}, 557 f.
Montag: Satan wirft seinen Samen ein / Matthäus 13, 25 / WA 52, S. 132 f. EA 1, 193 f.
Dienstag: Die zwei Reiche / 1. Korinther 6, 9 / WA 2, S. 96 f. EA 21, 181 ff.
Mittwoch: Gottes Stündlein / Johannes 7, 30 / WA 33, S. 404 ff. EA 48, 177 f.
Donnerstag: Dein Wille geschehe / Matthäus 6, 10 / WA 2, S. 104 f. EA 21, 193 f.
Freitag: Gottes Macht in den Geringen / Psalm 8, 3 / WA 45, S. 218 ff. EA 39, 22 ff.
Sonnabend: Du gebietest ihm, kommst nie zu spät / Matthäus 8, 26 / WA 51, S. 155. EA 20^{II}, 511.

6. Woche nach Epiphanien / Die Herrlichkeit des Christus

Sonntag:	Gott — in dem Menschen Jesus Christus / Matthäus 17, 5 / WA 45, S. 520 f. EA 49, 83 f.
Montag:	Gott hat ihn versiegelt / Johannes 6, 27 / WA 33, S. 19 f. EA 47, 242 f.
Dienstag:	Des Vaters Zeuge / Johannes 3, 32 / WA 47, S. 177 f. EA 47, 141.
Mittwoch:	Auf Christus gewagt / Römer 1, 16 / WA Tischreden 6, 73. EA 58, 49 u. 129 f. WA I, S. 291.
Donnerstag:	Christus unser Ruhm / Epheser 1, 22 / WA Tischreden 1, 469. EA 58, 60 u. 133. WA 6, S. 90.
Freitag:	Das Kreuz — seine Verklärung / Johannes 17, 1 / WA 28, S. 79 f. EA 50, 164 ff.
Sonnabend:	Christo gleichförmig / Philipper 2, 5 / WA 1, S. 268 f. EA 16, 5.

Vorfasten

Septuagesimä / Berufung und Erwählung

Sonntag:	Die Ersten und die Letzten / Matthäus 20, 16 / WA 17^{11}, S. 139 f. EA 11, 88 f.
Montag:	Er hat uns erwählt / Johannes 15, 16 / WA 45, S. 697 f. EA 49, 340.
Dienstag:	In Gottes Hand / Johannes 17, 6 / WA 28, S. 120 ff. EA 50, 200 ff.
Mittwoch:	Behalte den Glauben / 1. Timotheus 1, 19 / EA 55, 161 ff.
Donnerstag:	Der verborgene und offenbare Gott / Johannes 14, 9 / WA 8, S. 620 ff. EA op. lat. VI, 292 ff.
Freitag:	Wegen der Erwählung angefochten / Jesaja 35, 4 / Römerbriefvorlesung, S. 323.
Sonnabend:	Abrahams große Versuchung / Hebräer 11, 17 / WA 7, S. 108 ff. EA op. lat. V, 176 ff.

Sexagesimä / Das Schicksal des göttlichen Wortes

Sonntag:	Nur der vierte Teil — und doch / Lukas 8, 15 / WA 17^{11}, S. 156 f. EA 11, 94 f.
Montag:	Sein Wort hören / Johannes 7, 17 / WA 33, S. 362 f. EA 48, 142 f.
Dienstag:	Die Knechtsgestalt des Wortes / Matthäus 11, 25 / WA Tischreden Bd. 6, S. 16. EA 57, 90.

Mittwoch: Der Teufel haßt das Wort / Lukas 8, 12 / WA 24, S. 86. EA 33, 87 f.

Donnerstag: Gottes Zorn, daß er schweigt / Amos 8, 11—12 / WA Tischreden 5, S. 237 f. EA 57, 140 ff.

Freitag: Die Verachtung des göttlichen Wortes / Johannes 12, 48 / WA 37, S. 137. EA 3, 38. WA 22, S. 329. EA 9, 318.

Sonnabend: Kaufet die Zeit aus / 4. Mose 14, 41 / WA 13, 10 ff. EA 22, 175 ff.

Estomihi / Sehet, wir gehen hinauf nach Jerusalem

Sonntag: Hinauf nach Jerusalem / Lukas 18, 31 / WA 17^{11}, S. 173 f. EA 11, 101 f.

Montag: Das Kreuz im Herzen tragen / 1. Petrus 4, 13 / WA 17^{11}, S. 425 f. EA 15, 365 f.

Dienstag: Es muß gelitten sein / Lukas 14, 27 / WA 32, S. 29. EA 17, 324 f.

Mittwoch: Kreuz ist uns gut / Psalm 94, 12 / WA 32, S. 37 f. EA 17, 336 f.

Donnerstag: Trost im Kreuz / Psalm 73, 23 / WA 30, S. 697 f. EA 23, 155 f.

Freitag: Das Leiden der Heiligen eitel Heiligtum / 2. Timotheus 3, 12 / WA 32, S. 30 ff. EA 17, 326 ff.

Sonnabend: Frieden im Kreuz / Johannes 14, 27 / WA 12, 576 f. EA 12, 279 f.

Die Fasten= und Passionszeit

Invokavit / Versuchung und Anfechtung

Sonntag: Was Christi Versuchung für uns bedeutet / Hebräer 4, 15 / WA 11, S. 22 f. EA 17, 82 ff.

Montag: Nicht ohne Anfechtung / Tobias 12, 13 / WA 2, S. 124 ff. EA 21, 221 ff.

Dienstag: Unsre Waffen: Wort und Gebet / Matthäus 4, 10 / WA 47, S. 758. EA 8, 291 f.

Mittwoch: Die hohen Anfechtungen / Psalm 116, 3—4 / WA 17^{11}, S. 20 f. EA 11, 20 f.

Donnerstag: In Christus Sieg / 1. Korinther 15, 57 / WA 36, 693 f. EA 51, 272 f.

Freitag: Aufsehen um Jesum / Hebräer 12, 2 / WA 10, 3, S. 77. EA 16, 316 f.

Sonnabend: Das tiefe, heimliche Ja / Matthäus 15, 27—28 / WA 17^{II}, S. 203. EA 11, 124 f.

Reminiscere / Er ward gehorsam bis zum Tode

Sonntag: Christi Gehorsam / Johannes 4, 34 / WA 17^{II}, S. 244. EA op. lat. 30, 388 f. EA 8, 170 f.
Montag: Nicht wie ich will, sondern wie du willst / Matthäus 26, 42 / WA 2, S. 102. EA 21, 189 f.
Dienstag: Wie man in rechter Weise bitten soll / 1. Johannes 5, 14 / WA 52, S. 741 f. EA 2, 30 f.
Mittwoch: Völliger im Gehorsam / Hebräer 13, 21 / WA 2, S. 103 f. EA 21, 191 f.
Donnerstag: Gehorsam — für uns / Hebräer 5, 8—9 / WA 1, S. 274 f. EA 16, 14.
Freitag: Damit die Schrift erfüllet würde / Matthäus 26, 53—54 / WA 37, S. 324 f. EA 4, 402 f.
Sonnabend: Er hat uns ein Vorbild gelassen / 1. Petrus 2, 21 / WA 2, S. 141. EA 11, 162 f.

Okuli / Des Menschen Sohn ist gekommen, daß er diene

Sonntag: Die Fußwaschung / Johannes 13, 3—5 / WA 52, S. 218 f. EA 1, 322 f.
Montag: Er — unser Knecht / Matthäus 20, 28 / WA 46, S. 680 f. EA 46, 104 f.
Dienstag: Unser Heiland muß Gott und Mensch sein / Philipper 2, 6—7 / WA 46, S. 556 f. EA 45, 318 f.
Mittwoch: Die Knechtschaft der Sünde / Galater 1, 4 / WA 40, 1, S. 82 ff. EA Gal. Kom. I, 24 ff.
Donnerstag: Er hat Genugtuung geleistet / Kolosser 1, 13—14 / WA 22, S. 389. EA 9, 369 f.
Freitag: Das Bild der Gnade / 4. Mose 21, 9 / WA 2, S. 689 f. EA 21, 261 f.
Sonnabend: Ihm nachfolgen / Johannes 15, 20 / WA 12, S. 339 f. EA 51, 424 f.

Lätare / Das Opfer Christi

Sonntag: Für uns / Römer 5, 8 / WA 49, S. 121. EA 20^{I}, 480.
Montag: Gethsemane / Hebräer 5, 7 / WA 52, S. 738. EA 2, 26 f.
Dienstag: Er trug unsere Krankheit / Jesaja 53, 4 / WA 34, I, S. 264 f. EA 4, 477 ff.
Mittwoch: Von Gott verlassen / Psalm 22, 7 / WA 45, S. 240 f. EA 39, 47 ff.

Donnerstag: Der Unschuldige für die Schuldigen / Jesaja 53, 5 / WA 52, S. 786 f. EA 2, 94.

Freitag: Durch sein Opfer / Hebräer 9, 26 / WA 49, S. 125. EA 20^{I}, 489 f.

Sonnabend: Durch seinen Tod befreit / Galater 5, 1 / EA op. lat. 25, 288 f.

Judika / Der ewige Hohepriester

Sonntag: Der Name Priester / Hebräer 5, 6 / WA 24, S. 280. EA 33, 297 f.

Montag: Sein Fleisch und Blut ein geistlich Opfer / Hebräer 9, 14 / WA 17^{11}, S. 227 f. EA 8, 156 f.

Dienstag: Er opferte für unsere Sünden / Jesaja 53, 6 / WA 37, S. 353 f. EA 4, 451 ff.

Mittwoch: Er ward ein Fluch für uns / Galater 3, 13 / WA 52, S. 807. EA 2, 124 f.

Donnerstag: Sein Gang zum Vater / Johannes 16, 5 / WA 21, S. 363. EA 12, 132.

Freitag: Sein Priestertum schützt uns vor dem göttlichen Zorn / Hebräer 9, 12 / WA 10, I^{1}, S. 717 ff. EA 10, 473.

Sonnabend: Sein Opfer gilt ewig / Hebräer 7, 26—27 / WA 45, S. 398.

Palmarum / Der Gekreuzigte

Sonntag: Der König der Wahrheit / Johannes 18, 37 / WA 52, S. 788. EA 2, 96 f.

Montag: Judas und Petrus / 2. Korinther 7, 10 / WA 52, S. 768. EA 2, 67 f.

Dienstag: Von ordentlicher Gewalt gerichtet / Matthäus 26, 57 / WA 37, S. 322 f. EA 4, 418 ff.

Mittwoch: Weinet nicht über mich / Lukas 23, 28 / WA 52, S. 798 ff. EA 2, 111 ff.

Gründonnerstag-Morgen: Am Ölberg / Matthäus 26, 38 / WA 37, S. 326. EA 4, 406 f.

Gründonnerstag-Abend: Vom Empfang des Sakraments / 1. Korinther 11, 26 u. 28 / WA 7, S. 694 f. EA 16, 243 ff.

Karfreitag-Morgen: Der Schächer am Kreuz / Lukas 23, 42—43 / WA 45, S. 371.

Karfreitag-Abend: Der Tod Jesu / Johannes 19, 30 / WA 45, S. 372.

Der stille Sonnabend:	1. Niedergefahren zur Hölle / Kolosser 2, 15. WA 36, S. 159. EA 5, 2 f. 2. Seine Ruhe wird herrlich sein / Johannes 19, 41 f. / WA 45, S. 375 f.

Ostern und die österliche Zeit

Ostern / Der Auferstandene

Ostersonnt.:	Sünde, Tod, Teufel überwunden / 1. Kor. 15, 55 bis 57 / WA 52, S. 249 f. EA 2, 173 ff.
Ostermont.:	Er ist nicht hier / Matthäus 28, 5–6 / WA 32, S. 49 f. EA 17, 352 ff.
Dienstag:	Um unserer Gerechtigkeit willen auferweckt / Römer 4, 25 / WA 10, I[11], S. 221. EA 11, 217 f.
Mittwoch:	Ohne Ostern noch in Sünden / 1. Korinther 15,17 / WA 32, S. 44 EA 17, 346 ff.
Donnerstag:	Der Auferstandene – unser Bruder / Johannes 20, 17 / WA 10, I[11], S. 214 f. EA 11, 195 ff.
Freitag:	Der Auferstandene – unser Trost / Johannes 20, 19 / WA 10, I[11], S. 234 ff. EA 11, 340 ff.
Sonnabend:	Christi Auferstehung und unsre Auferstehung / 1. Thessalonicher 4, 14 / WA 36, S. 161 f. EA 5, 11 ff.

Quasimodogeniti / Wiedergeboren

Sonntag:	Wiedergeboren durch die Auferstehung Jesu Christi / 1. Petrus 1, 3 / EA 52, 11
Montag:	Wiedergeboren aus Wasser und Geist / Johannes 3, 5 / WA 47, S. 10. EA 46, 265.
Dienstag:	Wiedergeboren durch das Wort der Wahrheit / Jakobus 1, 18 / WA 41, S. 585 ff. EA 8, 284 ff.
Mittwoch:	Wiedergeboren zum ewigen Leben / Johannes 3, 36 / WA 33, S. 160 f. EA 47, 367 f.
Donnerstag:	Es gehört eine Geburt dazu / 1. Petrus 1, 22–23 / WA 12, S. 298; 10[3], S. 88. EA 51, 375 f.; 16, 320 ff.
Freitag:	Das Bad der Wiedergeburt / Titus 3, 5 / WA 10, I[1], S. 116 ff. EA 7, 180 f.
Sonnabend:	Vom sieghaften Leben / 1. Johannes 5, 4 / WA 21, S. 280. EA 8, 227 f.

Misericordias Domini / Der gute Hirte

Sonntag: Der gute Hirte / Johannes 10, 14 / WA 12, S. 529; 36, S. 296. EA 12, 2; 13, 81 f.

Montag: Das Evangelium ist lauter Tragen / Lukas 15, 5 / WA 10, I[II], S. 366. EA 14, 13 f.

Dienstag: Zu suchen und selig zu machen, was verloren ist / Jesaja 53, 6 / WA 51, S. 275 f. EA. 39, 74 f.

Mittwoch: Er allein der gute Hirte / Johannes 10, 12 / WA 21, S. 331. EA 12, 47.

Donnerstag: Seine Hirtenangst um uns / 1. Petrus 2, 25 / WA 36, S. 292. EA 13, 77 f.

Freitag: Ich kenne die Meinen / Johannes 10, 14—15 / WA 21, S. 335 f. EA 12, 52 ff.

Sonnabend: Weide meine Schafe / Johannes 21, 16 / WA 20, S. 514 f. EA 17, 260 f.

Jubilate / Freude im Heiligen Geist

Sonntag: Die Freude soll niemand von ihnen nehmen / Johannes 16, 22 / WA 52, S. 288 f. EA 2, 235 f.

Montag: Das Geheimnis der Freude / Johannes 16, 20 / WA 49, S. 258 ff. EA 12, 85 ff.

Dienstag: Das Gleichnis der Freude / Johannes 16, 21 / WA 22, S. 429. EA 12, 76 ff.

Mittwoch: Vollkommene Freude / Johannes 15, 11 / WA 28, S. 156 f. EA 50, 231.

Donnerstag: Freude — die Frucht des Heiligen Geistes / Galater 5, 22 / EA op. lat. 26, S. 50.

Freitag: Freude unter dem Kreuz / Apostelgeschichte 9, 16 / WA 41, S. 304 f. EA 9, 99 f.

Sonnabend: Die Vollendung der Freude / Johannes 16, 24 / WA 46, S. 91 f. EA 50, 127 f., 27 f.

Kantate / Das Lied der Gemeinde

Sonntag: Klarheit über die Sünde / Johannes 16, 8—9 / WA 46, S. 41 f. EA 50, 57 f.

Montag: Klarheit über die Gerechtigkeit / Johannes 16, 8 u. 10 / WA 46, S. 43 f. EA 50, 60 ff.

Dienstag: Klarheit über das Gericht / Johannes 16, 8 u. 11 / WA 21, S. 371 f. EA 12, 143 f.

Mittwoch: Das neue Lied / Psalm 98, 1 / WA 38, S. 51; 48, S. 56. EA 37, 314; 52, 310.

Donnerstag: Das Lied der Gemeinde / 2. Samuel 23, 1—2 / WA 54, S. 33 f.

Freitag:	Der Psalter / Kolosser 3, 16 / EA 63, 29 f.
Sonnabend:	Die Musika / Psalm 33, 3 / WA Tischreden I, S. 490. EA 62, 307 ff. WA 35, S. 477. EA 56, 307.

Rogate / Das Gebet der Gemeinde

Sonntag:	Der Ernst beim Gebet / Jakobus 5, 16 / WA Tischreden 1, S. 443. EA 59, 1 f. WA Tischreden 3, S. 448.
Montag:	Rufen mußt du / Jesaja 30, 19 / WA 31, I, S. 95 f. EA 41, 27 f.
Dienstag:	Das Gebet in Jesu Namen / Johannes 16, 23 / WA 51, S. 605 f. EA 32, 87.
Mittwoch:	Amen — es geschehe / Markus 11, 24 / WA 2, S. 126 f. EA 21, 225 f.
Himmelfahrt:	Sitzend zur Rechten Gottes / Psalm 110, 1 / WA 45, S. 398 f.
Freitag:	Gottes Erhören hoch über unsren Gedanken / Römer 8, 26 / Römerbriefvorlesung, S. 305.
Sonnabend:	Beten mit und ohne Christus / Johannes 15, 7 / WA 45, S. 681. EA 49, 315 f.

Die Pfingstzeit

Exaudi / Die Verheißung des Geistes

Sonntag:	Der Geist der Gnade und des Gebets / Sacharja 12, 10 / WA 45, S. 540. EA 49, 112 f.
Montag:	Der Geist wird Christum verklären / Johannes 17, 4 / WA 28, S. 108. EA 50, 189 f.
Dienstag:	Christus im Vater, wir in Christus / Johannes 14, 20 / WA 45, S. 589 f. EA 49, 183 ff.
Mittwoch:	Die, für welche Christus bittet / Johannes 17, 9 / WA 28, S. 128 f. EA 50, 206.
Donnerstag:	Der Geist wirkt in uns hinein und aus uns heraus / Johannes 16, 13 / WA 45, S. 590. EA 49, 185 f.
Freitag:	Das Trösteramt unter dem Kreuz / Johannes 17, 15 u. 17 / WA 46, S. 54. EA 50, 75.
Sonnabend:	Den Frieden lasse ich euch / Johannes 14, 27 / WA 45, S. 623. EA 49, 223 f.

Pfingsten / Die Kirche des Heiligen Geistes

Pfingst-sonntag:	Pfingsten / Apostelgeschichte 2, 4 / WA 37, S. 399 f. EA 5, 176 f.
Pfingst-montag:	In Schwachheit angefangen / 1. Korinther 1, 27 / WA 37, S. 400. EA 5, 179 f.
Dienstag:	Der Geist der Gnade / Johannes 14, 16 / WA 45, S. 562 ff. EA 49, 144 f.
Mittwoch:	Gerechtigkeit, Friede und Freude im Hl. Geist / Römer 14, 17 / WA 12, S. 547. EA 12, 102 f.
Donnerstag:	Die Gemeinde — sein Schmuck / Psalm 8, 6 / WA 45, S. 242 f. EA 39, 51 ff.
Freitag:	Das Evangelium eine Torheit / Apostelgeschichte 2, 13 / EA 1. Aufl. 18, 185 f.
Sonnabend:	Die Kirche der Sünder / 1. Korinther 1, 28—29 / WA 46, S. 583. EA 45, 360.

Trinitatis / Der dreieinige Gott

Sonntag:	Der dreieinige Gott / Römer 11, 36 / WA 41, S. 270; 52, S. 346. EA 9, 20 ff.; 2, 349.
Montag:	Die eine ungeteilte Gottheit in drei Personen / 1. Timotheus 6, 16 / WA 54, S. 57 ff. EA 37, 43 bis 45.
Dienstag:	Die Unterscheidung der drei Personen / Matthäus 3, 16—17 / WA 54, S. 59 ff. EA 37, 45—47.
Mittwoch:	Die unerforschliche Majestät / 1. Timotheus 6, 16 / Vom unfreien Willen, S. 146—148; 165.
Donnerstag:	Gott ist unbegreiflich / Römer 11, 33 / WA Tisch-reden 6, S. 39 f. EA 57, 213 ff.
Freitag:	So wir mit leiden / Römer 8, 17 / WA 22, S. 139 f. EA 9, 179 ff.
Sonnabend:	Der Heilige Geist bringt Christum ins Herz / Epheser 3, 17 / WA 17, I, S. 436. EA 9, 271 f.

Trinitatiszeit

Die Kirche der Heiligung

1. Woche nach Trinitatis / Zuversicht des Glaubens

Sonntag:	Lazarus glaubte / Lukas 16, 29 / EA 2, 394 ff.
Montag:	Stärke uns den Glauben / Lukas 17, 5 / WA 32, S. 85 f. EA 17, 372 u. 18, 14 ff.

Dienstag: Empfundene und unempfundene Vergebung / Matthäus 6, 12 / WA 2, S. 116 f. EA 21, 210 f.
Mittwoch: Zuversicht des Glaubens / Hebräer 11, 1 / WA 10^2, S. 323 u. 1, S. 198 f. EA 22, 34 u. 37, 406 f.
Donnerstag: Der unerforschliche Gotteswille / Jesaja 40, 28 / Vom unfreien Willen, S. 54 f.
Freitag: Nichts kann uns schaden / Lukas 10, 19 / WA 45, S. 640 f. EA 49, 256 ff.
Sonnabend: Gott wohnt im Dunkel / 1. Könige 8, 12 / Galater, Übers. von Menius, S. 288/89.

2. Woche nach Trinitatis / Gott ist die Liebe

Sonntag: Die Liebe Gottes ist ausgegossen in unser Herz / Römer 5, 5 / Römerbrief S. 207/08.
Montag: Bleibet in meiner Liebe / Johannes 15, 9 / WA 45, S. 686 f. EA 49, 323 ff.
Dienstag: Ihn wieder lieben / 1. Johannes 4, 19 / WA 17^{II}, S. 275 f. EA 15, 40 f.
Mittwoch: Gott ist Liebe / 1. Johannes 4, 16 / WA 36, S. 429. EA 18, 318.
Donnerstag: Nicht um Dank, sondern aus Dank / Psalm 51, 14 / WA 1, 191 f. EA 37, 396.
Freitag: Im Leiden die Liebe zu ihm bewahren / Johannes 14, 23 / WA 21, S. 453 f. EA 12, 306 f.
Sonnabend: Brüderliche Liebe / Römer 12, 10 / WA 17^{II}, S. 277 f. EA 15, 43.

3. Woche nach Trinitatis / Rechtfertigung

Sonntag: Vergebung der Sünden / Matthäus 9, 2 / WA 32, S. 164 ff. EA 6, 171 ff.
Montag: Nicht in uns, sondern in Christus gerecht / Johannes 16, 10 / WA 46, S. 44 f. EA 50, 61 f.
Dienstag: Gerecht allein durch Glauben / Römer 10, 4 / WA 10^3, S. 283 f. EA 13, 299 ff.
Mittwoch: Hier hebt sich nun der fröhliche Wechsel / Römer 3, 22 / WA 7, S. 25 f. EA 27, 182 f.
Donnerstag: Sünder und gerechtfertigt zugleich / Psalm 51, 6 u. 12 / op. lat. 19, 20—21.
Freitag: Der „Gnadenhimmel“ / Psalm 117, 2 / WA 31, I, S. 245. EA 40, 311 f.
Sonnabend: Fröhlicher Glaube / Galater 3, 13 / WA 10, I^1, S. 367 f. EA 7, 284.

4. Woche nach Trinitatis / Einer vergebe dem anderen

Sonntag: Barmherzig wie der Vater im Himmel / Lukas 6, 36 / WA 10^3, S. 224 f. EA 13, 92 ff.

Montag: Der Pharisäer / Lukas 18, 11 / WA 10^3, S. 301 f. EA 13, 344 ff.

Dienstag: All Ding lassen ein Kleid sein, Sünder damit zu decken / 1. Petrus 4, 8 / WA 10^3, S. 220 f. EA 13, 53 f.

Mittwoch: Wie wir unseren Schuldigern vergeben / Matthäus 6, 14 / WA 2, S. 120. EA 21, 215 f.

Donnerstag: Vergeben ohne Maß / Matthäus 18, 21 / WA 15, S. 730 f. EA 17, 102 f.

Freitag: Lieben ohne Lohn / Matthäus 5, 46 / WA 37, S. 101. EA 5, 307 f.

Sonnabend: In allem Tun Christo gleichförmig / Kolosser 3, 12 / WA 15, S. 733. EA 17, 105.

5. Woche nach Trinitatis / Im rechten Glauben geheiliget und erhalten

Sonntag: Ihr sollt heilig sein, denn ich bin heilig / 1. Petrus 1, 15—16 / WA 12, S. 287. EA 51, 361 f.

Montag: In Christo Heilige / 1. Korinther 6, 11 / WA 32, S. 92 f. EA 18, 22.

Dienstag: Von Gott geheiligt / 2. Thessalonicher 2, 13 / WA 28, S. 175 ff. EA 50, 247 ff.

Mittwoch: Heilig — im Glauben / Apostelgeschichte 26, 18 / WA 12, S. 262 f. EA 51, 329 f.

Donnerstag: Noch nicht / Philipper 3, 12 / Römerbrief, S. 146 und 153 f.

Freitag: In Gottes Werkstatt / Johannes 15, 2 / Römerbrief, S. 309.

Sonnabend: An die Heiligung glauben / Römer 8, 16 / Römerbrief, S. 298 f.

6. Woche nach Trinitatis / Taufgedächtnis

Sonntag: Mit Christo gepflanzt zu gleichem Tod / Römer 6, 5—6 / WA 22, S. 96 f. EA 9, 147 f.

Montag: In Christi Tod getauft / Römer 6, 3 / WA 2, S. 727 f. EA 21, 230 f.

Dienstag: Wie Gottes Kinder „genaturet“ sind / Matthäus 28, 19 / WA 2, S. 87 f. EA 21, 169 f.

Mittwoch: Die Bedeutung des Sakraments / Römer 6, 11 / WA 2, S. 730. EA 21, 233 f.

Donnerstag: Die Taufe — Trost in Sünden / Markus 16, 16 / WA 2, S. 733. EA 21, 238.
Freitag: Das Blut bei dem Wasser / 1. Johannes 5, 6 / WA 49, S. 131. EA 20I, 499 f.
Sonnabend: Heilige / 1. Petrus 1, 15 / WA 45, S. 616 f. EA 49, 222 f.

7. Woche nach Trinitatis / Das ist der Wille Gottes: eure Heiligung

Sonntag: In Jesu Dienst / Römer 6, 22 / WA 22, S. 106 f. EA 9, 159 ff.
Montag: Heiligt Gott in euren Herzen / 1. Petrus 3, 15 / WA 12, S. 358. EA 51, 446.
Dienstag: Vor Gott müssen wir wirklich Sünder sein / Prediger 7, 15 / Römerbrief, S. 105 ff.
Mittwoch: Werke sind des Glaubens Siegel / Epheser 2, 10 / WA 10, I[II], S. 317 f. EA 13, 95 ff.
Donnerstag: Fasten / Römer 13, 14 / WA 9, S. 270 f.
Freitag: Die Freude und das Kreuz / Nehemia 8, 10. EA 17, 113 / WA 22, S. 482.
Sonnabend: Des Fleisches Geschäfte töten / Römer 8, 13 / WA 22, S. 134 f. EA 9, 173 f.

8. Woche nach Trinitatis / Hoffnung

Sonntag: Warten auf die Hoffnung / Titus 2, 13 / WA 34[2], S. 117. EA 18, 42.
Montag: Lebendige Hoffnung / 1. Petrus 1, 4 / WA 12, S. 267 ff. EA 51, 335 ff.
Dienstag: Das Wesen der Hoffnung / Römer 8, 24 / Römerbrief, S. 305.
Mittwoch: Der Christ stehet im Werden / Psalm 103, 3 / WA 12, S. 322 f. EA 51, 404 f.
Donnerstag: Wachsen / Kolosser 1, 11 / WA 22, S. 378 f. EA 9, 356.
Freitag: Warten auf das Neue / 2. Petrus 3, 13 / WA 34[2], S. 481. EA 18, 382.
Sonnabend: Die neue Herrlichkeit / Johannes 17, 24 / WA 28, S. 194 f. EA 50, 260.

9. Woche nach Trinitatis / Der Christ im weltlichen Stande

Sonntag: Der ungerechte Haushalter / Lukas 16, 8 / WA 52, S. 430 ff. EA 2, 490 ff.
Montag: In unserem Stande stehen wir in Gottes Ordnung / Epheser 6, 7 / WA 49, S. 611 ff., 27, S. 514.

Dienstag: Wo der Herr nicht das Haus baut / Psalm 127, 1 / WA 15, S. 365 f. EA 41, 136 f.

Mittwoch: Unsre Arbeit — Gottes Larven / Jesaja 26, 12 / WA 31, I, S. 435 f. EA 41, 158.

Donnerstag: Amt und Stand / Römer 12, 7 / WA 34^1, S. 578; 49, S. 609; 34^1, S. 158; 34^2, S. 326.

Freitag: Mühsal des Lebens / 1. Mose 3, 19 / WA 24, S. 103 f. EA 33, 101.

Sonnabend: Die Ehe / Hebräer 13, 4 / WA 34, I, S. 50 ff. EA 18, 90 u. 94.

10. Woche nach Trinitatis / Der Herr und sein Volk

Sonntag: Jesus weint über Jerusalem / Lukas 19, 41—42 a. WA 34^2 S. 84 ff. EA 3 S. 2 ff.

Montag: Gott warnet treulich für und für / Lukas 19, 42 b. WA 34^2 S. 84 ff. EA 3 S. 4 ff.

Dienstag: Gottes gnädige Heimsuchung / Lukas 19, 42 / WA 34^2, S. 84 ff. EA 18, 26 ff.

Mittwoch: Das Amt der Obrigkeit / Römer 13, 4 / WA 30^2, S. 554 f. EA 17, 401 f.

Donnerstag: Vom Kriege / Psalm 46, 9—10 / WA 19, S. 626. EA 22, 249 f.

Freitag: Weltlich Regiment steht auf Ordnung und der Christen Gebet / 2. Samuel 10, 12 / WA 45, S. 535. EA 49, 104 f.

Sonnabend: Gott und der Kaiser / Lukas 20, 25 / WA 46, S. 48; 11, S. 263. EA 50, 66 f.; 22, 83.

11. Woche nach Trinitatis / Der Nächste

Sonntag: Pharisäer und Zöllner / Lukas 18, 10 / WA 10^3, S. 300 f. EA 13, 342 ff.

Montag: Verachtung des Nächsten / Lukas 18, 11 / WA 22, S. 200 f. EA 13, 354 f.

Dienstag: Einer dem andern ein Christus / Philipper 2, 4 / WA 7, S. 35 f. EA 27, 195 f.

Mittwoch: Der Christ im Glauben und im Amt / Römer 12,7 / WA 11, S. 253 ff. EA 22, 71 ff.

Donnerstag: Selig sind die Sanftmütigen / 2. Timotheus 2, 24 bis 25 / WA 9, S. 292 f.

Freitag: Daß wir einen Sünder mit uns in den Himmel bringen / Psalm 110, 2 / WA 1, S. 696 f. EA 40, 15 f.

Sonnabend: Die Starken und die Schwachen / Römer 14, 1 / Römerbrief 473, 74.

12. Woche nach Trinitatis / Krankheit

Sonntag: Gesundheit und Krankheit / Sirach 30, 16 / WA Tischreden 4, S. 202. EA 61, 406 ff. Tischreden 5, S. 445.

Montag: Herzliebe Rute / Hebräer 12, 6 / WA 46, S. 662. EA 46, 76 f.

Dienstag: Die Angst des Herzens / Psalm 55, 5 / WA 17^{11}, S. 22 f. EA 11, 23 ff.

Mittwoch: Das Alleinsein / Johannes 16, 32 / WA 28, S. 214 f. EA 50, 272 f.

Donnerstag: Das gehorsame Warten / Psalm 130, 5 / WA I, S. 208 f. EA 37, 423 f.

Freitag: Vor Gott ein Nichts sein / Psalm 38, 22 / WA I, S. 183 f. EA 37, 384.

Sonnabend: Christus wunderbar in seinen Heiligen / Psalm 4, 4 / WA Tischreden I, S. 519. EA 57, 130.

13. Woche nach Trinitatis / Gute Werke

Sonntag: Gute Werke / Lukas 10, 27 / WA 10, I^{11}, S. 314 f. EA 13, 90 f.

Montag: Der barmherzige Samariter / Lukas 10, 33 / EA 3, 51—52.

Dienstag: Im Nächsten begegnet uns Gott / Matthäus 25, 40 / WA 20, S. 514 f. EA 17, 260 f.

Mittwoch: Almosen / Matthäus 6, 3—4 / WA 32, S. 410 ff.

Donnerstag: Ohne Lohn / Matthäus 10, 8 / Vom unfreien Willen, S. 163 f.

Freitag: Feindesliebe / Matthäus 5, 44 / WA 9, S. 297 f.

Sonnabend: Dem Nächsten zur Besserung / Römer 15, 2 / WA 10, I^{11}, S. 69. EA 7, 53 f.

14. Woche nach Trinitatis / Frucht

Sonntag: Eingepflanzt in Christus / Johannes 15, 4 / WA 45, S. 667. EA 49, 295 f.

Montag: Der gute und der faule Baum / Matthäus 7, 17 / WA 7, S. 32 f. EA 27, 192 f.

Dienstag: Vollkommen in der Liebe / Matthäus 5, 48 / WA 32, S. 406 f.

Mittwoch: Die Frucht des Geistes ist Freude / Galater 5, 22 / Galaterbrief S. 319/320.

Donnerstag: Dankbarkeit / Lukas 17, 17 / WA 52, S. 461 ff. EA 3, 57—59.

Freitag: Undank / Psalm 116, 12—13 / WA 52, S. 463 f. EA 3, 60—61.

Sonnabend: Die Frucht des Geistes ist Geduld und Freundlichkeit / Galater 5, 22 / Galaterbrief S. 320/321.

15. Woche nach Trinitatis / Vom Sorgen und vom Gottvertrauen

Sonntag: Seht die Vögel an / Matthäus 6, 26 / WA 52, S. 473 f. EA 3, 73 f.

Montag: Ohne Sorge / 1. Korinther 7, 32 / WA 24, S. 115 f. EA 33, 114 f.

Dienstag: Gott legt's hin, der Mensch findet's / Psalm 145, 15 / WA 15, S. 367 f. EA 41, 138 f.

Mittwoch: Eure Sorge werfet auf Ihn / Psalm 55, 23 / WA 22, S. 34 f.; 48, S. 53. EA 9, 72; 52, 309.

Donnerstag: Gott verstellt sich oft / Psalm 10, 1 / WA 9, S. 233.

Freitag: Gottes unerforschliche Wege mit uns / Psalm 32, 8 / WA I, S. 171 f. EA 37, 365 f.

Sonnabend: Gott verläßt die Seinen nicht / Römer 5, 3—4 / WA 17^{II}, S. 274 f. EA 15, 38 f.

16. Woche nach Trinitatis / Stark zu werden an dem inwendigen Menschen

Sonntag: Stark werden / Epheser 3, 16 / WA 17^{I}, S. 435. EA 9, 270 f.

Montag: Jeder sei seiner Sache gewiß / 1. Thessalonicher 1, 5 / Vom unfreien Willen, S. 8 ff.

Dienstag: Trotzen auf Christus / Sprüche 3, 26 / WA 45, S. 727. EA 49, 383 f.

Mittwoch: Christus führt uns weiter / Philipper 1, 6 / WA 45, S. 600 f. EA 49, 199 f.

Donnerstag: Haltet am Wort / 1. Timotheus 4, 13 / WA 31, I, S. 227. EA 40, 286.

Freitag: Bist du nicht ein wunderlicher lieblicher Gott? / Psalm 118, 21 / WA 31, I, S. 171. EA 41, 76.

Sonnabend: Das Zeugnis des Geistes in uns / Römer 8, 26 / WA 45, S. 405.

Die Kirche des Kampfes

17. Woche nach Trinitatis / Eine heilige christliche Kirche

Sonntag:	Ein Leib / Johannes 17, 21 / WA 28, S. 182. EA 50, 251 f.
Montag:	Die wahre Kirche / Kolosser 3, 3 / Vom unfreien Willen, S. 78 f.
Dienstag:	Die Kirche ist aufs Wort gegründet / Johannes 17, 8 / WA 8, S. 491 f. EA 28, 41 f.
Mittwoch:	Das Volk der Vergebung / Jesaja 33, 24 / WA 33, S. 509. EA 48, 265 f.
Donnerstag:	Das Schlüsselamt der Kirche / Matthäus 18, 18 / WA 47, S. 285 f,; 50, S. 632. EA 44, 88; 25, 363.
Freitag:	Das Heiligtum des Kreuzes / Matthäus 5, 11 / WA 50, S. 641. EA 25, 375.
Sonnabend:	Abendmahlsgemeinde / 1. Korinther 10 , 16 / WA 50, S. 631; 2, S. 750. EA 25, 362; 27, 39.

18. Woche nach Trinitatis / Lehre und Erkenntnis

Sonntag:	Das Hauptstück unseres Glaubens / 1. Korinther 15, 17 / WA 12, S. 268 f. EA 51, 337 f.
Montag:	Unsre Verkündigung in Schwachheit / 1. Korinther 1, 27 / WA 33, S. 339 ff. EA 48, 123 ff.
Dienstag:	Ob Kirche ist, das entscheidet das Wort / Johannes 17, 6 / WA 21, S. 461. EA 12, 316.
Mittwoch:	Der Prediger — Gottes Mund / Lukas 10, 16 / WA Tischreden 3, S. 673 f. EA 57, 39 f.
Donnerstag:	Prüfet die Geister / 1. Johannes 4, 1 / WA 45, S. 727 ff. EA 49, 384 f.
Freitag:	Fest im Bekenntnis / Hebräer 10, 23 / WA 7, S. 295 f. EA 24, 207 f.
Sonnabend:	In Christi Gewalt / Johannes 14, 12 / WA 45, S. 537 ff. EA 49, 108 ff.

19. Woche nach Trinitatis / Die Heiligungskraft der Kirche

Sonntag:	Den Namen Gottes ehren / 2. Korinther 6, 3 / WA 22, S. 321. EA 9, 310.
Montag:	Haushalter über Gottes Geheimnisse / 1. Korinther 4, 1 / WA 10, I^2, S. 128 f. EA 7, 92 f.
Dienstag:	Die Christen erhalten die Welt / 2. Korinther 6, 10 / WA 45, S. 532 f. EA 49, 100 f.

Mittwoch: Die rechte Bruderschaft / 1. Korinther 16, 14 / WA 2, S. 756 f. EA 27, 47 ff.

Donnerstag: Die Gemeinde des Sakraments / 1. Korinther 10, 17 / WA 2, S. 743. EA 27, 29 u. 36 f.

Freitag: In Christus der Lehre gewiß / 2. Petrus 1, 19 / WA 45, S. 569 f. EA 49, 155 f.

Sonnabend: Vor Gott alle gleich / Römer 2, 11 / WA 21, S. 393 f. EA 12, 215 f.

20. Woche nach Trinitatis / Der Gottesdienst der Gemeinde

Sonntag: Einmütig Gott loben / Römer 15, 6 / WA 10, I^{II}, S. 80 ff. EA 7, 68 ff.

Montag: Der Gottesdienst / Psalm 42, 5 / WA 49, S. 593 ff. EA 20^{II}, 218 ff.

Dienstag: Die Fürbitte der Gemeinde / 1. Timotheus 2, 1 / WA 9, S. 263 f.

Mittwoch: Der Katechismus / 1. Timotheus 4, 13 / WA Tischreden 2, 523. EA 58, 240 f.; 3, 685; 5, 581.

Donnerstag: Kommt, denn es ist alles bereit / Lukas 14, 17 / EA 23, 196, 193.

Freitag: Predigen und Leiden / Psalm 51, 19 / WA 31, I, S. 542. EA 38, 308.

Sonnabend: Die Opfergabe / Römer 12, 13 / WA 17^{II}, S. 49 ff. EA 8, 36 f.

21. Woche nach Trinitatis / Die kämpfende Kirche

Sonntag: In seinem Heerlager / Epheser 6, 10 / WA 34^{2}, S. 372; 49, S. 583 f. EA 20^{II}, 195 f.; 18, 222.

Montag: Der große Streit Michaels / Offenbarung Johannis 12, 7 / WA 49, S. 575 f. EA 20^{II}, 193 ff.

Dienstag: Für Gottes Ehre einstehen / Johannes 8, 48—49 / WA 17^{II}, S. 233. EA 11, 144 ff.

Mittwoch: Die Wahrheit geht über die Einheit / 2. Korinther 13, 8 / WA 34^{2}, S. 387. EA 18, 242 f.

Donnerstag: Waffen des Glaubens / Epheser 6, 17 / WA 34^{2}, S. 378 f. EA 18, 231.

Freitag: Die leidende Kirche / 1. Petrus 5, 9 / WA 22, S. 47 ff. EA 9, 88 ff.

Sonnabend: Rüstet euch, ihr Christenleute / Epheser 6, 16—17 / WA 34^{2}, S. 402 ff. EA 18, 264 u. 268.

22. Woche nach Trinitatis / Die Vollendung der Kirche

Sonntag: Vollführen bis an den Tag Jesu Christi / Philipper 1, 6 / WA 22, S. 35 f. EA 9, 324 f.

Montag: In der Kraft des Christus / Lukas 24, 49 / WA 34^{II}, S. 532 ff. EA 6, 298 f.

Dienstag: Die Herrlichkeit der Kirche ist noch verborgen / Jesaja 45, 15 / WA 34^{2}, S. 128. EA 18, 53.

Mittwoch: Im Zeichen des Sieges / Psalm 110, 1 / WA 34^{2}, S. 68 f. EA 18, 86.

Donnerstag: Wunderbar ist Christus / Jesaja 9, 5 / WA 34^{II}, S. 520 ff. EA 6, 281 ff.

Freitag: Und das Ende davonbringen / Psalm 27, 1 / WA 34^{II}, S. 528 f. EA 6, 294 f.

Sonnabend: Erlösung von Kampf und Leiden / Psalm 111, 9 / WA 52, S. 19. EA 4, 35 f.

Die Kirche der Vollendung

23. Woche nach Trinitatis / Unser Wandel ist im Himmel

Sonntag: Unser Wandel ist im Himmel / Philipper 3, 20 / WA 22, S. 371. EA 9, 348.

Montag: Siehe, ich mache alles neu / 2. Korinther 5, 17 / WA 36, S. 255. EA 18, 206 f.

Dienstag: Wartende Menschen / Römer 8, 25 / WA 34^{2}, S. 110 f. EA 18, 35.

Mittwoch: Gäste und Fremdlinge / Hebräer 11, 13 / WA 34^{2}, S. 113 f. EA 18, 38 f.

Donnerstag: Gott macht uns des Lebens müde / Sprüche 10, 28 / WA 34^{2}, S. 472 f. EA 18, 373.

Freitag: Das tägliche Sterben / 1. Korinther 15, 31 / WA 36, S. 610 f. EA 51, 198.

Sonnabend: Der wird den Tod nicht sehen ewiglich / Johannes 8, 51 / WA 17^{II}, S. 234 f. EA 11, 147 f.

24. Woche nach Trinitatis / Das Erbteil der Heiligen

Sonntag: Das unverwelkliche Erbe / 1. Petrus 1, 4 / WA 12, S. 269. EA 51, 338 f.

Montag: Die Freude in der Anfechtung / 1. Petrus 1, 6 / EA 52, 21 f.

Dienstag: Das Warten auf die selige Hoffnung / Titus 2, 13 / WA 10, I^{1}, S. 43. EA 7, 152 f.

Mittwoch: Die Herrlichkeit der neuen Schöpfung / Römer 8, 18 / WA 45, S. 231. EA 39, 36 f.

Donnerstag: Im Sterben kein anderer Weg als Christus / Johannes 14, 6 / WA 45, S. 498 f. EA 49, 51 f.

Freitag: Der Tod eine Gnade / Sprüche 14, 32 / WA 24, S. 112; I, S. 188. EA 33, 111; 37, 391.

Sonnabend: Geduld und Langmut / Kolosser 1, 11 / WA 22, S. 386 f. EA 9, 366 f.

25. Woche nach Trinitatis / Die Auferstehung der Toten

Sonntag: Mit Christus auferstehen / 1. Thessalonicher 4, 14 / WA 22, S. 103 f. EA 9, 155 f.

Montag: Sie schlafen in Gottes Wort / Johannes 5, 28 / EA op. lat. Bd. 6 S. 121.

Dienstag: Der neue Leib / 1. Korinther 15, 44 / WA 36, S. 249 f. EA 18, 201 f.

Mittwoch: Die Auferstehung aus der Schöpfung geschlossen / 1. Korinther 15, 37—38 / WA 37, S. 66 ff. EA 19, 48 ff.

Donnerstag: Christo nach in die Auferstehung / Epheser 2, 6 / WA 37, S. 68. EA 19, 48.

Freitag: Das Korn zum Gleichnis der Auferstehung / 1. Korinther 15, 42 / WA 37, S. 70. EA 19, 51 f.

Sonnabend: Dies Lied noch in Christi Person / 1. Korinther 15, 55 / WA 49, S. 769 f. EA 20, II, 352 ff.

26. Woche nach Trinitatis / Die letzte Zeit

Sonntag: Gottes Vergeltung / 2. Thessalonicher 1, 4—5 / WA 22, S. 407 f. EA 9, 371 ff.

Montag: Das Erbe der Heiligen / Römer 8, 17 / WA 41, S. 302 f. EA 9, 97.

Dienstag: Warten auf die Erlösung / Römer 8, 23 / WA 34^{2}, S. 474 f. EA 18, 376.

Mittwoch: Wie ein Dieb in der Nacht / 1. Thessalonicher 5, 2 / WA 49, S. 732 ff. EA 20, II, 317 ff.

Donnerstag: Gerüstet sein / Matthäus 24, 42 / WA 10, I^{II}, S. 111. EA 10, 73 f.

Freitag: Der Sieg des Christus / 1. Korinther 15, 57 / WA 49, S. 767 f. EA 20, II, 339 f.

Sonnabend: Bei dem Herrn allezeit / 1. Thessalonicher 4, 17 / WA 17^{1}, S. 221. EA 17, 207 f.

27. Woche nach Trinitatis / Der Tag des Menschensohnes

Sonntag: Der Tag des Menschensohnes / Lukas 21, 27 / EA 7, 164 ff.

Montag: Das Gericht / Matthäus 25, 41 / WA 22, S, 412 f. EA 14, 386 f.

Dienstag: Die neue Herrlichkeit / Offenbarung Johannis 21, 1 / WA 34^{2}, S. 126. EA 18, 50 f.

Mittwoch: Die Auferstehung der Frommen / 1. Thessalonicher 4, 16 / WA 17^{1}, S. 225. EA 17, 221 f.

Donnerstag: Das Reich der Vollendung / 1. Korinther 15, 24 / WA 49, S. 573. EA 20, II 196 ff.

Freitag: Nun ist das Reich des Herrn und seines Christus / Offenbarung Johannis 12, 7 / WA 49, S. 579 f. EA 20, II, 201 f.

Sonnabend: Die große Doxologie / Offenbarung Johannis 12, 10 / WA 49, S. 588 f. EA 20, II, 208 f.

Erntedankfest

Psalm 145, 15 / WA 31^{I}, S. 443. EA 41, 168 f.

Reformationsfest

Matthäus 4, 4 / WA 7, S. 22 f. EA 27, 177 f.

Bußtag

Matthäus 3, 2 / WA 49, S. 119 f. EA 19, 64 u. 69.

Tag der Darstellung Jesu im Tempel

2. Februar: Lukas 2, 22 / WA 11, S. 14 ff. EA 15, 261—262.
Lukas 2, 28 / WA 19, S. 245 ff. EA 15, 284—285.

Tag der Verkündigung Mariä

25. März: Lukas 1, 38 / WA 12, S. 472 ff. EA 15, 304—305; 307; 311.

Am Tage der Geburt Johannes des Täufers

24. Juni: Lukas 1, 63 / WA 10^{II}, S. 201 ff. EA 15, 383—386.

Am Tage der Heimsuchung Mariä

2. Juli: Lukas 1, 39—40 / WA 11, S. 140 ff. u. 12, 606 ff. EA 15, 455/56; 459.

Am Tage des Erzengels Michael

29. September: Matthäus 18, 10 / WA 17^{I}, S. 212 ff. EA 17, 202 ff.
Offenbarung Johannis 12, 7—8 / WA 15, S. 571 ff. EA 17, 228 ff.

Verzeichnis der Bibelstellen

INHALT